# El lenguaje jurídico y administrativo en el ámbito de la extranjería

Mercedes Eurrutia Cavero (ed)

# El lenguaje jurídico y administrativo en el ámbito de la extranjería

## Estudio multilingüe e implicaciones culturales

PETER LANG
Bern · Berlin · Bruxelles · Frankfurt am Main · New York · Oxford · Wien

**Bibliographic information published by die Deutsche Nationalbibliothek**
Die Deutsche Nationalbibliothek lists this publication in the Deutsche Nationalbibliografie; detailed bibliographic data is available on the Internet at ‹http://dnb.d-nb.de›.

Names: Eurrutia Cavero, Mercedes, editor.
Title: El lenguaje jurídico y administrativo en el ámbito de la extranjería : estudio multilingüe e implicaciones culturales / Mercedes Eurrutia Cavero (ed.).
Description: Bern, Switzerland ; New York : Peter Lang AG, 2016.
Abstracts and table of contents in English
Identifiers: LCCN 2016032905 (print) | LCCN 2016036325 (ebook)
ISBN 9783034320863 | ISBN 9783034323765 ()
Subjects: LCSH: Administrative law--Language.
Emigration and immigration law--Language. | Law--Language.
Classification: LCC K3400 .L44 2016 (print) | LCC K3400 (ebook)
DDC 342/.06014--dc23
LC record available at <https://lccn.loc.gov/2016032905>

Este libro ha sido publicado gracias a la ayuda económica del Proyecto Competitivo I+D+I plurilingüe e interdisciplinar "El Lenguaje de la Administración Pública en el ámbito de la extranjería: estudio multilingüe e implicaciones culturales" (FFI 2011-30214) concedido por el Ministerio de Economía y Competitividad de España. IP Mercedes Eurrutia.

ISBN 978-3-0343-2086-3 pb.
ISBN 978-3-0343-2378-9 MOBI
ISBN 978-3-0343-2376-5 eBook
ISBN 978-3-0343-2377-2 EPUB

# Índice

# Presentación

*El lenguaje jurídico y administrativo en el ámbito de la extranjería: estudio multilingüe e implicaciones culturales* es una obra colectiva que tiene como base el Proyecto de investigación concedido por el Ministerio de Economía y Competitividad de España en 2011 a un grupo de especialistas, formado por docentes de la Facultad de Letras de la Universidad de Murcia, con amplia experiencia en análisis de corpus lingüísticos y transferencia cultural en lenguajes específicos.

Queremos transmitir nuestro sincero agradecimiento a dicho Ministerio dado que sin su apoyo económico la publicación de este libro no hubiera sido posible.

Este núcleo inicial de investigadores cuenta con la colaboración de expertos en diferentes áreas de estudio, adscritos a diversas universidades españolas como la de Madrid, Valencia, Málaga, Granada o Barcelona, cuyas líneas de investigación convergen en la temática abordada. Este hecho supone una ampliación de la perspectiva inicial de estudio así como la apertura del citado proyecto a nuevos enfoques de carácter multidisciplinar y, en determinados aspectos, complementarios.

El trabajo de investigación que presentamos, centrado en el lenguaje de extranjería, se propone rellenar el vacío existente, hasta el momento, sobre estudios científico-filológicos que conjuguen la caracterización del lenguaje jurídico administrativo con las implicaciones sociales y culturales de las migraciones internacionales, desde un enfoque multilingüe.

Nos apoyamos para ello en la premisa según la cual el lenguaje jurídico y administrativo de los textos referidos a extranjería, afecta a la recepción de los mismos por parte de los diferentes colectivos a los que va dirigido: por un lado, la administración y el sistema judicial y, por otro, los extranjeros que, en muchos casos, tendrán que hacer uso de ellos para cualquier gestión que deseen realizar en el país que los acoge.

La recepción del texto depende de aspectos sociolingüísticos de la lengua utilizada, de tipologías discursivas y estrategias retóricas que, con frecuencia, plantean dificultades de comprensión a los extranjeros a los que se destinan. Sin embargo, por definición y etiología, los textos administrativos deben poder interpretarse de forma clara y diáfana, al tiempo que, desde una óptica más social y acorde con los tiempos, deben contemplar la diversidad sociocultural de los usuarios de dichos textos. El análisis realizado tiene como objetivo determinar la presencia cultural del legislador o el técnico de la administración, si la hubiera, en los textos jurídicos y administrativos específicos de este sector, algo inédito hasta el momento.

En este marco, las interacciones comunicativas múltiples y complejas se suceden sorprendiendo día tras día ante el planteamiento de nuevas situaciones que desbordan cualquier previsión o idea preconcebida. De ahí, la riqueza de matices semánticos, de metáforas conceptuales, de usos lingüísticos restrictivos de la lengua natural marcados por implícitos socioculturales intertextuales que entroncan con la rigidez legislativa, lo cual no hace más que complicar la interpretación lingüística, especialmente cuando el enfoque comparativo que permite establecer coincidencias o disparidades se contempla desde diferentes sistemas legislativos pertenecientes a distintas culturas.

Por ello, con el fin de ofrecer un panorama más amplio y rico de las manifestaciones lingüísticas del fenómeno migratorio en la sociedad actual, los expertos y especialistas, que han colaborado en el presente estudio, abordan esta cuestión, de candente actualidad, desde enfoques novedosos tanto de corte lingüístico, terminológico, traductológico como social y cultural.

El libro se estructura en once capítulos que responden al siguiente esquema: los tres primeros capítulos establecen el marco legal en el que se fundamenta el lenguaje de la extranjería, seguidos de dos capítulos de enfoque lingüístico (IV y V) para pasar, posteriormente a los capítulos VI, VII, VIII, centrados en las dificultades que plantea la terminología y fraseología específica del ámbito de la extranjería desde la pragmática traductológica. La obra finaliza con tres capítulos (IX, X y XI) en los que se analizan algunas de las particularidades y matices semánticos concretos que este ámbito presenta en lenguas como el chino, el italiano y el francés, tomando como referente comparativo la lengua española.

El estudio comienza con un primer capítulo introductorio en el que se desarrolla el marco teórico del presente análisis. En él se exponen los antecedentes referentes a estudios versados sobre esta polémica cuestión desde 2007.

Posteriormente, se establece el marco histórico y social del fenómeno migratorio en diferentes países de la Unión Europea, lo cual permite hacer el balance del estado actual de la cuestión estableciendo el punto de partida de la misma. Este marco de referencia, a cargo de la Dra. Mercedes Eurrutia Cavero, pondrá de manifiesto el carácter novedoso de la presente obra, destacando la relevancia de los intercambios lingüísticos en continua evolución bajo la presión del entorno político, sociocultural y económico. Asimismo se destaca la importancia de la lingüística de corpus en estudios lexicológicos y fraseológicos, centrados en ámbitos específicos como el jurídico y el administrativo, de desarrollo aún incipiente en determinadas lenguas.

Dentro de un marco histórico y sociocultural concreto, el lenguaje jurídico administrativo manifiesta una estructura jerárquica estricta compuesta por una multiplicidad de documentos que se enriquece progresivamente para satisfacer las nuevas necesidades planteadas por los usuarios. La Dra. María Ángeles Sánchez Jiménez aporta, en el segundo capítulo, una propuesta de clasificación taxonómica de las diferentes tipologías textuales utilizadas por la Administración Pública española tanto en sus intercambios comunicativos internos como externos.

La taxonomía realizada constituye un referente para la recopilación de documentos emitidos por las Administraciones Públicas de otros países. En ella se incluyen una relación de documentos jurídicos y administrativos que emanan de diferentes órganos jerárquicos, expedidos a instancias de la propia Administración Pública o de los solicitantes. Este conjunto de documentos conforma la burocracia a la que debe enfrentarse todo inmigrante que desea regularizar su situación en el país de acogida. La Dra. Sánchez insiste en la naturaleza escrita de los mismos así como en su formalismo. La ingente cantidad de documentos transmitidos durante estos últimos años pone de manifiesto la actualidad del tema y la preocupación de los gobiernos por una gestión lo más racional y coherente posible del fenómeno migratorio.

No obstante, a pesar de su pretendida objetividad, el lenguaje jurídico administrativo se actualiza en países con sistemas políticos diversos y sistemas jurídicos, en ocasiones, de diferente familia, vigentes durante un período histórico en un contexto social concreto, lo cual influye directamente en la terminología, fraseología y otros usos lingüísticos que permiten expresarlo. El dominio lingüístico no solo es la clave de acceso a este determinado ámbito nocional sino el instrumento indispensable que nos permite relacionarnos con los demás en sociedad, acceder a su cultura y comunicar con eficacia.

Estrechamente vinculada a la cultura, la lengua, instrumento de comunicación, se convierte en "testigo vivo", a través de las actualizaciones que realizan los hablantes, de acontecimientos de diversa índole que inciden en el proceso de integración. En una etapa en la que se debate sobre la identidad nacional, definida como adhesión a un conjunto de valores y principios constitutivos, la Dra. Mercedes López Santiago analiza, en el tercer capítulo, la regulación que, desde el punto de vista normativo, se está llevando a cabo en estos últimos años en el proceso de integración. Componentes lingüísticos y culturales convergen en la producción de intercambios comunicativos igualitarios basados en el respeto recíproco y en la ruptura de estereotipos. El dominio lingüístico constituye pues un reto no exento de dificultades que requiere intervenciones gubernativas desde diferentes vertientes: políticas lingüísticas, culturales y sociales.

Dichos intercambios lingüísticos/culturales se desarrollan en el marco del discurso. En el capítulo cuarto titulado "El discurso del lenguaje jurídico administrativo español: análisis y perspectivas" el Dr. Mohamed El-Madkouri Maataoui centra su análisis en fenómenos discursivos basados en la interacción intercultural que atienden a problemas o conflictos en la comunicación relacionados no sólo con variación en estilo comunicativo, ideologías interpersonales o valores divergentes de grupos culturales que entran en interacción sino también con problemas sociales como la discriminación motivada por prejuicios étnico-raciales en el contacto interétnico producto de migraciones locales o externas. El Dr. El-Madkouri analiza el discurso jurídico y administrativo como momento semiótico de práctica social cuyo dinamismo ejerce una influencia considerable en las transformaciones sociales. La exploración de la interdisciplinariedad, del compromiso crítico y de la fundamentación teórica del análisis, esencial en los detalles metodológicos, suscita una reflexión sobre la construcción de saberes "en" y "con" el discurso, el lenguaje y la materialidad que requiere la construcción del significado.

Los implícitos socioculturales son incontestables en este sector del conocimiento que se precia de su rigor y objetividad. Sin embargo, la reflexión sobre estos matices no sería posible sin la lingüística de corpus. Por ello, la Dra. Mercè Lorente Casafont, en el quinto capítulo, insistirá en las ventajas que ofrece esta disciplina al análisis de usos lingüísticos restrictivos aplicados al dominio especializado jurídico administrativo referido a la inmigración. El estudio del lenguaje a través de usos atestiguados e instancias auténticas a partir de textos completos y no de frases aisladas o fragmentos, facilita sin duda, la correcta interpretación de datos. Así mismo, la lingüística de corpus permite examinar, desde un enfoque comparativo, corpus textuales de diferentes tipologías discursivas propias de este sector, ampliando y precisando parámetros concretos sobre el mismo. Aunque las conclusiones a las que la Dra. Lorente llega en el desarrollo de este capítulo son ricas y complejas, coinciden en las afirmaciones siguientes: aspectos formales y semánticos son indisociables; el léxico y la gramática, interdependientes; la conducta lingüística se hace evidente en los usos reiterativos así como en los procesos de innovación léxica. La investigación fundamentada en la lingüística de corpus ofrece, en definitiva, nuevas perspectivas y resultados prometedores en estudios sociolingüísticos y culturales.

A pesar de la normalización lingüística sin precedentes en la Unión Europea durante las últimas décadas, como señalan la Dra. Natalia Campos Martín y el Dr. Nicolás Campos Plaza en el capítulo sexto, el lenguaje jurídico presenta en cada lengua características léxicas, sintácticas y discursivas que le confieren su especificidad. Nos encontramos pues ante un lenguaje doblemente técnico ya que por un lado, permite expresar conceptos técnicos que plantean, en ocasiones, serias dificultades de comprensión para un público que carece de nociones básicas propias de este sector; por otro, es técnico por el modo de formular sus enunciados como ponen de manifiesto determinadas tipologías textuales que encontramos en el ámbito de la extranjería. Esta tecnicidad que lo caracteriza coexiste con máximas inmemoriales que forman parte de la tradición, de la historia, así como con el uso de términos *à double appartenance*, como diría G. Cornu (2005), propios de otros ámbitos especializados o tomados del lenguaje usual a los que se les confiere un sentido restrictivo específico.

El lenguaje jurídico, como señalan los autores de este capítulo, se inscribe en un marco histórico y sociocultural concreto dotado de cierta opacidad y ambigüedad, especialmente a nivel interlingüístico. Los sistemas lingüísticos son capaces de comunicar ideas, hechos o sentimientos adaptando diversas estrategias a las variadas necesidades expresivas. De ahí que su análisis se centre en la traducción del lenguaje jurídico administrativo en el ámbito de la extranjería, considerándola como un acto comunicativo. Su conclusión es clara y concisa: a pesar de la inexistencia, en ocasiones, de equivalentes interlingüísticos, siempre existe la posibilidad, dentro de un marco situacional comunicativo preciso, de que el emisor pueda hacer llegar al receptor el sentido que dichos términos recubren.

La identificación del sentido jurídico de la terminología y fraseología propia de este sector se ve a menudo obstaculizada por el uso de recursos estilísticos característicos del lenguaje literario: parónimos interlingüísticos, usos metonímicos, metáforas conceptuales cuyo valor connotativo inherente solo puede ser correctamente interpretado en su uso contextual y discursivo.

En el capítulo séptimo, la Dra. Natividad Gallardo San Salvador se propone ahondar en las implicaciones sociológicas y culturales que subyacen a los procedimientos de creación neológica en el ámbito de las migraciones. Este dominio ofrece sin duda un rico caudal léxico, testigo de la importancia del fenómeno migratorio en el contexto histórico y sociocultural actual, lo cual justifica el uso de una terminología que admite, en su opinión, diferentes clasificaciones. Aunque una primera clasificación nos remitiría de modo indispensable a distinguir la terminología del ámbito propiamente jurídico y administrativo de la formada por los términos que se engloban en el marco de la gestión de las ONGs y organismos internacionales, no debemos dejar de lado el conjunto de términos de carácter social que designan actividades, conceptos, e incluso objetos frecuentes en la comunicación de los asistentes, personal de la administración y cooperantes que, día tras día, realizan una importantísima labor de ayuda humanitaria. El enriquecimiento léxico y su acelerada evolución en los últimos años, reflejan con fidelidad la vertiginosa evolución del fenómeno migratorio y su impacto sociológico y cultural. El acusado proceso de divulgación en el que está inmerso este vocabulario trasciende la naturaleza del mismo y deja en sus piezas léxicas una fuerte impronta, como ponen de manifiesto los numerosos términos formados por procesos de acuñación metafórica, cuyos campos conceptuales se ubican generalmente en la vida cotidiana de los propios inmigrantes.

Así pues, factores discursivos, implícitos socioculturales presentes en el léxico dificultan la traducción de los documentos emitidos por las Administraciones Públicas induciendo con frecuencia a interpretaciones erróneas que dificultan su aplicación.

"Le langage du droit est un langage culturel" según manifiesta G. Cornu en su *Linguistique juridique* (2005: 23) afirmación que requiere sin duda una profunda reflexión como la realizada por el Dr. Emilio Ortega Arjonilla en el octavo capítulo titulado "De barreras culturales en la traducción jurídica y administrativa del francés al español. Aplicación al ámbito de la extranjería." Comprobaremos, a través de múltiples ejemplos, cómo cada término, jurídico o administrativo, tiene su raíz en la relatividad de los sistemas de derecho. La existencia de dos sistemas políticos diferentes, monárquico y republicano, en los países cuyas lenguas pone en contraste, el español y el francés, no siempre garantiza la transliteración de una lengua a otra debido especialmente a matices connotativos que se ponen de manifiesto al tratar con rigor los falsos sentidos y contrasentidos.

Como R. Barthes afirmaba en su obra *Le Degré zéro de l'écriture* (1953) "Il n'y a pas de langage innocent". "Toute parole proférée implique non seulement son auteur mais aussi toute la culture à laquelle il appartient". El diálogo intercultural supone el intercambio de interacciones verbales y no verbales entre hablantes de culturas diferentes. Las lenguas/culturas "dialogan" a través de los individuos. En estos diálogos interculturales, interpersonales o textuales, la disimetría en las interacciones viene motivada normalmente por el desconocimiento o conocimiento insuficiente de imágenes complementarias, implícitas en el léxico, en las estructuras fraseológicas que nos trasladan una cultura del Otro.

La lengua es un sistema de variedades que se manifiesta de maneras muy diversas en función de los usuarios y de los contextos comunicativos en los que estos concretan dicho sistema. Así pues la lingüística jurídica es esencialmente el estudio del lenguaje jurídico, es decir, la aplicación de la lengua natural a este ámbito especializado. Nacen así con diferentes estructuras y estilos los enunciados que permiten la creación y la realización del derecho, las leyes, las sentencias, los convenios, etc. El conocimiento del sentido jurídico, específico del léxico y el dominio del discurso jurídico, nos permiten acceder a este ámbito especializado que conjuga usos lingüísticos restrictivos con nociones intrínsecamente vinculadas a este sector del conocimiento. Un sector, como ya hemos indicado, de difícil acceso para extranjeros comunitarios, con frecuencia inextricable para extranjeros extracomunitarios que buscan, en el territorio europeo, un lugar de acogida en el que retomar las riendas de su vida.

Aunque con frecuencia se resalta la diferencia de sus aspectos étnicos o nacionales, lo cual no hace más que transformar simbólicamente a esta población en Otro cultural al que se le ubica en una esfera externa a la formada por la población autóctona, lo cierto es que en la actualidad, según datos del Instituto Nacional de Estadística español, es progresivo el aumento de población procedente de otros continentes. Cabe destacar en este sentido la importancia adquirida por el colectivo de origen chino cuyos representantes se benefician a menudo de la doble nacionalidad, además del creciente aumento de la comunidad española con familiares asiáticos. Todo ello ha repercutido considerablemente en el lenguaje jurídico y administrativo, obligando a las autoridades competentes a atender su demanda.

La comunidad china es pues una de las comunidades asiáticas más numerosas que se ha diseminado por todo el territorio nacional. No obstante, el interés de las Administraciones Públicas por integrar a este colectivo pasa por otorgarles derechos. De ahí el desarrollo legislativo y normativo que se ha producido en estos últimos años motivado por el profundo cambio sociocultural, los múltiples intercambios con China y la imperiosa demanda lingüística que requiere la satisfacción de nuevas necesidades. En este contexto, la Dra. Carmen Valero Garcés destaca, en el noveno capítulo, la importancia de la correcta interpretación de un lenguaje específico como el jurídico y administrativo. Este hecho se convierte en todo un reto si consideramos la gran variedad existente en la denominación de los tipos de leyes, tanto en español como en chino. Ambos sistemas jurídicos tienen en cuenta el organismo que promulga las disposiciones legales, pero también el contenido, la forma de la ley etc. Su complicada clasificación carece de paralelismos y hace imposible encontrar equivalencias exactas. Tampoco todos los organismos emisores tienen equivalencia en la estructura administrativa española. Por ello es necesario estudiar, en cada caso concreto, las características de la disposición legal china (lengua origen), incluyendo órgano emisor, jerarquía, forma, estructura y contenido y localizar el nombre de la disposición legal española (lengua de destino) que más características tenga en común con ella teniendo en cuenta que en España se clasifican básicamente según el órgano emisor y la jerarquía.

Basados en el estudio de corpus lingüísticos recopilados desde 2007 durante el perído de vigencia del proyecto de investigación en el que se sustenta este estudio, los capítulos décimo y undécimo, a cargo de las Doctoras Mª Belén Hernández González y Mercedes Eurrutia Cavero, parten de una misma premisa: el vínculo entre el fenómeno social y cultural que suponen las migraciones y el uso lingüístico específico del lenguaje jurídico administrativo en italiano y en francés, respectivamente. Sus investigaciones suponen una profundización de los aspectos sociolingüísticos e implicaciones culturales implícitos en el léxico y en la fraseología, incidiendo, en una primera etapa, en las tipologías discursivas recopiladas y en las estrategias retóricas que caracterizan el dominio especifico analizado. En una segunda etapa, ambas investigadoras centran el desarrollo de sus análisis en el estudio contrastivo entre las lenguas estudiadas, según el caso, y el español. El análisis taxonómico llevado a cabo y el exhaustivo proceso de anotación de los córpora recopilados sobre las diferentes tipologías discursivas a las que pertenecen los documentos emitidos por las Administraciones Públicas, tanto de Italia como de Francia, constituye una base sólida en la que ambas autoras se fundamentan para determinar la caracterización comparada del usuario extranjero, la posible inferencia/interferencia cultural en la redacción y recepción de los citados documentos en ambas lenguas poniendo en valor las particularidades propias de cada sociedad.

En suma, en este libro se presentan perspectivas de análisis de un único objeto de estudio el lenguaje jurídico y administrativo focalizado especialmente en el ámbito de la extranjería, con la finalidad de abarcar una realidad compleja y heterogénea que conjuga aspectos multidisciplinares e interlingüísticos de marcado carácter sociocultural.

La evolución lingüística refleja con fidelidad el progreso social. De ahí la importancia de la presente obra en la que se replantean algunos de los estudios realizados hasta el momento en esta línea de investigación y se profundiza sobre cuestiones, aún confusas, planteadas por un panorama incierto en el que conceptos y procesos se superponen, poniendo de relieve la necesidad urgente de una intervención política y social coherente.

El estudio propuesto pretende, en definitiva, contribuir a la investigación y reflexión sobre el uso del lenguaje jurídico administrativo por parte de los distintos Gobiernos y Administraciones Públicas en relación con las demandas de la numerosa población extranjera así como abrir nuevas vías de investigación, desde aproximaciones diversas que, seguro, serán completadas en un futuro próximo. Su objetivo final es dotar a la sociedad actual de las estrategias necesarias y de los instrumentos lingüísticos de uso formativo pertinentes en diferentes lenguas, en conexión con un articulado contexto cultural que permita anticipar y adaptar la problemática migratoria a los usos lingüísticos.

El avance hacia una política europea de inmigración requiere, pues, el desarrollo de un lenguaje común susceptible de aportar respuestas conjuntas a cuestiones apremiantes para la convivencia social en la mayoría de los países involucrados.

*Mercedes Eurrutia Cavero*

# Capítulo I

## el Lenguaje Jurídico administrativo en el ámbito de la extranjería: antecedentes y estado de la cuestión

## *Juridical and administrative language in the foreign scope: Background and state of the question*

Mercedes Eurrutia Cavero
Universidad de Murcia
mercedes.eurrutia@um.es

*Resumen*
El presente capítulo tiene como objetivo realizar un recorrido previo sobre los estudios desarrollados hasta el momento sobre el lenguaje jurídico y administrativo, en el ámbito de la extranjería, en diferentes lenguas, poniendo especial interés en las lenguas en las que se centra el posterior desarrollo de esta obra. Nos proponemos pues realizar un balance sobre el estado de la cuestión en la actualidad, destacando lo que se ha hecho hasta el momento y lo que aún está por hacer. Los datos obtenidos justifican la necesidad de investigaciones como la realizada en el presente libro que conjuga la caracterización del lenguaje jurídico-administrativo con la posible inferencia/interferencia cultural en la redacción y recepción de los documentos dirigidos a extranjeros, emitidos por las Administraciones Públicas de los diferentes países implicados. Hecho que pone de manifiesto el carácter novedoso de la investigación realizada.

Sin embargo, el estudio del lenguaje jurídico administrativo carecería de significado fuera de contexto. Por eso, en un segundo apartado, se procederá a establecer el marco de referencia histórico y social en el que este estudio se encuadra y en función del cual adquiere sentido[1].

*Palabras clave:* Lenguaje jurídico y administrativo, antecedentes lingüísticos, estado de la cuestión, marco histórico y social.

*Abstract*
The aim of the present chapter is to investigate the undertaken studies until the present period related to administrative and juridical language in the foreign field in different languages, focusing on a special interest in those which are the most important part of the developed part of this work. The objective means to obtain a balance between the state of the question at present times, focusing on what has been done until present and the thing that are still undone.

The obtained information explores the need of this type of study that is present in this book, which combines the characterization of the juridical and administrative language with the possible cultural inference in the production and reception from the documents

1 En la redacción del presente capítulo han colaborado los investigadores del Proyecto Ladex cuyos nombres se pueden consultar en <www.um.es/ladex/> [12/10/2015]: María Belén Hernández, Mohemed El-Madkouri, Pilar Aguado, Purificación Sánchez, Mª Ángeles Sánchez y Pascual Pérez Paredes. Mercedes Eurrutia, IP de dicho proyecto, es pues la coordinadora del mismo.

sent to foreign people, and related documents from public administrations from the different implied countries, that determine the innovative approach of this study

However, the study related to the administrative and juridical language is a pointless task out of context.

For this reason, the second part tends to establish the reference framework, in terms of historical and social context, in which this study is set and begins to be meaningful.

*Keywords:* juridical and administrative language, linguistic antecedents, state of the question, historical and social framework.

# 1. Estudios sobre el lenguaje jurídico administrativo en el ámbito de la extranjería en español, italiano, francés, inglés y chino: antecedentes y estado actual de la cuestión

Sin duda, el lenguaje jurídico y administrativo ha sido objeto de diversas aproximaciones y enfoques. Así pues, el creciente interés por el tema en el campo de la investigación social y jurídica se ha manifestado, sobre todo, en la celebración de Congresos científicos desde el año 1997, dedicados a revisar el estado de la cuestión en el Estado español[2], además de Coloquios[3], Másteres[4] y Cursos[5]. Sin embargo, nos encontramos ante un

2 Madrid 1997, Instituto Universitario Ortega y Gasset; Madrid 2000, Instituto de Estudios sobre Migraciones de la Universidad Pontificia de Comillas; Granada 2002, Laboratorio de Estudios Interculturales de la Universidad de Granada; Girona 2004, Universitat de Girona; Barcelona, 2004, Universitat de Barcelona; Instituto de Estudios Ceutíes, 2004; Valencia 2007, Universitat de València; Madrid 2010, Universidad Carlos III; Almería desde 1998 a 2011.

3 Universidad de Santiago de Compostela, 2003, Jornadas (Universitat de València, 2005; Universidad de Murcia, 2001; Universitat Jaume I, Castellón de la Plana 2010; Universitat de Barcelona, 2010; Confederación Española de Policía CEP, Almería 2010; Murcia, enero 2011.

4 Entre los que destacan el Máter en Derecho de Extranjería, Universidad de Granada, 2a edición 2010–11; en Estudios Migratorios, desarrollo e Intervención Social, Facultad de Derecho de la Universidad de Almería 2010–2011; en Inmigración, Familia Internacional y Mediación, Escuela de Negocios de la Universidad de Alicante, 4ª edición; 1er Master *on-line* en Migraciones Internacionales y extranjería reconocido por la Universidad Europea de Madrid y organizado por el Consejo General de Abogacía Española, Universidad de Zaragoza, 2010–2011.

5 Como los Cursos de Formación en Materia de Extranjería, Ilustre Colegio de Abogados de Murcia en colaboración con la Escuela de Práctica Jurídica de dicha

ámbito cuya complejidad requiere un estudio articulado desde diferentes enfoques complementarios: la lingüística, los estudios de traducción, el derecho y la sociología. Una revisión de la bibliografía existente sobre las particularidades propias del lenguaje jurídico administrativo para usuarios extranjeros, permite constatar el vacío existente de publicaciones referidas a este tema, máxime si se trata de estudios que incluyan la compilación de *corpora* multilingües relacionados, además de la conexión de dichos *corpora* con los factores socioculturales implícitos[6].

Desde la perspectiva sociológica, los antecedentes más claros de esta línea de investigación son los estudios realizados sobre la imagen de la inmigración en la prensa escrita (Bañón, A. *Discurso e inmigración*, Servicio de Publicaciones de la Universidad de Murcia, 2002; Van Dijk, T. *Dominación étnica y racismo discursivo en España y América Latina*, Gedisa, 2003, entre otros muchos). Se trata también de un análisis de discurso aplicado al campo periodístico. Estos estudios muestran cuatro aspectos reiterados por los medios en relación con los inmigrados: el carácter de "avalancha", el peligro para la sociedad de acogida, precariedad y marginalidad y el carácter delictivo de este colectivo.

La frontera entre lenguaje jurídico y administrativo no está, en todos los casos, bien delimitada. Aunque a menudo comparten recursos lingüísticos (gramaticales y léxicos) y coinciden en los factores extralingüísticos que los caracterizan (el canal, el emisor, el receptor y la finalidad o intención comunicativa), difieren en algunos aspectos funcionales. La caracterización del lenguaje jurídico administrativo ha recibido considerable atención en nuestro país, especialmente a partir de los años 90 (Alcaraz, 1994; Álvarez, 1995; Duarte i Montserrat, 1997; Etxebarría, 1997; Ricós Vidal, 1998; Castellón Alcalá, 2006). En estos trabajos se analizan los rasgos léxicos y gramaticales del tecnolecto y se proponen medidas para su modernización y normalización[7].

---

universidad desde 2001; Curso de Experto en Derecho de Extranjería, Universidad de Granada, desde 2003 hasta la actualidad.

6 Existen algunas referencias sobre lenguaje jurídico en general como: Corpas Pastor, G. (ed.), 2003. *Recursos documentales y tecnológicos para la traducción del discurso jurídico (español, alemán, inglés, italiano y árabe).* Granada, Comares. Cabré, M. T., Bach, C., Marti, J., 2005. *Terminología y derecho: complejidad de la comunicación multilingüe.* Barcelona, Universitat Pompeu Fabra, IULA. No hemos encontrado ninguno sobre terminología o corpus multilingüe sobre el tema propuesto por LADEX.

7 Otras publicaciones en forma de manuales y guías emitidas por las Administraciones, pretenden uniformar usos como: Ministerio para las Administraciones Públicas.

Por otra parte, hay también numerosos estudios de corte traductológico sobre inmigración que relacionan este hecho, social y cultural, con las dificultades lingüísticas a las que se enfrenta el ciudadano extranjero (Borja Albi, 1998; Asensi Sabater, 2000; Aguessim El Ghazouani, 2004). Existen iniciativas de recopilación léxica, como las llevadas a cabo por *l'Institut Universitari de Lingüística Aplicada* (IULATerm) de la Universidad Pompeu Fabra de Barcelona o los trabajos de lexicografía bilingüe, realizados por el *Instituto Universitario de Lenguas Modernas Aplicadas* (IULMA) de la Universidad de Alicante. Sin embargo, no existen estudios que conjuguen la faceta lingüística con la sociocultural.

En el ámbito de la italianística se han publicado diversas monografías y materiales sobre lenguaje jurídico y sus características o aplicaciones profesionales. Junto a obras de referencia, como la de B. Mortara Garavelli (*Le parole e la giustizia*. Torino, Einaudi, 2001), se encuentran importantes aportaciones al estudio de la terminología. Desde finales de los 90 distintos equipos de investigación trabajan sobre repertorios léxicos, diccionarios y compilaciones de *corpora*; entre ellos destacan los Institutos de la universidad de Bolonia: *SITLeC* (*Dipartimento di Studi Interdisciplinari su Traduzione, Lingue e Culture*) y *Centro Linguistico dei Poli Scientifico-Didattici della Romagna*; este último, dirigido por Félix San Vicente, se ocupa de la elaboración de productos dedicados a la enseñanza de la traducción y a la creación de repertorios digitales bilingües italiano-español. Paralelamente, la *Accademia Europea* de Bolzano, dirigida por Marcello Soffritti, ha trabajado sobre materiales para la enseñanza de la traducción jurídica desde la celebración de un congreso monográfico en 2006 y posteriormente ha propuesto materiales multilingües sobre lenguaje jurídico accesibles en red[8].

La Universidad de Génova es sede del *CeRTeM* (*Centro di Ricerca in Terminologia Multilingue*), fundado en 2005 y dedicado a la terminología multilingüe, en relación con otros organismos internacionales entre los que destaca la *AssITerm* (*Associazione Italiana per la Terminologia*) y la

1990. [1997, 6a reimpresión]. *Manual de estilo del lenguaje administrativo*. Madrid, Instituto Nacional de Administración Pública.

8 *Cf.* Portale per la lessicografia bilingue italo-spagnola: <http://hesperia.cliro.unibo.it/>; *Istituto per l'informazione giuridica:* <http://www.ittig.cnr.it>; *Dizionario Giuridico on line:* <http://www. simone.it> [11/09/2015].

Red panlatina de terminología *Realiter*, ambos institutos dedicados a la formación de terminología multilingüe[9].

En lengua inglesa, son numerosos los estudios realizados sobre el lenguaje jurídico, tanto con fines docentes como investigadores. Este lenguaje ha sido objeto de estudio para su caracterización lingüística y discursiva (Rossini, 1991; Tiersma, 1999; Wagner & Cacciaguidi-Fahy, 2006), tanto para hablantes nativos de la lengua inglesa, como para aprendices de inglés como lengua extranjera en esta vertiente mas especifica (Haigh, 2004; Ingels, 2006), así como en el campo de la traducción (Sánchez Febrero, 2003). Existen en el mercado una gran variedad de libros de texto destinados a la enseñanza/aprendizaje del inglés jurídico. Por otra parte, la investigación en este campo se ha hecho más floreciente en los últimos 15 años, ya que se están llevando a cabo estudios contrastivos, y se empiezan a aplicar técnicas computacionales a estos estudios. Existen en el mercado *corpora de Legal English,* como el *Cambridge Corpus of Legal English*, que pueden utilizarse como fuente de datos para el estudio de este lenguaje, y se siguen compilando *corpora* para diversos trabajos de investigación (Fan, 2002; Mukaini, 2008; Carvalho, 2008). Sin embargo, no son frecuentes los estudios sobre *Administrative English* como una parcela independiente de la lengua inglesa, sino que se engloban dentro del lenguaje jurídico, sin que se le preste una atención especial. Por otra parte, se pueden encontrar estudios sobre inmigración y diversidad cultural en el entorno angloparlante, dentro de las corrientes investigadoras sobre interculturalidad, estudios sobre minorías étnicas, inmigración, etc. No obstante, la combinación de estudios culturales y lenguajes específicos, como es el caso del *Legal English*, es un campo muy poco explorado. Existen trabajos que apuntan a consideraciones culturales en el ámbito del sistema legal (Shah, 2005), pero no directamente relacionados con cuestiones filológicas o lingüísticas, y mucho menos apoyados en corpus de datos.

En lengua francesa, la situación es similar a las anteriormente descritas. Francia llegó a alcanzar el primer rango en número de inmigrantes en 1930 convirtiéndose en punto de mira de la Unión Europea así como sede de organismos de prestigio mundial como la UNESCO. Aunque existen numerosos estudios de enfoque sociológico, terminológico o traductológico, y algunas obras sobre el lenguaje jurídico y administrativo de carácter general, no hemos encontrado ningún trabajo de investigación en el ámbito de la extranjería que combine aspectos socioculturales y

9 REALITER (Red panlatina de terminología): <http://www.realiter.net/> [03/10/2015].

lingüísticos. Los estudios de G. Cornu: el *Vocabulaire juridique* (1987), la *Linguistique juridique* (1990) constituyen un referente indiscutible. Destacan dentro del marco jurídico los trabajos este sector, llevados a cabo por *l'École de Droit de la Sorbonne, l'Institut de recherche juridique de la Sorbonne (IRIS), l'École Doctorale de Droit International et Européen*, entre otros. Desde la vertiente lingüística *les Facultés et les Instituts de Linguistique, les Instituts de Langues Étrangères Appliquées* o *les Écoles de traduction et d'interprétation* han desarrollado una importante labor investigadora. Los estudios de Pierre Lerat como "Le vocabulaire juridique entre la langue et le texte" dans *La jurilinguistique*, Montréal, Themis, 2004, 56–69 y de Jean-Louis Sourioux "A la recherche de la notion de droit fondamental" dans *Les droits fondamentaux*, Paris, Bruylant, 2005, 451–455, realizados de modo independiente o conjunto como *Analyse de texte. Méthode générale et applications au droit*, Paris, 1992; dan buena cuenta de ello, al igual que *Le français du droit* (1999) de Jean Luc Penfornis, miembro del grupo de investigación dirigido por Michel Danilo sobre lenguas de especialidad, y más recientemente, *Le français juridique* (2003) de Michel Soignet, ambos de enfoque didáctico. Glosarios, diccionarios monolingües y bilingües publicados por editoriales como *Dalloz, Librairie Genérale du Droit et de la Jurisprudence*, coexisten con investigaciones, impresas o en línea, multilingües publicadas dentro del marco de la *Société française de terminologie* presidida por Loïc Depecker, la *Association européenne de terminologie* y el *Réseau panlatin de terminologie.* Entre las bases terminológicas francófonas destaca el *Corpus du Réseau Interministériel de Terminologie*[10] de la Delegación General de la Lengua francesa, *Termium*[11], así como otras bases de datos de recursos terminológicos multilingües, accesibles en red, publicados por l'*Office québécois de la langue française*[12]. Por ultimo, en el marco europeo destacan los trabajos sobre terminología multilingüe disponibles en la *IATE Terminología interactiva para Europa* que desde 2007 sustituye a *Eurodicautom* (1975), primera base de datos terminológica de la Comisión Europea. *IATE* combina las bases terminológicas de instituciones y organismos comunitarios como el Centro de Traducción de los Órganos de la UE, el Banco Central Europeo, el Tribunal de Justicia de las Comunidades Europeas.

10 Criter: <www.dglf.culture.gouv.fr/terminologie/base-donnees.html> [22/08/2015].

11 Oficina de Traducciones del Gobierno de Canadá. *Termiumplus*. Base de datos trilingüe (inglés, francés y español): <http://www.termiumplus.gc.ca/> [25/09/2015].

12 Office québécois de la langue française: <http://www.oqlf.gouv.qc.ca> [12/09/2015].

En cuanto a estudios centrados en el lenguaje jurídico administrativo chino cabe señalar que, a diferencia del español, nos encontramos ante un ámbito relativamente reciente, en constante evolución ante las nuevas necesidades planteadas por la creciente llegada de inmigrantes chinos a Europa. Centraremos nuestra atención en España, país de referencia en nuestro libro. La mayoría de los inmigrantes chinos llegan a España sin conocimientos previos del español y, además, por el hecho de vivir y trabajar en sus propias comunidades de inmigrantes (la diáspora china), muchos de los que ya llevan aquí algunos años siguen teniendo un nivel muy limitado del español. Aunque dichos conocimientos les permiten relacionarse en escasa medida con los autóctonos resulta insuficiente para poder comunicarse efectivamente con el personal de los servicios públicos (hospitales, juzgados, policía, escuelas, centros de atención al ciudadano, servicios sociales, etc.). Si a estas limitaciones lingüísticas sumamos la gran distancia entre la cultura china y la nuestra y las barreras que esto implica para la comunicación no verbal, la necesidad de un servicio que permita la comunicación entre la población china y el personal de los servicios públicos se ve claramente acentuada. Este hecho ha propiciado la aparición de nuevos perfiles profesionales (traductores e intérpretes sociales y mediadores lingüístico-culturales) en gran parte de los países receptores. De ahí la importancia que han adquirido en este sector los estudios (artículos, comunicaciones, monografías, tesis) que exploran la interpretación en los servicios públicos. La mayoría parte, en general, de un enfoque interdisciplinario basado en teorías de campos como la lingüística (concretamente, de la pragmática), la traductología, la sociología, la etnografía, la psicología, las ciencias de la comunicación, imprescindible para poder explicar las complejas situaciones que se pueden dar tanto en el análisis de cuestiones lingüísticas como de otros aspectos propios de la traducción.

Cabe citar, entre otros, los estudios de Dora Sales Salvador (2003) sobre "Interacción comunicativa intercultural con inmigrantes procedentes de la cultura china" en el grupo Crit (ed.) *Claves para la comunicación intercultural*, publicado por la Universitat Jaume I de Castelló de la Plana[13] o la investigación llevada a cabo por Jin Qu y Liying Wang (2005)

13 Vargas Urpí, Mireia. 2010. "La interpretación en los Servicios Públicos para el colectivo chino en el contexto catalán" in Pedro San Ginés Aguilar, ed. *Cruce de miradas, relaciones e intercambios.* Granada: Editorial Universidad de Granada, "Colección Española de investigación sobre Asia Pacífico", n°3, cap. 55, 883–905: <http://www.crit.uji.es/biblio/doraclaves.pdf> [21/10/2015].

sobre "Pragmatic transfer in Compliment Reponses by Chinese Learners of English" in Sino-Us English Teaching, vol. 2, 12, 66–75; entre otros estudios más recientes cabe citar el de C. Valero Garcés y F. Raga Gimeno, en 2006 "Retos del siglo XXI en comunicación intercultural: nuevo mapa lingüístico y cultural de España", *Revista Española de la Sociedad de Lingüística Aplicada (RESLA)*, nº1528, vol. Monográfico, 111–135, o los de Jie y Zhong (2008) "Locating user of interpretation in the court. An imppact análisis of literal and meaningful renditions in mock court situation", publicado en *Babel*, vol. 54, 4, 327–354 en el que sus autores exponen un estudio empírico realizado en el marco de la interpretación judicial para evaluar el efecto de dos tipos de interpretación, la "literal" y la "de significado", en los usuarios. Ese mismo año se publica en *China Media Research*, vol. 4, 3, 43–52, la investigación de Mei-Xiao Lin (2008) "Pragmatic Failure in Intercultural Communication and English Teaching in China" y un año más tarde los trabajos realizados por Mireia Vargas-Urpí (2009) sobre *La mediación lingüístico-cultural en las escuelas catalanas. Cómo ayudar en la comunicación entre padres y madres chinos, y educadores catalanes* publicado por la Universitat Autònoma de Barcelona[14]. La investigación sobre este tema ha suscitado un gran interés como se puede comprobar a través de múltiples y variadas publicaciones. Sin embargo, a pesar de que sí existen estudios específicos para algunos pares de lenguas como el español-inglés, ruso-sueco, alemán-francés o árabe-español, los análisis comparativos entre el chino y el español son aún incipientes y en ciertos casos, como el ámbito que nos proponemos explorar, nulos. No existen pues publicaciones que conjuguen el estudio del lenguaje jurídico-administrativo chino y sus posibles implicaciones socioculturales desde el punto de vista contrastivo con el español por ello su estudio resulta, entre otros aspectos, novedoso.

El análisis de los antecedentes expuestos nos permite establecer las siguientes conclusiones:

1. A pesar de que las migraciones están presentes en numerosas perspectivas de investigación, no hay publicaciones que conjuguen la caracterización del lenguaje jurídico administrativo con el análisis de los factores culturales y sociales. Estimamos que es una cuestión de capital importancia, considerando que, en la actualidad, este colectivo es uno de los grupos

14 Universitat Autònoma de Barcelona: <http://www.rececat.net/handle/2072/40652> [24/10/2015].

receptores más importantes de los documentos emitidos por las Administraciones Públicas.

2. Aunque el lenguaje administrativo se ha caracterizado de forma conjunta con el lenguaje jurídico en las diferentes lenguas analizadas, no se han encontrado trabajos que determinen la posible interferencia cultural en la redacción y recepción de documentos jurídico-administrativos concebidos para el uso de extranjeros y emitidos por las Administraciones de los diferentes países implicados.

3. No existen trabajos de investigación sobre el lenguaje jurídico administrativo y su recepción por parte de los extranjeros, basados en córpora lingüísticos que conjuguen los aspectos indicados.

Por todo lo expuesto, constatamos la necesidad de satisfacer el vacío existente mediante un análisis conjunto elaborado por especialistas en lingüística, en coordinación con expertos en la materia que contemple las posibles conexiones entre las diferentes disciplinas implicadas (sociología, lingüística y derecho) y su expresión lingüística (terminología, fraseología o estructuras morfosintácticas).

## 2. Marco legal y contexto socio histórico en el que se desarrollan los intercambios lingüísticos en materia de extranjería en la UE

En este apartado nos proponemos profundizar en el marco socio histórico y contexto legal en el que tienen lugar los intercambios lingüísticos en materia de extranjería, dentro de la Unión Europea. Convencidos de que los usos lingüísticos reflejan la evolución social e histórica de una determinada cultura, nuestro objetivo es aportar un referente teórico a los capítulos siguientes del presente estudio. No obstante, ante la imposibilidad de abordar, en tan breve espacio, este amplio tema, centraremos nuestra atención en tres países, referentes de peso, en esta comunidad política de derecho, nacida para propiciar la integración y goberrnanza común de los Estados y pueblos que la componen[15]: España, Francia e Italia[16].

La combinación de factores económicos, políticos y sociales, tanto en el país de origen del emigrante (factores de expulsión, de abandono) como en el país de destino (factores de llamada), influye de modo decisivo en el fenómeno migratorio. Se considera que la relativa prosperidad económica y la estabilidad política de la Unión Europea han ejercido, a lo largo de la historia, un efecto de "llamada" a la migración internacional bajo motivaciones diversas, entre las que cabe destacar la resolución de deficiencias específicas del mercado laboral o la subsanación de carencias provocadas por períodos de conflicto bélico, catástrofes naturales o envejecimiento de la población. Todo ello ha provocado el colapso actual, en la mayoría de los países miembros de la UE, que se han visto abocados a aplicar duras restricciones en este sector, a partir de acciones políticas de control que pasan por la integración.

Los datos recogidos en mayo de 2015 sobre el total de inmigrantes y nacionalidad de origen en la Unión Europea aportados por Eurostat son reveladores[17]:

– Principales países receptores de residentes extranjeros:
 Originarios de otros Estados miembros (2011):
 Alemania 2,6
 España 2,6
 Reino Unido 2,0
 Italia 1,3
 Francia 1,3
 Externos a la Unión Europea (2013):
 Alemania 7,7
 España 5,1
 Reino Unido 4,9
 Italia 4,4
 Francia 4,1

15 Ministerio de Asuntos Exteriores y de Cooperación: <http://www.exteriores.gob.es/RepresentacionesPermanentes/EspanaUE/es/quees2/Paginas/default.aspx> [12/10/2015].

16 El marco de referencia establecido en el presente capítulo sobre los países citados servirá de referente, en particular a los capítulos III, IV, X y XI de este libro.

17 Eurostat Statistics Explained: <http://ec.europa.eu/eurostat/statistics-explained/index.php/Migration_and_migrant_population_statistics/es> [21/09/2015].

– Principales países receptores de inmigrantes (2012):

| | |
|---|---|
| Alemania | 592,200 |
| Reino Unido | 498,000 |
| Italia | 350,800 |
| Francia | 327,400 |
| España | 304,100 |

– Principales países receptores de inmigración irregular (2014):

- Italia > 116, 000
- Grecia > 20,000

– Principales receptores de solicitud de asilo (2014):

- Alemania 171,945
- Suecia 78,830
- Francia 62,865
- Italia 51,910
- Reino Unido 31,210

Observamos pues un aumento vetiginoso en la movilidad de la población. En la actualidad, los principales solicitantes de asilo en países de la UE son fundamentalmente sirios (99,795), eritreos (35,390 y afganos (33,665), según los datos aportados por la Comisión Europea tras consultas realizadas el 20 de diciembre de 2014: *Migration and migrant population statistics.*

Atendiendo a los informes emitidos por el Alto Comisionado de las Naciones Unidas para los Refugiados (ACNUR), el 80% de los demandantes de asilo buscan refugio en la UE lo hacen en Francia, Reino Unido, Alemania, Italia y España.

La mayoría de los inmigrantes que intenta llegar a Europa son refugiados económicos que escapan de la pobreza, frente a otros que huyen de desastres naturales, conflictos bélicos, persecución política o religiosa. No obstante y, a pesar de los esfuerzos gubernamentales por facilitar su integración, no todos consiguen su regularización.

Los restringidos cupos de acceso a la nacionalidad de los países receptores han convertido a Europa, en estos últimos años, en un foco marcado por la clandestinidad. La represtación cartográfica de las principales rutas migratorias, así como de los principales cruces ilegales de frontera, nos permitirá hacernos una idea al respecto[18].

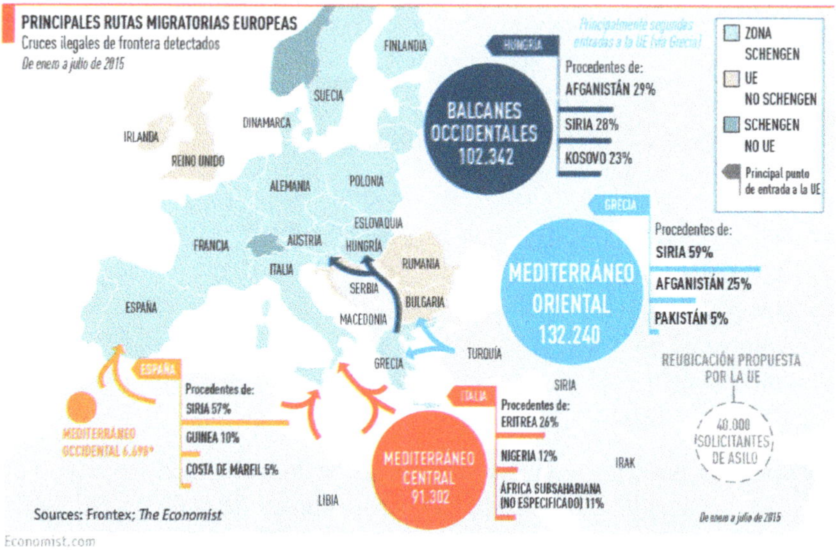


No obstante, el fenómeno migratorio adquiere características específicas en cada país que se manifiestan, explícita o implícitamente, a nivel lingüístico. Así, por ejemplo, nociones básicas en este dominio como la expresada por la unidad léxica *solicitud de asilo* difiere considerablemente de un país a otro, debido a los factores anteriormente indicados (políticos, económicos o sociales) y a las connotaciones implícitas subyacentes cuando dicha unidad léxica se actualiza en el uso. Para ilustrar este hecho revisaremos la noción expresada por la misma en países como España, Italia y Francia.

## *Solicitud de asilo en España*

España es uno de los países europeos donde es más difícil solicitar asilo político. El blindaje de las fronteras, especialmente en Ceuta y Melilla, ha provocado que muy pocas personas puedan presentar dicha solicitud.

18 *The Economist:* <https://esp.rt.com/actualidad/public_images/2015.09/original/55e96a05c46188ed048b45c3.png> [09/10/2015].

De hecho, España ocupaba el puesto 26 de los 27 países de la UE en el año 2013, tan sólo por encima de Estonia. Sin embargo, esta situación ha mejorado desde la apertura, en marzo de 2015, de dos oficinas de asilo en los citados puestos fronterizos.

No obstante, las cifras de España difieren considerablemente de las del resto de países europeos. En 2015 sólo se atendieron 5.947 solicitudes, el 0,95% del total de las que se presentan en toda la UE. De todas ellas, el Ministerio del Interior concedió la protección internacional a 1.585 personas y denegó el 56% de las peticiones, según un informe de la Comisión Española de Ayuda al Refugiado (CEAR).

Tradicionalmente España es un país de destino de inmigrantes que se desplazan para mejorar sus condiciones de vida y de escasos refugiados políticos. Una muestra de ello la encontramos en el gran número de inmigrantes de origen hispano: ecuatorianos, peruanos, chilenos o argentinos que prefieren emigrar a España movidos, especialmente, por vínculos culturales y lingüísticos.

Una vez que el refugiado presenta su solicitud de acogida en la frontera, la Administración dispone de un plazo de cuatro días para admitirla a trámite o denegarla. Si la respuesta es positiva, el solicitante de asilo es autorizado a residir en centros gestionados por ONGs. Durante seis meses se le garantiza manutención y alojamiento. Además, recibe clases de español dos o tres veces a la semana y puede contar con la ayuda de una pequeña aportación económica que recibe mensualmente para el transporte. Transcurrido este período y, salvo casos excepcionales de demandantes especialmente vulnerables, una gran parte de los refugiados acaba sumido en una situación de extrema precariedad en la que sus posibilidades de integración son escasas o prácticamente nulas.

### *Solicitud de asilo en Italia*

Italia es otro de los países que más solicitudes de asilo recibe. Esta situación se multiplicó en 2015 con el dramático incremento de entradas. Los solicitantes de asilo suelen acreditar encontrarse en riesgo de persecución o amenaza de violencia en su país de origen.

Tras la presentación de la solicitud correspondiente en la Policía de fronteras o en la oficina de inmigración de la Jefatura de Policía, el inmigrante permanece a la espera de la resolución de su expediente que suele durar más de un año. Este lapso de tiempo genera una situación de gran incertidumbre para los refugiados que se enfrentan a un futuro extremadamente incierto. Durante la espera, el Gobierno italiano aloja a los inmigrantes en centros de acogida. Sin embargo, el número de infraestructuras habilitadas a tal efecto ha resultado insuficiente ante la llegada masiva de inmigrantes durante estos últimos años, lo cual ha llevado a habilitar nuevos centros, con carácter extraordinario, con el fin de satisfacer la demanda existente.

El solicitante de asilo puede trabajar a partir de los seis meses de su llegada al país mientras espera la resolución de su expediente; no obstante, el elevado índice de paro complica la situación. Si finalmente su solicitud de asilo es denegada, se dicta una orden de expulsión que le obliga a abandonar el país. La mayoría de ellos no la cumple con lo cual se quedan en un "limbo" total, en Italia o en otro país; en cualquier caso, en situación irregular.

### *Solicitud de asilo en Francia*

El presidente francés, apoyado por la canciller alemana, ha liderado campañas políticas que abogan por la aprobación de cupos obligatorios para la acogida de refugiados en la Unión Europea con el fin de conseguir una distribución equitativa de los mismos. A los solicitantes de asilo en Francia se les puede conceder el estatuto de refugiado en base a 3 fundamentos[19]: –La *Convención de Ginebra* relativa al Estatuto de los Refugiados del 28 de julio de 1951 según la cual el estatuto de refugiado se concede a "cualquier persona que tenga [...] fundados temores de ser perseguida por motivos de raza, religión, nacionalidad, pertenencia a determinado grupo social o opiniones políticas, se encuentre fuera del país de su nacionalidad y no pueda o, a causa de dichos temores [...] no quiera regresar a él". –El asilo denominado constitucional, que tiene su origen en el apartado 4 del preámbulo de la *Constitución de 1946*: el estatuto de refugiado se concede a "cualquier persona perseguida por su acción en favor de la libertad". –Según el mandato del *Haut Commissariat des Nations Unies pour les Réfugiés* (ACNUR): "si ha sido reconocido refugiado por el ACNUR en base a los artículos 6 y 7 de su estatuto."

19 EUR-Lex: <http://eur-lex.europa.eu/legal-content/ES/TXT/?uri=URISERV%3Al33176> [14/10/2015].

Tras su llegada a Francia el refugiado debe firmar un contrato de acogida e integración que le atribuye determinados derechos sociales pero también obligaciones. El incumplimiento de las cláusulas establecidas en el mismo, puede motivar su ruptura. El tiempo de respuesta a su solicitud de asilo varía en función de la urgencia de cada caso. En situaciones extremas se obtiene una respuesta en 15 días; en cambio, en el resto de casos, la resolución del expediente en cuestión puede llegar a dilatarse hasta seis meses. A partir del momento en el que se le concede el estatus oficial de refugiado, recibe una tarjeta de residencia válida durante diez años, con carácter renovable. Asimismo, se le facilita el acceso a la nacionalidad francesa. Los refugiados siguen una formación cívica y lingüística, además de recibir cursos de cultura y civilización francesas que favorecen su integración facilitando, una vez reconocido su estatus legal, su acceso al mercado laboral.

Observamos pues, en función de los requisitos exigidos y de los derechos adquiridos por los inmigrantes expresados por la unidad léxica analizada, cómo las nociones se suceden y varían porque la terminología y la fraseología especializada en el ámbito jurídico se actualizan en países con sistemas políticos diversos y sistemas jurídicos, en ocasiones, de diferente familia, vigentes durante un período histórico que se actualizan en un contexto social y en un territorio concretos. Frente al sistema político republicano, en vigor en Francia e Italia, países tomados como punto de referencia en el presente estudio, España dispone de un sistema monárquico parlamentario. El sistema jurídico de estos tres países guarda estrechas similitudes pero también divergencias.

Si entendemos el término *jurídico* como todo aquello vinculado al derecho –conjunto de leyes que organizan la sociedad– podremos definir el sistema jurídico como conjunto de normas, instituciones y agentes que hacen el derecho, en un determinado país y en un período determinado. El Estado regula esta serie de normativas, de carácter objetivo, con el fin de facilitar la convivencia y establecer pautas para regular la conducta de las personas. Aunque existen grupos o familias de sistemas jurídicos, cada país cuenta con su propio sistema jurídico. Según esta premisa, un acto delictivo puede ser penado de modo diferente de un país a otro, dependiendo de lo establecido en su sistema jurídico. Así pues, el ordenamiento jurídico está estrechamente vinculado al ordenamiento jurídico –conjunto sistematizado de normas, reglas y leyes–. En los países democráticos, la Constitución constituye la norma suprema del ordenamiento jurídico y la base del sistema jurídico. No obstante, una posible clasificación de los sistemas jurídicos reconoce diferentes familias: las familias del Derecho continental, del Derecho anglosajón y del Derecho socialista, además de los sistemas de Derecho religioso. Nos centraremos, pues, en la primera familia por pertenecer a ella los países seleccionados en nuestro estudio. Así pues, el Derecho continental, también denominado Derecho continental europeo, Sistema romano germano francés o Sistema romano francés, es el sistema jurídico que deriva del que se aplica en Europa continental y que hunde sus raíces en el Derecho romano, germano y canónico. Este tipo de sistema jurídico, inspirado en la Ilustración, movimiento intelectual y cultural que se desarrolló desde finales del sigo XVII y comienzos de la Revolución francesa, se aplica en la mayor parte de los países europeos así como en su territorio colonial y se caracteriza por anteponer las leyes a la jurisprudencia, además de disponer sus normas en cuerpos legales o códigos que presentan una estructura sistematizada y ordenada.

El Derecho continental, de aplicación en España, Francia e Italia, difiere ampliamente del Derecho anglosajón, también conocido como *Common law*, que deriva del sistema jurídico existente en Inglaterra durante la Edad Media siendo de aplicación en la actualidad, en la mayoría de territorios que se encuentran bajo la influencia de Gran Bretaña. Como características esenciales de este sistema jurídico cabe señalar que su creación surge de decisiones tomadas por los tribunales y, por tanto, se distingue del Derecho continental en que se fundamenta más en la jurisprudencia que en las leyes. Junto con el cuerpo de normas denominado *equity* (justicia) el Derecho anglosajón forma parte del Derecho de Norteamérica por lo que su ámbito de aplicación es bastante amplio. El lenguaje jurídico da testimonio fiel de este hecho.

Por todo ello y, en función de lo expuesto en párrafos anteriores, podemos afirmar que existe un lenguaje jurídico específico cuyas características genéricas son de aplicación a una amplia diversidad de ámbitos y, por tanto, requiere un estudio minucioso. Este lenguaje jurídico posee unas marcas socioculturales variables en función de los parámetros a los que acabamos de hacer referencia. Sin embargo, dicho lenguaje adquiere peculiaridades propias cuando aplicamos los usos lingüísticos restrictivos del lenguaje jurídico general a ámbitos especializados como el de la extranjería. La estructura del presente libro está pues pensada teniendo en cuenta estos aspectos.

Centrándonos pues en el ámbito de la extranjería, dada la relevancia adquirida en los últimos años por este tema y su amplitud dado que todos estamos involucrados en él, consideramos que una breve evocación histórica de este dominio en los países seleccionados, a título ilustrativo, es indispensable para conocer su evolución (paralela a la evolución terminológica) y comprender mejor el estado actual de la cuestión.

## *2.1 Historia de la inmigración en España*

En España, el discurso mediático, político y administrativo de las últimas décadas aparece caracterizado por contenidos novedosos y en cierta medida insólitos, si se compara con otros discursos sociolingüísticos anteriores. Este nuevo discurso refleja el cambio sociológico que ha sufrido el país, los nuevos focos de interés de la opinión pública, así como las preocupaciones del conjunto de la población y de sus dirigentes políticos.

Este cambio discursivo social general viene causado por la transformación del panorama sociológico de España, determinado, a su vez, por la llegada de personas procedentes de otros países con la finalidad de establecerse, trabajar y vivir en dicho país.

Es difícil rastrear y enumerar los primeros trabajadores que llegaron a España a lo largo del siglo XX. El proceso democratizador interno, unido a los cambios drásticos que supuso su ingreso en la Comunidad Europea y su vertiginoso desarrollo económico, frenado en la actualidad por el golpe de la crisis económica, favoreció la llegada de inmigrantes al país. Estos acelerados procesos económicos, políticos y sociales han ido acompañados de una sostenida e intensa actividad legislativa.

Sin embargo, el fenómeno inmigratorio, tal y como lo conocemos en la actualidad, empezó a visibilizarse y a incorporarse con mayor intensidad a la agenda política y mediática a partir de 1990 aproximadamente.

El análisis de la prensa y del discurso parlamentario reflejado en el diario de las sesiones, profusamente estudiado, es un buen ejemplo para el análisis de la evolución de la sociedad en relación con el fenómeno migratorio en los últimos años.

Existen otros ámbitos de esta nueva realidad lingüística poco visibilizados como es el caso del lenguaje administrativo y jurídico. También a este nivel se refleja el cambio social. En efecto, la relación de España con el fenómeno migratorio no es reciente, aunque sí lo es la relación con las nuevas modalidades de la trashumancia humana y la direccionalidad de las mismas. En este sentido, España ha pasado de ser un país principal de tránsito de los flujos migratorios, es decir, ha dejado de ser un país en el que los trabajadores extranjeros entraban y salían a discreción, dependiendo de las reglas de demanda y oferta de trabajo, a constituirse en un país de acogida, en el que numerosos inmigrantes se han establecido con carácter definitivo.

Antes de la imposición del visado de entrada a ciudadanos de países del Magreb y de muchos de Hispanoamérica, así como del endurecimiento de los trámites y exámenes de las solicitudes para los ciudadanos subsaharianos y asiáticos, los trabajadores entraban y salían convenientemente del territorio nacional. Sin embargo, la entrada de España en la Unión Europea y el establecimiento de visados, llevó a estos trabajadores a asentarse y a buscar la forma de regularizar su situación en el país. De ahí que, para poder gestionar esta nueva realidad social, se hayan tenido que idear y poner en marcha los trámites legales y administrativos necesarios para ello.

A esta realidad ha contribuido igualmente el *Tratado de Schengen* (firmado por la gran mayoría de los Estados de la Unión Europea, junto a Islandia, Noruega y Suiza, (2006), con el objeto de garantizar la libre circulación para sus respectivos ciudadanos). A este *Tratado* se han ido incorporando otros países desde finales de 2007. Ahora bien, junto a la apertura de fronteras que se establece para los ciudadanos de los países firmantes de dicho *Tratado*, también se impone el cierre de las mismas para otras poblaciones no comunitarias. Sin embargo, y al margen de ello, algunos países como España han firmado acuerdos puntuales para el abastecimiento del mercado de trabajo con mano de obra extranjera. Entre los países firmantes podemos citar Bulgaria y Rumania (que ahora forma parte de la UE), Colombia, Ecuador, República Dominicana y Marruecos.

En el mismo sentido se han habilitado procesos de regularización de extranjeros indocumentados a lo largo de las últimas décadas:

1. En 1991 se regularizaron 130.000 personas, aunque algunas organizaciones no gubernamentales calculan que un número superior a éste quedó fuera del proceso.
2. En el proceso de regulación correspondiente a La ley de Extranjería de 2000, casi 600.000 (598.887) extranjeros presentaros solicitudes

de regularización, de las que fueron concedidas el 60%, alrededor de 400.000[20].

3. El último proceso tuvo lugar en 2005. A finales de diciembre de 2004 se elaboró un nuevo Reglamento sobre derechos y deberes de los extranjeros, contabilizándose solo en Madrid y Cataluña 135.876 y 112.842 solicitudes respectivamente.
4. También se ha abierto la puerta a la regularización continua mediante el denominado procedimiento de regulación por arraigo.

*Necesidades administrativas que plantea la inmigración*

La inmigración, desde el punto de vista social, ha creado nuevas necesidades administrativas ajenas al número y naturaleza de los documentos que las administraciones públicas redactaban y expedían antes de la llegada y asentamiento en España de los inmigrantes. Esta documentación afecta, tanto a la propia de cualquier ciudadano tradicionalmente español como a la creada *ad hoc* para responder al cambio y reorientación de las necesidades sociales del conjunto de la población que vive en territorio español.

El cambio afecta, por tanto, a todas las administraciones y a los servicios públicos que estas prestan. No existe ningún ministerio que no se haya visto afectado por este tipo de modificaciones, aunque en cuanto a volúmenes y trascendencia social, hay algunos que superan a otros. Es evidente que, por el número y tipo de los recientes movimientos migratorios, los Ministerios del Interior, de Asuntos Exteriores y de Trabajo se vean más afectados e implicados que los Ministerios de Tecnología o de Defensa, por ejemplo. Aunque estos últimos tengan ya recogidos a inmigrantes o ciudadanos de origen inmigrante, sus legislaciones internas no han manifestado ni los drásticos ni los intensos cambios de otros ministerios. Y así la sociedad en general.

El efecto de la inmigración no es unánime en todos los sectores, actividades, clases sociales y regiones españolas. Sin embargo, donde se registra mayor demanda de información escrita es en la Administración Pública encargada fundamentalmente de prestar servicios públicos directos a los ciudadanos.

---

20 Instituto Nacional de Estadística, Ministerio del Interior, Ministerio de Asuntos sociales: <http://sauce.pntic.mec.es/jotero/Inmigra/Cuantos.htm> [12/11/2015].

Pasamos pues a indicar brevemente las funciones asumidas por los diferentes Ministerios.

Desde el punto de vista cualitativo, parece que el *Ministerio del Interior* asume las mayores competencias sobre la mayor parte de aspectos relacionados con los inmigrantes. Esta notaria presencia condiciona, la mayoría de la veces, la prevalencia de la consideración *securitaria* del asunto de la inmigración sobre los demás. Dicha observación es constante en todas las leyes relativas a los derechos y libertades de los extranjeros, hasta la promulgación del Real Decreto 557/2011, de 20 de abril de 2011 que introduce explícitamente la palabra "integración".

Dentro de los distintos organismos del Ministerio del Interior, las Fuerzas de Seguridad del Estado son las más directamente implicadas en el tema de la extranjería. De hecho, desde los primeros tanteos de finales de los años ochenta y principios de los noventa, se ha procedido a la especialización de agentes de este cuerpo en temas exclusivos de los extranjeros residentes en España. De modo paralelo, se ha observado igualmente la especialización y distinción de la información que este cuerpo pone a disposición de los extranjeros, especialmente los inmigrantes. Así, se ha pasado de la información oral a los trípticos específicos y, finalmente, a la información colgada en los portales web del Ministerio del Interior.

La progresiva especialización se constata igualmente en las dependencias de las Fuerzas de Seguridad del Estado que atienden a inmigrantes. Se ha pasado del agente de la policía no especializado, que atendía tanto a ciudadanos españoles como a ciudadanos extranjeros, característico de la primera etapa, a los grupos de extranjería alojados en las distintas comisarías, y la creación, en los últimos años, de oficinas específicas e independientes. Y dentro de éstas, a oficinas especializadas en distintos permisos de residencia, como la separación de aquellas en las que se extiende la "tarjeta comunitaria" de las demás. Cabe mencionar igualmente la labor de estos cuerpos, especialmente la Guardia Civil, en la prestación de auxilio, ayuda y salvamento en caso de personas procedentes del continente africano que intentan acercarse al territorio europeo cruzando el litoral atlántico o el mar Mediterráneo.

Con la contemplación de la "Integración social" en la última Ley de extranjería, 557/2011, se espera que se introduzcan elementos nuevos en el acercamiento del Ministerio del Interior a este tema para que se combine la prevención con la integración.

Dentro del territorio nacional el *Ministerio de Administraciones Públicas*, a través de sus distintas administraciones y organismos, es el segundo más implicado en el tema de la inmigración en España. En este sentido, las distintas Comunidades Autónomas, en tanto que gobiernos locales, tienen sus propias normativas con respecto a la gerencia de los asuntos relacionados en los extranjeros residentes en la circunscripción de su territorio. A veces se observan leves diferencias con respecto al trato dispensado a los inmigrantes y a sus hijos, especialmente en lo referente a temas puntuales como los regímenes alimentarios en los comedores de los centros educativos públicos, el tema del Hiyab, para ciertos colectivos, etc. en función de la orientación ideológica y política del partido gobernante. Asimismo esta observación es válida para algunos ayuntamientos con respecto a la autorización de centros de culto específicos, la concesión del suelo para algunos cementerios específicos, etc. De hecho, todos estos asuntos, entendidos también como parte del esfuerzo bilateral por la integración, generan numerosa documentación –aunque no visible– entre las administraciones competentes y las diversas comunidades interesadas.

Los distintos servicios de prestación de ayuda social para la acogida de inmigrantes despeñan una interesante labor no sólo de ayuda directa, sino también de información y concienciación social. Del mismo modo, el *Instituto Nacional de la Vivienda* y los organismos autonómicos y municipales afines prestan servicios de información y asesoramiento al extranjero sobre las posibilidades de conseguir una vivienda de protección oficial.

Pasamos pues a revisar brevemente las competencias de cada ministerio en el tema que nos ocupa.

Así pues, el *Ministerio de Asuntos Exteriores y de la Cooperación* es una entidad concernida por el tema de la inmigración. De hecho, este Ministerio tramita y gestiona, a través de sus servicios consulares en el extranjero, la concesión de los distintos tipos de visado de entrada en el territorio español, desde los de agrupación familiar hasta los visados de estancia de estudiantes. El nombre de este Ministerio es, pues, ineludible en todas las leyes, notificaciones y avisos de extranjería, desde 1990.

Las legaciones diplomáticas españolas en el extranjero hacen otro tanto para la gestión y canalización (o impedimento) de la inmigración regular e irregular desde los países de origen.

El *Ministerio de Trabajo* ha estado igualmente implicado en el tema de la inmigración desde el inicio de su reglamentación. Recordemos que el permiso que se concedía a los extranjeros trabajadores en España se denominaba "permiso de trabajo y de residencia". Es decir, que supeditaba la residencia de los extranjeros a la concesión de la autorización de trabajo que otorgaba este ministerio. Las oficinas de Empleo y de Seguridad Social, dependientes del mismo, han ido acomodándose y adaptándose a las nuevas realidades de los trabajadores, tanto autóctonos como extranjeros con respecto al país de acogida.

El *Ministerio de Educación* así como los organismos afines en las distintas comunidades autónomas han realizado ingentes esfuerzos de integración escolar de menores recién llegados a España. En este sentido, la documentación emitida ha sido abundante, tanto para poner al día a un profesorado que no había sido formado inicialmente para realidades ajenas como para incorporar a los padres y tutores de estos alumnos a los centros escolares y que colaboren activamente con ellos para acomodar, en las mejores condiciones posibles, a este novedoso y específico alumnado.

El *Ministerio de Sanidad*, aunque en menor medida que los anteriores, se ha visto afectado por la nueva realidad. Había que organizar campañas para generalizar una nueva cultura sanitaria de la cual, por algunas circunstancias específicas, carecían algunos extranjeros, o sencillamente porque la que tenían era diferente. Sin embargo, el desconocimiento de la realidad inmigrante ha llevado, en ocasiones, a subestimar la cognición de las poblaciones inmigrantes, explicando a veces lo evidente. Frente a esto, se ha rehabilitado el conocimiento de algunas enfermedades ya desaparecidas y se han creado unidades especializadas en enfermedades, en la actualidad, insólitas en España.

El *Ministerio de Justicia*, como ministerio clave en todos los sistemas políticos democráticos, se ha visto, como los anteriores, afectado por la llegada de los inmigrantes. Dicho ministerio trata de garantizar una equidad procesal asegurando las mismas condiciones de defensa y acusación para todos. Por ello se ha introducido, además de la asistencia letrada gratuita, en caso de necesidad, la figura del intérprete. Se ha observado igualmente la animación de los extranjeros a denunciar cualquier tipo de abuso o discriminación que pudieran sufrir. De hecho, existe abundante información dirigida a los inmigrantes procedentes de la Administración de Justicia, así como la publicada en los portales de la Oficina de Asilo o del Registro Civil.

*Ingreso de extranjeros en España*

En escasos años el porcentaje de población inmigrante se ha triplicado en la actualidad. España se ha visto implicada por un fenómeno inaudito en un país tradicionalmente emisor de mano de obra, por ello ha recurrido a países próximos con cierta experiencia en la materia. En este caso, la legislación francesa aparece reproducida en la normativa española, en particular numerosas medidas tomadas contra la inmigración. Entre la necesidad de la maquinaria económica española y el miedo identitario que implica tenérselas que ver con una población inmigrante, más joven y dinámica, además de los retos y problemas que causa para las estructuras mentales tradicionales, se han construido dos discursos en el país: el empresarial que aboga por la introducción en el país de la mano de obra extranjera (voz silenciada) y el mediático e ideológico que llegan a satanizarla. El legislador parece hacerse eco de este doble discurso sobre la inmigración. Por ello ha desarrollo mecanismos de una paulatina, regular y sostenida regularización de la inmigración y por otra, hace prevalecer el tono securitario y policial sobre las distintas dimensiones del tratamiento de este tema. Como se puede comprobar, el único efecto llamada existente era el potencial económico de España ya que coincidiendo con la crisis económica y la falta de trabajo, el número de inmigrantes ha descendido a partir de 2011, según datos de INE. En cuanto a las nacionalidades de procedencia de los inmigrantes con mayor presencia en el país, destacan los marroquíes, los ecuatorianos y los colombianos.

Si volvemos a los años noventa, observamos que España, a diferencia de otros países con una larga tradición migratoria como Francia, Alemania o Estados Unidos, ha pasado por varias legislaciones en escasos años, entre las que cabe destacar la Ley Orgánica 4/2000 sobre derechos y libertades de los extranjeros en España y su integración social, reformada y reglamentada en varias ocasiones: LO 8/2000, 14/2003 y 2/2009. El último texto sobre la materia es el Real Decreto 557/2011, de 20 de abril, por el que se aprueba el Reglamento de la Ley Orgánica 4/2000, sobre derechos y libertades de los extranjeros en España y su integración social, tras su reforma por Ley Orgánica 2/2009.

Igualmente, a diferencia de los países anteriormente citados, España no ha cerrado las puertas a la regularización de los inmigrantes indocumentados, sino que ha habilitado un inteligente recurso legal para visibilizarlos mediante el llamado “arraigo social”. De hecho, si un clandestino lleva tres años en España puede solicitar su "arraigo social" presentando los siguientes documentos:

- Antecedentes penales de su país traducido y legalizado o apostillado.
- Impreso de solicitud de la tarjeta de residencia y trabajo por arraigo.
- Demostrar tres años en España.
- Fotocopia pasaporte completo.
- Empadronamiento histórico.
- Informe de arraigo social del Ayuntamiento de tu ciudad.
- Contrato de trabajo de un año (si es Empleada/o de hogar crear un link al contrato de arraigo).
- Todo tipo de documentación acreditativa.

Se plantea en este caso un dilema con respecto a la definición del concepto de inmigrante irregular. Para muchos ciudadanos de "a pié" un inmigrante irregular es un extranjero que penetró clandestinamente en el territorio español, sin recursos económicos, no censado, en paradero desconocido e ignorado por las Fuerzas de Seguridad del Estado. Y por ende, considerado como una persona potencialmente peligrosa. Sin embargo, desde el punto de vista legal, un inmigrante irregular es un ciudadano extranjero que carece del respectivo permiso de residencia o estancia en España, sin más. Son irregulares, por tanto, también todos los inmigrantes que, por causa de la crisis, no pudieron renovar sus respectivos permisos de residencia y se han visto nuevamente envueltos en la irregularidad según esta información publicada el 18 marzo 2011:

La pérdida de trabajo conlleva la dificultad y, en ocasiones, la imposibilidad de renovar los permisos de trabajo y de residencia, dejando así a muchos inmigrantes en una situación de ilegalidad como pone de relieve el elevado número de inmigrantes ilegales: si en 2007, antes del estallido de la crisis, el número de inmigrantes en situación irregular se estimaba en 314.000 personas, en 2010 rondaba los 483.000. Esta situación afecta no sólo al trabajador, ahora desempleado, sino a todos los reagrupados en torno a él[21].

21 <http://actualidad.rt.com/actualidad/sociedad/issue_21819.html> [12/09/2015].

*Reforma de la Ley sobre libertades de los extranjeros en España*

Revisado el Real Decreto 557/2011, de 20 de abril, sobre el que se aprueba el Reglamento de la Ley Orgánica 4/2000 sobre derechos y libertades de los extranjeros en España y su integración social, tras su reforma por Ley Orgánica 2/2009 y comparada con la leyes anteriores, se observa cierto cambio del discurso referente al fenómeno de la inmigración. Advertimos pues un nuevo discurso que pretende ser más preciso, más detallista y exhaustivo. Detrás de él se aprecia la experiencia adquirida en la gestión del fenómeno de la inmigración. De hecho, esta es una de las primeras veces en que se explicita en su título la palabra integración. Con ello, al inmigrante se le obliga a una presencia consciente y participativa en las instituciones del país, siendo el conocimiento de la lengua vehicular el primer paso hacia la integración. Para establecerse en España, el inmigrante tiene ahora que conocer la lengua oficial, requisito al que hay que añadir el conocimiento de la lengua cooficial en las Comunidades Autónomas con lengua propia. Asimismo, se observa cierta admisión selectiva de los trabajadores extranjeros. De hecho, este nuevo reglamento aboga por una inmigración culta, formada y que pueda contribuir al desarrollo intelectual y tecnológico del país.

En cuanto a los centros de acogida, se constata que varias organizaciones españoles, tanto de derechas como de izquierdas, religiosas o laicas, intentan acoger y orientar a los inmigrantes a su llegada a España; su número supera en la actualidad la centena. Podemos citar, entre otras: la Comisión Católica Española, la Cruz Roja, SOS racismo, COMRADE, Red Acoge, Federación de Asociaciones pro inmigrantes, ACNUR (especializada más bien en la ayuda a asilados y refugiados). Deben citarse, por último, las redes de apoyo familiar o ciudadano del inmigrante. En el caso de inmigrantes procedentes de países árabes son los familiares, previamente instalados en España, amigos, conocidos o personas procedentes de la misma zona geográfica, las que cargan normalmente con el "deber moral" de ayudar al recién llegado.

## 2.2 *Historia de la inmigración en Italia*

Italia, como el conjunto de países mediterráneos ha consolidado el fenómeno creciente de la inmigración desde los años 90, erogando medidas administrativas aplicadas por el *Ministero degli Interni* desde la administración central y aplicadas por los órganos de administración indirecta, en las regiones, provincias y ayuntamientos mediante las *Prefetture* (órganos de administración periférica).

El texto legislativo principal sigue siendo el denominado *Decreto Legislativo 25 luglio 1998 n° 286 Testo unico delle disposizioni concernenti la disciplina dell'immigrazione e norme sulla condizione dello straniero*. Dicho texto reglamenta el ámbito de aplicación de las políticas migratorias, los derechos y deberes del extranjero, todas las disposiciones de ingreso y residencia, el control de las fronteras y las condiciones de expulsión, las disposiciones en materia de trabajo, sanidad, alojamiento, derecho al estudio, integración social, tutela de menores y disposiciones humanitarias[22].

No obstante, desde 1998 el panorama migratorio en Italia se ha modificado notablemente, según el *Rapporto sull'immigrazione* realizado por el *Consiglio territoriale per l'immigrazione* en 2011, desde 2009 el número de residentes extranjeros en Italia ha aumentado en un 30%. Las nacionalidades predominantes también han variado, en 2009 eran mayoritariamente: marroquíes (Lombardía, Piemonte, Veneto, Cerdeña), ucranianos (Campania), albaneses (Toscana, Umbria, Le Marche, Basilicata, Puglia, Trentino Alto Adige), filipinos (Lazio), ecuatorianos (Liguria) y tunecinos (Sicilia). Los sectores productivos más relevantes son agricultura y servicio doméstico, seguido por el comercio y la construcción. Durante los últimos dos años se ha comprobado el estado de emergencia por avalanchas de inmigrantes subsaharianos, egipcios, chinos e indios, que han modificado el mapa migratorio en Italia, aunque aún no han sido publicados datos oficiales.

Como consecuencia de ello se han sucedido numerosas ordenanzas y disposiciones que modifican lo dispuesto en el texto único de 1998, algunas de ellas entran en contraste con el espíritu de la ley aún en vigor. El conjunto completo de textos legales aprobados en la última década por el gobierno italiano esta recogido en la web del *Ministero degli Interni*[23].

---

22 Ministero degli affari esteri e della cooperazione. *Legge immigrazione. Decreto Legislativo 25 luglio 1998*, nl 286. Testo unico delle disposizioni concernenti la disciplina dell'immigrazione e norme sulla condizione dello straniero: <http://www.ristretti.it/areestudio/stranieri/leggi/legge.htm> [21/10/2015].

23 Ministero dell'Interno: <http://www.interno.it/mininterno/export/sites/default/it/sezioni/servizi/legislazione/immigrazione/> [02/11/2015].

El texto legal más polémico y trascendente para los extranjeros que viven en Italia actualmente ha sido la ley "Bossi-Fini" 30 luglio 2002, n. 189 que ha modificado el procedimiento para la entrada y residencia en Italia, anteriormente regulado por la ley "Turco-Napolitano", D. Lgs. 25 luglio 1998 n. 286. Dicha ley ha establecido el denominado *Sportello unico per l'immigrazione* (Ventanilla única para la inmigración), dependiente de cada *Prefettura* (Oficina territorial del Gobierno). El *Sportello unico* se ocupa de tramitar los siguientes procedimientos: primer contrato de los trabajadores extranjeros; agrupación familiar; test de conocimiento de la lengua italiana; conversión del permiso de residencia.

A continuación se exponen algunos aspectos generales sobre el procedimiento de ingreso de extranjeros en Italia, así como aspectos relacionados con la regulación de flujos migratorios.

### *Ingreso de extranjeros en Italia*

Los extranjeros pueden entrar en Italia por turismo, estudio o reagrupación familiar. El ingreso de extranjeros procedentes de la Unión Europea está regulado por los acuerdos de Schengen que consienten la libre circulación entre los Estados miembros. El extranjero poseedor de un permiso de residencia está exento de realizar trámites de ingreso si su estancia es inferior a tres meses, a menos que el ingreso en Italia se produzca por motivos de trabajo subordinado, trabajo autónomo o trabajo en prácticas.

El extranjero no procedente de la UE debe poseer un visado (*visto*) de ingreso aplicado en el pasaporte o en otro documento de viaje. Algunos estados están exentos de esta obligación por turismo. El visado se expide en embajadas y consulados italianos en el Estado de origen o residencia. Transcurridos ocho días desde su ingreso en Italia, el extranjero legal deberá solicitar el permiso de residencia (*permesso di soggiorno*). El documento tendrá la misma motivación que el visado. Una vez en Italia puede obtener una conversión del *permisso de soggiorno* a la denominada *carta de soggiorno*, documento que regulariza su situación en el país. Este procedimiento se solicita en la *Questura* (comisaría) competente en el territorio.

Los supuestos para solicitar el título de conversión son dos:

– La verificación de los requisitos para desarrollar un trabajo autónomo o por motivos de estudio y formación.

– Si el extranjero es titular de un permiso de residencia por trabajo temporal puede desarrollar una conversión si transforma su contrato a tiempo indeterminado siempre que haya caducado su permiso y haya vuelto a su Estado de origen. También pueden obtener la conversión, los menores que hayan entrado irregularmente a Italia ya que están amparados por la Convención de Nueva York sobre los derechos del menor de 1989. Estos menores pueden encontrarse en dos situaciones:

– *accompagnati,* menores confiados a parientes de hasta tercer grado y regularmente residentes;

– *non accompagnati*, menores que están en Italia sin los padres o adultos legalmente responsables de su asistencia y representación.

### *Flujos estacionales*

Según decreto del presidente del *Consiglio dei ministri* 17 febrero 2011 en relación a la programación de flujos transitorios de ingreso de trabajadores extracomunitarios estacionales en el año 2011, se autoriza una cuota máxima de 60.000 ingresos en Italia. Los Ministerios *de Interno* y *Lavoro e Politiche Sociali* han emitido una circular destinada a las estructuras territoriales con instrucciones sobre los módulos de solicitud e instrucción. La cuota de ingresos permitidos en el territorio según el citado decreto comprende:

– Trabajadores por cuenta ajena estacionales no comunitarios de Serbia, Montenegro, Bosnia-Herzegovina, Republica ex Yugoslava de Macedonia, Republica de Filipinas, Kosovo, Croacia, India, Ghana, Pakistan, Bangladesh, Sri Lanka, Ucrania, Gambia, Niger y Nigeria.

– Trabajadores extranjeros estacionales no comunitarios de los siguientes países que han firmado o están firmando acuerdos de cooperación en materia migratoria: Túnez, Albania, Marruecos, Moldavia y Egipto.

### *Clandestinos*

Según la normativa en vigor, los inmigrantes clandestinos deben ser conducidos a la frontera o expulsados. No podrán ser expulsados si deben ser atendidos por servicios sanitarios. Es indispensable comprobar su identidad o nacionalidad y preparar los documentos del viaje de retorno. Si no hubiese disponible ningún medio de transporte adecuado, deberán ser retenidos, previo procedimiento convalidado por un magistrado en los centros de permanencia temporal y asistencia (art.14 del *Testo Unico* n. 286/98), durante el tiempo estrictamente necesario para su identificación y expulsión.

Las estructuras que acogen y asisten a los inmigrados irregulares en Italia se distinguen en tres tipos:

– *Centri di accoglienza (CDA).* Son estructuras para dar el primer socorro al extranjero irregular localizado en el territorio nacional. La acogida en el centro se limita al tiempo estrictamente necesario para establecer la identidad y la legitimidad de su permanencia en el territorio o para disponer su expulsión.

– *Centri di accoglienza richiedenti asilo (CARA).* Son estructuras para alojar entre 20 o 35 días al extranjero que solicita asilo y no posee documentos de identificación o no ha consentido ser identificado en la frontera por acogerse al estatus de refugiado. Actualmente existen:

– *Centri di identificazione ed espulsione (CIE).* Estructuras para retener a los extranjeros extracomunitarios irregulares y destinados a expulsión. Previstos por el art. 14 del *Testo Unico sull'immigrazione* 286/98, modificado por el art. 12 *della legge* 189/2002, dichos centros pretenden evitar la dispersión de los inmigrantes irregulares por el territorio y permiten a las fuerzas del orden proceder a la expulsión de los irregulares.

A modo de conclusión podemos decir que a pesar de los esfuerzos en política migratoria, Italia ha sido repetidamente sancionada por los tribunales internacionales en materia de migración. Entre las sentencias que han multado a la República Italiana por la expulsión de inmigrantes ilegales, se encuentra el dictamen del 24 de febrero de 2012 del Tribunal de Estrasburgo por el caso Hiris que condena la legislación italiana por la violación de los derechos humanos[24].

## *2.3 Historia de la inmigración en Francia*

Hasta 1870, los términos "inmigración" e "inmigrante" prácticamente no existían en Francia salvo para referirse a los ciudadanos franceses

24 Ministero della Justizia: <http://rbe.it/news/2012/02/24/sentenza-finale-sul-caso-hiris-litalia-multata-per-violazione-dei-diritti-umani/> [15/10/2015].

que temporalmente abandonaban el país. La historia de la inmigración comienza realmente a principios del siglo veinte, intensificándose tras la Primera Guerra Mundial (1914–1919) bajo el impulso del débil crecimiento demográfico. La evolución vertiginosa del fenómeno migratorio no ha estado a lo largo de su historia exento de polémica.

En la actualidad, en torno a cinco millones de inmigrantes viven en la Francia metropolitana lo cual representa un 8% de su población. Aunque históricamente ha sido "tierra de asilo" para los inmigrantes, a los que ha ido integrando paulatinamente, encuentra en la actualidad serias dificultades en este proceso de integración. Entre los obstáculos frecuentes cabe destacar: la grave crisis económica, la escasa oferta en el mercado laboral, la concentración de colectivos de inmigrantes en ciertos barrios en los que crean sus propios guetos, el peso de la inmigración irregular, difícil de calcular, y por consiguiente, la crisis entre el vínculo social y la cohesión nacional. A pesar de ello, los dos tercios de franceses piensan que los inmigrantes enriquecen la cultura del país, hecho que contrasta considerablemente con la media de países europeos. Sin embargo, determinadas actitudes radicales y violentas que perjudican considerablemente la imagen de conjunto de la inmigración, hacen que un tercio de la población francesa considere que la inmigración fomenta la inseguridad.

En 1931, Francia contaba ya con un 5.9% de extranjeros entre el total de su población. A más de un millón se le concedió la nacionalidad entre 1921 y 1939 para evitar su repatriación. Sin embargo, el aumento creciente del número de inmigrantes impulsó al Estado a adoptar medidas restrictivas que le permitiesen afrontar este fenómeno especialmente relevante durante el período entreguerras. Dicha etapa se caracterizó por el predominio de refugiados políticos de origen ruso, americano, alemán, polaco, italiano, español, entre otros, cuya mano de obra resultaba indispensable para la reconstrucción del país y su desarrollo económico.

Bajo el régimen de Vichy, la ley del 27 de septiembre de 1940 somete a los extranjeros a una dura represión que se ve flexibilizada por la orden del 2 de noviembre de 1945 que aboga por una política de inmigración duradera, fomentando el reagrupamiento familiar y la posible adquisición de nuevos derechos. En este período la diversidad francesa se hace europea. La inmigración de origen portugués y argelino ocupa un primer plano ampliándose poco a poco a otros países. Si bien desde entonces se habla un francés que procede de esta "diversidad", algunos revindican el título de *minorités visibles* para destacar las discriminaciones de las que han sido víctimas en el transcurso de los años.

Durante esta segunda mitad de siglo los países de la Europa industrializada acogieron a trabajadores extranjeros en búsqueda de un medio de vida o de una mejora sustancial del mismo.

El conflicto con Argelia desde mediados de los años 50, la guerra de Indochina y, posteriormente, la independencia de Argelia en 1962 marcan especialmente estos flujos migratorios fomentados por cuestiones económicas.

De 1980 a 1990 la inmigración se convierte en una cuestión política relevante: Mitterrand, candidato de la izquierda, procede, tras su elección como miembro del gobierno (1981), a una regularización masiva de inmigrantes. En 1986 Pasqua, Ministro de Interior, presenta al Parlamento la ley nº 86–1025 que provoca la expulsión de numerosos extranjeros en situación irregular.

### *Organismos competentes y legislación actual*

Desde 1989 el *Haut Conseil à l'intégration (HCI)* constituido por el gobierno de Michel Rocard, en colaboración desde 2004 con el *Observatoire des statistiques, de l'immigration et de l'intégration (OSII)*, el *Institut nacional de la statistique et des études économiques (INSEE),* el *Institut nacional d'études démographiques (INED)* y *l'Office des migrations internationales (OMI)* controlan el flujo migratorio desarrollando medidas políticas de mejora en materia de integración.

Acontecimientos históricos y políticos como la caída del muro de Berlín hacen que se intensifique la represión en materia de inmigración, clave electoral en 1991. En 1998 Lionel Jospin inicia un nuevo proceso de regularización y se aprueban dos proyectos de ley de importante repercusión: uno, sobre la reforma de la nacionalidad, la *ley Guigou* y otro, sobre la entrada y residencia de los extranjeros, la *Loi relative à l'entrée et au séjour des étrangers en France et au droit d'asile (RESEDA)* según la cual, las personas en situación irregular pueden ser regularizadas si justifican 10 años de residencia continuada en territorio francés (art. 31).

Entre 1995 y 2009 más de 2 millones de personas adquirieron la nacionalidad francesa. En 2010 la inmigración legal en Francia aumentó un 10.6% en un año, debido en parte al gran flujo de estudiantes extranjeros según revelan las estadísticas de la *OFII*[25] (*Office Français de l'Immigration et de l'Intégration)*. Francia dispone, en la actualidad, con más de 7.2 millones de inmigrantes, entendiendo por tal, según la definición de las Naciones Unidas, "las personas nacidas en un país diferente al de residencia", lo que supone un 11.5% de la población; de ese 11,5% un 5.1% son ciudadanos extracomunitarios. Según estos datos, Francia se sitúa en la sexta posición mundial detrás de Estados Unidos (42.8 millones), Rusia (12.3), Alemania (9.8), Arabia Saudita (7.3), Canadá (7.2) y por delante del Reino Unido (7.0), España (6.4) e Italia (4.8).

*Ley nº n°2003–1119 del 26 noviembre de 2003*

El 16 de mayo de 2007 accede a la presidencia del gobierno Nicolas Sarkozy (vigesimotercer presidente de la República Francesa) miembro de partidos conservadores como *Rassemblement pour la République (RPR)* y *Union pour un mouvement populaire (UMP)* y *Ministre de l'intérieur* en la época de Dominique de Villepin (2005). Durante este período se desarrolla la Ley nº n°2003–1119 del 26 noviembre de 2003 relativa al control de la inmigración, el permiso de residencia y el acceso a la nacionalidad. Dicha ley, promulgada por el gobierno de Raffarin, supone una reforma de la orden de 1945. Cabe citar entre otras las siguientes modificaciones:

– La prolongación de la estancia (de 2 a 45 días con una media de 9 a 10 días) en los *Centres de rétention administrative (CRA)* de extranjeros, sin permiso de residencia, en proceso de alejamiento. También se encuentran bajo su tutela los extranjeros a la espera de regularizar su situación o en trámite de demanda de asilo. Según las estadísticas un porcentaje considerable está formado por menores que, a pesar de estar protegidos por la legislación francesa en medidas de alejamiento, suelen acompañar a sus padres durante el proceso de expulsión.

– La creación de una base de datos de huellas digitales y de fotografías a partir de la solicitud de visados que permite la identificación de los extranjeros que entran legalmente en Francia y que, eventualmente,

25 L'OFFI principal organismo público encargado de la acogida en Francia de los emigrantes en situación regular, de las operaciones administrativas, sanitarias y sociales relativas al movimiento de las poblaciones extranjeras y del empleo de los franceses en el extranjero. La OFII se encarga de los trámites correspondientes al contrato de acogida e integración.

pueden permanecer en el país en situación irregular (*sans-papiers* o *clandestin*).

– El endurecimiento de las penas en caso de colaboración o ayuda a la entrada o estancia de ciudadanos extranjeros en situación irregular.

– El recrudecimiento de sanciones en caso de empleo a extranjeros sin permiso de trabajo ampliándose dicha sanción, eventualmente, a los propios asalariados (art. 14 bis). Esta segunda medida supone una modificación sustancial con respecto a la legislación anterior que consideraba al asalariado víctima y no coautor de la citada infracción (incluso en caso de consentimiento expreso).

– La expedición del permiso de residencia se somete a la obtención de un visado de duración superior a 3 meses (art 3 de la ley, L.311-7 CESEDA). En caso de rechazo, la Administración está autorizada a ordenar el abandono del territorio francés de las personas afectadas (art. 52). Anteriormente los servicios del gobierno civil, se ocupaban de tramitar la orden de repatriación.

– El contrato de acogida e integración es obligatorio (art. 5). En él, se exige un compromiso personal expreso de respeto de los principios por los que se rige la República francesa y se contempla la formación cívica y, en su caso, lingüística (excepto para mayores de 65 años) con el fin de posibilitar su integración.

– Los trabajadores recibirán una tarjeta de "trabajo temporal" si su contrato es inferior a 1 año y una tarjeta de "asalariado" cuando su contrato sea de una duración superior al año (art 12, art L.313-10 CESEDA). Dichas tarjetas seguirán teniendo validez en caso de ruptura del contrato de trabajo.

– Los estudiantes podrán beneficiarse de una tarjeta de residencia temporal en la que figure dicha condición (art 9, art L. 313–7 CESEDA). Para ello deberán acreditar que disponen de medios suficientes para su mantenimiento pudiendo desarrollar actividades profesionales, a tiempo parcial. Esta tarjeta se concede, de pleno derecho, en determinados casos, por ejemplo cuando el proyecto de estudios es reconocido previamente por un centro formativo francés, homologado.

Dicha ley contempla igualmente la concesión de una tarjeta de "competencia y talentos" que permite el ejercicio de cualquier actividad profesional (art15, article L. 315–1 y siguientes CESEDA) durante 3 años, susceptible de renovación.

La citada tarjeta se otorga pues al extranjero capacitado para participar conforme a sus competencias y talentos, de modo significativo y duradero, en el desarrollo económico, intelectual, científico, cultural, humanitario o deportivo de Francia y del país de origen. Esta medida, adoptada por el gobierno de Sarkozy, se ha convertido en emblema de Francia en materia de inmigración.

– En lo referente a la familia, el inmigrante podrá solicitar el reagrupamiento familiar tras 12 meses de residencia frente a los18 meses exigidos anteriormente (art 44).

*Ley del 20 de noviembre de 2007*

A la ley de 2003 le sucedió la ley del 20 de noviembre de 2007 relativa al control de la inmigración, integración y asilo al inmigrante, basada en el proyecto de Brice Hortefeux[26]. Dicha ley, supuso una modificación del código de regulación de entrada y residencia de extranjeros así como del derecho de asilo levantando una gran polémica.

El procedimiento establecido en su artículo 13 como modificación del artículo L11-6 de la ley CESEDA se basa en la moción de Thierry Marini que permite a los solicitantes de visados, en el ámbito de reagrupamiento familiar, procedentes de países en los que su estado civil presenta vacíos legales, mostrar la filiación biológica con sus parientes, residentes en Francia, a través de un test genético. Para hacer valer su propuesta, Mariani se apoyó en el hecho de que dichos tests de ADN ya se practican en 11 países europeos. Esta propuesta fue duramente criticada, tanto por el partido socialista como por otros miembros del gobierno que la vincularon a la ideología nazi, así como a otros brotes racistas propios del régimen de Jean Marie Le Pen o de Vichy.

El Tribunal constitucional en su decisión del 15 de noviembre de 2007 manifiesta su disconformidad con el artículo 63 referido al trato de datos personales que incluyen el origen racial o étnico. Alude para ello a razones discriminatorias que contradicen el artículo primero de la Constitución,

26 Brice Hortefeux fue un político miembro de la UMP, Unión por el movimiento popular, Ministro delegado en las colectividades territoriales durante el gobierno de Dominique de Villepin, Ministro de inmigración de 2007 a 2009, de Trabajo en 2009; de 2009 a 2011 Ministro de Interior durante los tres años de mandato de François Fillon y posteriormente, miembro del Parlamento europeo.

igualmente criticadas por el *Groupe d'information et soutien des immigrés (GISTI)* y por la *Haute autorité de lutte contre les discriminations et pour l'égalité (HALDE)*.

Tras la oposición del Senado, el proyecto de ley de Hortefeux fue modificado estableciendo el carácter experimental (18 meses) y voluntario de estos principios, reservados, de modo exclusivo, a la filiación materna.

El sucesor de Brice Hortefeux, Eric Besson, tenía previsto que dicho dispositivo entrase en vigor en abril de 2009 pero ante la inquietud social suscitada por dicha ley, se negó a firmar el decreto de aplicación de la misma.

En cuanto a la disposición referida al acceso a los centros de alojamiento de emergencia para extranjeros en situación irregular, fue denunciada por numerosas asociaciones humanitarias. Según el ejecutivo dicha disposición solo pretendía no hacerlos beneficiarios del *Droit au Logement Opposable* (DALO), expresión que data de 2002 y que designa el derecho que las personas sin domicilio podían exigir ante las autoridades competentes de modo amistoso o por vía jurídica. Dicha disposición fue finalmente derogada.

Para adaptar la legislación francesa a la jurisprudencia del Tribunal europeo de derechos humanos, el artículo 24 de la ley instauró un recurso contra el rechazo de entrada o asilo.

El artículo 40 de la ley de 2007 y una circular del 7 de enero de 2008 ofrecen la posibilidad de regularización a solicitud del empresario siempre que el trabajador esté al corriente de las dificultades de contratación y disponga de un contrato de un año como mínimo (inaplicable a argelinos y tunecinos sometidos a un régimen derogatorio). Dicha circular fue anulada el 23 de octubre de 2009 por el Consejo de Estado.

En definitiva, en 2007 la UMP desea comprometer a Francia en una política de inmigración más selectiva tras haberla obligado a adoptar una política de objetivos y cuotas (número determinado de personas enviadas al extranjero).

Por su parte, Alain Minc, Inspector de Hacienda y experto en finanzas subraya la necesidad de inmigración legal para levantar la economía francesa.

El 31 de mayo de 2011, el *Ministère de l'intérieur* publica una circular, denominada *circular Guéant*[27], relativa a los estudiantes no europeos

---

27 Impulsada por Guéant, Secretario general de la presidencia hasta 2011, fecha en la que se convertiría en Ministro de Interior, de Ultrarmar, de las Colectividades territoriales y de Inmigración.

que deseen prolongar su experiencia profesional en Francia. Ese mismo año se publica una ley que tiene como objetivo agilizar la expulsión de inmigrantes indocumentados. Este texto, encaminado a perseguir la inmigración irregular fue muy criticado por la oposición así como por determinadas asociaciones de derechos humanos ya que, en la práctica, supuso un endurecimiento de las condiciones de acogida de las personas extranjeras en territorio francés.

Del 4 de enero de 2012 data una circular dirigida a estudiantes extranjeros con al menos dos másteres. Dicha circular recoge instrucciones precisas para que los prefectos puedan autorizar la residencia con carácter provisional durante 6 meses (no renovable tras la finalización de los estudios) seguida, en su caso, de un eventual permiso de trabajo.

Por su parte, la Ley 2012–1560 de 31 de diciembre, publicada en el *Journal Officiel* del 1 de enero de 2013 establece como principales modificaciones las condiciones de retención para verificación del derecho de residencia en Francia estableciendo en su artículo L.611-1-1 un periodo máximo de retención administrativa de 16 horas en dependencias policiales para comprobar el derecho de los extranjeros a circular o residir en Francia.

Por último, cabe destacar las propuestas realizadas por Francia a la UE para resolver la crisis migratoria, en particular el proyecto de ley presentado en agosto de 2014.

*Asociaciones e instituciones de ayuda al inmigrante.*
- *Action spécfique pour l'égalité des chances au travail (ASPECT).*
- *Association pour faciliter l'insertion professionnelle des jeunes diplômés (AFIJ).*
- *Fondatioon agir contre l'exclusion (FACE).*
- *Fédération des assotiations pour l'éducation et la formation des travailleurs immigrés (AEFTI).*

*Ministerios y adminisatraciones centrales.*
– *Ministère de l'Immigration, de l'Intégration, de l'Identité nationale et du Développement solidaire, incialmente denominado Ministère de l'Immigration, de l'Intégration, de l'Identité nationale et du Codéveloppement* creado el 18 de mayo de 2007 y disuelto en 14 de noviembre de 2010. Fue uno de los quince ministerios del gobierno de François Fillon instaurado bajo la presidencia de Nicolás Sarkozy. Esta cartera ministerial fue

ocupada en un principio por Brice Hortefeux (18/05/2007- 15/01/2009) y posteriormente por Eric Besson (15/01/2009-13/11/2010).

- *Direction de la Population et des Migrations (DPM).*
- *Commission interministérielle pour le Logement des populations immigrées (CILP).*
- *Comité interministériel des villes et du développement social urbain (CIV).*
- *Délégation interministérielle de la Ville et au Développement social urbain (DIV).*
- *Délégation interministérielle à l'Économie sociale (DIES).*
- *Délégation interministérielle à l'insertion professionnelle et sociale des jeunes en difficulté (DIIJ).*
- *Réseau européen des migrations.*

*Órganos consultivos.*
- *Haut Conseil à l'intégration (HCI).*
- *Commission nationale consultative des droits de l'homme (CNCDH).*
- *Conseil national des villes et du développement social urbain (CNV).*
- *Conseil national de la vie associative (CNVA).*

*Establecimientos públicos.*
- *Fonds d'action et de soutien pour l'intégration et la lutte contre les discriminations (FASILD).*
- *Office des migrations internationales (OMI).*
- *Office Français de l'immigration et de l'intégration (OFII).*

*Elaboración de estadísticas.*
Entre los principales organismos e instituciones que se ocupan de aportar datos estadísticos sobre el fenómeno migratorio debemos citar:

- El *INSEE (Institut national de la statistique et des études économiques)*. Determina datos precisos sobre la poblacion extranjera a partir de censos.
- La *OFFI (Office français de l'immigration et de l'intégration)* aporta cada año datos numéricos sobre los flujos de entrada de extranjeros a partir de revisiones médicas obligatorias para aquellos inmigrantes que adquieren el permiso de residencia francés.

- El *INED (Institut national des études démographiques)* establece cada año el total de entradas en Francia a partir de información obtenidoa del fichero central de permisos de residencia.
- La *OFRA (Office français de protection des réfugiés et apatrides)* publica un informe anual en el que aporta datos sobre el número de demandas de asilo y de las concesiones del estatus de refugiado.
- El *HCT (Haut Conseil à l'intégration)* se encarga desde su creación en 1990 de coordinar, armonizar y centralizar las fuentes que emanan de diferentes organismos.
- El *CICI (Comité interministériel de contrôle de l'immigration)* adopta cada año desde 2005 un informe al Parlamento sobre la política de inmigración en el que se recogen datos numéricos oficiales.

Diferentes Ministerios aportan a su vez datos sobre la inmigración en Francia, entre otros: el *Ministère des Affaires sociales*, el *Ministère du Travail* et *de la Solidarité*; *Ministère de l'Education nationale*, *Ministère de l'Intérieur* (encargado de expedir los permisos de residencia) o el *Ministère de la Justice* (aporta cifras sobre la nacionalidad francesa: adquisición, pérdida o naturalización).

A modo de conclusión podemos decir que, si durante años la inmigración fue considerada como un fomento a la economía y un medio para paliar la escasa tasa de natalidad, las motivaciones han variado considerablemente. Desde 2013 la reagrupación familiar ocupa un lugar prioritario en el flujo migratorio con más de un 47%; los trabajadores solo representan un 10% del total, correspondiendo el resto a estudiantes, visitantes, enfermos, inactivos (jubilados del Norte de Europa, especialmente en el sur de Francia, y refugiados). La familiarización con la lengua francesa de la población de África francófona y su difusión en determinados países como Rumania o Rusia, sigue siendo, hoy en día, un criterio importante a tener en cuenta para la elección de Francia como país de acogida.

# Bibliografía


Accem y Dirección General de Integración de los Inmigrantes (DGII) (editores). 2008. *Análisis de las migraciones. España como "emisor" y "receptor" de inmigrantes.* <http://www.accem.es/ficheros/documentos/pdf_publicaciones/libro_historia_migraciones.pdf> [12/11/2015].

Aja, Eliseo (ed.). 2002. *Informe sobre derecho comparado de la inmigración: Alemania, Francia, Italia, Reino Unido, Suecia y Unión Europea.* Barcelona: Generalitat de Catalunya.

Aja, Eliseo, Díez, Laura & Kay Hailbronner (coords.). 2005. *La regulación de la inmigración en Europa.* Barcelona: Fundación "La Caixa".

Alcalá del olmo Fernández, María José. 2004. *Educación intercultural: tendencias e iniciativas de la Unión Europea.* Salamanca: Servicio de Publicaciones de la Universidad Pontificia.

Argerey Vilar, Patricia. 2001. *La política de inmigración en la Unión Europea.* Madrid: Universidad San Pablo CEU.

Argerey Vilar, Patricia & Lucana Estevez Mendoza (coord.). 2005. *El fenómeno de la inmigración en Europa: perspectivas jurídicas y económicas.* Madrid: Dykinson.

Asensi Sabater, José. 2002. *Derecho de la inmigración y derecho de la integración: una visión múltiple.* Girona: Servicio de publicaciones de la Universitat, Departamento de Derecho Público.

Bertosi, Christophe. 2001. *Les frontières de la citoyenneté en Europe: nationalité, résidence, appartenance.* Paris: L'Harmattan.

Comisión Europea: "Migration and migrant population statistics": <http://ec.europa.eu/eurostat/statistic->explained/index.php/Migration_and_migrant_population_statistics [20/11/2015].

Comite, Luigi di & Anna Paterno. 2002. "Quelli di fuori: dall'emigrazione all'immigrazione: il caso italiano" in *Democrazia e Diritto*, v. 40, nº 10, 253–264.

Criter (Corpus du Réseau Interministériel de Terminologie): <www.dglf.culture.gouv.fr/terminologie/base-donnees.html> [22/08/2015].

The Economist: <https://esp.rt.com/actualidad/public_images/2015.09/original/55e96a05c46188ed048b45c3.png> [09/10/2015].

Eurostat Statistics Explained: http://ec.europa.eu/eurostat/statistics-explained/index.php/Migration_and_migrant_population_statistics/es [21/09/2015].

Fitoussi, Jean-Paul, Laurent, Eloi & Joël Maurice. 2004. *Ségrégation urbaine et intégration sociale.* Paris: La Documentation française.

Flick, Giovanni Maria. 2004. "Minoranze ed eguaglianza : il diritto alla diversità e al territorio come espressione dell'identità nel tempo della globalizzazione" in Vittoriana Carusi (col.). *La Protecció de les Minories i els Tribunals Constitucionals: jornada de treball del 03-10-2003.* Andorra: Tribunal Constitucional, 57–72.

Fontana, Giovanni. 2002. "Legge bossi-fini n. 189 del 30 luglio 2002 e limitazione alla liberta personale: schemi operativi per il controllo degli stranieri soggiornanti sul territorio dello Stato" in *L'Amministrazione Italiana*, v. 57, nº 12, dic., 1695–1699.

France Diplomatie: <http://www.diplomatie.gouv.fr/es/tobearchived/descubrir-francia-3160/sociedad/poblacion-y-sociedad/article/inmigracion-en-francia> [12/09/2015].

Grupo Transfronterizo sobre tráfico ilegal e inmigración de personas (ETICC): <http://www.inmigracionclandestina.eu/2015/08/19/initiatives-de-la-france-pour-resoudre-la-crise-migratoire-au-niveau-europeen/#more-4836> [12/11/2015].

Heran, François. 2004. "Cinq idées reçues sur l'immigration", Population et sociétés, n° 397.

— 2007. *Le temps des immigrés. Essai sur le destin de la population française.* Paris: Seuil.

Instituto Nacional de Estadística, Ministerio del Interior, Ministerio de Asuntos sociales: <http://sauce.pntic.mec.es/jotero/Inmigra/Cuantos.htm> [12/11/2015].

Kelly, Duncan. 2005. "Multicultural citizenship: the limitations of liberal democracy" in *The Political Quarterly*, v. 17, nº 1, Jan.-Mrch, .31–41.

Koff, Harlan. 2001. "Inmigrazione e integrazione?: dibattito pubblico e sviluppi concreti" in *Politica in Italia*, 85–203.

Lazzari, Francesco. 2015. *La sfida dell'integrazione. Un patchwork italiano*. Ricerche. Sociologia. Milano, Italia: Vita e Pensiero.

Livi Bacci, Massimo. 2002. "Immigrazione: nuova Legge, ma quale politica?" in *Il Mulino: Rivista Bimestrale di Cultura e di Politica*, nº 403 (5/2002), sept.-oct., 903–908.

Ministère de l'intérieur : <http://www.immigration.interieur.gouv.fr/> [04/09/2015].

Ministerio de Asuntos Exteriores y de Cooperación: <http://www.exteriores.gob.es/RepresentacionesPermanentes/EspanaUE/es/quees2/Paginas/default.aspx> [12/10/2015].

Ministerio de empleo y Seguridad Social: <http://extranjeros.empleo.gob.es/es/index.html>[11/11/2015].

Ministero degli affari esteri e della cooperazione. *Legge immigrazione. Decreto Legislativo 25 luglio 1998,* nl 286. Testo unico delle disposizioni concernenti la disciplina dell'immigrazione e norme sulla condizione dello straniero <http://www.ristretti.it/areestudio/stranieri/leggi/legge.htm> [21/10/2015].

Ministero della justizia: <http://rbe.it/news/2012/02/24/sentenza-finale-sul-caso-hiris-litalia-multata-per-violazione-dei-diritti-umani/> [15/10/2015].

Ministero dell'Interno <http://www.interno.it/mininterno/export/sites/default/it/sezioni/servizi/legislazione/immigrazione/> [02/11/2015].

Musacchio, Vincenzo. 2002. *Manuale pratico di legislazione sugli immigranti: giurisprudenza, legislazione, modulistica, circolari ministeriali.* Padova: CEDAM.

— 2003. *Manuale pratico di diritto dell'immigrazione: giurisprudenza, legislazione, modulistica, circolari, ministeriali.* Padova: CEDAM.

Musée de l'Histoire et de l'Immigration. *Politique de l'immigration* <http://www.histoire-immigration.fr/histoire-de-l-immigration/questions-contemporaines/politique-et-immigration/comment-compte-t-on-les-immigres-en-fran> [11/10/2015].

Ochel, Wolfgang. 2000. "Immigration et emploi: informaticiens, oui; ouvriers, non" in *Problèmes Économiques*, nº2676, 7–11.

Oficina de Traducciones del Gobierno de Canadá. *Termiumplus.* Base de datos trilingüe (inglés, francés y español): <http://www.termiumplus.gc.ca/> [25/09/2015].

Office québécois de la langue française: <http://www.oqlf.gouv.qc.ca> [12/09/2015].

Organización Internacional para las Migraciones (OIM). 2013. *Informe sobre las migracIones en el mundo. <http://publications.iom.int/system/files/pdf/wmr2013_sp.pdf>* [12/09/2015].

Portale per la lessicografia bilingue italo-spagnola: <http://hes peria.cliro.unibo.it/>; *Istituto per l'informazione giuridica:* <http:// www.ittig.cnr.it>; *Dizionario Giuridico on line:* <http://www. simone. it> [11/09/2015].

Realiter (Red panlatina de terminología) <http://www.realiter.net/> [03/10/2015].

Richet-Mastain, Lucile. 2006. "Bilan démographique 2005: en France, la fécondité des femmes augmente toujours", Insee Première, n° 1059, 120–132.

Robert-Bobée, Isabelle. 2006a. "Projections de population pour la France métropolitaine à l'horizon 2050: la population continue de croître et le vieillissement se poursuit" in *Insee Première*, n° 1089, 32–46.

Robert-Bobée, Isabelle. 2006b. "Projections de population 2005- 2050 pour la France métropolitaine: méthode et résultats" in *Insee Première,* n°F0603, 43–58.

Secretaría General de inmigración y emigración <http://extranjeros. empleo.gob.es/es/index.html <http://www.gencat.cat/benestar/socie tat/convivencia/immigracio/index.htm> [09/09/2015].

Sinderman, Paul. 2000. *The outsider: prejudice and politics in Italy.* Princenton: Princenton University.

Solanes Corella, Ángeles, 2001. *El espejo italiano: un estudio de la normativa sobre la inmigración en Italia.* Madrid: Dykinson.

— 2002. "Inmigración y extranjería en Italia" in *Claves: De Razón Práctica*, n°124, jul.-ag., 58–64.

Universitat Autònoma de Barcelona: <http://www.rececat.net/ handle/2072/40652> [24/10/2015].

Vargas Urpí, Mireia. 2010. "La interpretación en los Servicios Públicos para el colectivo chino en el contexto catalán" (cap. 55) in Pedro San Ginés Aguilar, ed. *Cruce de miradas, relaciones e intercambios.* Granada: Editorial Universidad de Granada, "Colección Española de investigación sobre Asia Pacífico", n°3, 883–905: <http://www.crit. uji.es/biblio/doraclaves.pdf> [21/10/2015].

# Capítulo II

# Marco legal español sobre textos administrativos de extranjería

## *Spanish legal framework on administrative texts aliens*

María Ángeles Sánchez Jiménez
Universidad de Murcia
angeles@um.es

*Resumen*
El lenguaje empleado por los órganos de la Administración, tanto en sus relaciones internas como en su relación con los administrados, se manifiesta de forma escrita a través de documentos variados con un alcance distinto. Una variedad esencialmente importante en el ámbito de la reglamentación de la situación jurídica del extranjero. La muy variada tipología de estos textos exige, por una parte, la delimitación de los que presentan una mayor importancia cuantitativa y cualitativa para su empleo en relación a los extranjeros y, por otra, una clasificación operativa de esta tipología textual realizada en atención al emisor y receptor.

*Palabras clave:* Lenguaje, Administración, Situación jurídica extranjero, diversidad, tipología textual.

*Abstract*
The language used by the Administration organs, both in its internal relations and in its relation with the citizens, is revealed in written form through several documents with a different scope. This variety of documents is essential in the field of the regulation of the juridical position of the foreigners. The huge range of this texts requires, on the one hand, to delimitate those which are more quantitatively and qualitatively important for its use with regard to the foreigners and, on the other hand, a classification in attention to the transmitter and receiver.

*Keywords:* Language, Administration, juridical position of the foreigners, variety, textual typology.

# 1. Introducción

En el ámbito de la reglamentación de la situación jurídica del extranjero, comprendido en el denominado "derecho de extranjería", adquiere una especial trascendencia la diversidad con la que se manifiesta el lenguaje empleado de forma escrita por los órganos de la Administración. Los documentos utilizados tienen un alcance sustancialmente distinto, como consecuencia de la pretensión de reglamentar jurídicamente cada uno de los aspectos que pueden afectar a las diferentes situaciones de los inmigrantes. El resultado de la diversidad de estos textos normativos es la directa incidencia en la comprensión de su alcance.

La diversidad del lenguaje jurídico-administrativo en el ámbito de la extranjería constituye un obstáculo esencial para su conocimiento por los ciudadanos extranjeros, precisamente los sujetos a los que va dirigido. La muy variada tipología de estos textos exige, por una parte, la delimitación de los que presentan una mayor importancia cuantitativa y cualitativa para su empleo en relación a los extranjeros y, por otra, una clasificación operativa de esta tipología textual realizada en atención al emisor y receptor. De este modo la delimitación realizada se basa en el triple criterio relativo a: (1) Textos destinados al ciudadano; (2) Textos emitidos por la Administración y destinados a la propia Administración y (3) Textos emitidos por el ciudadano y destinados a la Administración.

Tras esta primera clasificación, la mayor dificultad es la relativa a la delimitación, dentro de cada una de estas categorías, de las tipologías discursivas de mayor frecuencia. En particular esta superior dificultad se materializa en el primero de los criterios señalados, respecto del cual la diversidad de los textos normativos y administrativos empleados alcanza el máximo nivel. Esta constatación motiva la necesidad de realizar una nueva distinción para articular una subclasificación de las tipologías textuales en el contexto de dicho criterio basada en la distinción entre: Textos normativos, Actos administrativos y Textos informativos.

## *CLASIFICACIÓN TAXONÓMICA*

1. TEXTOS NORMATIVOS DIRIGIDOS AL CIUDADANO

1.1 Ley.
1.2 Decretos.
 1.2.1 Real Decreto Ley.
 1.2.2 Real Decreto Legislativo.
 1.2.3 Real Decreto.
1. 3 Reglamentos.
 1.3.1 Reglamento emitido por el Consejo de Ministros. Real Decreto del Consejo de Ministros.
 1.3.2 Reglamento emitido por el Presidente del Gobierno. Real Decreto del Presidente del Gobierno.
 1.3.3 Reglamento emitido por Comisiones Delegadas del Gobierno. Orden del Ministro de la Presidencia.

1.3.4. Reglamento emitido por Ministros. Orden del Ministro competente.
1.3.5 Reglamento emitido por Consejo de Gobierno de Administración Autonómica. Decreto del Consejo de Gobierno.
1.3.6 Reglamento emitido por Presidente de la Comunidad de Administración Autonómica. Decreto del Presidente.
1.3.7 Reglamento emitido por Consejo de Gobierno de la Comunidad de Administración Autonómica. Orden del Consejero.
1.3.8 Reglamento emitido por Pleno de la Corporación de Entidades Locales. Reglamentos y ordenanzas.

2. ACTOS ADMINISTRATIVOS DIRIGIDOS AL CIUDADANO

Según la posición en devenir temporal del procedimiento administrativo.

2.1 AA de trámite/acuerdos.
2.1.1 Informe.
2.1.2 Acta.
2.1.3 Diligencia.
2.1.4 Certificado.
2.1.5 Convocatoria o citación.
2.2 Resoluciones.

3. TEXTOS INFORMATIVOS

3.1 Textos informativos de carácter divulgativo en soporte electrónico.
3.2 Hojas y folletos informativos en formato papel.
3.3 Guías y manuales.
3.4 Notas de prensa.

4. TEXTOS EMITIDOS POR LA ADMINISTRACIÓN Y DESTINADOS A LA PROPIA ADMINISTRACIÓN

4.1 Resolución.
4.2 Instrucción.
4.3 Circular.
4.4 Oficio
4.5 Nota interior.
4.6 Consulta.
4.7 Informe.

4.8 Dictamen.
4.9 Recomendación.
4.10 Comunicación.
4.11 Requerimiento.
4.12 Declaración.
4.13 Planes de acción/actuación.
4.14 Memorias.
4.15 Suplicatorio.

5. ACTOS REALIZADOS POR EL CIUDADANO Y DESTINADOS A LA ADMINISTRACIÓN

5.1 Solicitud o instancia.
5.2 Petición.
5.3 Reclamación.
5.4 Declaración.
5.5 Comunicación.

## 2. Textos dirigidos al ciudadano

De acuerdo con todo lo anterior, el punto de partida para la delimitación de las tipologías textuales en materia de extranjería ha de venir basado en el criterio tripartito señalado. El primero de ellos, objeto del presente apartado, se ha de dividir a su vez en una doble categoría al ser necesario distinguir entre: los textos de carácter normativo; los que tienen carácter de Acto Administrativo, y los que tienen un objetivo informativo. Esta diferenciación viene motivada por su diferente alcance como se constata de inmediato.

### *2.1 Textos de carácter normativo*

#### *2.1.1 La Ley y normas con rango de Ley*

Entre los textos normativos que se dirigen al ciudadano la categoría superior está representada por la *Ley* (siempre subordinada a la Constitución). Se trata de la norma jurídica de carácter obligatorio y general dictada por el poder legislativo (las Cortes Generales o las Asambleas legislativas de las Comunidades Autónomas [a partir de ahora, CCAA]) para el cumplimiento de determinados fines. Se caracteriza por ser general, abstracta e impersonal. Puede ser, dependiendo de la materia sobre la que versa, *Ley Orgánica* (no existe en el caso de las CCAA) o *Ley Ordinaria.* La Ley Orgánica requiere el voto favorable de la mayoría absoluta de los miembros del Congreso de los Diputados en una votación final sobre el conjunto del proyecto aprobado.

Existen determinadas materias que han de desarrollarse mediante Ley Orgánica, como señala el art. 81 de la Constitución Española (a partir de ahora CE) al referirse a "las que desarrollan los derechos fundamentales y las libertades públicas, las que aprueban los Estatutos de Autonomía y el régimen electoral general y las demás previstas en la Constitución". De este modo, el régimen jurídico de los derechos y libertades de los extranjeros en España quedaba establecido en la Ley Orgánica 4/2000, de 11 de enero, sobre derechos y libertades de los extranjeros en España y su integración social (*BOE* núm. 10, de 12 de enero), que ha venido siendo objeto de sucesivas modificaciones – ha sido modificada por Ley Orgánica 8/2000, de 22 de diciembre (*BOE* núm. 307, de 23 de diciembre), Ley Orgánica 11/2003, de 29 de septiembre (*BOE* núm. 234, de 30 de septiembre), Ley Orgánica 14/2003, de 20 de noviembre (*BOE núm. 279, de 21 de noviembre*), Ley Orgánica 2/2009, de 11 de diciembre (*BOE* núm. 299, de 12 de diciembre) así como por la Ley Orgánica 1/2015, de 30 de marzo (*BOE* núm. 77 de 31 de Marzo de 2015)-.

Además de la Ley, existen otras normas que, sin ser Leyes, gozan de rango de Ley. Se trata del Decreto-Legislativo y del Decreto-Ley. El término Decreto se refiere al órgano autor de la disposición, al tratarse de normas derivadas de la actuación del Gobierno. Ahora bien, no todo Decreto tiene rango de Ley, únicamente gozan de este rango el *Decreto Ley* y el *Decreto Legislativo.* Fuera de las anteriores, el Gobierno también puede dictar otras normas (Decretos) que no tienen rango de Ley, que son objeto de análisis en el siguiente apartado.

El Decreto Ley se trata de la norma dictada por el Gobierno y convalidada por el Congreso, sobre la base del reconocimiento realizado por el art. 86 de la CE –precepto que reconoce al Gobierno la facultad de dictar disposiciones legislativas bajo la forma de Decreto-Ley en caso de extraordinaria y urgente necesidad, además le atribuye un carácter provisional y señala que deben ser inmediatamente sometidos a debate y votación de totalidad al Congreso de los Diputados en el plazo de los treinta días siguientes a su promulgación–.

El Decreto Legislativo se trata de la norma que se dicta por el Gobierno previa habilitación por las Cortes Generales, consecuencia de la delegación legislativa prevista en el art. 82.1 de la CE y la denominación viene impuesta por su art. 85.

### *2.1.2 Normas de rango inferior. La potestad reglamentaria*

La mayoría de las normas que integran el ordenamiento presentan un rango formal inferior al de las Leyes y demás normas con fuerza de Ley. Derivan de la potestad reglamentaria atribuida por la CE al Gobierno, además de la función ejecutiva (art. 97), y reservada a los órganos de Gobierno de las Administraciones Públicas generales o territoriales.

Este conjunto normativo es denominado "Reglamento" –la Ley 50/1997, de 27 de noviembre, del Gobierno (*BOE* de 28 de noviembre de 1997) (a partir de ahora LGO) señala en su art. 23 que "el ejercicio de la potestad reglamentaria corresponde al Gobierno de acuerdo con la Constitución y las leyes (apartado primero)–. Los reglamentos no podrán regular materias objeto de reserva de ley, ni infringir normas con dicho rango (apartado segundo). El art. 24 se refiere al "procedimiento de elaboración de los reglamentos". Ahora bien, en función del órgano que dicte estas normas, pueden revestir diversas formas.

#### *Forma de las disposiciones reglamentarias acordadas en el ámbito estatal.*

Las normas derivadas de la potestad reglamentaria dictadas por la Administración estatal revisten la forma (para su aprobación) de Real Decreto o de Orden Ministerial, siendo el primero de superior jerarquía –artículo 23.3 de la LGO– ya que se sitúa en el orden de prelación de las normas jurídicas inmediatamente después de las normas con rango de Ley, a la que no pueden contradecir.

El *Real Decreto* puede ser acordado por el Presidente del Gobierno o por el Consejo de Ministros en sus respectivas competencias –así lo recoge el art. 25 de la LGO y en este sentido hay que entender la referencia a la potestad reglamentaria que hace el art. 23 de la misma LGO. En realidad, la potestad reglamentaria atribuida al Presidente del Gobierno tiene un carácter organizativo consecuencia de la atribución de la propia CE (arts. 100 y 115)–. En este contexto se integran los Reglamentos para el desarrollo de una Ley que, como "Reglamentos jurídicos" implican una supremacía general propia del Gobierno como órgano político, expresada en el hecho de que sólo sus actos (Decretos) son firmados por el Rey (art. 62 f ) de la CE). De este modo, en la materia de extranjería, la Ley Orgánica 2/2009 (BOE núm. 103, de 30 abril de 2011), en su Disposición Final tercera, habilitaba al Gobierno a dictar las disposiciones necesarias para la aplicación y desarrollo de la reforma de la Ley Orgánica 4/2000. Consecuencia de tal habilitación fue el Real Decreto 557/2011, de 20 de abril, "por el que se aprueba el Reglamento de la Ley Orgánica 4/2000, sobre derechos y libertades de los extranjeros en España y su integración social, tras su reforma por Ley Orgánica 2/2009". Cualquier reforma de este Reglamento ha de ser, a su vez, aprobada mediante Real Decreto, como ha ocurrido en esta materia mediante el Real Decreto 844/2013, de 31 de octubre.

Por su parte, la *Orden Ministerial* alude a las disposiciones y resoluciones de los Ministros. Como ejemplos en materia de extranjería se pueden citar los siguientes: Orden de 7 de Febrero de 1997 del Ministerio del Interior, por la que se regula la Tarjeta de extranjero (*BOE* núm. 40 de 15 de febrero de 1997); Orden del Ministerio de la Presidencia: Orden PRE/237/2002, de 11 de febrero, por la que se dictan instrucciones generales relativas al número de enlace de visado en materia de extranjería (*BOE* núm. 37, de 12 de febrero de 2002); Orden del Ministerio de Asuntos Exteriores y Cooperación: Orden AEC/890/2005, de 21 de marzo, por la que se establecen las cuantías de las tasas por la tramitación de visados (*BOE* núm. 84, de 8 de abril de 2005); Orden Ministerio Interior INT/3321/2011, de 21 de noviembre, sobre expedición de título de viaje a extranjeros (*BOE* núm. 292, de 5 diciembre 2011).

Cuando la Orden Ministerial afecte a varios Departamentos reviste la forma de Orden del Ministro de la Presidencia, dictada a propuesta de los Ministros interesados. También designa los acuerdos adoptados por las Comisiones Delegadas del Gobierno. Tales acuerdos han de revestir la forma de Orden del Ministro competente o del Ministro de la Presidencia cuando la competencia corresponda a distintos Ministros (art. 25 *LGO*). En consecuencia, las autoridades administrativas inferiores no pueden dictar normas reglamentarias, solo tienen la facultad de dictar Instrucciones, Resoluciones y Circulares internas.

*Forma de las disposiciones reglamentarias acordadas por la Administración Autonómica y por las entidades locales.*

La potestad legislativa de las *CCAA* implica el reconocimiento de la potestad reglamentaria (art. 153 c) *CE*). La precisión de los órganos de la Administración autonómica que son titulares de esta potestad se define en el propio ordenamiento jurídico, si bien en la mayoría de las CCAA queda reflejado en su respectivo Estatuto.

En líneas generales, "el criterio más extendido consiste en atribuir la titularidad de la potestad reglamentaria al Consejo de Gobierno de la Comunidad Autónoma, si bien se suele admitir que los Consejeros hagan uso de esta potestad, dentro de su ámbito competencial, cuando les habilite una Ley o un Reglamento aprobado por el Consejo de Gobierno. A falta de habilitación legal expresa, la potestad de los Consejeros debe ceñirse al ámbito autorganizativo propio de su departamento, sin que pueda incluirse aquí el estatuto de sus funcionarios (*STS* 19-7-2007)." A ella se añade la atribución al Presidente de la Comunidad Autónoma de una potestad reglamentaria circunscrita al ámbito organizativo. Partiendo de esta distribución de la titularidad reglamentaria, la forma que adoptan los Reglamentos son, bien la de *Decretos* –los aprobados por el Consejo de Gobierno o del Presidente– o la de *Orden* –las disposiciones generales aprobadas por los Consejeros–. Tanto el Decreto como la Orden son empleadas en materia de extranjería. Como ejemplo de Decreto en materia de extranjería: Decreto 72/1998, de 20 de noviembre, por el que se crea el Consejo Asesor "Foro Regional para la Inmigración de la Comunidad Autónoma de Murcia" (*BORM* nº 277; 30/11/1998). Como ejemplo de Orden, puede mencionarse la Orden de 12 de abril de 2000 de la Consejería de Trabajo y Política Social de la Región de Murcia por la que se crea la Oficina Regional de Atención a la Inmigración de la Comunidad de Murcia (*BORM* núm. 102, de 4 de mayo de 2000).

En lo que respecta al ámbito local (Municipios y Provincias), la potestad reglamentaria en este ámbito (recogida en el art. 4.1 de la Ley reguladora de las bases de Régimen Local de 2 de abril de 1985 (a partir de ahora *LRBRL*), adopta la forma de Reglamentos locales y Ordenanzas y son dictados por el Pleno de los Ayuntamientos y Diputaciones Provinciales.

## 3. Actos administrativos dirigidos al ciudadano

Los Actos Administrativos, también dictados por el poder ejecutivo (Gobierno), entendidos como la declaración realizada por la Administración en ejercicio de una potestad administrativa distinta de la potestad reglamentaria, tienen un contenido muy variado. Pueden dirigirse a otorgar una autorización (declaración de voluntad), elaborar una propuesta de resolución que se somete a otro órgano distinto (declaración de deseo), certificar públicamente un acto (declaración de conocimiento) o resolver recursos administrativos y emitir informes y dictámenes (declaración de juicio).

La diferencia con los Reglamentos, que también dicta el Gobierno, deriva esencialmente de un doble aspecto. El primero, por ser los reglamentos normas jurídicas, en tanto que los actos administrativos son aplicación de las normas. El Reglamento crea normas, el acto se limita a poner en marcha lo dispuesto por dichas normas. El Reglamento se dicta con intención de su permanencia en el tiempo, en cambio el acto administrativo se agota con su aplicación. El segundo aspecto que marca la diferencia deriva de que el Reglamento se dirige a una pluralidad de sujetos en abstracto, en tanto que el Acto administrativo tiene como destinatario a una persona singular y concreta. Los actos disponen actuaciones concretas e inmediatas que afectan a sujetos singularizados, no obstante, también existen actos administrativos que se dirigen a una pluralidad indeterminada de sujetos (por ej. una convocatoria pública), por eso la principal diferencia entre el acto y el reglamento se basa en el carácter normativo: si la actuación general tiene vocación de permanencia en el tiempo se trata de un Reglamento y si se agota con su ejercicio es un Acto administrativo.

Los Actos Administrativos pueden ser muy diversos, por eso es preciso abordar su clasificación, respecto de la que existe también diversidad de criterios. A los efectos de las tipologías que ahora interesan es preciso centrar la atención en los Actos Administrativos empleados en materia de extranjería, lo que permite establecer dos criterios para su clasificación en cuanto muestran su diferente alcance.

Primer criterio de clasificación. El contenido del acto. Permite distinguir entre los *Actos administrativos favorables* (al interesado, ciudadano, persona a la que se dirige) y los *desfavorables o de gravamen* –denominación adoptada por las Leyes más recientes, si bien también son denominados respectivamente, actos declaratorios de derechos y actos que limitan derechos subjetivos–.

Los *Actos administrativos favorables* son los que amplían los derechos y facultades de los administrados, por lo que pueden carecer de motivación. Dentro de ellos se pueden destacar: (a) Los actos de admisión: comportan la incorporación de un sujeto al uso de un servicio público –como ejemplo cabe señalar la admisión de la solicitud de un extranjero relativa a la autorización de residencia–; (b) Actos de autorización. Cuando autoriza el ejercicio de un derecho preexistente, previo cumplimiento de los requisitos establecidos en la Ley –por ejemplo, la autorización de la expedición de la tarjeta de identidad del extranjero en situación regular porque tiene derecho a la documentación–; (c) Actos de concesión y otorgamiento, en los que no existe un derecho previo, pero la administración lo crea –por ejemplo, la autorización excepcional otorgada por las autoridades o los funcionarios responsables del control fronterizo, para el cruce de fronteras fuera de los puestos habilitados o de los días y horas señalados, en el caso (entre otros) de personas a las que les haya sido expedida una autorización extraordinaria para cruzar la frontera ante una necesidad concreta (art. 1.2 del Reglamento de extranjería)–; (d) Actos de exención o dispensa, aquéllos que liberan al particular de una obligación normalmente exigible –por ejemplo la exención prevista para la solicitud de la autorización para trabajar de los menores extranjeros, mayores de 16 años, sometidos a la tutela de una Entidad de protección de menores (art. 40.1 i) y 41.1 j) de la Ley de extranjería–.

Los *Actos Administrativos desfavorables o de gravamen*, son los que restringen las facultades de los administrados. Estos tienen siempre que ser motivados y pueden ser revocados. Entre ellos se encuentran: (a) Los actos sancionadores, como las multas – aparejadas a las sanciones recogidas en la Ley y Reglamento de extranjería–; (b) Los actos de prohibición, que son las limitaciones de no hacer –por ejemplo, cuando se trata de la prohibición de salida de España de un extranjero (art. 28 de la Ley de extranjería). Esta se adoptara con carácter individual por el titular del Ministerio del Interior, según los casos, a iniciativa propia, a propuesta del titular de la Secretaría de Estado de Inmigración y Emigración, del titular de la Secretaría de Estado de Seguridad, del Delegado o Subdelegado del Gobierno, de las autoridades sanitarias o a instancias de los ciudadanos españoles y de los extranjeros residentes legales en España que pudieran resultar perjudicados, en sus derechos y libertades, por la salida de los extranjeros del territorio español. Las prohibiciones de salida deberán notificarse formalmente al interesado–, o las obligaciones de hacer –como ejemplo cabe señalar la posibilidad, atribuida a los funcionarios responsables del control de entrada, en función (entre otras circunstancias) del motivo y duración del viaje, para exigir a los extranjeros la presentación de documentos que justifiquen o establezcan la verosimilitud de la razón de entrada invocada (art. 1 del Reglamento de extranjería)–; (c) Las expropiaciones y figuras similares; (d) Las exacciones fiscales.

Segundo criterio de clasificación. La posición que ocupa en el procedimiento administrativo. Este criterio exige considerar que el procedimiento administrativo es una sucesión de trámites que desembocan en una resolución final, es decir, a lo largo del procedimiento se suceden una serie de actos que no son la respuesta que la administración ofrece al problema en examen, sino eslabones sucesivos que darán como resultado una solución final que decide el fondo del asunto. Este conjunto de actos previos al resultado son los llamados Actos de trámite, frente a los Actos definitivos o resolución –por ejemplo, antes de imponer una sanción, la Administración tiene que conceder al particular el trámite de audiencia mediante un acto administrativo que se notifica al particular, indicándole que dispone de un plazo para alegar lo que estime oportuno a su derecho. Este acto administrativo es distinto del acto final del procedimiento mediante el que se le impone la sanción al particular–.

Los *Actos Administrativos de trámite* recogen las decisiones adoptadas por los órganos competentes sobre la iniciación y las cuestiones que se suscitan en la tramitación de un procedimiento antes de la resolución del mismo. Son actos de trámite: el acuerdo por el que se decide la iniciación del procedimiento; el acuerdo por el que se abre un período de alegaciones; los informes o dictámenes o recomendaciones que son elaborados en el procedimiento; los que con carácter preceptivo ha de elaborar la autoridad como condición indispensable para conseguir el resultado pretendido; el acuerdo por el que se decide la apertura de un período de pruebas; acuerdo por el que se abre un período de audiencia –además de los anteriores, que son los habituales en un procedimiento, también puede haber otros como el acuerdo por el que se decide la acumulación de procedimientos, el acuerdo por el que se decide la tramitación de urgencia de un procedimiento, el acuerdo por el que se decide suspender la eficacia de un acto, etc. Se trata de eslabones del procedimiento en el que se integran y al que complementan, pero no deciden ni directa o indirectamente el fondo del asunto–.

A efectos de sistemática puede señalarse que los Actos administrativos de trámite mas empleados son los siguientes: (a) Informes: Documentos que contienen una declaración de juicio de un órgano administrativo, o de una persona física o jurídica pública o privada, sobre las cuestiones de hecho o de derecho que sean objeto de un procedimiento administrativo. Pueden ser preceptivos o facultativos y vinculantes o no vinculantes; (b) Actas: documentos que acreditan hechos, circunstancias, juicios o acuerdos; (c) Diligencia: Acta redactada por el funcionario competente que tiene por objeto dejar constancia de un acto con trascendencia procesal en la sustanciación de un pleito; (d) Certificados: acreditan hechos o situaciones de carácter administrativo que pueden surtir efectos en un procedimiento administrativo o en las relaciones jurídico privadas; (e) Convocatoria o citación: Aviso por el que se cita a alguien para una diligencia. La convocatoria o citación tiene como finalidad avisar al destinatario de la misma para realizar una determinada acción.

Frente a los anteriores, los *Actos administrativos definitivos o Resoluciones* son aquéllos que contienen las decisiones del órgano competente que pone fin al procedimiento administrativo, resolviendo todas las cuestiones que se han planteado en el mismo. Son actos definitivos la Resolución por la que se resuelve un procedimiento; la Resolución por la que se impone una multa o por la que se deniega una licencia, o por la que se otorga una concesión, etc. En tanto acto definitivo, la Resolución es siempre objeto de control y posible revisión a través de los recursos, tantos administrativos como en vía judicial –en materia de extranjería pueden constatarse ambos actos administrativos, por ejemplo en la tramitación del procedimiento para la repatriación de los menores extranjeros no acompañados que se localizaran en territorio español. Un procedimiento que se recoge en el Reglamento de extranjería (arts. 191 a 194) donde detalla, tanto los actos de trámite que han de sucederse, como la resolución con la que termina–.

## 4. Textos informativos dirigidos al ciudadano

Desde la Administración también se emiten textos que tienen una función informativa como son los Textos informativos de carácter divulgativo en soporte electrónico, las Hojas informativas, los Folletos informativos, los Trípticos, las Guías o las Notas de prensa.

## 5. Textos emitidos por la Administración y destinados a la propia Administración

Son también abundantes, por necesarios, los textos que partiendo de un órgano administrativo se dirigen a otro. Su trascendencia en materia de extranjería es evidente, tanto cuantitativa como cualitativamente. En este sentido cabe distinguir los siguientes:

*Resolución.* Documento mediante el que se dictan instrucciones adoptadas por un órgano administrativo dirigidas a otro órgano distinto, o la publicación de acuerdos adoptados por un órgano de la administración. Como ejemplos en materia de extranjería, cabe citar la Resolución de 21 de julio de 1997 de la Subsecretaría, por la que se aprueba la Resolución de 4 de julio de la Presidenta del Instituto Nacional de Estadística y del Director General de Cooperación Territorial, por la que se dictan instrucciones técnicas a los Ayuntamientos sobre actualización del Padrón municipal, la Resolución de 26 de mayo de 2005, de la Subsecretaría por la que se dispone la publicación de la Resolución de 28 de abril de 2005, del Instituto Nacional de Estadística y de la Dirección General de Cooperación Local, por la que se dictan instrucciones técnicas a los Ayuntamientos sobre el procedimiento para acordar la caducidad de las inscripciones en el Padrón de los extranjeros no comunitarios sin autorización de residencia permanente que no sean renovados cada dos años, o la Resolución de 13 octubre 2014, de la Subsecretaría, por la que se publica el Acuerdo para la aprobación del Protocolo Marco sobre determinadas actuaciones en relación con los Menores Extranjeros No Acompañados.

*Instrucción.* Su objeto es enseñar, aconsejar u ordenar al receptor la realización de acciones o actividades o aclarar la interpretación de una norma. Como ejemplos se pueden señalar: la Instrucción de la Dirección General de Inmigración (Secretaría de Estado de inmigración y emigración) Instrucción DGI/SGRJ/10/2008, "sobre las autorizaciones de residencia temporal por circunstancias excepcionales, cuando se trate de hijos de padre o madre que hubieran sido originariamente españoles"; la Instrucción DGI/SGRJ/04/2009, 23 abril 2009, "sobre la aplicación directa de la Directiva 2003/109/CE a los nacionales de terceros países que acrediten ser titulares del estatuto de residente de larga duración en otro Estado miembro de la Unión Europea"; la Instrucción DGI/SGRJ/01/2010 "sobre vigencia de la autorización de residencia de larga duración-CE concedida en España y renovación de la tarjeta de identidad de extranjero de su titular"; o la Instrucción DGI/SGRJ/8/2011"sobre aplicación del Reglamento de la Ley Orgánica 4/2000, sobre derechos y libertades de los extranjeros en España y su integración social, en materia de informes sobre esfuerzo de integración. Dirección General Inmigración. Ministerio de Trabajo e Inmigración".

*Circular.* Documento de orden interno por el cual se transmiten orientaciones, directrices, aclaraciones, información o interpretación del funcionario jerárquicamente superior a los subordinados. Disponen la conducta por seguir respecto a ciertos actos o servicios. Como ejemplos cabe señalar la Circular de la Fiscalía General del Estado 5/2011 sobre criterios para la unidad de actuación especializada del Ministerio Fiscal en materia de extranjería e inmigración (aporta las directrices de actuación a los Fiscales); Circular DGI/SGMG/05/2010, de 1 de julio de 2010, sobre la aplicación de la Orden PRE/3/2010 de 11 de enero, por la que se establecen el importe de las tasas por tramitación de autorizaciones administrativas, solicitudes de visados y documentos de identidad en materia de inmigración y extranjería a aquellas autorizaciones cuyo procedimiento de solicitud se inicia en el extranjero; o la Circular 1/2010 de la Comisaría General de Extranjería y Fronteras de la Dirección General de la Policía y de la Guardia civil, aprobada con la finalidad de ofrecer, ante la reforma de la Ley de extranjería por la LO 2/2009, las instrucciones a seguir en las actuaciones policiales.

*Oficio.* Documento que se utiliza para la comunicación entre órganos o unidades pertenecientes a diferentes Administraciones Públicas, a diferentes entidades o departamentos, y dentro de éstos, a diferentes órganos superiores.

*Nota interior*. Documento que se utiliza para la comunicación entre órganos o unidades que pertenecen a un mismo órgano o unidad.

*Consulta*. Pronunciamiento de un órgano administrativo superior ante una cuestión planteada por un órgano inferior del que depende. Como ejemplo, citaremos la Consulta 1/2009 del Fiscal General de Estado, "sobre algunos aspectos relativos a los expedientes de determinación de la edad de los menores extranjeros no acompañados."

*Informe*. Documento para poner de manifiesto una realidad que requiere de consideración específica. Como ejemplos se pueden señalar el Informe del Defensor del Pueblo sobre Centros de Protección de Menores con trastornos de conducta y en situación de dificultad social (2009); el Informe del Foro para la Integración Social de los Inmigrantes sobre el documento "Medidas propuestas en el Plan Integral de lucha contra la trata de seres humanos con fines de explotación sexual", su Informe sobre la situación de la integración social de los inmigrantes y refugiados en 2008; o los Informes emitidos por la Agencia española de Protección de Datos: Informe 2004/0211 relativo al "Acceso al padrón por las Fuerzas y Cuerpos de Seguridad"; Informe 2008/0141 relativo a la "Reclamación de certificado del padrón por asistentes sociales"; Informes 2009/0038 y 2009/0029 relativos a la "Improcedencia cesión de datos del Padrón a Consulado extranjero"; Informe 2009/0169 sobre "Cesión de los datos del Padrón a otras Administraciones Públicas"; Informe 2010/0122 sobre "Cesión de los datos del Padrón municipal a la Policía Local."

*Dictamen*. Documento en el que se emite la opinión sobre una determinada normativa que se solicita por un órgano de la Administración a otro. En la materia que nos ocupa se pueden citar como ejemplos: el Dictamen del Consejo Económico y Social a solicitud del Ministro de Trabajo e Inmigración sobre el Anteproyecto de la Ley Orgánica para la reforma de la Ley 4/2000, de 11 de enero, sobre derechos y libertades de los extranjeros en España y su integración social, modificada por las Leyes orgánicas 8/2000, de 22 de diciembre, 11/2003, de 29 de septiembre y 14/2003, de 20 de noviembre. Aprobado en la Sesión Ordinaria del Pleno de 28 de enero de 2009; el Dictamen del Foro para la Integración Social de los Inmigrantes sobre el Real Decreto que desarrolla el Real Decreto-Ley 4/2008, de 19 de septiembre, sobre abono acumulado y de forma anticipada de la prestación contributiva por desempleo a trabajadores extranjeros o comunitarios que retornen voluntariamente a sus países de origen; o el Dictamen del Consejo de Estado sobre el Proyecto de Real Decreto por el que se aprueba el Reglamento de la Ley Orgánica 4/2000, de 11 de enero, sobre derechos y libertades de los extranjeros en España y su integración social. Boletín Oficial del Estado Agencia Estatal. Número de expediente: 515/2011 (Trabajo e Inmigración). Referencia: 515/2011.

*Recomendación.* Documento dirigido a un órgano de la Administración para que siga determinadas pautas. Como ejemplos cabe señalar la Recomendación del Defensor del Pueblo 71/2008, de 16 de julio, para que se considere a todos los efectos la fecha de inicio del procedimiento de reagrupación familiar como la determinante para establecer la menor edad del reagrupado; la Recomendación del Defensor del Pueblo, 14/2007, de 10 de enero, sobre elaboración de un protocolo de actuación en la notificación de las resoluciones que se dicten sobre menores extranjeros no acompañados, en los procedimientos de repatriación.

*Comunicación.* Es la vía utilizada cuando se precisa dar una información o expresar una postura concreta por una autoridad administrativa. Citaremos entre otros ejemplos, la Comunicación del Defensor del Pueblo de 10 de abril de 2012 con el objeto de reiterar la posición de la oficina en torno a las redadas policiales aleatorias e indiscriminadas sobre personas extranjeras, con supuesta base en la Ley de Extranjería, la Ley de seguridad ciudadana, y Circular 1/2010, de la Comisaría general de extranjería y fronteras. Incluye diversas recomendaciones a la Dirección General de Policía sobre "detención cautelar" y "controles identificativos basados en perfiles étnicos y raciales" o la Comunicación de la Dirección General de Inmigración, de 21 de septiembre de 2011, sobre criterios de actuación en expedientes en caso de medidas sometidas a revisión judicial.

*Requerimiento.* Documento empleado por una Autoridad administrativa para solicitar algo de otra, por ejemplo, para el correcto funcionamiento del Registro de menores no acompañados, el art.212.1 del Reglamento de extranjería prevé la atribución al Ministerio Fiscal, para "garantizar la exactitud e integridad del Registro", de la posibilidad de requerir a las Entidades Públicas de Protección de Menores, Fuerzas y Cuerpos de Seguridad del Estado, Policías autonómicas, Policías locales, Instituciones Sanitarias y a cualquier otra entidad pública o privada, la remisión de cuantos datos obren en su poder sobre los menores. Dichos datos han de ser remitidos a la DG de la Policía y de la Guardia Civil para la actualización del Registro.

Declaración. Documento empleado para constatar una situación que afecta a los órganos de la Administración como la Declaración de las

Defensorías del Pueblo sobre las responsabilidades de las Administraciones sobre los menores no acompañados (2006).

*Nota de prensa.* Se informa sobre algún acontecimiento jurídico de especial trascendencia (también dirigida a ciudadanos así como a la propia administración), por ejemplo, la Nota de prensa del Gabinete de comunicación del Ministerio de Trabajo e inmigración por la que se informa: "El Consejo de Ministros ha visto hoy el anteproyecto de Ley. Se inicia el trámite de reforma de la Ley Derechos y Libertades de los Extranjeros en España y su Integración Social". Se publican en la web del respectivo órgano administrativo que informa.

*Planes de acción (o de actuación).* Documento estratégico que especifica el escenario de futuro que se quiere conseguir y las acciones que se quieren llevar a cabo para alcanzarlo. Se trata de un programa que se elabora para la ejecución de un proyecto, por lo que se dirige a la Administración en general, al ser la que puede conseguir que, en efecto, se cumpla. Los planes de actuación son el eje vertebrador de la política del órgano del que emanan, ya que marcan las grandes líneas estratégicas de trabajo. Son despliegues de las leyes que marcan y guían la política de tal Departamento, y de ellos se derivan programas y acciones concretas destinadas a la mejora en el área concreta o materia a la que venga referido. Estos planes de acción se elaboran tanto en el ámbito estatal, como en el autonómico y municipal, por ejemplo (ámbito estatal): "II Plan estratégico de ciudadanía e integración (2011–2014), de la Secretaría de Estado de inmigración y emigración. Dirección General de integración de los inmigrantes". Se trata de un documento donde se señala la "política" a seguir en el futuro, por lo que especifica los fundamentos del Plan, las Áreas de intervención, la Gobernanza del Plan y el presupuesto. De acuerdo con el Plan Nacional, se establecen también por las Comunidades Autónomas, así por ejemplo cabe aludir al "Plan Estratégico de la Región de Murcia" y el "Plan para la integración social de las personas inmigrantes en la Región de Murcia" (2006–2009). Instrumentos imprescindibles del Gobierno Regional para la gestión de la inmigración.

*Memorias.* Documentos en los que se exponen las actividades llevadas a cabo con un objetivo concreto. Se realizan por la pluralidad de órganos de la Administración, y en muy diversos aspectos. Citaremos a título de ejemplo la Memoria 2008 del Foro para la integración social de los inmigrantes, aprobada en Pleno de 6 de febrero de 2009. Ministerio de Trabajo e Inmigración, Secretaría de Estado de Inmigración y

Emigración, Dirección General de integración de los inmigrantes; o la Memoria de la Fiscalía General del Estado, que da cuenta de las actividades llevadas a cabo por los Fiscales Delegados de Extranjería durante el año 2011. Forma parte de la memoria que presenta el Ministerio Fiscal al comienzo del año judicial.

## 6. Textos o documentos realizados por el ciudadano y destinados a la Administración

También en la materia relativa a la extranjería guardan especial trascendencia estos documentos por el objetivo que con ellos se pretende, del que, precisamente, deriva su diversidad.

*Solicitud.* Una solicitud (o instancia) es un documento escrito que va dirigido a un organismo público o a una autoridad a los que se pide algo y que dan lugar al inicio de un procedimiento administrativo –ejemplos: la solicitud de prórroga de estancia; la solicitud de autorización de residencia temporal, de residencia permanente, de trabajo y residencia, de reconocimiento de la excepción de la autorización de trabajo, de autorización administrativa para trabajar, de autorizaciones de trabajo de temporada, de autorización de estancia por estudios, de autorización de regreso, de título de viaje o cédula de inscripción, etc.–.

*Petición.* Se realiza en ejercicio del derecho fundamental de petición reconocido a los ciudadanos en la Constitución a través de su artículo 29. La diferencia básica que mantiene con la solicitud estriba en que la solicitud está basada jurídicamente en un derecho del ciudadano a la obtención del objeto de la solicitud, de forma que al comprobarse su adecuación con el ordenamiento jurídico, se autorizará o en caso contrario, se denegará. La petición está basada sin embargo en la concesión graciable del objeto de la misma, que queda en manos del poder discrecional del órgano al que se dirige.

*Reclamación.* Es un documento que el ciudadano puede presentar al margen de un procedimiento administrativo. Se definen como las quejas o denuncias presentadas por cualquier persona, ya sea natural o jurídica que, en sus relaciones con la Administración considere que ha sido objeto de desatención, tardanza o cualquier otra anomalía consecuencia de un supuesto mal funcionamiento de los servicios.

*Declaración.* Manifestación formal de un individuo con efectos jurídicos, realizada en la forma y los lugares establecidos por la Ley –ejemplo es la obligación de la declaración de entrada personalmente ante las autoridades policiales españolas por los extranjeros que accedan a territorio español procedentes de un Estado con el que España haya firmado un acuerdo de supresión de controles fronterizos–.

*Comunicación.* Se emplea con el objeto de informar a la administración sobre determinadas circunstancias requeridas por la norma –por ejemplo, el art. 214 del Reglamento de extranjería, relativo a la comunicación al Registro Central de Extranjeros de los cambios y alteraciones de situación, establece que los extranjeros autorizados a permanecer en España estarán obligados a poner en conocimiento de la Oficina de Extranjería o de la Comisaría de Policía correspondientes al lugar donde residan o permanezcan los cambios de nacionalidad, de domicilio habitual y de estado civil. Dicha comunicación deberá realizarse en el plazo máximo de un mes desde que se produjese el cambio o modificación y deberá ir acompañada de los documentos que acrediten dichos cambios. También constituye un ejemplo las obligaciones que corresponden al titular de la Tarjeta de Identidad de Extranjero (además de cumplimentar las actuaciones necesarias para su obtención, renovación, custodia y conservación) de comunicar las modificaciones que impliquen alteración de su situación en España. Los cambios que ha de comunicar son los relativos a su nacionalidad, domicilio habitual así como de sus circunstancias personales, laborales, familiares o, en general, de cualquier orden que afecte a los datos consignados en la tarjeta–.

*Alegaciones.* Documentos administrativos presentados por los interesados en un procedimiento mediante el que se aportan a los órganos responsables del mismo, datos o valoraciones de carácter fáctico o jurídico para su consideración a las que pueden acompañarse otros documentos que deberán ser admitidos por el órgano receptor y tenidos en cuenta por el órgano gestor del procedimiento.

*Denuncia.* Documento administrativo que puede ser presentado por los ciudadanos y que puede dar lugar al inicio de un procedimiento administrativo, ya sea o no sancionador, como consecuencia de la puesta en conocimiento de algún hecho concreto, a un órgano administrativo competente.

*Recurso.* Aquel documento presentado por los ciudadanos en el que éstos impugnan un acto administrativo que afecta a sus derechos o intereses legítimos, solicitando su anulación por considerar que incurre en algún defecto que lo hace objeto de nulidad o anulabilidad.

En materia de extranjería, puede recurrirse contra una decisión administrativa, bien en la propia vía administrativa, o bien ante los Tribunales (vía jurisdiccional) en cuyo caso se inicia un procedimiento contencioso-administrativo.

En el caso del recurso administrativo seguimos ante la Administración. Se trata de un medio de revisión de los actos que emanan de la Administración, iniciado a instancia de parte por un sujeto legitimado para ello y sujeto a un determinado plazo de interposición. Mediante el recurso administrativo lo que se impugna es el acto definitivo (resolución). La Administración lo resuelve pudiendo estimar o desestimar la petición. En este último caso, el particular puede continuar con la impugnación pero ahora ya en la vía judicial, interponiendo un recurso contencioso-administrativo.

En el caso del recurso contencioso-administrativo estamos ante el poder judicial (ya no es por tanto la Administración). Este recurso se presenta ante 1) El Juzgado (provincial) de lo contencioso-administrativo. Su resolución es susceptible a la vez de recurso (recurso de apelación) ante el Tribunal Superior de Justicia (Sala de lo Contencioso-Administrativo), y su resolución es también susceptible de recurso ante el Tribunal Supremo (Sala de lo contencioso-administrativo), en cuyo caso se trata del recurso de casación.

El Reglamento de extranjería se refiere a ambos tipos de recursos en su Disposición Adicional Decimocuarta al establece que "las resoluciones que dicten los órganos competentes de los Ministerios de Asuntos Exteriores y de Cooperación, del Interior, y de Trabajo e Inmigración, los Delegados del Gobierno y Subdelegados del Gobierno, bajo la dependencia funcional de estos dos últimos Ministerios, con base en lo dispuesto en este Reglamento, sobre concesión o denegación de visados, prórrogas de estancia o autorizaciones de residencia y de trabajo, cédulas de inscripción, así como sobre sanciones gubernativas y expulsiones de extranjeros, pondrán fin a la vía administrativa, y contra éstas podrán interponerse los recursos administrativos o jurisdiccionales legalmente previstos. Se exceptúan las resoluciones sobre denegación de entrada y devolución, las cuales no agotan la vía administrativa. Los actos y resoluciones administrativas adoptados serán recurribles con arreglo a lo dispuesto en las leyes, y su régimen de ejecutividad será el previsto con carácter general en la legislación vigente, salvo lo dispuesto en la Ley Orgánica 4/2000, de 11 de enero, para la tramitación de expedientes de expulsión con carácter preferente".

## Bibliografía

GAMERO CASADO, Eduardo & Severiano FÉRNÁNDEZ RAMOS. [2003–2004] 2011. *Manual Básico de Derecho Administrativo.* Madrid: Tecnos, 8ª ed.

GARCÍA DE ENTERRÍA, Eduardo & Tomás Ramón FERNÁNDEZ RODRÍGUEZ. [1993] 2013. *Curso de Derecho Administrativo I.* Navarra: Aranzadi, 16ª ed.

# Capítulo III

# Lengua e integración en el ámbito de la extranjería

# *Language and integration in the field of immigration*

MERCEDES LÓPEZ SANTIAGO
Universitat Politècnica de València
mlosan@idm.upv.es

*Resumen*
Los movimientos migratorios constituyen uno de los fenómenos más importantes de nuestro tiempo. En la actualidad, se calcula que miles de personas han abandonado sus lugares de origen para instalarse en otros países; en algunas ocasiones por decisión voluntaria; en otras, por causa de fuerza mayor. Entre estas últimas, destacaremos las siguientes: las guerras, las crisis económicas, los conflictos políticos, las cuestiones religiosas; pero también, las hambrunas, las epidemias, las catástrofes naturales, etc.

En este trabajo, trataremos en primer lugar de la extranjería, así como de la incidencia de la misma y de su tratamiento en nuestra sociedad; a continuación, describiremos en qué consiste la integración de las personas migrantes y cómo se viene realizando en España; en tercer lugar, consideraremos el papel de la enseñanza de la lengua del país de recepción en el proceso de integración, describiendo algunas de las diferentes acciones emprendidas en esta vía en España y en otros países con población migrante; y por último, concluiremos proponiendo que, para tener éxito en la integración social de las personas migrantes, este proceso debe ser realmente doble y bidireccional, es decir, ambas partes deben intervenir en este proceso. Esto significa que, entre otras cosas, se debería continuar con el aprendizaje de la lengua y cultura del país de recepción pero también con el aprendizaje de la lengua y cultura de los migrantes; e igualmente debería favorecerse el acercamiento a las culturas y lenguas de los migrantes por parte de la población del país de recepción.

*Palabras clave:* lengua, integración, migraciones.

*Abstract*
Migration is one of the most important phenomena of our time. Currently, it is estimated that thousands of people have left their homeland to settle in other countries. In some cases they did it by their own choice but in others, they were forced to do it. Among the latter, we will stress the following: wars, economic crises, political conflicts, religious issues, as well as famines, epidemics, natural disasters.

In this paper, we will discuss the impact that different immigration policies can have on our society. We will then describe how immigrants are being integrated, using Spain as an example. Thirdly, we will consider the role of learning the language of the host country in the integration process, describing some of the actions undertaken in Spain. We believe that to be able to achieve the social integration of the immigrants the process must be bidirectional: both parties should be involved in the process. Thus, immigrants should continue studying the language and the culture of the host country, which in turn should help immigrants to continue studying their own language and culture and promote an approach that brings together the native population and the different immigrant cultures.

*Keywords:* language, integration, migrations.

# 1. Introducción

No se sabe a ciencia cierta cuándo empezaron las primeras migraciones en la historia de la humanidad; pero sí sabemos, como ya se ha indicado en el primer capítulo, que este fenómeno sigue acompañándonos actualmente. Si tuviéramos que datar estos movimientos migratorios, deberíamos remontarnos a los primeros tiempos de la humanidad, tal y como muestran los numerosos restos arqueológicos encontrados en incontables lugares. Podría decirse que, en algunos casos, las migraciones forman parte de nuestra herencia genética; en otros, son el resultado de acciones exteriores. En este segundo supuesto, las migraciones pueden ser voluntarias o forzadas. Son consideradas voluntarias, aquellas que no son la consecuencia de un conflicto o peligro externo, sino el resultado de una decisión personal (estudios o estancias de formación, reagrupación familiar, ofertas de trabajo, etc.). Las migraciones forzadas suponen, en muchas ocasiones, rupturas violentas con el lugar de origen de los migrantes.

Como ya se ha indicado en el primer capítulo, diversas causas han provocado estos desplazamientos forzados, individuales o colectivos, a lo largo de la historia de la humanidad: catástrofes naturales, guerras, genocidios, crisis económicas, conflictos políticos, cuestiones religiosas, epidemias, hambrunas, etc. Se han estudiado y analizado en profundidad y desde distintas ópticas todas estas causas dando lugar a numerosas teorías y corrientes, que no trataremos aquí porque no es el objeto de este capítulo. No obstante, nos permiten ratificar que las migraciones, que forman parte de nuestra historia, merecen una atención especial.

Actualmente, tres grandes motivos se perfilan como los principales causantes de estos movimientos migratorios forzados: la economía, la guerra y la política. En el primer caso, las personas abandonan su lugar de origen, en el que carecen de trabajo o este es precario, para instalarse en otro país en el que piensan que mejorarán sus condiciones de vida; en el segundo y tercero, huyen de conflictos bélicos o políticos para salvar sus vidas o las de sus familias. Cuando estas personas llegan a los países de acogida o de recepción, son recibidos con todas las ayudas y garantías posibles; pero tras un tiempo, su situación cambia porque ya no son percibidos de la misma manera por la sociedad de acogida: se han convertido en un problema[1].

En este trabajo, trataremos en primer lugar de la extranjería, de su definición y de las causas de su existencia, así como de la incidencia de la misma en nuestra sociedad; a continuación, describiremos en qué consiste la integración de las personas migrantes y cómo se viene realizando en España; en tercer lugar, consideraremos el papel de la enseñanza de la lengua del país de acogida o de recepción en el proceso de integración, describiendo algunas de las diferentes acciones emprendidas en esta vía en España; y por último, concluiremos proponiendo que, para tener éxito en la integración social de los migrantes, este proceso debe ser realmente doble y además bidireccional. Esto significa que, por un lado, debería promoverse el aprendizaje de la lengua y cultura del país de recepción, sin desatender el aprendizaje de las lenguas y culturas de los migrantes; y por otro, debería favorecerse el acercamiento y conocimiento de las culturas y lenguas de los migrantes por parte de la población del país de recepción.

## 2. Extranjería

La extranjería no parece simple de definir ni de delimitar. Determinar en qué consiste, si es una condición, un estado o una situación, si es permanente o transitoria, voluntaria o impuesta y sobre qué derechos se fundamenta, muestra que nos hallamos ante un fenómeno social complejo y no exento de prejuicios, que trataremos de explicitar en este apartado.

El *Diccionario de la Lengua Española* de la Real Academia Española (DLE, 2014) define la *extranjería*, en su primera acepción, como la "cualidad y condición que por las leyes corresponden al extranjero residente en un país, mientras no está naturalizado en él". Por su parte, en la

1 *Cf.* Maritza Sobrados León "La inmigración como problema. Percepciones sociales y representaciones mediáticas", publicado en 2001 y disponible en <http://www.isdfundacion.org/publicaciones/revista/numeros/6/secciones/abierta/05-inmigracion-problema-percepciones-sociales.html> [2/09/2015].

página Web del Ministerio del Interior del Gobierno de España, el apartado dedicado a la *extranjería* comienza de esta manera:

> Se considera extranjero, a los efectos de la aplicación de la *Ley Orgánica 4/2000, de 11 de enero, sobre derechos y libertades de los extranjeros en España y su integración social*, a aquél que carezca de la nacionalidad española, sin perjuicio de lo establecido en leyes especiales y en los Tratados Internacionales en los que España sea parte[2].

En esta última definición, no se hace referencia a la residencia sino a la nacionalidad para determinar si una persona es o no un extranjero en España; la mención a otras leyes especiales o tratados internacionales no permite calibrar el alcance de la misma en su totalidad. Por otra parte, en el *Diccionario del Uso del Español* de María Moliner (2000), la extranjería es la cualidad de extranjero. Estos tres ejemplos, pertenecientes a fuentes fidedignas de reconocido prestigio, coinciden en definir la extranjería en relación al extranjero.

Si contemplamos ahora la definición de extranjero en estas dos obras lexicográficas consultadas, observamos que María Moliner, en su entrada dedicada al extranjero, amplia el concepto también a las cosas: "adj. y n. Se aplica a las personas y a las cosas de un país que no es el propio del que habla o de cierta persona de que se trata". En cambio, el DEL, se circunscribe, en sus acepciones, a las personas: "1. adj. Dicho de un país: que no es el propio; 2. adj. Natural de un país extranjero; 3. adj. Propio de una persona extranjera; 4. adj. Perteneciente o relativo a un país extranjero o al conjunto de ellos". Más interesante y pertinente es indagar el origen de esta palabra. Para ello, siguiendo con el DLE, sus autores nos informan de que *extranjero* proviene de la palabra francesa *estrangier*[3], que, como es sabido, significa: extraño, diferente y extranjero. Igualmente resulta significativo comentar que la Ley Orgánica 4/2000, de 11 de enero, sobre *Derechos y Libertades de los Extranjeros en España y su Integración Social*, es conocida popularmente por la *Ley de Extranjería*. En las Disposiciones Generales del Título Preliminar, en el punto 1, de esta ley, podemos leer que "se consideran extranjeros, a los efectos de la aplicación de la presente Ley, a los que carezcan de la nacionalidad española"; vinculándose de nuevo la extranjería con la nacionalidad.

---

2 Ministerio del Interior: <http://www.interior.gob.es/web/servicios-al-ciudadano/extranjeria> [12/09/2015].

3 En francés antiguo.

La llamada *Ley de Extranjería* fue publicada en el *Boletín Oficial del Estado (BOE)* el 12 de enero de 2000[4]. Entró en vigor el 1 de febrero de ese mismo año y ha sufrido varias modificaciones desde entonces[5], que no vamos a tratar aquí en detalle por no ser el objeto de nuestro trabajo. En esta ley se incluyen un preámbulo, 72 artículos y varias disposiciones adicionales y finales, en los que se desgranan tras las disposiciones generales (4 artículos): los derechos y libertades de los extranjeros residentes en España en el *Título I* (24 artículos); el régimen jurídico de los extranjeros en el *Título II* (30 artículos); las infracciones en materia de extranjería y su régimen sancionador en el Título *III* (24 artículos); la coordinación de los poderes públicos en el *Título IV* (6 artículos); y nueve disposiciones adicionales, tres transitorias, una derogatoria y diez finales (sobre diversos aspectos[6]). Cabe señalar que esta ley concierne a los Derechos Fundamentales y a las Libertades Públicas de los extranjeros residentes en España, es decir, afecta a casi cinco millones de personas. Por otra parte, si consultamos los últimos datos ofrecidos por el *Observatorio Permanente de la Inmigración* sobre los extranjeros residentes en España, observamos que estamos hablando de 4.925.089 de personas, a 31 de diciembre de 2014, siendo mayor el número de extranjeros en Régimen Comunitario[7] que el

4 Boletín Oficial del Estado. Ley Orgánica 4/2000: <https://www.boe.es/buscar/act.php?id=BOE-a-2000-544>; Ley Orgánica 2/2009 de Reforma de la Ley Orgánica 4/2000 sobre derechos y libertades de los extranjeros en España y su integración social: <http://boe.es/boe/dias/2009/12/12/pdfs/BOE-A-2009-19949.pdf> [12/09/2015].

5 Boletín Oficial del Estado. Ley Orgánica 4/2000, de 11 de enero, sobre derechos y libertades de los extranjeros en España y su integración social (BOE núm. 10, de 12 de enero), modificada por la Ley Orgánica 14/2003, de 20 de noviembre; por la Ley Orgánica 2/2009, de 11 de diciembre; por la Ley Orgánica 10/11/2011 de 27 de julio; por el Real Decreto Ley 16/2012, de 20 de abril; por la Sentencia 17/2013, de 31 de enero del Tribunal Constitucional; por la Ley Orgánica 4/2013 de 28 de junio; por la Ley Orgánica 4/2015, de 30 de marzo y por la Sentencia del Tribunal Supremo de 10 de febrero de 2015. Fuente: Ministerio del Interior del Gobierno de España, Servicios al ciudadano, <http://www.Interior.gob.es/web/servicios-al-ciudadano/extranjeria/normativa-basica-reguladora> [21/09/2015].

6 Aspectos tales como: la regularización de los extranjeros, validez de las autorizaciones, modificaciones de artículos, código comunitario, visados, etc.

7 El Régimen Comunitario es el régimen jurídico de extranjería que se aplica a los nacionales de países de la Unión Europea y de los países de la AELC (Islandia, Liechtenstein, Noruega y Suiza), así como a sus familiares y a los familiares de españoles que sean nacionales de terceros países. (Fuente: Observatorio Permanente de la Inmigración).

de extranjeros en Régimen General[8], como puede apreciarse en la tabla que sigue.

Tabla 1. Extranjeros en España a 31/12/2014 (Fuente: INE).

| *Extranjeros Régimen Comunitario* | *Extranjeros Régimen General* | *Total Extranjeros* |
|---|---|---|
| 2.773.707 | 2.151.382 | 4.925.089 |

Junto a esta iniciativa legislativa sobre la extranjería, cabe mencionar otras acciones promovidas, además de por el Estado, por otros entidades, tales como sindicatos, asociaciones de abogados y organizaciones no gubernativas (ONG). Entre todas ellas, citaremos del primer grupo (el Estado): el Taller de Extranjería online de Radio Nacional de España (RNE) y el Portal de la Inmigración del Ministerio de Empleo y Seguridad Social (Secretaría General de Inmigración y Emigración). Como reza en el encabezamiento de la página web del Taller de Extranjería online[9], este taller es un "espacio para orientar sobre cuestiones relacionadas con el derecho de extranjería con la ayuda de abogados expertos del Consejo General de la Abogacía Española. Dudas sobre permisos de residencia, trabajo, nacionalidad, reagrupación familiar, arraigo, etc.". En cuanto al *Portal de Inmigración del Ministerio de Empleo y Seguridad Social*, en esta Web se puede encontrar "información relacionada con los trámites y procedimientos en materia de extranjería, su normativa, programas de integración y, en general, con aquellas cuestiones de interés para los inmigrantes en España[10]."

En el segundo grupo, –sindicatos, asociaciones de abogados y ONG–, nombraremos las siguientes acciones, aunque la lista es mucho más extensa: *Guía de la Extranjería*[11], elaborada por el sindicato UGT[12]; *Guía para las personas sin papeles*, del Colegio de Abogados de Madrid

8 El Régimen General es el régimen jurídico que se aplica a los nacionales de terceros países, salvo que por razón de parentesco les sea de aplicación el Régimen Comunitario. (Fuente: Observatorio Permanente de Inmigración).

9 Radio Televisión Española: A la carta. Taller de extranjería: <http://www.rtve.es/ala carta/audios/taller-de-extranjeria/> [12/08/2015].

10 Portal de Inmigración, Empleo y Seguridad Social:<http://extranjeros.empleo.gob.es/es/index.html> [06/08/2015].

11 Portal de Inmigración, Empleo y Seguridad Social: <http://extranjeros.empleo.gob.es/es/index.html> [06/08/2015].

12 Unión General de Trabajadores de Navarra: <http://navarra.ugt.org/migraciones/archivos/201302/entrarresidirtrabajar-en-espana.pdf?I> [12/09/2015].

y la Asociación Pueblos Unidos[13]; la web *Parainmigrantes.info*[14], creada y dirigida por abogados; y las ONG: *Cruz Roja*[15], *Red Acoge*[16], *Accem*[17], *Equus Zebra*[18], *CeiMigra*[19], *Karibu*[20], entre muchas otras organizaciones, etc. El fin de todas estas entidades es ofrecer información y acompañamiento a todos los extranjeros que viven en España, tanto si están en situación regular como no regular. Este asesoramiento se hace extensible y con especial dedicación a los menores no acompañados y a las mujeres, como por ejemplo el *Programa de inclusión social y educativa con menores inmigrantes no acompañados*[21], organizado por la Cruz Roja; y los *Programas SARA y CLARA* instaurados por el Instituto de la Mujer y para la Igualdad de Oportunidades[22], perteneciente al Ministerio de Sanidad, Servicios Sociales e Igualdad del Gobierno de España, y desarrollados por Cruz Roja y la Fundación CEPAIM, entre otros programas y acciones.

Sería adecuado preguntarnos qué piensa la sociedad española de los extranjeros residentes en España y cómo los percibe. Si bien es cierto que el paro es el problema que más preocupa a los españoles, como así queda reflejado en las encuestas sobre la opinión pública española realizadas por el Centro de Investigaciones sociológicas (CIS), en el Barómetro[23] del mes de julio de 2015, junto al paro, la inmigración ocupa igualmente un puesto significativo: el nº 14 en respuesta espontánea, y el nº11 en multirespuesta, de un listado de 40 temas. Tres meses después, en el Barómetro del mes

13 La migración en el mercado laboral de países europeos: contexto legal y apoyo organizativo: <http://crsa.icam.es/docs/Proy_GuiaPueblosUnidosEspanol.pdf> [14/08/2015].

14 Parainmigrantes.info. Portal de información sobre trámites de extranjería e inmigración para inmigrantes en España <http://www.parainmigrantes.info/sobre-nosotros/> [09/09/2015].

15 Cruz Roja: <http://wwww.cruzroja.es/principal/web/cruz-roja> [11/09/2015].

16 Red Acoge. Federación de ONG: <http://www.redacoge.org/es/> [29/07/2015].

17 Accem. ONG: <http://www.accem.es/es> [12/07/2015].

18 Consumer. ONG: <http://ong.consumer.es/equus-zebra.285> [12/08/2015].

19 Fundación CeiMigra: <http://www.ceinmigra.net/> [15/07/2015].

20 Asociación KARIBU: <http://www.asociacionkaribu.org/inicio.html> [16/07/2015].

21 Cruz Roja: <http://www.cruzroja.es/documentos/2006_3_IS/pdfs/cuaderno_volun tariado_marzo.pdf> [09/07/2015].

22 Ministerio de Sanidad Servicios Sociales e Igualdad. Instituto de la Mujer para la Igualdad de Oportunidades: <http://www.inmujer.gob.es/areasTematicas/multiDis criminacion/mujeresMIgrantes/home.htm> [09/08/2015].

23 CIS (Centro de Investigaciones sociológicas). Barómetro julio 2015. Avance de resultados:<http://datos.cis.es/pdf/Es3104mar_A.pdf> [12/08/2015].

de octubre de 2015[24], el paro sigue ocupando el primer lugar, pero la inmigración ha subido puestos: ahora está en el 8º, tanto en respuesta espontánea como en multirespuesta, de un listado de 42 temas. Igualmente, se comprueba que la inmigración ha pasado a ocupar el 7º lugar como 1er problema, cuando en julio 2015 estaba en el 14º.

Estas encuestas confirman que la inmigración sigue siendo percibida como problema en ascenso. En esta misma línea, Maritza Sobrados considera lo siguiente:

> En el caso de la inmigración, la cobertura informativa fundamentalmente negativa que se le da a este tema puede constituir un factor que explique la percepción de la inmigración como problema para la opinión pública española, tal como reflejan las encuestas del CIS desde hace años (2011: 441).

Si nos detenemos un momento en la imagen de los inmigrantes proyectada por los medios de comunicación (radio, televisión y prensa), como Martínez Lirola y Olmos Alcaraz, somos de la opinión de que estos medios "constituyen plataformas privilegiadas de creación de opinión pública y representación de imágenes sociales" (Martínez & Olmos, 2015: 14). En este mismo trabajo, las autoras exponen las siguientes apreciaciones: la imagen proyectada por los medios son de mujeres y menores migrantes pasivos, sin identidad y formando parte de un grupo que genera conflictos y desconfianza; y la mayoría de las noticias tiene que ver con naufragios, intercepciones de embarcaciones y prostitución. De ahí que la imagen que se presenta de estas personas sea "denostada y reduccionista" (Martínez & Olmos, 2015: 15).

De igual modo y como observa Ana Pano, asociar la inmigración con temas conflictivos o negativos, "hace que la opinión pública perciba la cuestión de la inmigración de modo simplista únicamente como problema, lo cual refuerza generalmente los estereotipos" (2011: 191).

Maritza Sobrados incide en esta idea al considerar que "la representación negativa que los medios españoles hacen de la inmigración influye decididamente en la percepción de ésta como un problema para la sociedad" (2011: 439).

Xavier Ruiz et *al.,* en un artículo dedicado a la imagen pública de la inmigración en las series de televisión españolas, explica que en estas series se está proyectando una imagen de desconfianza respecto al

24 CIS (Centro de Investigaciones sociológicas). Barómetro octubre 2015. Avance de resultados: <http://datos.cis.es/pdf/Es3114mar_A.pdf> [12/08/2015].

inmigrante ya que este “suele ser ineficaz, no está capacitado para conseguir aquellos objetivos que se propone, y tiende a la simulación, la manipulación o el engaño.” (Ruiz & *al.*, 2006:108). En marzo 2014, el CIS realizó un estudio sobre las actitudes hacia la inmigración[25], en la que se muestra que la atención prestada por los medios de comunicación a la inmigración es calificada de: bastante atención (51,4%) y mucha atención (15,3%); y en cuanto a la imagen que trasmiten los medios de comunicación sobre los inmigrantes, el 41,6% de los encuestados considera que es más bien negativa y el 7,8% muy negativa, es decir casi la mitad de la población encuestada.

Debemos señalar que ante esta situación de rechazo o de desconfianza con respecto a los inmigrantes, numerosos colectivos (ONG, asociaciones, etc.) y organismos oficiales orquestan dinámicas, proyectos y acciones con el fin de paliar esta situación y favorecer el diálogo intercultural. Por ejemplo, desde el Observatorio Español del Racismo y la Xenofobia[26], se articulan acciones como la *Estrategia integral contra el racismo, la discriminación racial, la xenofobia y otras formas conexas de intolerancia*[27]; o por ejemplo, la ONG *RedAcoge* ha promovido la compaña *Inmigracionalismo2: #CortaConLasEtiquetas*[28], para sensibilizar a la opinión pública frente a la imagen negativa que se da de los migrantes en los medios de comunicación. En esta campaña se ha detectado que “la mención injustificada al origen, el alarmismo ante el proceso migratorio, la truculencia y el trato discriminatorio, [son los] principales errores detectados en el nuevo análisis sobre medios de comunicación españoles e inmigración” (RedAcoge, 2015). Es igualmente significativo el hecho de la utilización del término *migrante* en lugar de *inmigrante*, que se está empezando a implantar en estas organizaciones, en instituciones públicas y en obras de referencia para referirse a estas personas.

Detrás de cada uno de estos términos, se vislumbra una concepción claramente diferente y diferenciadora, además de ser portador de connotaciones negativas, en el caso de inmigrante, y de connotaciones neutras,

25 CIS (Centro de Investigaciones sociológicas): <http://www.cis.es/cis/export/sites/default/-Archivos/Marginales/3000_3019/3019/es3019mar.pd]f> [12/08/2015].

26 Oberaxe (Observatorio Español del Racismo y la Xenofobia): <http://explotacion.mtin.gob.es/oberaxe/inicio> [23/07/2015].

27 Oberaxe (Observatorio Español del Racismo y la Xenofobia): <http://explotacion.mtin.gob.es/oberaxe/inicio_descargaFichero?bibliotecaDatoId=207> [28/07/2015].

28 Red Acoge. Federación de ONG: <http://www.redacoge.org/news/es/2015/06/23/0001/red-acoge-presenta-inmigracionalismo-2-cortaconlasetiquetas> [29/07/2015].

en el caso de migrante. En el caso de la denominación de "inmigrante", Maritza Sobrados explicita claramente que "está más que nunca vinculada a la exclusión, es decir a los que no pertenecen a los países miembros sino que vienen de países tercermundistas." (Sobrados, 2011: 442).

En el caso de "migrante", destacaremos dos manifestaciones oficiales de las Naciones Unidas (ONU): la primera persigue dignificar la figura de las personas que migran de sus países a otros por las causas que sean, y la segunda, invita a los países de acogida a implementar acciones para respetar a estas personas y luchar contra el racismo y la xenofobia.

Como acabamos de citar, las Naciones Unidas, en su Asamblea General en 2000[29], resolvieron proclamar el *Día Internacional del Migrante*[30], que se celebra el 18 de diciembre, con el propósito de defender y proteger a todas las personas migrantes. En la declaración de esta proclamación se expone lo siguiente:

> La ONU invita a los Estados Miembros, así como a las organizaciones intergubernamentales y no gubernamentales, a que, para conmemorar el Día Internacional del Migrante, entre otras cosas, difundan información sobre los derechos humanos y las libertades fundamentales de los migrantes, intercambien experiencias y formulen medidas para protegerlos[31].

En esta misma línea, y como segunda manifestación anunciada más arriba, en octubre de 2013, en el *Diálogo de Alto Nivel Dedicado a la Migración Internacional y el Desarrollo*, los miembros de la Asamblea insistieron sobre este hecho:

> [...] Reconocen la contribución importante de la migración al desarrollo y llaman a una cooperación más amplia para afrontar los retos de la migración irregular y facilitar un flujo de personas seguro, ordenado y regular. La Declaración también enfatiza la necesidad de respetar los derechos humanos de los migrantes y de promover las normas internacionales de trabajo. Además, condena de manera firme las manifestaciones racistas e intolerantes y resalta la necesidad de mejorar la percepción pública sobre los migrantes y la migración[32].

---

29 Naciones Unidas. Día Internacional del Migrante: <http://www.un.org/es/events/migrantsday/> [07/08/2015].

30 Obsérvese el uso de "migrante" en el apelativo del día.

31 ONU (Organización de Naciones Unidas): <http://www.un.org/es/comun/docs/?symbol=A/RES/55/93> [07/08/2015].

32 ONU (Organización de Naciones Unidas): <http://www.un.org/es/comun/docs/?symbol=A/68/L.5>.

Para concluir este apartado, contemplaremos a continuación la diversidad de orígenes de los migrantes que han llegado a España en los últimos años. Según los datos ofrecidos por el *Observatorio Permanente de la Inmigración* del Ministerio de Empleo y Seguridad Social del Gobierno de España, a 31 de diciembre de 2014, sobre los Extranjeros residentes en España con certificado de registro o tarjeta de residencia en vigor[33], los tres países de origen de estas personas más frecuentes son: Rumanía (953.183), Marruecos (770.735) y Reino Unido (275.817), de un total de 15 nacionalidades recogidas en este informe (relación de países por orden decreciente de migrantes: Rumanía, Marruecos, Reino Unido, Italia, Ecuador, China, Bulgaria, Alemania, Portugal, Colombia, Francia, Bolivia, Polonia, Ucrania y Pakistán).

Además, en un epígrafe titulado" Resto de países", se recoge un número significativo de personas (1.224.179) pero sin especificar su país de origen. Si retomamos las respuestas del informe sobre la Actitud hacia la Inmigración citado más arriba, podemos añadir que la percepción que tienen los españoles de los migrantes no se corresponde exactamente con los datos recogidos.

A la pregunta "Y, cuando se habla de inmigrantes que viven en España, ¿en quiénes piensa Ud. de manera más inmediata?", las respuestas ofrecidas señalan en primer lugar hacia las personas procedentes de África; de América del Sur, en segundo lugar; y de Rumanía en tercer lugar.

Entre las posibles causas que pueden explicar esta distinta apreciación podemos indicar que (1) la encuesta del Observatorio trata de los extranjeros residentes regularizados y la percepción de los españoles engloba tanto a los regularizados como a los no regularizados; (2) los españoles sólo perciben como inmigrantes a las personas procedentes de países extracomunitarios; y (3) el grado de integración de estas personas influye así mismo en esta desigual percepción. A continuación trataremos de este último aspecto: del proceso de integración de los migrantes en España.

33 <http://extranjeros.empleo.gob.es/es/Estadisticas/operaciones/con-certificado/201412/Residentes_ Principales_Resultados_31122014.pdf> [07/08/2015].

## 3. Integración

En las primeras líneas del *Plan Estratégico de Ciudadanía e Integración 2011–2014*, aprobado por el Consejo de Ministros, el 23 de Septiembre de 2011, se lee que "la integración de los inmigrantes se ha convertido en uno de los retos más importantes que afronta la sociedad española en la actualidad y en un pilar básico de la política integral de inmigración desarrollada por el Gobierno desde el año 2004" (Plan Estratégico de Ciudadanía e Integración, 2011: 4).

Si bien es cierto que la integración es un reto, también representa uno de los escollos más difíciles de superar en los procesos migratorios actuales, como queda reflejado en los estudios e informes llevados a cabo sobre la Inmigración en España. De este modo, en el ya citado estudio sobre las *Actitudes frente a la Inmigración (VII)*, de marzo de 2014, compuesto por 90 preguntas, en la nº 5, el 31,4% de los encuestados considera que es importante que "la persona que quiera vivir en España debe estar dispuesta a adoptar el modo de vida de los españoles". En la pregunta nº 18, los encuestados piensan que la integración es el tercer aspecto negativo que destacarían de la inmigración, tras la competitividad en el trabajo y los problemas derivados de la delincuencia e inseguridad que asocian a la inmigración. En la pregunta 31ª, sobre las razones por las que no cae bien un grupo determinado de inmigrantes, vuelve a aparecer en tercer lugar la falta de integración. De igual manera, en el último Informe OCDE / EU sobre *los Indicadores de la integración de los inmigrantes 2015*[34], se observa que "environ 20% des habitants ont des origines immigrées et le lieu de naissance de leurs parents pèse encore sur l'intégration des enfants d'immigrés".

Ante estos datos, surgen dos cuestiones que deben ser examinadas con detalle: (1) la definición de integración, y (2) el modo de conseguir la integración. La existencia de numerosas denominaciones para nombrar el proceso de asentamiento y adaptación de los migrantes a la sociedad de acogida ratifica la complejidad de este proceso.

Hervé Adami, por su parte, contempla tres nociones –inserción, integración y asimilación– para describir el recorrido de los migrantes cuando se instalan en otro país: "Les migrants qui s'installent dans le pays

34 Organisation pour la Coopération et le Développement Économiques. Des politiques meilleurs pour une vie meilleur:<http://www.ocde.org/fr/els/mig/> [21/07/2015].

d'accueil s'engagent dans des voies d'insertion qui les conduisent, quand cette insertion est réussie, à l'intégration qui, elle-même, doit conduire à l'assimilation." (Adami, 2010: 41).

Marie-Laure Tending en un trabajo sobre la integración propone igualmente varias denominaciones para este fenómeno social –integración, aculturación, asimilación e inserción–, como queda expuesto en el siguiente párrafo:

> Le quadrige 'Intégration/acculturation/assimilation/insertion', impressionnant panel de notions utilisées pour désigner le phénomène social d'installation d'individus étrangers dans une société donnée, tout comme la définition problématique du processus qu'il désigne, est donc étroitement lié aux représentations véhiculées sur ces termes et qui ont contribué pour certaines au développement de leur utilisation, en lieu et place des autres, mais pour finalement désigner le même processus (2010: 36).

Veamos ahora en detalle cada una de estas nociones. La inserción es, tanto para el DRAE como para el *Diccionario María Moliner*, la "acción de insertar", es decir, "incluir, introducir algo en otra cosa" (DRAE, 2014: 1173), o "de meter una cosa en otra" (Moliner, 2007: 1320). En estas definiciones, no se desprende ninguna interacción entre las dos partes en contacto, salvo la acción unidireccional de introducir o meter algo en otra parte. Aplicando esta definición a nuestro caso, el migrante sería esa "cosa" que se mete, se introduce en otra "cosa", es decir en la sociedad de recepción.

Debemos advertir que esta noción se suele emplear normalmente cuando se trata del mundo laboral, es decir de la inserción laboral de los inmigrantes. Irene Olmedo señala además que "muchas de las características de la inserción en el mercado laboral español dependen o están en relación con el origen del inmigrante" (Olmedo & *al.* 2006: 39). Esta afirmación concuerda con los resultados de la encuesta sobre las *Actitudes frente a la Inmigración (VII)* citada más arriba.

Para Francisco Torres la inserción es "el proceso de inclusión de los inmigrantes en nuestra sociedad como trabajadores, consumidores, vecinos y usuarios de los servicios y espacios públicos" (2011: 23).

De igual manera, la ONG RedAcoge ha publicado un informe para facilitar este proceso de inserción laboral cuyo objetivo principal es servir de "protocolo de intervención concreto para llevar a cabo los itinerarios individualizados de inserción laboral con personas inmigrantes" (RedAcoge, 2006: 5).

Como se refleja en el *Informe Anual de Políticas de Inmigración y Asilo* (2013), elaborado por la Red Europea de Migración[35] (REM), se asocia la inserción con programas de atención dirigidas a "personas inmigrantes en situación de vulnerabilidad social o riesgo de exclusión social" (REM, 2013: 16). Estos programas de acogida "priorizan a personas en situación de especial vulnerabilidad: mujeres, jóvenes, niños y niñas, personas mayores, analfabetas o con discapacidad y víctimas de trata de seres humanos con fines de explotación sexual "(REM, 2013: 32).

La asimilación o aculturación supone un cambio significativo con respecto a la inserción; en este caso, consiste en la "adopción de elementos culturales de un grupo social por parte de otro" según el *Diccionario de uso del español María Moliner* (2007: 281); o en "dicho de un grupo social: hacer adoptar o asimilar rasgos culturales de otro, generalmente más desarrollado", según el DRAE (2014: 213).

Para Adami, la asimilación es "la perte de l'identité culturelle des migrants" (2010: 40).

Por su parte Raquel Ferrer (2014: 561), basándose en el modelo de Berry (1989) propone cuatro tipos de adaptación realizada por los migrantes: asimilación, integración o biculturalismo, segregación y marginalización.

En el primer caso, el inmigrante abandona su identidad; en el segundo, mantiene la identidad de ambas culturas: la de origen y la de la sociedad de acogida; en el tercero, no hay contacto con la cultura de la sociedad de acogida, únicamente con personas de su misma cultura; y en el último, el inmigrante ha perdido su identidad cultural y no participa en la sociedad que le rodea ni con otras personas de su mismo origen cultural.

En cuanto a la integración, otros autores la suscriben e insisten en el carácter bidireccional de este proceso. Así Eliseo Aja (2012) declara que la integración concierne a "la convivencia de poblaciones con culturas diversas"; para Thomas Lacroix (2009), la integración de los migrantes y el desarrollo forman una unidad, dando lugar a tres tipos de integración: individual, social y funcional. Luc Biichlé (2009) expone que la integración "repose sur de nombreuses relations bien coordonnées entre l'ensemble et le nouvel élément, entre la société et le migrant". Así mismo, en la Comunicación de la Comisión al Consejo, al Parlamento Europeo, al

35 Extranjeros Empleo Gobierno de España. Texto completo: <http://extranjeros.empleo.gob.es/redeuropeamigracion/Informe_Anual_Politicas_Inmigracion_Asilo/doc_2013/Informe_Anual_de_Politicas_de_Inmigracion_y_Asilo_2013_ES.pdf> [22/07/2015].

Comité Económico y Social Europeo y al Comité de las Regiones de 1 de septiembre de 2005 –Programa Común para la Integración– Marco para la integración de los nacionales de terceros países en la Unión Europea[36] se especifica, por un lado, que la integración "es un proceso bidireccional y dinámico de ajuste mutuo por parte de todos los inmigrantes y residentes de los países europeos"; y por otro lado, que este proceso " implica el respeto de los valores básicos de la UE". En esta ocasión, Marie-Laure Tending precisa el proceso de la integración como sigue:

> Le processus d'intégration au sein d'une société donnée est également tributaire de l'histoire d'un parcours, de l'histoire particulière de l'individu qui s'installe sur une terre étrangère, à plus ou moins long terme, mais aussi de l'histoire commune entre son pays d'origine et le pays qui le reçoit (2010: 27).

Mª José Añón señala que "precisar el concepto y la concepción de la integración se encuentra, sin duda, en el corazón de la comprensión de las políticas de integración de las personas migrantes" (2010: 626). Añade esta autora que "el primer rasgo de la integración es [...] la igualdad en derechos y la garantía de los derechos fundamentales" (2010: 633).

Si recurrimos de nuevo a los dos diccionarios de referencia consultados, en el DRAE podemos leer que la integración es la "Acción y efecto de integrar o integrarse. Hacer que alguien o algo pase a formar parte de un todo"; y en el Diccionario María Moliner, es la "Acción y efecto de integrar [se]. Referido a una persona, adaptarla [o adaptarse] al lugar en que vive o se desenvuelve." En ambas definiciones, resulta pertinente apuntar que se trata siempre de un proceso que debe realizar el migrante: debe adaptarse o integrarse; es el migrante el que pasa a formar parte de otro grupo. Si bien es cierto que también se indica que "alguien" hace posible ese proceso de adaptación o integración, no se explicita quién es, ni cómo, ni cuándo, ni en qué consiste este proceso.

El artículo 2bis de la Ley Orgánica 4/2000, de 11 de enero, sobre derechos y libertades de los extranjeros en España y su integración social, en el punto c, nos ilustra sobre este particular. Así en este apartado se especifica uno de los principios que debe regular la actuación de las Administraciones Públicas: "la integración social de los inmigrantes mediante políticas transversales dirigidas a toda la ciudadanía". Del mismo modo, en el artículo 2ter, se ahonda en este aspecto al declarar que "los poderes

36 EUR – Lex. *Access to European Union law.* Texto completo:<http://eur-lex.europa.eu/legal-content/ES/TXT/?uri=uriserv:114502> [11/10/2015].

públicos promoverán la plena integración de los extranjeros en la sociedad española, en un marco de convivencia de identidades y culturas diversas sin más límite que el respeto a la Constitución y la ley".

Examinaremos ahora brevemente algunas de las acciones emprendidas por las Administraciones Públicas para promover la integración de las personas migrantes en España. Tras la aprobación en 1985 de la primera Ley Orgánica 7/1985, de 1 de julio, sobre *Derechos y Libertades de los Extranjeros en España*[37], por Real Decreto 1173/1993 se crea la *Dirección General de Migraciones*[38], entre sus muchas funciones[39], destacaremos las siguientes: (1) El desarrollo y la gestión del sistema de acogida integral e integración de inmigrantes, solicitantes de asilo, refugiados, apátridas, personas acogidas al régimen de protección temporal y otros estatutos de protección subsidiaria; y (2) la gestión de subvenciones en materia de integración de los inmigrantes y la colaboración con entidades públicas y privadas cuyas actividades se relacionen con la integración de las personas mencionadas en el punto anterior.

El 2 de diciembre de 1994, el Consejo de Ministros aprobó el *Plan para la Integración Social de los Inmigrantes.* En la introducción del Real Decreto 490/1995, de 7 de abril, por el que se crea el *Foro para la Integraci6n Social de los Inmigrantes*, se puede leer que "uno de los instrumentos para hacer efectivo" (BOE, nº 87, 1995: 10977) el *Plan para la Integración Social de los Inmigrantes* es la creación de dicho foro, ya que ha sido "concebido como un cauce de participación y diálogo de éstos [los inmigrantes] con las Administraciones públicas y la sociedad de acogida" (BOE, nº 87, 1995: 10977).

En 2001, se crea el *Observatorio Permanente de la Inmigración* (OPI), cuya misión es la recogida de información sobre la evolución e influencia de la inmigración en la sociedad española. Este mismo año, el 30 de marzo de 2001, el Consejo de Ministros aprueba el *Programa Global de Regulación y Coordinación de la Extranjería y la*

37 Boletín Oficial del Estado.Texto completo:<https://www.boe.es/buscar/doc.php?id=BOE-A-1985-12767> [03/08/2015].

38 Boletín Oficial del Estado.Texto completo:<https://www.boe.es/buscar/doc.php?id=BOE-A-1993-18234> [03/08/2015].

39 Para consultar el resto de las funciones de la Dirección General de Migraciones, pincha en el enlace siguiente: <http://www.empleo.gob.es/es/organizacion/inmigracion/contenido/OM15.htm> [05/08/2015].

*Inmigración*[40] (GRECO, 2001–2004), cuyas principales líneas de actuación son: (1) Integración de los residentes extranjeros que contribuyen activamente al crecimiento de nuestro país y de sus familias; (2) Regulación de los flujos migratorios para garantizar la convivencia en la sociedad española; y (3) Mantenimiento del sistema de protección para los refugiados y desplazados. Como ya hemos mencionado más arriba, en 2004, el Gobierno de España pone en marcha una *Política Integral de Inmigración*, cuyos cuatro puntos fuertes son: "la integración de los inmigrantes; la lucha contra la inmigración ilegal; la vinculación de la inmigración legal a las necesidades del mercado de trabajo; y la cooperación al desarrollo de los países de origen".

En 2005, se crea la Comisión Laboral Tripartita de Inmigración (COLTI), en calidad de "órgano de interlocución permanente, entre la Administración General del Estado y las organizaciones sindicales y empresariales más representativas de carácter estatal, en materia de gestión de flujos migratorios" (BOE, nº 138, 2005: 19768).

Al mismo tiempo, el Gobierno Español instauró otros instrumentos como la Dirección General de Integración de los Inmigrantes, el Fondo de apoyo a la acogida así como la integración de los inmigrantes; y dos Planes Estratégicos de Ciudadanía e Integración (PECI). En la introducción del Plan PECI 2007–2011[41] se desvela el objetivo del mismo cuando se indica que "aspira a convertirse en un elemento impulsor del proceso de integración, orientando la acción de los poderes públicos y dinamizando a la sociedad en esta dirección" (PECI, 2007: 27). Más adelante insiste en la idea de que "la integración concierne a todos los miembros de la sociedad" (*Ibid.*) y de que "hay que abordar las políticas de integración de manera integral u holística, y con una orientación proactiva" (*Ibid.*).

En el segundo *Plan Estratégico de Ciudadanía e Integración*[42] (PECI 2011–2014) "juegan un papel clave las ideas de ciudadanía, interculturalidad y democracia" (PECI, 2011: 32). Sin embargo, al inscribirse dentro de un nuevo ciclo migratorio (con la salida de mano

40 Boletín Oficial del Estado.Texto completo:<http://www.boe.es/boe/dias/2001/04/27/pdfs/A15323-15343.pdf> [03/08/2015].

41 Ministerio de Trabajo y Asuntos Sociales. Plan estratégico de ciudadanía e integración. Texto completo:<http://extranjeros.empleo.gob.es/es/Programas_Integracion/Plan_estrategico/pdf/PECIDEF180407.pdf> [02/08/2015].

42 Ministerio de Trabajo y Asuntos Sociales. Plan estratégico de ciudadanía e integración. Texto completo: <http://extranjeros.empleo.gob.es/es/Programas_Integracion/Plan_estrategico2011/pdf/PECI-2011-2014.pdf> [02/08/2015].

de obra cualificada nacional hacia otros países europeos y el retorno de numerosos migrantes a sus países de origen) y de un contexto económico marcado por la crisis que se arrastra desde 2008, la situación no es la misma que en 2004.

Así el *Fondo de Apoyo a la Acogida y la Integración de Inmigrantes y Refuerzo Educativo* fue "dotado con 120 millones de euros al año en 2005, incrementándose a 200 millones en los años sucesivos, reducido a 66,6 millones el año 2011 y definitivamente extinguido el año 2012" (Carrasco, 2014: 11). Para Carrasco, "este recorte presupuestario ha supuesto una traba adicional al impulso de una política de integración que tenga en cuenta la idiosincrasia regional" (*Ibid.*).

En el Real Decreto 344/2001, de 4 de abril, por el que se crea el Consejo Superior de Política de Inmigración, se declara que "la integración social y laboral de los inmigrantes, no sólo afecta a la Administración General del Estado, sino también a las Comunidades Autónomas y Corporaciones locales" (BOE, nº 83, 2001: 12977). A continuación, nos ocuparemos de las acciones que las Comunidades Autónomas han puesto en marcha para lograr el proceso de integración de los migrantes.

Consideramos como Rodríguez-Izquierdo que las "políticas de integración han sido asumidas principalmente por las Comunidades Autónomas" porque "tienen competencias sectoriales esenciales de cara a la integración como la cultura, la educación o la sanidad" (Rodríguez-Izquierdo, 2013: 1) y porque han acatado las directrices de los Planes Estratégicos de Convivencia e Integración. Así pues, en el ámbito de las Comunidades Autónomas y de las Administraciones locales (ayuntamientos) existen numerosos planes de integración de las personas migrantes, siendo Cataluña, la primera comunidad autónoma donde se aprobó el primero (*I Pla Interdepartamental d'immigració*[43] 1993–2000). Prácticamente todas las Comunidades tienen o han tenido su plan de integración, en el que se detallan actuaciones en educación, empleo, salud, vivienda, servicios sociales y en el ámbito de la cohesión social. En la tabla que sigue, reproducimos algunos planes de integración de las personas migrantes promovidos por las Comunidades Autónomas.

43 <http://benestar.gencat.cat/ca/ambits_tematics/immigracio/politiques_i_plans_dactuacio/antecedents/>.

Tabla 2. Planes de Integración de las Comunidades Autónomas.

| *COMUNIDAD AUTÓNOMA* | *PLAN DE INTEGRACIÓN* |
|---|---|
| Andalucía | I Primer Plan Integral para la Inmigración en Andalucía (2001–2004)<br>II Plan Integral para la Inmigración en Andalucía (2006–2009)<br>Plan de Inmigración de Andalucía (2010–2014)<br>III Plan Integral para la Inmigración en Andalucía (2014–2016) |
| Aragón | Plan Integral para la Inmigración en Aragón (2005)<br>Plan Integral para la Convivencia Intercultural (2008–2011)<br>III Plan de Inclusión y Convivencia Intercultural en Aragón (2014–2016) |
| Asturias | Plan Autonómico de Inclusión Social (2009–2011) |
| Baleares | II Plan Integral de Atención a las Personas Inmigradas de las Illes Balears (2005–2007) |
| Canarias | I Plan Canario de Inmigración (2002–2004)<br>II Plan Canario de Inmigración (2006–2008) |
| Cantabria | Plan de Interculturalidad (2005–2006) |
| Castilla La Mancha | Plan de Acción 2008 de Castilla La Mancha para la Acogida, Integración y Refuerzo Educativo de Inmigrantes |
| Castilla y León | Plan Integral de Inmigración en Castilla y León (2005–2009)<br>II Plan Integral de Inmigración Castilla y León (2010–2013)<br>III Plan Estratégico de Inmigración y Convivencia Intercultural de Castilla y León (2014–2017) |
| Cataluña | Plan de Ciudadanía e Inmigración (2009–2012)<br>Plan para la Inclusión y la Cohesión Social de Cataluña (2010–2013)<br>Plan de Ciudadanía y de las Migraciones: horizonte 2016 (2013–2016) |
| Comunidad Valenciana | Plan Director de Inmigración y Convivencia (2008–2011)<br>III Plan Director de Ciudadanía (2014–2017) |
| Extremadura | II Plan para la Integración Social de Personas Inmigrantes en Extremadura (2008–2011) |
| Galicia | Plan Gallego de Ciudadanía, Convivencia e Integración (2008–2011) |
| La Rioja | II Plan Integral de Inmigración de La Rioja (2009–2012) |
| Madrid | Plan de Integración 2009–2012 de la Comunidad de Madrid |
| Murcia | Plan para la Integración Social de los Inmigrantes de la Región de Murcia (2002–2004)<br>Plan de Integración Social de las Personas Inmigrantes en la Región de Murcia (2006–2009)<br>Plan Estratégico de Ciudadanía e Integración de Murcia (2007–2010) |

| *COMUNIDAD AUTÓNOMA* | *PLAN DE INTEGRACIÓN* |
|---|---|
| Navarra | Plan para la Integración Social de la Población Inmigrante del Gobierno de Navarra (2002–2006)<br>Plan Estratégico de Servicios Sociales de Navarra (2008–2012) |
| País Vasco | III Plan Vasco de Inmigración, Ciudadanía y Convivencia Intercultural (2011–2013) |
| Ceuta | II Plan de Inclusión Social (2012) |

Por su parte, numerosas ciudades españolas han preparado planes de integración de ámbito local para las personas migrantes residentes en dichos municipios. En la tabla 3[44], citamos algunos de estos planes de integración.

Tabla 3. Pequeña muestra de Planes de Integración de Ayuntamientos.

| *CIUDADES* | *PLAN DE INTEGRACIÓN EN EL ÁMBITO LOCAL* |
|---|---|
| Ávila | I Plan Municipal de Convivencia e Integración de Ávila (2011–2015) |
| Almería | II Plan Municipal de Inmigración (2011–2013) |
| Castiñeiro de Lobo | Plan de Integración en Castiñeiro do Lobo (2015) |
| Ceuta | II Plan de Inclusión Social (2012) |
| Córdoba | Programa Municipal de Mediación Intercultural (2015) |
| Madrid | II Plan Madrid de Convivencia Social e Intercultural (2009–2012) |
| Manises | II Plan Local de Inmigración e Integración (2013–2015) |
| Pozuelo de Alarcón | I Plan de Integración y Convivencia de Pozuelo de Alarcón (2011–2014) |
| Terrassa | Programa d'Actuacions d'Integració i Convivència de la Ciutat de Terrassa (2014–2015) |
| Totana | II Plan Municipal para la Integración de los Inmigrantes y la Convivencia Intercultural (2011–2015) |
| Valladolid | II Plan Municipal sobre Inmigración y Convivencia Intercultural (2010–2013) |
| Villena | III Plan para la Integración y Convivencia Intercultural (2014–2017) |

Como De Lucas, creemos que "las ciudades y las Comunidades Autónomas son un ámbito particularmente adecuado para hacer posible […] [la] *integración cívica* de los inmigrantes" (2004: 3). Consideramos que la

44 Esta lista no pretende ser exhaustiva, solamente ilustrativa de algunos de los planes de integración puestos en marcha en ayuntamientos españoles.

proximidad a la ciudadanía que permiten estas instituciones resulta muy apropiada para implantar estos planes y proyectos. La existencia y funcionamiento de estos planes de integración, tanto en el ámbito autonómico como en el local, así como su continuación en años venideros, resulta conveniente y necesaria para lograr el objetivo perseguido.

A modo de resumen de este segundo apartado, añadiremos que no podemos hablar de una integración única ya que esta depende de la situación de la persona que la vive: no es lo mismo la integración para un trabajador o para un estudiante que para un demandante de asilo. En el primer caso, significa el acceso a una vida más digna; en el segundo, se trata de un periodo de aprendizaje y estudio para mejorar sus competencias; y en el último caso, representa, en demasiadas ocasiones, huir de situaciones de alto riesgo.

Además, en cada uno de estos ejemplos, el resultado final es distinto: para el demandante de asilo significa el no retorno a su país de origen; para el trabajador, el retorno siempre y cuando consiga una cierta cantidad de dinero o las condiciones económicas de su país mejoren; y para el estudiante, el retorno a su país con una mejor preparación académica que le permitirá conseguir un puesto de trabajo acorde con esa preparación. Por ello, la llegada e integración en la sociedad de acogida o de recepción no resulta siempre fácil, ni para ellos ni para la sociedad receptora. Es por lo tanto deseable la implantación de planes de integración abiertos, proactivos, inclusivos y pactados, tanto por las personas migrantes como por la sociedad de recepción.

En los Fundamentos del *Plan Estratégico de Convivencia e Integración* (PECI, 2011), se expresa claramente que la integración es un "*proceso bidireccional, de adaptación mutua*" que requiere la participación activa de todos los ciudadanos, inmigrantes y españoles, así como de las instituciones del país de acogida" (PECI, 2011: 94). Javier De Lucas insiste en esta idea al declarar que "la integración social es una cuestión recíproca, de ambas partes, no unidireccional" (2004: 21). Igualmente sostiene este mismo autor que:

> Convivencia intercultural e integración cívica son los pilares sobre los que, a mi juicio, puede construirse una respuesta acorde con el modelo de gestión democrática de nuestras sociedades y con el desafío más importante al que se enfrentan, el que deriva de su progresiva transformación en sociedades multiculturales, entre otras razones, como consecuencia de la presencia creciente de inmigrantes (2004: 3).

En definitiva, la integración, que es cuestión de la sociedad de recepción y de los migrantes, consistiría en construir un modelo social para la convivencia respetuosa y productiva entre personas con culturas y lenguas distintas.

## 4. Lengua e integración

De todos es sabido que la lengua constituye uno de los rasgos fundamentales para definir la identidad de una comunidad de hablantes. En el caso de los movimientos migratorios la lengua oficial del país de recepción es la lengua vehicular y es, por lo tanto, la lengua de la integración laboral y social. Como Spanghero, pensamos que la lengua "permet d'appréhender le monde qui nous entoure et devient un outil indispensable à l'intégration au groupe qui la parle" (Spanghero & Dat, 2010: 129).

Según Jaime Otero, "el conocimiento de la lengua se presenta como una de las barreras que el emigrante y sus descendientes han de franquear para acceder a una plena integración en la sociedad de acogida" (2011: 11).

Como sabemos, las personas migrantes que se instalan en otros países deben adaptarse a lenguas y culturas diferentes a las suyas, a prácticas y conductas de las que desconocen los códigos, dando lugar en numerosas ocasiones a fricciones y malentendidos, por ambas partes. Ante esta situación, los países de recepción suelen intervenir principalmente con acciones dirigidas a la integración social de las personas migrantes por medio de la enseñanza de la lengua oficial. En este sentido, Hervé Adami expone la siguiente definición de lengua:

> La langue est la condition des autres formes d'intégration, économique et sociale, puisque l'emploi, les relations sociales, amicales, la vie citoyenne, l'accès aux médias ou le suivi scolaire des enfants par exemple sont conditionnés par l'usage de la langue dominante (2010: 43).

Miguel Solana insiste en este punto al postular que "el conocimiento del catalán se ha considerado un elemento esencial en el proceso de integración de la población inmigrada en la sociedad catalana" (Solana & *al.*, 2012: 104). Es pues innegable para muchos la importancia del aprendizaje de la lengua del país de recepción para facilitar la integración de las personas migrantes en dicho país.

Desde la Unión Europea se vienen dictando comunicaciones y resoluciones que abordan esta cuestión. Así, en la Comunicación de la Comisión al Consejo, al Parlamento Europeo, al Comité Económico y Social Europeo y al Comité de las Regiones de 1ºde septiembre de 2005, *–Programa Común para la Integración– Marco para la integración de los nacionales de terceros países en la Unión Europea* [COM (2005) 389 final –no publicada en el Diario Oficial–], en los Principios Básicos Comunes se señala que un conocimiento básico del idioma, la historia y las instituciones de la sociedad de acogida es indispensable para la integración.

Ese mismo año, el Estado español creó el Fondo de Apoyo a la acogida y la integración de inmigrantes así como al refuerzo educativo de los mismos, con dos ejes prioritarios: (1) "el desarrollo de la red de acogida integral, que incluye programas de orientación social y laboral y plazas de alojamiento y manutención para inmigrantes en situación de vulnerabilidad" (PECI, 2007: 200), y (2) "el apoyo a servicios de información, orientación y acompañamiento, clases de idioma, asesoría jurídica, traducción e interpretación, derivación a servicios de carácter general, formación ocupacional e inserción social y laboral" (*Ibid.*). En ocasiones, la llegada de estudiantes migrantes con lengua materna distinta al español a las aulas de colegios e institutos españoles ha dado lugar a situaciones lingüísticas complicadas. Por ello, en el artículo 2 ter. *Integración de los inmigrantes* de la *Ley Orgánica 4/2000, de 11 de enero, sobre derechos y libertades de los extranjeros en España y su integración social*, se dicta que las Administraciones Públicas "desarrollarán medidas específicas para favorecer la incorporación al sistema educativo, garantizando en todo caso la escolarización en la edad obligatoria y el aprendizaje del conjunto de lenguas oficiales" (BOE, nº 299, 2009: 104991).

Como Rosa Guerrero, pensamos que este es uno de los "aspectos que ha presentado mayores desafíos para la integración cultural" (Guerrero, 2013: 43). Los programas de inmersión lingüística promovidos por la Administración han intentado favorecer la integración de estos alumnos, por medio de programas específicos. Entre estos programas, cabe citar el de las Aulas Temporales de Adaptación Lingüística (ATAL), implantadas en Andalucía y reguladas por la Orden del 15 de enero de 2007. Según consta en esta orden, en estas aulas se lleva a cabo la acogida del alumnado inmigrante, el aprendizaje del español como lengua vehicular y el mantenimiento de la cultura de origen. Su ámbito de aplicación atañe a los centros docentes públicos de Educación Primaria y de Educación Secundaria Obligatoria de la Comunidad Andaluza.

Siguiendo estos preceptos, algunas Comunidades Autónomas han lanzado diferentes Planes de actuación con el fin de facilitar el acceso a la Educación reglada a los menores migrantes, como por ejemplo, el Plan Inicial para la Atención Educativa a los hijos e hijas de las familias inmigrantes extranjeras (2000–2003) de la Comunidad Valenciana, el *Plan de Actuaciones para la Calidad del Sistema Educativo (PACSE)* de la Comunidad Valenciana (2003–2007), el Plan de Interculturalidad de Cantabria (2005–2006), el Modelo de educación Intercultural y Cohesión Social de Castilla-La Mancha (2006–2008), el *Programa de Interculturalidad y de Inclusión del Alumnado Recién Llegado del Gobierno Vasco* (2007–2010), el *Plan Integral para la Convivencia Intercultural de Aragón* (2008–2011), o el *Plan de atención educativa al alumnado inmigrante en el marco de la escuela inclusiva e intercultural del Gobierno Vasco* (2012–2015). Conviene aquí detenernos un momento en algunos de estos planes para resaltar las características de especial relevancia. En primer lugar, destacaremos el *Modelo de Educación Intercultural y Cohesión Social de Castilla-La Mancha*[45] puesto que, por un lado, apuesta por una educación integradora e inclusiva y por otro lado, incluye las culturas de origen de las personas migrantes en el proyecto educativo, como puede comprobarse en los siguientes principios que fundamentan este plan:

> 1) No debe haber respuestas diferenciadas en virtud de la procedencia y características socio-culturales del alumnado. No existe un subsistema de "educación compensatoria" separado del Plan de orientación y atención a la diversidad. 2) Se debe considerar la educación intercultural como parte de la educación para la convivencia, incorporando las diversas culturas presentes en el centro, y dando prioridad a los valores basados en el respeto a las diferencias (Modelo de Educación, 2006: 8).

En segundo lugar, el *Plan de Interculturalidad de Cantabria* (2005–2006) en el que se subraya la importancia de las distintas culturas en contacto, como reza en la exposición de su finalidad última:

> La finalidad de este plan es favorecer la inclusión del alumnado perteneciente a distintas culturas y su participación real en la sociedad, apoyando las actuaciones que se

45 Castilla-La Mancha. Educación intercultural y cohesión social: <http://www.educa.jcm.es/es/sistema-educativo/convivencia-valores/educar-valores/ambito-social-interculturalidad/educacion-intercultural-cohesion-social> [22/07/2015].

> desarrollan en los centros destinadas a facilitar tanto su acceso y permanencia en el sistema educativo como su progreso lingüístico, académico, personal y profesional, desde el reconocimiento de las culturas de origen (Plan de Interculturalidad, 2005: 7).

Por último, citaremos el *Plan de atención educativa al alumnado inmigrante en el marco de la escuela inclusiva e intercultural del Gobierno Vasco* (2012–2015), del cual resaltaremos únicamente el objetivo general:

> Este plan tiene como objetivo impregnar las culturas, las políticas y las prácticas educativas de una perspectiva intercultural. Este elemento, junto a otros, ayudará a consolidar un sistema educativo que apueste por la equidad, el éxito escolar de todo el alumnado y que combata cualquier manifestación de racismo y/o discriminación (Plan de atención educativa al alumnado inmigrante del Gobierno Vasco, 2012: 43).

Sumando lo anterior, algunas Comunidades Autónomas han organizado otros programas de atención dirigidos a los jóvenes y adultos inmigrantes residentes. Este es el caso de las Escuelas de Acogida[46] implantadas en Valencia según la Orden 11/2010, de 27 de septiembre de la Consellería de Solidaridad y Ciudadanía, de la Generalitat Valenciana. En esta Orden se indica que el desarrollo de este programa corre a cargo de los agentes sociales, entidades locales, asociaciones de entidades locales, colegios profesionales y universidades que reúnan los requisitos demandados. En estas Escuelas, las personas migrantes son informadas de las reglas de convivencia democrática, de sus derechos y deberes, del sistema político; y reciben clases de castellano y de valenciano (lenguas oficiales de la Comunidad Valenciana).

Por su parte, los ayuntamientos también participan en esta iniciativa proponiendo cursos de español para extranjeros a jóvenes y adultos migrantes. Citaremos como muestra los siguientes casos: (a) un proyecto patrocinado por el ayuntamiento de Almería[47] y ejecutado por la Cruz Roja, en el que se atiende a la población migrante de Almería y se refuerza el aprendizaje del castellano; (b) la Dirección de Inmigración e Interculturalidad del ayuntamiento de Barcelona proporciona información sobre los centros que imparten clases de castellano y de catalán en la ciudad de

---

46 Generalitat Valenciana. Vicepresidencia y Conselleria de Igualdad y Políticas Inclusivas. Inclusión Social: <http://www.bsocial.gva.web/integracion-inclusionsocial-cooperacion/escuelas-de-acogida> [03/08/2015].

47 Portal del Ayuntamiento de Almería: <http://www.aytoalmeria.es/db/www.nsf/noticias-www/0FE8F1676565E874C1257DB10068062F?OpenDocument> [05/08/2015].

Barcelona y publica materiales de apoyo en su web[48]; y (c) los cursos de castellano para extranjeros ofertados por el ayuntamiento de Mislata[49] en la Comunidad Valenciana. Todos estos ejemplos (y otros que no hemos podido reproducir por falta de espacio) se caracterizan por ofrecer cursos de castellano o de catalán dirigidos expresamente a la población migrante de sus localidades. En otros ayuntamientos, se ofrecen además cursos de cultura española, como las clases de lengua y cultura españolas ofertadas gratuitamente por el ayuntamiento de Leganés[50] en la Comunidad de Madrid; o el curso de Educación socio-familiar[51] para la convivencia cívica, propuesto por el ayuntamiento de Lorca en Murcia, en el que se explican las costumbres sociales de los españoles.

En cuanto a las numerosas ONG *(Red Acoge, ACCEM, etc.),* asociaciones *(ASILIM, EspañolActivo, etc.)* y fundaciones *(CeiMigra, Cepaim, etc.)* que se ocupan de la acogida y atención de las personas migrantes, hemos observado que, además de los cursos de español, proporcionan información diversa sobre orientación laboral, derechos, mercado laboral, asesoramiento jurídico, etc.; y así mismo, ofertan variadas actividades de formación socio-laboral.

En relación al primer aspecto, la enseñanza de la lengua española, destacaremos, a modo de ejemplo, la actividad de la *Asociación para la Integración Lingüística del Inmigrante en Madrid* (*ASILIM)*. En su página web, aparece su ideario claramente expresado en el siguiente mensaje: "¿Te imaginas estar lejos de los tuyos para buscar una vida mejor en un lugar donde no entiendes nada ni a nadie?" Para solucionar este problema, *ASILIM* organiza cursos de español para extranjeros y cursos de formación para profesores de *Español Lengua Extranjera (ELE),* como el propuesto en junio 2015 titulado "Cursillo extraordinario de enseñanza de ELE". Desde su creación se ha dedicado al desarrollo y gestión de actividades propias y de proyectos y programas de carácter público y social, cuya finalidad sea la plena integración de los ciudadanos a partir de la participación, la sensibilización y la convivencia. Meritoria es la labor de

48 Ajuntament de Barcelona. Nova Ciutadania BCN Immigració: <http://www.bcn.cat/novaciutadania/arees/es/llengues/programes.html> [06/08/2015].

49 Ajuntament de Mislata. Curso de castellano para extranjeros. Agencia Amics: <http://www.mislata.es/es/actualidad/agenda/i/460/86/curso-de-castellano-para-extranjeros-agencia-amics> [13/08/2015].

50 Programa de Lengua y Cultura españolas: <http://lenguanes.com/> [06/09/2015].

51 Concejalía de Empleo de Lorca: <http://www.lorca.es/lorcainforma/noticiasDetalle.asp?id=3149>. [04/08/2015].

*EspañolActivo*[52], entidad sin ánimo de lucro fundada por dos profesoras de ELE en 2008, con el objetivo de "ayudar a la integración a través de la enseñanza de la lengua". Por su parte, Accem[53] ofrece cursos de español para extranjeros en casi todas las comunidades autónomas: Formación para personas adultas. Clases de castellano para migrantes en Albacete; Alfabetización y castellano para inmigrantes en Castilla y León; Lengua y cultura española en el *Centro de Estancia Temporal para Inmigrantes* (CETI) en la C.A. de Melilla; etc. Por último, la fundación *CeiMigra*[54] de la Compañía de Jesús oferta, en la Comunidad Valenciana, cursos de español y de valenciano.

Si bien es cierto que en las entidades antes mencionadas, la impartición de cursos de español para extranjeros es una labor prioritaria, en muchas de ellas se imparten otros cursos de índole diversa, como hemos señalado más arriba. Así por ejemplo, *Valencia Acoge*[55] oferta cursos de español y de inglés, talleres de orientación laboral: informática, búsqueda de empleo por Internet, derechos de las empleadas de hogar, derechos y obligaciones de los/as trabajadores/as, de igualdad y oportunidades. La *Cruz Roja*[56], por su parte, desarrolla otras actividades además de la impartición de clases de español para extranjeros: actividades educativo-culturales, formación ocupacional, habilidades sociales, ocupación del ocio y tiempo libre, intervención psicológica y ayuda en la búsqueda de vivienda.

Otra organización no gubernamental *Adefis*[57] ONG imparte cursos de formación profesional en Hostelería y Turismo (camarero/a, manipulador/a de alimentos); en Servicios Socioculturales y a la Comunidad (Taller de cuento infantil Monitor de comedor escolar, Dinamización de actividades de tiempo libre en la Tercera Edad); y en Administración (Informática básica, Word 2007 y Excel 2007).

52 Enseñanza de español para inmigrantes Español Activo: <http://www.e-activo.org/> [11/08/2015].

53 Accem ONG: <http://www.accem.es/es> [03/09/2015].

54 Fundación CeiMigra:<http://www.ceimigra.net> [03/08/2015].

55 Organización Valencia Acoge. Integración educativa: <http://valencia-acoge.org/index.php/que-hacemos/integracion-educatia> [15/07/2015].

56 Cruz Roja: <http://www.cruzroja.es/portal/page?_pageid=65912331049&_dad=portal30&_schemaPORTAL30> [09/08/2015].

57 Organización Adefis:<http://organizacion.adefis.org/> [23/07/2015].

Para terminar esta relación de entidades, citaremos *ASILA*[58] Asociación de personas migrantes, que ofrece cursos de español (inicial, intermedio y avanzado), de inglés, de francés, de ruso y de alemán. La labor realizada por estas entidades para la integración a través del español ha sido respaldada, por una parte, por la *Resolución del Parlamento Europeo, de 14 de marzo de 2013,* sobre *la integración de los inmigrantes, el impacto sobre el mercado de trabajo y la dimensión externa de la coordinación de los sistemas de seguridad social en la UE 2012/2131(INI),* en la que se insiste en la importancia del conocimiento de la lengua del país de recepción para la integración en dicho país y cuando se indica, en el punto 21, que "las personas que han vivido y completado sus estudios en un país y que dominan su lengua se las puede considerar como ya integradas"; y por otra parte, por el informe de la OCDE, *Indicators of Immigrants Integration 2015*, en el que se señala que "la educación es un factor que impulsa con fuerza la integración en el mercado laboral de los jóvenes de origen migrante".

Al mismo tiempo, el conocimiento de la lengua del país de acogida se está convirtiendo en un requisito indispensable en numerosos países, como así se demuestra en el Informe del 3er sondeo sobre *Intégration linguistique des migrants adultes: Politique et pratique* realizado por el Consejo de Europa (2014: 19). En dicho informe se hace constar que la competencia lingüística se ha convertido en "une condition nécessaire pour obtenir un titre de séjour, la nationalité et, dans certains cas, le droit d'entrer sur le territoire". Este último supuesto es demandado en los siguientes países: Albania, Alemania, Austria, Finlandia, Francia, Liechtenstein, Países Bajos, Polonia y Reino Unido; según los datos obtenidos en el aludido Informe. Para ilustrar esta situación, comentaremos brevemente el caso de Francia. En este país, el aprendizaje de la lengua francesa participa activamente del proceso de integración. La *DGLFLF (Délégation générale à la langue française et aux langues de France)* sostiene que "la maîtrise du français est une condition de l'épanouissement personnel, de l'insertion sociale et professionnelle dans la société, de l'accès au savoir et à la culture" (DGLFLF, 2005: 11).

Para Hervé Adami, la lengua de la sociedad de acogida permite tanto la integración económica como social, puesto que "l'emploi, les relations sociales, amicales, la vie citoyenne, l'accès aux médias ou le suivi scolaire

58 ASILA (Asociación de Inmigración de Torrevieja): <http://www.asilatorrevieja.com/> [07/08/2015].

des enfants par exemple sont conditionnés par l'usage de la langue dominante." (Adami, 2010: 43).

Desde 2007, en Francia, las personas migrantes firman, de manera obligatoria, un Contrato de Acogida y de Integración[59] (*Contrat d'Accueil et Intégration-CAI*), si su intención es la de residir permanentemente en Francia; en caso contrario, no es obligatoria su firma. En relación a este CAI, Lucile Cadet, Jan Goes et Jean-Marc Mangiante, en la presentación de su libro titulado *Langue et intégration. Dimensions institutionnelle, socio-professionnelle et universitaire* explican la forma de proceder de Francia:

> C'est la loi de programmation pour la cohésion sociale du 18 janvier 2005 qui prévoit la généralisation des contrats d'accueil et d'intégration (CAI), dans lesquels la maitrise de la langue constitue une condition importante mais pas rédhibitoire du séjour en France (Cadet & *al.*, 2010: 11).

En el contrato CAI, la persona migrante se compromete (1) a participar en la jornada de formación cívica, a la sesión informativa sobre la vida en Francia y al informe sobre competencias profesionales; (2) a seguir con asiduidad, si así le ha sido prescrito, la formación lingüística para alcanzar un nivel suficiente en lengua francesa, y presentarse al examen organizado al término de la formación para obtener el Diploma inicial en lengua francesa (DILF: *Diplôme initial de langue française*); y (3) a acudir a las entrevistas fijadas para el seguimiento del contrato. Cadet y Mangiante señalan que "en cas de besoin, une formation à la langue française d'une durée comprise entre deux cents et cinq cents heures est ainsi proposée" (2010: 11).

En algunos países, como Andorra, Bélgica, España, Luxemburgo, Polonia, Rusia y Eslovenia, el requisito lingüístico sólo existe para el acceso a la nacionalidad (3e enquête ILMA-Rapport, 2014: 19). En particular, para España, con fecha 15 de octubre de 2015, ha entrado en vigor la *Ley 19/2015, de 13 de julio, de medidas de reforma administrativa en el ámbito de la Administración de Justicia y del Registro Civil*[60]. En esta ley se exige la superación de dos pruebas creadas y gestionadas por el Instituto Cervantes: el *Diploma de Español DELE* nivel A2 o superior

---

59 Ministère de Travail, de l'Emploi et de la Formation: <http://travail-emploi.gouv.fr/IMG/pdf/cai.pdf> [22/07/2015].

60 Boletín Oficial del Estado: <http://www.boe.es/diario_boe/txt.php?id=BOE-A-2015-7851vvc> [03/07/2015].

y la prueba *CCSE*[61] *(conocimientos constitucionales y socioculturales de España)*. Se contempla asimismo en esta ley la exención de estas dos pruebas para los menores de edad y las personas tuteladas. Están igualmente exentas del examen DELE nivel A2, las personas procedentes de países cuya lengua oficial es el español.

Llegado a este punto, resulta conveniente preguntarse por la situación y tratamiento de la lengua materna de los migrantes en el país de acogida. En el caso español, en el ámbito institucional, es decir, en los planes de integración elaborados por las Comunidades Autónomas y en los cursos promovidos por ayuntamientos, asociaciones y fundaciones consultados, no se suele hacer referencia a las lenguas maternas de los migrantes, sino a sus culturas en general. Este es el caso de algunas de estas propuestas, como es el caso del ayuntamiento de Zaragoza, en cuya web puede leerse que "el objetivo de este servicio es favorecer el conocimiento del idioma español a los inmigrantes con dificultades de comprensión del mismo y facilitar el intercambio cultural[62]", sin especificar en qué consistirá este intercambio ni entre qué culturas va a realizarse.

De igual modo, en la ORDEN de 15 de enero de 2007 de la Junta de Andalucía, por la que se regulan las medidas y actuaciones a desarrollar para la atención del alumnado inmigrante y, especialmente, las Aulas Temporales de Adaptación Lingüística, se establece "el mantenimiento de la cultura de origen del alumnado inmigrante, con el fin de promover el conocimiento y la valoración de las diferentes culturas" (Jiménez Lagos, 2014: 4). En esta línea, cabe señalar la opinión de Francisco Fernández García, y que suscribimos, con respecto a esta cuestión:

> Las medidas de planificación lingüística que se adopten no deberían ser unidireccionales, dirigidas exclusivamente a la enseñanza del español en un intento de difuminar las diferencias de los colectivos de inmigrantes, sino que deberían basarse en una bidireccionalidad que tome también en consideración las lenguas de origen de nuestros nuevos ciudadanos (2011: 384).

Recordaremos igualmente que en el *Informe sobre la educación de los hijos de los inmigrantes* del Parlamento Europeo (9 de marzo de 2009), se

---

61 Acceso a la prueba CCSE-2015: <https://ccse.cervantes.es/sites/default/files/modelo0_ccse.pdf?utm_source=materiales-ccse&utm_medium=enlace&utm_content=modelo-de-prueba-0_ccs&utm_campaing=nacionalidad> [02/08/2015].

62 Ayuntamiento de Zaragoza. Cultura: <https://www.zaragoza.es/ciudad/sectores/casaculturas/fichaCipaj_Tramite?id=275> [11/07/2015].

declara que el fomento de la lengua y cultura materna es un aspecto a tener en cuenta para la integración de estas personas en la sociedad de recepción. En algunos países europeos, la enseñanza de las lenguas maternas de las personas migrantes forma parte de los programas escolares.

Según Llorent Bedmar y Terrón Caro, en Alemania, se contempla la "oferta de la enseñanza de la lengua materna del alumnado inmigrante en los centros escolares", por medio de "acuerdos bilaterales establecidos entre cada estado y el país de origen" (2013: 118).

Estos mismos autores señalan que la política de España es mixta: por una parte, "organizada mediante acuerdos bilaterales"; y por otra, "ofertada y financiada por el sistema educativo español", siempre y cuando "exista una demanda mínima y se cuente con los recursos necesarios para su ejecución." (2013: 122).

Fidalgo Piña (2007: 9) comenta que, en Suecia, se potencia la lengua de origen de los alumnos migrantes porque su mantenimiento facilita el aprendizaje de la lengua sueca, la adaptación al sistema educativo sueco y produce un mejor rendimiento escolar.

Sobre la escuela francesa, Thao Tran Ninh expone que "les enseignants devraient par exemple savoir gérer la diversité linguistique et culturelle, savoir l'aborder, en parler, la valoriser au sein de la classe" (2010: 102). En esta misma línea, este autor es partidario de modificar la manera de abordar la enseñanza de las lenguas maternas de los estudiantes migrantes, al observar que

> L'enseignement des langues et cultures d'origine pourrait se résoudre de la même façon : non par la transmission d'une langue et culture d'origine particulière mais par la transmission de ce qui lie l'histoire des ascendants avec la France et, par extension, à eux (2010: 104).

Como Fernández pensamos que se debería aspirar a "crear los cauces para lograr que se mantenga la vitalidad lingüístico-cultural de origen de la población inmigrante al tiempo que se potencie y acelere suficientemente su competencia en la lengua de destino" (2011: 392). Sería pues conveniente extender al máximo posible la enseñanza de la lengua de las personas migrantes en el sistema educativo, en todas las etapas, para apostar por la integración social de todos los participantes en esta ecuación: la sociedad de recepción y las personas migrantes. El respeto por la cultura y la lengua de los migrantes así como el estudio de la lengua del país de recepción contribuyen al acercamiento entre ambas partes, limando de este modo asperezas e incomprensiones que podrían dificultar este proceso conjunto de integración.

## 5. Conclusión

Los movimientos migratorios son una constante en la historia de la humanidad. La situación actual, europea y mundial, presagia que estos movimientos continuarán siendo no solamente más frecuentes sino también más cuantiosos. Estos desplazamientos de personas poseedoras de lenguas y culturas diferentes a las de los países de recepción, se enfrentarán a múltiples desafíos: lingüísticos, culturales, económicos, etc. Así mismo, las sociedades de recepción se enfrentarán a desafíos similares. Por ello, es necesario que desde las Administraciones estatales, regionales y locales, de los países de acogida, se potencien programas para favorecer la integración social y laboral de las personas migrantes; pero también acciones para que desde el país de recepción se adopten actitudes más abiertas hacia estas personas.

En esta línea, el trabajo realizado a favor de la integración de las personas migrantes llevado a cabo por entidades públicas o privadas (asociaciones, ONG, ayuntamientos, etc.) debe ser reconocido y continuado, puesto que su labor es esencial para el conjunto de los migrantes y la sociedad de acogida. Para fomentar el entendimiento mutuo entre ambas partes (sociedad de recepción y personas migrantes), sería conveniente la constitución de asociaciones mixtas interculturales con el fin de potenciar el acercamiento y conocimiento entre culturas puesto que la integración es cosa de dos: los migrantes y la sociedad de recepción.

En resumen, el aprendizaje de las lenguas –tanto maternas como del país de acogida– por parte de los migrantes y el acercamiento a las culturas de los migrantes por parte del país de recepción, facilitarían el acercamiento entre ambas partes y, como consecuencia directa, contribuirían a la integración social de las personas migrantes en los países de recepción.

# Bibliografía

Adami, Hervé. 2010. "L'acculturation linguistique des migrants" in Cadet, Lucile, Jan Goes & Jean-Marc Mangiante (sous la direction de). 2010. *Langue et intégration. Dimensions institutionnelle, socio-professionnelle et universitaire.* Bruxelles: Peter Lang, 39–51.

Aja Fernández, Eliseo. 2012. "La integración de los inmigrantes en los sistemas federales-La experiencia de España" in *Cuadernos Manuel Giménez Abad*, nº1, 1–17. <http://dialnet.unirioja.es/servlet/articulo?codigo=4047836> [06/08/15].

Añón, Mª José. 2010. "Integración: una cuestión de derechos" in *Arbor. Ciencia, pensamiento y cultura*, nº 744, 625–638. <http://arbor.revistas.csic.es/index.php/arbor/article/view/1214/1219> [10/08/15].

Biichlé, Luc. 2009. "Le plurilinguisme c'est l'intégration" in *Savoirs et formation*, nº 73, 32–35. <https://hal.archives-ouvertes.fr/hal-00825613> [20/07/15].

Cadet, Lucile, Jan Goes & Jean-Marc Mangiante (sous la direction de). 2010. *Langue et intégration. Dimensions institutionnelle, socio-professionnelle et universitaire.* Bruxelles: Peter Lang.

Carrasco Carpio, Concha. 2014. "Políticas de inmigración 2000–2012" in *VII Informe sobre exclusión y desarrollo social en España.* Fundación FOESSA. <http://www.foessa2014.es/informe/uploaded/documentos_trabajo/15102014111337_3902.pdf> [22/08/15].

Centro de investigaciones sociológicas (CIS). 2014. *Actitudes hacia la inmigración (VII). Estudio nº 3019, marzo.* <http://www.cis.es/cis/export/sites/default/-Archivos/Marginales/3000_3019/3019/es3019mar.pdf> [12/08/15].

Centro de investigaciones sociológicas (CIS). 2015. *Barómetro julio 2015. Avance de resultados.* <http://datos.cis.es/pdf/Es3104mar_A.pdf> [12/08/15].

Conseil de l'Europe. 2014. *Intégration linguistique des migrants adultes: Rapport final sur la 3e enquête du Conseil de l'Europe.* Unité des Politiques linguistiques. Strasbourg. Projet ILMA. <www.coe.int/lang-migrants/fr> [30/10/15].

Consejería de Educación de la Junta de Andalucía. 2007. *Aulas Temporales de Adaptación Lingüística (ATAL).* <http://www.juntadean

dalucia.es/organismos/educacion/consejeria/sobre-consejeria/planes/detalle/59497.html> [24/09/15].

Comunidad de Cantabria. 2005. *Plan de Interculturalidad.* <http://aulaintercultural.org/2005/05/10/plan-de-interculturalidad/> [23/08/15].

Comunidad de Castilla La Mancha. 2006. *Modelo de Educación Intercultural y Cohesión Social de Castilla-La Mancha.* <http://www.educa.jccm.es/es/sistema-educativo/convivencia-valores/educar-valores/ambito-social-interculturalidad/educacion-intercultural-cohesion-social> [23/08/15].

Comunidad del País Vasco. 2012. *Plan de atención educativa al alumnado inmigrante en el marco de la escuela inclusiva e intercultural 2012–2015.* <http://www.hezkuntza.ejgv.euskadi.eus/r43-2459/es/contenidos/informacion/dig1/es_2084/adjuntos/120009c_Pub_EJ_etorkin_plana_c.pdf> [23/08/15].

De Lucas, Javier. 2004a. "Globalización, migraciones y derechos humanos. La inmigración como res política" in *Cuadernos electrónicos de Filosofía del Derecho,* n. 10, 1–44. <http://www.uv.es/CEFD/10/delucas.pdf> [31/07/15].

— 2004b. "Políticas de inmigración: participación y ciudadanía de los inmigrantes. El papel de las Comunidades Autónomas y de los Ayuntamientos" in *Asamblea: revista parlamentaria de la Asamblea de Madrid,* nº 11, 3–18. <http://www.asambleamadrid.es/RevistasAsamblea/ASAMBLEA%2011%20COMPLETA.pdf> [06/08/15].

Délégation générale à la langue française et aux langues de France. 2011. <http://www.culturecommunication.gouv.fr/Politiques-ministerielles/Langue-francaise-et-langues-de-France/La-DGLFLF> [21/10/15].

Eurydice. 2009. *La integración escolar del alumnado inmigrante en Europa.* <http://eacea.ec.europa.eu/education/eurydice/documents/thematic_reports/101ES.pdf> [21/10/15].

Fernández García, Francisco. 2011. "Inmigración, política lingüística y sistema educativo" in *ELUA. Estudios de Lingüística*, nº 25, 383–393. <http://rua.ua.es/dspace/handle/10045/21651 > [21/07/15].

Ferrer, Raquel, Jorge Palacio, Olga Hoyos & Camilo Madariaga. 2014. "Proceso de aculturación y adaptación del inmigrante: características individuales y redes sociales" in *Psicología desde el Caribe. Universidad del Norte.* Vol. 31 (3): 557–576. <http://www.scielo.org.co/pdf/psdc/v31n3/v31n3a09.pdf> [12/08/15].

Fidalgo Piña, Mónica. 2007. *Programas de enseñanza de lengua materna para alumnos de origen extranjero. El caso de Suecia.* <http://elvira.lllf.uam.es/clg8/actas/pdf/paperCLG38.pdf > [22/10/15].

Guerrero Valdebenito, Rosa María. 2013. "Integración sociocultural y enseñanza del español en Andalucía" in *Perfiles Educativos*, vol. XXXV, nº 142, 42–53. <http://www.iisue.unam.mx/perfiles/index.php?numero=142&anio=2013> [21/07/15].

Instituto Nacional de Estadística (INE). 2015. *Notas de prensa.* <http://www.ine.es/prensa/np917.pdf> [10/08/15].

Lacroix, Thomas. 2009. "Intégration et développement: exemples de deux groupes berbères" in *Accueillir*, nº252, 43–45. <https://halshs.archives-ouvertes.fr/halshs-00737628/document> [21/07/2015].

Llorent Bedmar, Vicente & María Teresa Terrón Caro. 2013. "Políticas socioeducativas de Integración de los inmigrantes en Alemania, España y Francia" in *SIPS-Pedagogía Social. Revista Interuniversitaria*, nº 21, 111–139. <http://www.upo.es/revistas/index.php/pedagogia_social/article/view/733> [20/07/15].

Martínez Lirola, María & Antonia Olmos Alcaraz. 2015. "Sobre menores y mujeres inmigrantes en la radio y la televisión públicas. Imágenes sesgadas y ficciones mediáticas" in *Tonos digital: Revista electrónica de estudios filológicos*, nº 29. <http://www.tonosdigital.es/ojs/index.php/tonos/article/view/1322/797> [10/08/15].

Ministerio del Interior. 2001. *Programa Global de Regulación y Coordinación de la Extranjería y la Inmigración*. <http://www.boe.es/boe/dias/2001/04/27/pdfs/A15323-15343.pdf> [17/08/15].

Ministerio del Interior del Gobierno de España. *Normativa básica reguladora.* <http://www.interior.gob.es/web/servicios-al-ciudadano/extranjeria/normativa-basica-reguladora> [21/07/15].

Ministerio de Trabajo e Inmigración del gobierno de españa 2007. *Plan estratégico Ciudadanía e Integración 2007–2010.* <http://extranjeros.empleo.gob.es/es/Programas_Integracion/Plan_estrategico/pdf/PECIDEF180407.pdf> [02/08/15].

Ministerio de Trabajo e Inmigración del gobierno de españa. 2011. *Plan estratégico Ciudadanía e Integración 2011–2014.* Acuerdo Consejo de Ministros. <http://extranjeros.empleo.gob.es/es/Programas_Integracion/Plan_estrategico2011/pdf/PECI-2011-2014.pdf> [02/08/15].

Ministerio del Interior: <http://www.interior.gob.es/web/servicios-al-ciudadano/extranjeria> [12/09/2015].

Moliner, María. [1966–1967] 2007. *Diccionario de uso del español María Moliner*. Madrid: Gredos, 2 vols, 3ª ed.

Olmedo, Irene, Paloma Díaz & Fernando Dekeno. 2006. *Inmigración, el reto de la inserción laboral*. Madrid: Cooperación Internacional ONG. <http://www.ciong.org/ci/descargas/CursosLuisVives.pdf> [21/07/15].

Organización de las naciones unidas (ONU). 2000. *Proclamación del 18 de diciembre Día Internacional del Migrante*. <http://www.un.org/es/comun/docs/?symbol=A/RES/55/93> [07/08/15].

Organización de las naciones unidas (ONU). 2013. *Declaración del Diálogo de Alto Nivel sobre la Migración Internacional y el Desarrollo*. <http://www.un.org/es/comun/docs/?symbol=A/68/L.5> [07/08/15].

Organización para la cooperación y el desarrollo económicos (OCDE). 2015. *Indicadores de la integración de Inmigrantes 2015*. <http://www.keepeek.com/Digital-Asset-Management/oecd/social-issues-migration-health/indicators-of-immigrant-integration-2015/summary/spanish_a7eb31f2-es#page1> [12/08/15].

Otero Roth, Jaime. 2011. "Lengua e inmigración en el contexto educativo y social" in *Lengua y migración* nº 3, 105–114. <http://dialnet.unirioja.es/servlet/articulo?codigo=3768547> [07/09/15].

Pano Alamán, Ana. 2011. "El término 'inmigrantes' en los titulares de prensa: entre interculturalidad e hibridación" in *Confluenze*, vol. 3, nº 1, 188–207. <http://confluenze.unibo.it/article/view/2209/1595> [07/08/15].

Parlamento Europeo. 2009. *Informe sobre la educación de los hijos de los inmigrantes*. <http://www.europarl.europa.eu/sides/getDoc.do?pubRef=-//EP//TEXT+REPORT+A6-2009-0125+0+DOC+XML+V0//ES> [21/09/15].

Portal de Inmigración. 2014. *Extranjeros con certificado de registro o tarjeta de residencia en vigor*. <http://extranjeros.empleo.gob.es/es/Estadisticas/> [06/08/15].

Real Academia Española [1780] 2014. *Diccionario de la lengua española*. Madrid: Espasa, 2 vols, 23ª edición.

RedAcoge. 2006. *Metodología para la inserción laboral de personas inmigrantes*. <http://www.redacoge.org/mm/file/2015/Intervenci%C3%B3n%20Social/Metodologiainsercion.pdf> [20/07/15].

RedAcoge. 2015. Campaña *Inmigracionalismo#CortaConLasEtiquetas.* <http://www.redacoge.org/news/es/2015/06/23/0001/red-acoge-presenta-inmigracionalismo-2-cortaconlasetiquetas> [29/07/15].

Red Europea de Migración. 2013. *Informe anual de políticas de inmigración y asilo.* <http://extranjeros.empleo.gob.es/es/redeuropeamigracion/Informe_Anual_Politicas_Inmigracion_Asilo/doc_2013/Informe_Anual_de_Polxticas_de_Inmigracixn_y_Asilo_2013_ES.pdf> [12/08/15].

Rodríguez-Izquierdo Serrano, Myriam. 2013. "Inmigración, integración y competencias en materia de empleo: el papel, y el reto, de las Comunidades Autónomas" in *Lex social: revista de los derechos sociales,* nº 1, 34–40. <http://www.upo.es/revistas/index.php/lex_social/article/view/399/347> [10/08/15].

Ruíz Collantes, Xavier, Joan Ferrés, Matilde Obradors, Eva Pujadas & Oliver Pérez. 2006. "La imagen pública de la inmigración en las series de televisión españolas" in *Política y Cultura,* otoño, nº 26, 93–108. <http://www.redalyc.org/articulo.oa?id=26702605> [06/08/15].

Sobrados León, Maritza. 2011. "La inmigración como problema. Percepciones sociales y representaciones mediáticas" in *Prisma social, nº* 6, 438–462. <http://www.isdfundacion.org/publicaciones/revista/numeros/6/secciones/abierta/05-inmigracion-problema-percepciones-sociales.html> [10/08/15].

Solana Solana, Miguel, Verónica De Miguel Luken, Dan Rodríguez García & Angels Pascual de Sans. 2012. "Conocimiento de las lenguas oficiales entre inmigrantes extranjeros en Cataluña e implicaciones sobre su integración social" in *Migraciones. Revista del Instituto Universitario de Estudios sobre Migraciones,* nº32, 103–138. <http://revistas.upcomillas.es/index.php/revistamigraciones/article/view/910> [20/07/15].

Spanghero-Gaillart, Nathalie & Mª Ange Dat. 2010. "Enseignement de la langue et démarche d'intégration. Exemples de dispositifs d'enseignement du français dans la région toulousaine" in Cadet, Lucile, Jan Goes & Jean-Marc Mangiante (sous la direction de). *Langue et intégration. Dimensions institutionnelle, socio-professionnelle et universitaire.* Bruxelles: Peter Lang, 123–132.

Tending, Marie-Laure. 2010. "Intégration linguistique et culturelle: une notion en souffrance? Rôle et enjeux des représentations dans les processus migratoires" in Cadet Lucile, Jan Goes & Jean-Marc Mangiante (eds.). *Langue et intégration. Dimensions institutionnelle, socio-professionnelle et universitaire.* Bruxelles: Peter Lang, 21–37.

Torres, Francisco. 2011. *La inserción de los inmigrantes. Luces y sombras de un proceso.* Madrid: Talasa.

Tran-Minh, Thao. 2010. "Les langues et cultures d'origine (LCO) à l'école française. Vers une meilleure intégration structurelle ? La parole aux enfants et jeunes adultes alloglottes nés en France" in Cadet, Lucile, Jan Goes & Jean-Marc Mangiante (sous la direction de). *Langue et intégration. Dimensions institutionnelle, socio-professionnelle et universitaire.* Bruxelles: Peter Lang, 95–106.

Unión Europea. 2005. *Base de datos EUR-lex. Marco común para la integración de nacionales de terceros países.* <http://eur-lex.europa.eu/legal-content/ES/TXT/?uri=uriserv:l14502> [21/08/15].

Unión Europea. 2013. *Resolución del Parlamento Europeo, de 14 de marzo de 2013, sobre la integración de los inmigrantes, el impacto sobre el mercado de trabajo y la dimensión externa de la coordinación de los sistemas de seguridad social en la UE 2012/2131(INI).* <http://www.europarl.europa.eu/sides/getDoc.do?pubRef=-//EP//TEXT+TA+P7-TA-2013-0092+0+DOC+XML+V0//ES> [21/08/15].

# Capítulo IV

## El discurso del lenguaje jurídico-administrativo español: análisis y perspectivas

## *The speech of the Spanish legal and administrative language: Review and Outlook*

Mohamed El-Madkouri Maataoui
Universidad Autónoma de Madrid
El-madkouri@uam.es

*Resumen*
El objetivo del presente capitulo, además de repasar y analizar la teoría del lenguaje jurídico y administrativo español, es destacar sus características fundamentales y enfocar las construcciones lingüísticas de este tipo de lenguaje específico, especialmente cuando la temática es de extranjería. El eje principal de este trabajo será la descripción del lenguaje jurídico y administrativo desde las siguientes perspectivas:

1. ¿Cuáles son las características esenciales del lenguaje jurídico-administrativo frente a otros tipos de lenguajes formales escritos? ¿Existen diferencias entre el lenguaje jurídico y el administrativo?
2. ¿Cuál es el destinatario o los destinatarios del lenguaje jurídico y administrativo en general? ¿Cuáles son las características específicas de este tipo de lenguaje cuando el destinatario es extranjero?
3. ¿Existe alguna tipología del lenguaje jurídico y administrativo relativa a los inmigrantes?

*Palabras clave:* lenguaje jurídico-administrativo, inmigración, Servicios Públicos, traductología, ACD.

*Abstract*
The purpose of this chapter, apart from reviewing and analysing the theory of the legal and administrative language, is to underline its key features and approach the linguistic constructions of this type of specific language, especially in the field of immigration. The description of the legal and administrative language from the following perspectives constitutes the central theme of this research:

1. Which are the key features of the legal and administrative language, in opposition to other types of written formal languages? Is there any difference between the legal and the administrative language?
2. Who is/are the addressee/s of the legal and administrative language in general? Which are the specific characteristics of this type of language when the addressee is a foreign person?
3. Is there any typology of the legal and administrative language related to immigrants?

*Keywords:* legal and administrative language, immigration, Public Services, traductology, CDA.

# 1. Introducción

El lenguaje jurídico y administrativo ha sido tradicionalmente un territorio acotado para uso exclusivo de los especialistas en derecho y los estudios jurídicos, vetándose así a las demás disciplinas aunque fueran colindantes. Por ello, el estudio convencional del lenguaje jurídico ha sido llevado a cabo primordialmente por los juristas mismos e incidentalmente por filólogos. Solo en las últimas tres décadas lo han tratado también los lingüistas y los traductólogos. Eran los juristas desde sus distintas especialidades los que se dedicaban al análisis, descripción y enseñanza tanto de la terminología jurídica y administrativa como de la redacción e interpretación de sus textos (Oliver, 1903). Así también lo han entendido tradicionalmente, parece ser, las demás especialidades del estudio del lenguaje. De hecho, los primeros textos jurídicos y administrativos que la casi totalidad de los estudiantes universitarios tanto de lingüística, de traducción o del mismo derecho, hayan examinado, no los han visto hasta sentarse en las aulas de la Universidad. Los textos de las leyes, de las sentencias judiciales y de las escrituras notariales son ajenos a las enseñanzas medias de muchos países europeos, y de España también. Los estudiantes de la enseñanza secundaria no ven textos que no sean convencionalmente literarios y periodísticos, a pesar de que los jurídicos y notariales cuentan con verdaderas joyas lúdicas en los cuales no faltan elementos propios de las construcciones literarias como son la narración, la descripción, los personajes, los distintos tipos de narradores, además de rasgos propios del lenguaje común y literario entre los que pueden citarse la metáfora, la ironía, el uso de la polisemia y la ambigüedad en el juego de palabras, etc., especialmente en las sentencias judiciales, como se puede apreciar en la sentencia nº 48/02 del Juzgado de Instrucción nº 5 de Girona, reproducida parcialmente en las siguientes páginas.

Sin embargo, en las últimas décadas han irrumpido en este tradicionalmente vetado territorio, además de los lingüistas y los traductólogos, como se ha dicho anteriormente, los politólogos, los sociólogos y los antropólogos, entre otros. Algunos de ellos, profesores de traducción, han podido apreciar las dificultades de expresión y de comprensión de los futuros traductores de los textos jurídico-administrativos, amén de las asimetrías entre ordenamientos jurídicos de los estados cuyas lenguas traducen (Coseriu, 1995; Colin y Morris, 1996; Carbonell Cortés, 1999;

Fuentes Olivera, 2007). A todo ello ha contribuido un nuevo panorama internacional supranacional en el cual las fronteras clásicas, como diques para la contención del trasiego de mercancías y de personas, ya no son las mismas que hace un siglo (El-Madkouri Maataoui, 2007). Tanto es así que podemos observar:

1. El incremento de los grandes flujos de asilo político y de inmigración, entrecruzados en prácticamente todo el universo, aunque con intensidades y modos variables entre países desarrollados y países en vías de desarrollo. Así, observamos corrientes migratorias de norte a sur, de este a oeste, de oeste a este (con poco interés investigador y mediático), además de la muy conocida dirección emigratoria de sur a norte. Este hecho genera una abrumadora cantidad de textos y discursos de índole legal. De ello se hace eco, por ejemplo, el Real Decreto 557/2011, de 20 de abril, por el que se aprueba el Reglamento de la Ley Orgánica 4/2000, sobre derechos y libertades de los extranjeros en España y su integración social, tras su reforma por la Ley Orgánica 2/2009 (BOE, nº 103 de 30 de abril de 2011 página 43831):

> […], a la evolución del fenómeno migratorio, que ha sido una causa constante de las sucesivas reformas de la Ley Orgánica. Dicha evolución, que en los últimos años ha dado lugar, entre otras cosas, a un descenso del número de solicitudes por motivos laborales y un aumento del número de procedimientos instalados por personas extranjeras que se encuentran en España y que pretenden renovar o prorrogar sus autorizaciones o ejercer las facultades que la Ley Orgánica les otorga, debe tenerse en cuenta al desarrollar reglamentariamente las previsiones de la Ley de Extranjería. El nuevo reglamento pretende optimizar en este nuevo contexto los principios de la política migratoria reconocidos por primera vez a través de la Ley Orgánica 2/2009, de 11 de diciembre, principios entre los que se encuentran la ordenación de los flujos migratorios laborales de acuerdo con la situación nacional de empleo, la integración social de las personas inmigrantes, la lucha contra la inmigración irregular y las relaciona con terceros países en materia de inmigración.

Esta misma información, además de subrayar la considerable preocupación por la regulación de la inmigración, hace alusión al asentamiento y consolidación de dicha regulación en el territorio español. Pero también revela las sucesivas reformas de las leyes de extranjería para adaptarse a una situación cambiante. De hecho, ya no se habla solo de "derechos y libertades de los extranjeros en España", sino también de "integración social", con lo que un expediente, el de inmigración, si bien antes era casi exclusivo del Ministerio del Interior, ahora se abre para implicar a otros ministerios y administraciones públicas españolas concernidas por el tema de la integración.

2. El intercambio comercial y las transacciones financieras han hecho que el globo terrestre se parezca a la vez a un gran supermercado y a una gran plataforma industrial. Una empresa fabrica en China productos norteamericanos que vende, por ejemplo, en países del Golfo. Y de allí se extraen productos energéticos que se venden en Marruecos, de donde se llevan fosfatos para fertilizar las grandes extensiones de Kazajistán. Los medios de transporte surcan la tierra, el cielo y el mar. Y todo cuanto se ha enumerado aquí está meticulosamente regulado tanto internamente como externamente mediante reglamentos, convenios y acuerdos nacionales e internacionales, públicos o privados.

Todo ello obliga igualmente, siguiendo la naturaleza del objeto de análisis, a estudios cada vez más internacionales, interdisciplinares e interlingüísticos con una proyección interdisiciplinar como la que se puede apreciar en este libro.

## 2. Características del lenguaje jurídico-administrativo y de su estudio

En las últimas cinco décadas, se asiste, como consecuencia no solo de la movilidad humana, sino también de una creciente conciencia ciudadana del derecho a una información asequible y comprensible, a la intervención de otras especialidades en el estudio del lenguaje jurídico y administrativo. Si antes era el jurista el que "dictaba" literalmente las normas y las sentencias y el ciudadano las acataba, igual que hasta relativamente poco era vetado al hombre de a pie abrir un texto sagrado y leerlo por sí solo, ahora se reclama el derecho a la democratización del acceso cognitivo a la información jurídica. Así es cómo se explica la existencia de una abundante bibliografía que ahonda, desde otras especialidades, en la descripción del lenguaje jurídico-administrativo (Calvo Ramos, 1980; Ministerio de Administraciones Públicas, 1990; Álvarez, 1995; Sánchez Montero, 1996; Etxebarría, 1997; Cohen de Chervonagura, 1998; Martín Rojo y Wittaker, 1998; Ricós Vidal, 1998; De Miguel, 2000; Aguirre Beltrán, 2013; Cazorla Prieto, 2007, 2014; Alcaraz & Hughe, 2014), destacando como características lingüísticas de este tipo de discurso: la nominalización, la despersonalización, la abundancia de las construcciones formadas con participio + sustantivo, el arcaísmo y la conservación de algunas formas verbales que están en desuso en otros tipos de lenguaje, la subordinación reiterada, las construcciones pasivas, el rechazo a la personalización y a la omisión del sujeto de la enunciación, la abundancia de las construcciones perifrásticas, el uso de la pasiva refleja, la presencia igualmente de las construcciones prepositivas, la estabilidad y arcaísmo del léxico propio, la aposición de palabras de sentido parecido, el uso de las anáforas, la corrección social y cultural del lenguaje, la abundancia de siglas, etc. así que las expresiones y los términos siguientes son comunes en este tipo de lenguaje:

- Según la consolidada doctrina de este Tribunal sobre las garantías de la segunda instancia penal, desarrollada a partir de la citada STC 167/2002
- Se le requiere,... El Tribunal considera...
- Habida cuenta, visto el alegato
- *exequátur*, *hábeas corpus*, *in dubio pro reo*, o la comúnmente conocida expresión, *in fraganti*
- T.S.J., C.G.P. J., T. S., T. C., L.E.C.,...

Sobre estas características convencionales parece existir un acuerdo entre los investigadores del lenguaje jurídico y administrativo. No obstante, donde sí se podría manifestar cierta discrepancia es, además de en no incluir siempre el lenguaje notarial, en la direccionalidad de destino del lenguaje jurídico y administrativo. Algunos de estos autores (De Miguel, 2000) han enfocado este tipo de lenguaje desde "arriba" hacia "abajo", entendiéndose arriba como la Administración y abajo como el ciudadano. Sin embargo, si se analiza el fragmento siguiente, comparándolo con cualquier texto jurídico o administrativo, se observa reúne sus mismas características y, por tanto, puede considerarse como uno de ellos:

> Y yo, el Notario, doy fe de lo consignado, de identificar al compareciente por su documento de identidad anteriormente reseñado, de que el consentimiento ha sido libremente prestado por el mismo, de que la autorización se adecúa a la legalidad y a la voluntad debidamente informada del compareciente e interviniente y de que este instrumento público queda extendido en cuatro folios de papel exclusivo para documentos notariales, números, el presente y los anteriores en orden correlativo descendente.
>
> NOTA: El mismo día de su autorización, comuniqué al Consejo General del Notariado, por medio del sistema ABACO, y a través de la plataforma E-Notario para los

> Organismos correspondientes en Madrid, las bases del concurso a que se refiere la precedente acta. – De todo lo cual yo, el Notario, doy fe.

Es evidente igualmente, como se tendrá la ocasión de demostrar, que no solo el lenguaje del BOE es jurídico y administrativo, sino que lo son también, si son convencionales, los escritos dirigidos por los ciudadanos a las administraciones públicas, incluida la de justicia. Un abogado que presenta un alegato redactado conforme a las convenciones de este tipo de discursos es tan jurídico-administrativo como el lenguaje dirigido desde el poder judicial a los ciudadanos. Es decir, que las instancias puestas, como impresos, a disposición de los ciudadanos para formular sus demandas y requerimientos, están redactadas a imagen y semejanza de los documentos de circulación interna en la Administración de justicia. Así que lo que hace que un texto sea jurídico y administrativo no es, en algunos casos, el tipo de documento y sus características lingüísticas, formales y tipológicas, sino la autoridad que lo expide. En este sentido, todas las instancias e impresos puestos a disposición de los inmigrantes tienen las mismas características de cualquier impreso administrativo puesto a disposición de los ciudadanos no inmigrantes. Tampoco son, en este caso, los formalismos lingüísticos los que los hacen distintos, sino, en ocasiones, la naturaleza de su contenido y el tipo de solicitud.

Existen varios impresos administrativos con el título de "solicitud de permiso de…", en el caso de los inmigrados la continuación sería "de residencia y trabajo", "de residencia", "de reagrupación familiar", etc. Pero, para el conjunto de la población, la continuación puede ser "de conducir", "de porte de armas", etc. Cabe mencionar que la conceptualización de quién es "inmigrante" en España, es a veces ambigua. Sin embargo, adoptaremos la siguiente definición que aún sigue vigente:

> La tenue frontera entre estar de viaje por España y residir en ella viene trazada por nuestra legislación con un criterio de simplificación administrativa: noventa días por año. Las personas que residen de manera permanente en España (es decir, más de noventa días al año) son a quienes se conceptúa como inmigrantes: los turistas o los hombres de negocios son extranjeros, lo mismo que los diplomáticos o los corresponsales de medios de comunicación, pero todos ellos son ajenos al fenómeno de la inmigración.
>
> Una segunda nota característica consiste en que los inmigrantes se integran en nuestra economía: desarrollan actividades lucrativas, normalmente en régimen laboral por cuenta ajena. Aunque los pensionistas europeos que vienen a disfrutar del sol en la

> costa mediterránea son, sin duda, residentes extranjeros, la política de inmigración en sentido estricto se refiere a aquellos que vienen a ganarse el sustento en territorio español, normalmente mediante su trabajo. Sobre ellos se centra el interés y la intervención administrativa (Borrajo Iniesta, 2003: 120).

Ahora bien, el lenguaje y los formalismos lingüísticos de este tipo de instancias no recogen todas las características del lenguaje jurídico normativo (de las leyes). Por ello son muy raros, a excepción de las citas, en estos impresos: el futuro de subjuntivo, las distintas formas del condicional y del subjuntivo pasado (que denoten hipótesis), los distintos fraseologismos legales y los latinismos.

En consecuencia, todo ello denota que en el lenguaje jurídico-administrativo existen efectivamente dos niveles o registros. Si comparamos las expresiones lingüísticas del Código Penal, Civil o Mercantil con las de las instancias y demás impresos puestos a disposición de los ciudadanos, observamos que existen hasta tres niveles:

### *2.1 El registro jurídico-administrativo alto*

Las producciones lingüísticas de este registro y sus distintas formulaciones son las que podrían considerarse pertenecientes plenamente a lo que se denomina "lenguaje jurídico" y que reúnen la casi totalidad de las características que se atribuyen a este tipo de lenguaje, como en este extracto de la presente sentencia del Tribunal Constitucional 126/2012, 18-VI: Malos tratos y coacciones. Declaraciones de acusados y testigos en segunda instancia:

> a) Como recuerda la reciente STC 153/2011, de 17 de octubre, FJ 3, según la consolidada doctrina de este Tribunal sobre las garantías de la segunda instancia penal, desarrollada a partir de la citada STC 167/2002, de 18 de septiembre, resulta contrario a un proceso con todas las garantías que un órgano judicial, conociendo en vía de recurso, condene a quien había sido absuelto en la instancia como consecuencia de una nueva fijación de los hechos probados que encuentre su origen en la reconsideración de pruebas cuya correcta y adecuada apreciación exija necesariamente que se practiquen a presencia del órgano judicial que las valora. Corolario de lo anterior será que la determinación de en qué supuestos se ha producido vulneración del derecho fundamental a un proceso con todas las garantías (cristalizado ahora en la garantía de inmediación) es eminentemente circunstancial, pues lo decisivo es si la condena de quien había sido absuelto en la instancia trae causa en primer lugar de una alteración sustancial de los hechos probados y, de ser así, si tal apreciación probatoria encuentra

> fundamento en una nueva reconsideración de medios probatorios cuya correcta y adecuada apreciación exige la inmediación; esto es, que sea el órgano judicial que las valora el órgano ante quien se practican. Contrariamente no cabrá entender vulnerado el principio de inmediación cuando, por utilizar una proposición comprensiva de toda una idea, el órgano de apelación no pronuncie su Sentencia condenatoria a base de sustituir al órgano de instancia en aspectos de la valoración de la prueba en los que este se encuentra en mejor posición para el correcto enjuiciamiento de los hechos sobre los que se funda la condena debido a que la práctica de tales pruebas se realizó en su presencia.

La misma sentencia, unas once páginas después del anterior fragmento, termina en una tónica lingüístico-jurídica igual, aunque desde el punto de vista de la recepción común, más comprensible que lo anterior, con el siguiente fallo:

> En atención a todo lo expuesto, el Tribunal Constitucional, por la autoridad que le confiere la constitución de la nación española,
> Ha decidido
> Estimar el recurso de amparo interpuesto por don F. R. G. y, en consecuencia:
> 1.º Declarar que han sido vulnerados los derechos a un proceso con todas las garantías (art. 24.2 CE), a la defensa (art. 24.2 CE) y a la presunción de inocencia (art. 24.2 CE) del recurrente.
> 2.º Restablecerlo en su derecho y, a tal fin, declarar la nulidad de la Sentencia dictada por la Sección Primera de la Audiencia Provincial de Cádiz el día 24 de noviembre de 2008, en recurso de apelación núm. 170–2008, y de la providencia de 12 de enero de 2009 dictada por el mismo órgano judicial.
> Publíquese esta Sentencia en el Boletín Oficial del Estado.

Como se observa, las producciones lingüísticas de este texto lo colocan inexorablemente en una esfera de intercambios lingüísticos ajena al ciudadano común y de muchos estudiantes que no sean de los últimos cursos de la especialidad de derecho. Ni siquiera algunos de ellos de segundo curso, que tienen el Derecho Constitucional como asignatura, a quienes ha sido sometido este texto, han podido disimular su incomodidad comprensiva frente al mismo. Un inmigrante, aunque con conocimientos del español común, tendría teóricamente más dificultades para su comprensión.

En el lado opuesto de este registro, se encuentra no obstante un registro jurídico-administrativo bastante asequible para el ciudadano común.

### *2.2 El registro jurídico-administrativo bajo*

Aquí caben todas las instancias dirigidas por los ciudadanos a la Administración, junto con otros tipos de modelos jurídico-administrativos como son, por ejemplo, los contratos, los convenios reguladores suscritos entre personas físicas, etc. Sin embargo, cabe mencionar, que dentro de lo que se califica normalmente como lenguaje jurídico pueden encontrarse incluidas otras modalidades y variaciones lingüísticas, pertenecientes al lenguaje oral informal, evidentes en el siguiente escrito real:

> JUZGADO DE PRIMERA INSTANCIA E INSTRUCCIÓN Nº 4 de Girona. Entrada: 14 de mayo de 2003:
> [Omisión de la identidad del recurrente]
> No estoy de acuerdo con la sentencia porque, de haberme presentado a la hora citada, la sentencia podría ser otra.
> El motivo por el cual llegué 10 minutos tarde, es que justo cuando decidí salir de casa para presentarme a la citación, me entraron ganas de cagar y no podía aguantarme.
> Y por estos motivos presento el recurso de apelación. [firma semiilegible].

Estas producciones lingüísticas, aunque informales y que se presentan realmente como una transcripción del lenguaje oral, aparecen dentro de una sentencia, es decir, dentro de un marco lingüístico textual jurídico. Es decir, que ni siquiera llega a la objetividad formal e indiferencia emocional propia de los impresos. Sin embargo, las instancias judiciales han de dar respuesta legal a este tipo de discurso, aunque esté formulado en un registro lingüístico "ilegal", como se verá en el apartado 2 del siguiente tipo.

### *2.3 El registro jurídico-administrativo intermedio*

Este tipo de registro está constituido por una amalgama entre los dos tipos anteriores. Una sentencia judicial por ejemplo, como la anterior, es un buen ejemplo de ello porque está compuesta por:

– Recogida de formulaciones y producciones lingüísticas muy a menudo exactas, con las cuales los demandantes y demandados, denunciantes y denunciados, por medio de sus respectivas defensas, formulan sus respectivas demandas o denuncias. Así, en la sentencia formada explícitamente por tres partes (antecedentes del hecho, fundamentos del derecho y el fallo), la primera parte recoge este tipo de lenguaje de registro bajo. También recoge el "relato" de los hechos pudiendo desembocar incluso en el lenguaje común ordinario. Las respuestas de los interesados e implicados, las declaraciones de los testigos, las transcripciones de las escuchas telefónicas admitidas, pueden incluso pertenecer al lenguaje oral informal. Es decir, que son excluibles por su naturaleza si no fuera por su funcionalidad dentro de lo que aquí se describe y estudia como lenguaje jurídico-administrativo. Es decir, que si no estuvieran incluidas en un texto-macro jurídico, estos fragmentos serían considerados como propios del lenguaje común. Sin embargo, la respuesta jurídica al apelante que alega el apretón fisiológico por no acudir a una cita judicial, es un buen ejemplo de la integración jurídica de dos variantes del lenguaje, una escrita y especializada y otra oral e informal. A veces, los retos de la traducción están más bien en el segundo que en el primero. Sírvase de ejemplo tanto el texto del recurso como la respuesta judicial de la sentencia recogida en este trabajo.

– En la segunda parte de la sentencia, los fundamentos de derecho, el registro lingüístico jurídico suele subir algunos escalones del registro escrito de la lengua mediante citaciones y formulaciones del nivel alto, con las cuales el juez que dicta la sentencia fundamenta legalmente su veredicto, anclándolo en menciones concretas del ordenamiento jurídico que le ha servido de base. O, sin citaciones, el juez usa las producciones lingüísticas propias del nivel alto, aunque puede recoger manifestaciones producidas en otro registro, como en el siguiente ejemplo, extraído de la misma sentencia anterior:

> AUDIENCIA PROVINCIAL. Sección Tercera (Penal), Girona. Rollo nº 422/03. Juicio de Faltas nº 48/02, Juzgado de Instrucción nº 5 de Girona. Sentencia de fecha 2 de febrero de 2004 (Magistrado D. Adolfo García Morales).
>
> FUNDAMENTOS DE DERECHO
>
> PRIMERO: Se alza la parte recurrente frente a la resolución de la instancia sobre la base de un singular motivo cual es el de que llegó 10 minutos tarde al acto del juicio, lo que impidió su comparecencia, porque cuando decidió salir de casa para presentarse a la citación le entraron ganas de cagar y no pudo aguatarse. Simple y llanamente así.
>
> Sin duda alguna, en la tesitura de escoger entre una y otra deposición, una, por evacuación del vientre, otra, por manifestación ante el juez como acusado, cualquier persona habría de optar por la primera por los graves apremios que supone el caso de no ser satisfecha esa necesidad fisiológica, siendo poco higiénica la presentación

> ante un tribunal en otras condiciones que no sean las de un completo descargo. Precisamente el recurrente sostiene que por hacer una cosa no pudo hacer la otra, lo que le supuso la inasistencia al acto plenario y la condena por atender el juzgador a una sola de las versiones, la del contrario. Sin embargo, pese a lo expuesto con anterioridad no podemos acceder a lo que se nos solicita porque la parte ni demuestra la existencia del sorpresivo apretón que refiere, ni acredita que, cuando después de sofocar sus presurosas consecuencias, acudió inmediatamente al juicio, este ya había concluido.

Este texto, a pesar de su adscripción jurídica, no por su esencia y por la naturaleza de su redacción, sino por extraerse del ámbito judicial y por estar diseminado de terminología jurídica, puede considerase como una verdadera pieza literaria. De hecho, los hábiles malabarismos del redactor de la misma entre los distintos significados y significaciones de algunas palabras, términos y expresiones metaforizadas, hacen de él un texto eminentemente irónico: "deposición/deposición", "descargo/descargo", "apremios/apremios", "no ser satisfecha", "sorpresivo apretón", "sofocar sus presurosas consecuencias". Esta imbricación del lenguaje jurídico y superposición de registros dentro del mismo ha sido señalada por otros autores que se han centrado en exclusiva en la naturaleza de este tipo del lenguaje:

> Dentro del lenguaje del derecho, la distinción más generalizada de niveles lingüísticos es la que se suele establecer entre el lenguaje del derecho, o lenguaje normativo, y el lenguaje de los juristas, el que estos desarrollan para referirse a aquel (Hernando Cuadrado, 2003: 11).

Estamos ante una tipología que reúne el lenguaje jurídico en dos niveles estructurados, por lo que se observa, en dos grados que van desde el más específico y especializado al más general. En el primer escalón está lo que se ha denominado el lenguaje normativo como prototipo del lenguaje del derecho, y en el segundo, el lenguaje de los juristas. De hecho, las producciones lingüísticas encerradas en libros normativos como el Código Penal, Civil o Mercantil, son distintas de las producciones lingüísticas de las distintas sentencias judiciales, como se ha podido observar en los ejemplos presentados anteriormente.

## 3. El lenguaje administrativo

¿Existen diferencias entre el lenguaje jurídico y el administrativo? Desde una consideración puramente lingüística, si existen distintas denominaciones es porque, desde el punto de vista teórico al menos, existen diferencias entre las realidades designadas o entre sus formas de representación y conceptualización. Si existe el nombre es porque existe, o nos imaginamos que existe, el objeto. Existen, por tanto, diferencias entre los dos tipos de lenguaje tanto desde el punto de vista teórico como desde el punto de vista empírico-descriptivo. De hecho, al comparar dos textos, uno de naturaleza exclusivamente administrativa y otro de naturaleza únicamente jurídica, se observan numerosas diferencias que abarcan la mayoría de los niveles de análisis lingüístico: léxico, sintáctico y pragmático. Cabe señalar, no obstante, que las fronteras entre ambos tipos no siempre son nítidas.

Así que tanto los términos de la comparación como las diferencias entre ambos tipos habrían de buscarse en el lenguaje marcadamente jurídico y/o en el lenguaje marcadamente administrativo, y no en la esfera de su intersección y confluencia. Es precisamente esta confluencia la que crea la mixtura entre los dos tipos, así como la amalgama de la denominación "lenguaje jurídico-administrativo". Veamos:

### *3.1 Lenguaje jurídico-administrativo*

Algunos escritos administrativos son difícilmente clasificables por la naturaleza y características inherentes a su lenguaje como documentos exclusivamente administrativos, como se verá a continuación:

> El poder ejecutivo por su parte descansa en el organismo de la Administración para hacer cumplir la legislación vigente. De ahí la estrecha relación existente entre los textos jurídicos y administrativos, ya que en cierta forma la separación entre unos y otros resulta difícil e incluso forzada (Álvarez, 1995: 32–33).

Efectivamente, en ocasiones, la clasificación de un documento como administrativo es complicada por la naturaleza tanto de sus formalismos lingüísticos como por su contenido. Con lo que resulta difícil su identificación como esencialmente administrativo si descartamos la autoridad administrativa que lo ha expedido. En este sentido las fronteras tanto formales como lingüísticas entre lo jurídico y lo administrativo son poco nítidas en este tipo de documentos porque reúnen tanto las características del lenguaje jurídico como las del lenguaje administrativo. Son documentos administrativos simplemente, en la mayoría de los casos, porque los expide o suministra una administración ajena al poder legislativo y al sistema judicial, pero, aun así, están formulados en muchos de sus apartados como si fueran documentos jurídicos. Sirva de ejemplo el siguiente texto:

> Cómo puede pagar una sanción de tráfico de la DGT.
> Las sanciones de tráfico impuestas por la DGT pueden pagarse, en período voluntario, por los siguientes medios[1].

Si analizamos este fragmento observamos que está formado por dos tipos de lenguajes sutilmente diferenciadas, uno que podría considerarse jurídica (sanción en vez de multa), y otro, administrativo (pagar una "sanción", en vez de abonar una "sanción"), como reza el siguiente texto legislativo del BOE:

> Orden de 23 de marzo de 1960 por la que se dispone la sanción que deben abonar los viajeros en los servicios que prestan las Compañías de Tranvías y Trolebuses cuando en una revisión sea hallado alguno de ellos, sin billete o con billete correspondiente a un trayecto diferente del que está realizando[2].

En este caso podríamos decir que este lenguaje jurídico se ha transformado en administrativo por tres aspectos fundamentales: la simplificación, el poder didáctico y la personalización. Es didáctico por que proporciona instrucciones concretas y es personalizador porque se dirige a la segunda persona: ¿cómo puede/debe hacer Vd. algo?

### *3.2 Lenguaje jurídico del documento jurídico-administrativo*

Obsérvense las siguientes líneas, desde el punto de visto léxico y terminológico:

---

1 Sede electrónica de la Dirección General de Tráfico: <https://sede.dgt.gob.es/es/tramites-y-multas/alguna-multa/pago-de-multas/> [26/5/2016].

2 Boletín Oficial del Estado: <https://www.boe.es/buscar/doc.php?id=BOE-A-1960-5749> [26/5/2016].

> Se considera extranjero, a los efectos de la aplicación de la Ley Orgánica 4/2000, de 11 de enero, sobre derechos y libertades de los extranjeros en España y su integración social, a aquel que carezca de la nacionalidad española, sin perjuicio de lo establecido en leyes especiales y en los Tratados Internacionales en los que España sea parte.
>
> Los nacionales de los Estados miembros de la Unión Europea y aquellos a quienes sea de aplicación el régimen comunitario se regirán por las normas que lo regulan, siéndoles de aplicación la Ley Orgánica citada en aquellos aspectos que pudieran ser más favorables.

Esta parte es similar, por la naturaleza de su lenguaje y redacción, a lo que podríamos observar en varios artículos de la Constitución española, como en el artículo 13, por ejemplo:

> 1. Los extranjeros gozarán en España de las libertades públicas que garantiza el presente Título en los términos que establezcan los tratados y la ley.
> 2. Solamente los españoles serán titulares de los derechos reconocidos en el artículo 23, salvo lo que, atendiendo a criterios de reciprocidad, pueda establecerse por tratado o ley para el derecho de sufragio activo y pasivo en las elecciones municipales.
> 3. La extradición solo se concederá en cumplimiento de un tratado o de la ley, atendiendo al principio de reciprocidad. Quedan excluidos de la extradición los delitos políticos, no considerándose como tales los actos de terrorismo.
> 4. La ley establecerá los términos en que los ciudadanos de otros países y los apátridas podrán gozar del derecho de asilo en España.

Este artículo de la Constitución, por la naturaleza de su lenguaje, es parecido al anterior documento administrativo informativo proveniente la página web del Ministerio del Interior español. Aún más, podría incluso decirse que el discurso constitucional es más asequible e inteligible que la anterior información del Ministerio, por carecer de términos como: "Ley Orgánica", "sin perjuicio de lo establecido", "leyes especiales", "régimen comunitario", etc.

### *3.3 Lenguaje administrativo del documento jurídico-administrativo*

La segunda parte de la anterior ¿información? del Ministerio del Interior:

> Este epígrafe contiene información útil sobre el régimen general de extranjería, el control de fronteras, la circulación de ciudadanos de la Unión Europea, lista de países donde se exige visado o no, información sobre el estado de la tramitación de expedientes a extranjeros, cómo se solicita la tramitación de protección internacional,

apátridas, Acuerdo sobre el Tratado de Schengen, modelos de solicitud así como sobre los procedimientos administrativos y las normativas básicas que regulan esta materia.

Salvo el primer segmento "este epígrafe contiene información útil sobre el régimen general de extranjería", que sirve de gozne entre la primera parte (jurídica) y esta segunda (administrativa), el lenguaje es sencillo, asequible y no se distancia mucho del lenguaje que podríamos leer en cualquier diario español.

## 4. Lenguaje administrativo

La particularidad esencial del lenguaje administrativo consiste en el hecho de que, sin ser un lenguaje común, es un lenguaje bastante asequible, comparado con el jurídico, y tiene más presente al ciudadano al que va dirigido o del cual, en caso de impresos, procede. Es decir, desde el punto de vista de la especialización lingüística, el lenguaje administrativo se sitúa entre el lenguaje escrito común y el lenguaje jurídico como lenguaje especializado. Por ello el lenguaje exclusivamente administrativo se caracteriza por la sencillez y la accesibilidad. Un ciudadano lector no necesitaría utilizar diccionarios especializados para entenderlo. ¿Por qué este lenguaje no es común? Su especificidad, para contestar a este interrogante, resulta de su carencia relativa de la excesiva frecuencia en el lenguaje común de lo que podría llamarse metaforización del lenguaje: la metáfora, la metonimia, la polifonía léxica y discursiva, la ambigüedad, etc.

La casi totalidad de impresos puestos a disposición del ciudadano extranjeros son de tipo administrativo. En ellos solo se trata de rellenar los datos personales, a saber (como en el impreso EX-02, Solicitud de autorización de residencia temporal por reagrupación familiar, LO 4/2000 y RD 557/2011): el apellido o los apellidos, el nombre, la fecha, el lugar y el país de nacimiento, el número del documento de identidad, sexo, estado civil, domicilio y teléfono en España, tipo de autorización de residencia en España, hijos a cargo en España y tipo de autorización solicitada, donde habría que elegir entre unas catorce opciones posibles. Luego termina el impreso universal, dirigido a cualquiera que lo necesite, con unas instrucciones para despejar dudas de tipo:

> Instrucciones de cumplimentación
> Rellenar en mayúsculas con bolígrafo negro y letra de imprenta o a máquina
> Se presentará original y copia de este impreso
> (1) Marque el cuadro que proceda. Hombre/Mujer
> (2) Rellenar utilizando 2 dígitos para el día, 2 para el mes y 4 para el año, en este orden (dd/mm/aaaa)
> (3) Marque el cuadro que proceda. Soltero/Casado/Viudo/Divorciado/Separado
> (4) Indique la unión con el reagrupante, por ejemplo: cónyuge, pareja de hecho registrada, hijo/a, representado/a, tutelado/a, padre, madre
> (5) Rellenar solo en el caso de ser persona distinta del solicitante
> (6) Indique el título en base al cual se ostenta la representación, por ejemplo: Padre/ Madre del menor, Tutor
> (7) Conforme a la Ley 11/2004 y Disposición Adicional 4ª del RD 557/2011 las personas jurídicas y los colectivos de personas físicas que, por razón de su capacidad económica o técnica, dedicación profesional u otros motivos acreditados tengan garantizado el acceso y disponibilidad de los medios tecnológicos precisos están obligados a la notificación por este medio
> (8) Marque el cuadro que corresponda. Los modelos oficiales podrán ser reproducidos por cualquier medio de impresión
> Estarán disponibles, además de en las Unidades encargadas de su gestión, en la página de información de Internet de los impresos y modelos oficiales[3].

Es evidente que este lenguaje, como se habrá observado, es sencillo y no necesita ningún conocimiento especial que se salga de lo comúnmente sabido en los procedimientos y prácticas administrativas. Tampoco es un lenguaje común porque lleva una serie de términos administrativos que no suelen manejarse en aquel, como por ejemplo: "reagrupante", "representado", "conforme a la Ley", "Disposición Adicional", "RD", "personas jurídicas", "colectivos de personas físicas", "capacidad económica o técnica", "motivos acreditados", "modelos oficiales", "modelos oficiales", además de:

- Titular de autorización de estancia ordinaria sin visado (art. 32).
- Titular de visado de estancia (art. 34).
- Titular de autorización de estancia por estudios, intercambio de alumnos, investigación/formación, prácticas no laborales o voluntariado (art. 40).

---

3 Portal de Inmigración Ministerio de Empleo y Seguridad Social: <http://extranjeros.mtin.es> [12/09/2015].

- Familiar de titular de autorización de estancia por estudios, intercambio de alumnos, investigación/formación, prácticas no laborales o voluntariado (art. 41).
- Familiar de titular de autorización de estancia en régimen especial sanitario (MIR) (art. 41).
- Titular de autorización de estancia en régimen especial sanitario (MIR) (art. 43).
- Titular de autorización de estancia en base a instrucciones dictadas por Consejo de Ministros (DA 1ª.4).
- Titular de autorización de estancia (Convenios Internacionales).
- Titular de visado de estancia (convenios internacionales).

Con cada uno de estos términos y expresiones se hace referencia a una realidad o a un tipo de documento que los administrativos del Ministerio del Interior español reconocen en su especificidad y unidad, sin confundirlo con otro, ni "adivinar lo que podría ser".

Este tipo del lenguaje, aunque específico para una administración determinada del Estado español, es distinto de los formalismos, terminologías y sofisticación del siguiente.

## 5. Lenguaje jurídico

Cuando se habla del lenguaje jurídico sin ningún otro adjetivo especificativo, se hace referencia primordialmente al que podemos encontrar leyendo los distintos códigos que reglamentan y regulan la vida en sociedad: Código Penal, Civil, Mercantil, etc., o muchas de las sentencias judiciales dictadas por los distintos tribunales españoles independientemente de sus especialidades y rangos. Dentro de este tipo de lenguaje, en función de su destinatario, podemos encontrar dos grupos de documentos:

1. Documentos universales. El legislador español, aunque en teoría, como se verá más tarde, debe tener en cuenta al ciudadano que es, en última instancia, el primer concernido por los distintos reglamentos jurídicos, los destinatarios reales son, parece ser, los distintos agentes implicados en la Administración de la justicia. De hecho existen diferencias, en cuanto a comprensión, entre el lenguaje de la Constitución y el lenguaje

de redacción de numerosas sentencias del Tribunal Constitucional, por ejemplo, por no alejarnos del marco constitucional. La especialización en derecho es la que permite la inteligencia y asimilación de los distintos articulados de las diferentes leyes españolas (Ley de Enjuiciamiento Criminal, Ley de Enjuiciamiento Civil, etc.), aunque aparezcan en un documento puramente administrativo. Existen sustanciales diferencias, como es natural, entre este lenguaje jurídico y el lenguaje administrativo común manejado por las distintas administraciones ajenas al mundo de la judicatura. En su materialización concreta, este lenguaje aunque puede aparecer en algunos impresos de las distintas respuestas-tipo administrativas para fundamentar y argumentar jurídicamente una decisión administrativa determinada, es específico de la especialidad de derecho, como en este artículo de la Ley 1/2000, de 7 de enero, de Enjuiciamiento Civil (BOE-A-2000-323):

> Artículo 63. Contenido de la declinatoria, legitimación para proponerla y tribunal competente para conocer de ella.
>
> 1. Mediante la declinatoria, el demandado y los que puedan ser parte legítima en el juicio promovido podrán denunciar la falta de jurisdicción del tribunal ante el que se ha interpuesto la demanda, por corresponder el conocimiento de esta a tribunales extranjeros, a órganos de otro orden jurisdiccional, a árbitros o a mediadores.
> También se propondrá declinatoria para denunciar la falta de competencia de todo tipo. Si la declinatoria se fundare en la falta de competencia territorial, habrá de indicar el tribunal al que, por considerarse territorialmente competente, habrían de remitirse las actuaciones.
>
> 2. La declinatoria se propondrá ante el mismo tribunal que esté conociendo del pleito y al que se considere carente de jurisdicción o de competencia. No obstante, la declinatoria podrá presentarse también ante el tribunal del domicilio del demandado, que la hará llegar por el medio de comunicación más rápido posible al tribunal ante el que se hubiera presentado la demanda, sin perjuicio de remitírsela por oficio al día siguiente de su presentación.

Sin embargo, una carta administrativa de denegación de un permiso de residencia, por ejemplo, tiene un aspecto jurídico en muchas de sus partes. En este aspecto se parece formalmente a una sentencia judicial.

2. Documentos privativos. Estos documentos se basan en los postulados de los documentos universales, para particularizar una situación o individualizar a una persona. Estos documentos (solicitudes o respuestas) se relacionan muy estrechamente con una persona o con una situación

concreta. La respuesta de una compañía aseguradora, un informe de peritaje, una escritura de idoneidad de la vivienda para una reagrupación familiar (con descripciones de lugares, superficies, distribución, número y nombres de los residentes, habitabilidad, etc.) son documentos administrativos privativos, relacionados con una situación y una persona concretas. En estos documentos, aunque existe cierta fundamentación jurídica de los hechos, circunstancias o medidas tomadas, siempre se hace referencia a lo particular. Por ello, a veces carecen de la sofisticación y solidez terminológica y argumental que observamos en los primeros.

## *5.1 La crítica del lenguaje jurídico*

Son numerosas las fuentes investigadoras que han tratado, a pesar de ello, la complejidad, el hermetismo y la especificidad del lenguaje jurídico (Oliver, 1903; Vázquez Miramontes, 2013) o abogan por su simplificación y adaptación tanto a la realidad como a los usuarios comunes, como son los litigantes por ejemplo (Etxebarria Arostegui, 1997; Olviercona, 2010; Cazorla Prieto, 2013). Ya a principios del siglo XX, antes incluso de Ferdinand de Saussure (1916), Adolfo Posado, en su prólogo, hablaba de la simplificación y explicación del lenguaje jurídico por imperativos democráticos y de democratización:

> Que (sic) útil, muy útil, es poner al alcance de la generalidad de las gentes el conocimiento fácil y rápido de las voces que constituyen una parte tan interesante del lenguaje humano, como la que se refiere á las relaciones jurídicas. Y mucho más hoy, en que la democratización de todas las manifestaciones de la vida, merced, sobre todo, á las grandes transformaciones efectuadas en el orden político y económico, impone á las gentes de todas las clases y de todas las profesiones un más constante, inmediata é interesada participación en el mundo del Derecho (Oliver, 1903: 8).

De hecho las reivindicaciones actuales a la simplificación y transparencia del lenguaje jurídico no son ninguna novedad, ya que se plantearon muy a principios del siglo XX:

> No quiere el legislador, ni había de consentirlo la sociedad de nuestros tiempos, que las leyes sean jeroglíficos, solo descifrables por una casta privilegiada, la de los juristas; antes bien, para general conocimiento se dictan y promulgan (Oliver, 1903: 12).

Lo que sí sorprende es por qué no se han tenido del todo en cuenta estas reivindicaciones de hace más de un siglo aunque se venían reiterando de forma sostenida desde entonces como en este caso:

> [...] El lenguaje jurídico-administrativo resulta oscuro para la mayor parte de los ciudadanos que no saben interpretar muchas de las normas que emanan de la Administración o son incapaces de rellenar instancias u otros documentos oficiales. Al igual que ocurre con los prospectos de las medicinas, que deben ser reinterpretados por los sufridos y eficaces farmacéuticos españoles, las normas y documentos de la Administración han de ser "explicados" por los empleados públicos. Y, en cuestiones del lenguaje puramente jurídico, se dice que se contrata a un abogado no para que defienda, sino para que traduzca [...]. (Vilches Vivancos & Sarmiento González, 2011: 17).

La opacidad del lenguaje jurídico y su inaccesibilidad para el ciudadano sigue siendo una de las reivindicaciones apremiantes de muchos especialistas que siguen denunciando dicha complejidad, incluso desde dentro de la especialidad de derecho:

> De lo anterior se concluye que el lenguaje debe ordenarse y adherirse a ciertas reglas que regulen su uso, para de esta forma evitar el distanciamiento entre el mundo suprasensible y los hechos; es necesario que nos alejemos un poco del tecnicismo y prioricemos el sentido común sobre aspectos relevantes para así disminuir esa brecha que existe entre lo que los juristas entendemos y lo que se percibe por el resto de las personas (Vázquez Miramontes, 2013: 160).

El mismo crítico denuncia, esta vez con respecto a las sentencias judiciales que:

> No son pocas las ocasiones en que los órganos jurisdiccionales al emitir los fallos que vinculan a las partes en el ámbito de jurisdicción o competencia, olvidan que estos no van dirigidos a los abogados representantes de quienes se ven en necesidad de acudir al órgano para solicitar se resuelva el conflicto, sino a aquellos en cuya esfera surtirá efectos la sentencia, es decir, no en el abogado, sino en la persona a quien representa, y tal vez su representada no logra entender en toda su dimensión el por qué del sentido y la forma de una resolución que le vincula y por tanto le afecta (Vázquez Miramontes, 2013: 158).

Otros investigadores, sin embargo, en una especie de bipolaridad, sostienen que este tipo de lenguaje es como es porque permite, en tanto que lenguaje de especialidad, ser preciso. Como consecuencia de ello, en vez de simplificar dicho lenguaje, se aboga por "instruir" al ciudadano y elevar su nivel:

> [...] En la actualidad, y para el ciudadano corriente, es del todo imprescindible saber manejar con habilidad la técnica de la redacción de escritos tanto administrativos como jurídicos, así como la elaboración de cartas destinadas a la comunicación laboral. Por todo ello la confección de estos tipos de escrito no ha de quedar relegada únicamente a los profesionales del Derecho en todas sus dimensiones, cuyos límites se han visto ampliados recientemente ante la labor jurídica que la Unión Europea exige, sino que se extiende a todos aquellos —estudiantes o no— que se ven obligados en algún momento a redactar un informe, a cursar una solicitud o a interpretar un recurso de alzada (Álvarez, 1995: 9).

Tanto en contra o a favor del lenguaje jurídico y de la construcción de sus textos en la forma en que aparecen en la actualidad, lo que no se discute en estas críticas es que este lenguaje no resulte atípico. De hecho, incluso en las filas de los defensores de la construcción de los textos jurídicos en la forma en que se nos presentan, nadie niega su complejidad y distanciamiento de lo que el ciudadano, al que supuestamente van dirigidos, puede entender y asimilar.

Sin embargo, lo que realmente llama la atención de esta polémica, en concreto, es que dura más de un siglo, como se puede comprobar con la cita que encabeza este apartado (Oliver, 1903: 8), y todavía, ya en el siglo XXI, se sigue debatiendo. Esto prueba una evidencia muy observable en las instituciones jurídicas y judiciales: el conservadurismo, el tradicionalismo y el arcaísmo. No hace falta más que observar los rituales del mundo de las instituciones judiciales, el atuendo de los que velan por la justicia y los procedimientos de ejercicio de la autoridad no solo en España, sino en muchos sistemas judiciales de nuestro entorno para convencerse de esta evidencia. Por eso el sistema judicial en general y no solo sus construcciones lingüísticas son reacios al cambio natural, a pesar de los continuos, rápidos y repentinos cambios de las sociedades. Otra evidencia para convencerse de ello es que, a pesar de la integración económica, financiera, policial y en cierta medida política de los países de la Comunidad Europea, los sistemas judiciales, a veces dispares, constituyen hoy por hoy uno de los principales escollos para la homogenización de los juicios en el espacio europeo. Si a esto añadimos el trasiego de personas y bienes, no solo comunitarios, sino también extracomunitarios, entendemos la complejidad de los sistemas jurídicos y judiciales al cambio no solo en su esencia, sino también en su apariencia, incluídas sus manifestaciones y expresiones lingüísticas.

El concepto de ciudadano y de vecino ha cambiado como consecuencia del trasiego mencionado anteriormente y por la vuelta del ser humano al nomadismo, no ya grupal, en busca del agua, del pasto y de climas más benignos, sino individual en busca de mejores condiciones laborales y de vida. Las sociedades no son ya monolíticas, sino son cada vez más plurales en sus lenguas y culturas. Uno de los interrogantes que plantean estas nuevas realidades y circunstancias es cómo se integra jurídicamente esta pluralidad abriendo espacios documentales y expresivos para los que han decidido residir muy lejos de donde nacieron.

### *5.2 El lenguaje jurídico y la inmigración*

Los códigos jurídicos y reglamentarios de las sociedades y de la conducta de sus nacionales tienen un fuerte calado cultural que descansa, a su vez, sobre los hábitos y costumbres de dichas sociedades. No en vano, una de las seis fuentes directas e indirectas del derecho es, en el caso español por ejemplo, la costumbre, precediendo, cronológicamente, a las demás las leyes y normas de los poderes legislativo o ejecutivo, los principios generales del derecho, la jurisprudencia, y recientemente, y con más presencia, los tratados y convenios internacionales. La costumbre, a estos efectos, se define desde el punto de vista jurídico como "la norma de conducta nacida de la reiterada y constante práctica social, y considerada como obligatoria por la comunidad[4]."

Además, no solo la costumbre y los hábitos se constituyen en una suerte de norma jurídica, sino que son la plataforma sobre la cual descansan las leyes y de las cuales proceden en su gran mayoría. Tomemos un par de ejemplos que afectan directamente a los ciudadanos extranjeros residentes en España, o nuevos ciudadanos españoles nacidos en el extranjero: el certificado de divorcio y la separación.

El reglamento administrativo español no prevé ni puede expedir "certificados de divorcio" porque sencillamente no existen. La base parece ser cultural y religiosa como reza el siguiente versículo de Marcos:

> Evangelio: *Mc 10, 2–16*
> En aquel tiempo, se acercaron unos fariseos y le preguntaron a Jesús, para ponerlo a prueba: "¿Le es lícito a un hombre divorciarse de su mujer?". Él les replicó: "¿Qué os ha mandado Moisés?". Contestaron: "Moisés permitió divorciarse, dándole a la mujer un acta de repudio". Jesús les dijo: "Por vuestra terquedad dejó escrito Moisés

4 Las fuentes del Derecho: <http://platea.pntic.mec.es/~abercian/cursos/991118/web_josefina/texto/contenidos.htm> [24.10.2015].

este precepto. 'Al principio de la creación Dios los creó hombre y mujer. Por eso abandonará el hombre a su padre y a su madre, se unirá a su mujer, y serán los dos una sola carne'. De modo que, ya no son dos, sino una sola carne. Lo que Dios ha unido, que no lo separe el hombre".

Por ello, hasta 1981 con la promulgación de la Ley 30/1981, de 7 de julio, relativa a reforma del Código Civil y a la regulación del matrimonio, uno no podía divorciarse. Es a partir de esta ley cuando se introdujo el divorcio, que era jurídica y administrativamente desconocido en España en su forma actual. Esta base cultural es la que explica la inexistencia de una documentación relativa al divorcio y sus consecuencias, y no la falta precisamente de divorcios. Ya en 2004, un par de décadas después de la legalización del divorcio:

[...] hubo 82 330 separaciones y 52591 divorcios, es decir, 134931 rupturas que ante 216149 bodas supone que por cada 2 nuevos matrimonios, uno y medio se rompieron –por media, uno cada 3,9 segundos–. En total, desde que se legalizó el divorcio se han producido 1054 059 separaciones y 703018 divorcios, o, lo que es lo mismo, 1 757 077 (Sagarra, 2015).

De hecho, el divorcio se ha naturalizado en España desde entonces. Durante el año 2014, por ejemplo, hubo, según la nota de prensa del INE con fecha 15 de septiembre de 2015, 100 746 divorcios, un 5,6% más que el año anterior. Sin embargo, lo que no se ha naturalizado es un certificado de divorcio que acredite dicha disolución matrimonial.

No hay documento acreditativo que no sea la sentencia de divorcio o el certificado de matrimonio, que no dejan de recoger todos los datos personales de la pareja antes de su divorcio. No es lo mismo un certificado que acredite que una persona está libre de matrimonio tras su divorcio con la fecha que sea de la persona que sea, que lo que se expide en la actualidad y que sigue recogiendo todos los datos personales y propiedades de la otra parte.

Además, cuando un ciudadano extranjero divorciado en España solicita un certificado de divorcio para presentarlo en su país, lo que en realidad recibe del Registro Civil español es un certificado de matrimonio con una anotación marginal. En dicha nota se hace constar que el matrimonio en cuestión se ha disuelto por divorcio de conformidad con una determinada sentencia, de un determinado juzgado y con una determinada fecha. Algunos países extranjeros en cuya reglamentación administrativa sí que se prevé dicho certificado, le requieren a su ciudadano un documento independiente del certificado de matrimonio que haga constar que una determinada persona está divorciada. Este impase se resuelve muy a menudo traduciendo la integridad de la sentencia de divorcio con sus numerosas páginas, con todo lo que esto implica en cuanto a gastos para los extranjeros.

En ocasiones el problema del extranjero ni siquiera se resuelve traduciendo la sentencia de divorcio, porque las autoridades judiciales de su país le exigen un certificado judicial negativo de que dicha sentencia no ha sido apelada ni recurrida, eventualidad tampoco existente en España, pues es de común conocimiento que la prueba de la firmeza de una sentencia en este país es que el ciudadano tenga la sentencia en su mano firmada por el juez que la ha dictado. Por eso, algunos secretarios judiciales sensibles a estos temas expiden un certificado dando fe de que la sentencia en cuestión es firme y que su firma por la instancia judicial y su tenencia por parte del ciudadano son pruebas de que no ha sido recurrida ni apelada. Otros secretarios, en cambio, se niegan a su expedición argumentando que la legislación de la Administración de justicia de España no lo prevé.

A la inversa, cuando un ciudadano extranjero llega a España con su certificado de divorcio debidamente legalizado por el consulado español en su país de origen, algunos funcionarios de la Administración española, especialmente del Registro Civil y del Ministerio del Interior, le requieren a dicho extranjero presentar el certificado de matrimonio con una anotación marginal de divorcio, exigencia que en este caso no podría satisfacer porque el certificado de matrimonio en algunos países, como la mayoría de los países árabes, es un contrato notarial que se celebra entre una mujer y un hombre previa autorización del juez matrimonial.

Estas eventualidades surgidas por la trashumancia humana entre países no están previstas en códigos legales basados, como se ha afirmado anteriormente, en un marco cultural determinado. Todo ello a pesar de que los convenios internacionales estipulan para estos casos que se respeten los correspondientes derechos privados y personales de los extranjeros. En este tema sí que se verifica la afirmación de que:

> [...] es perceptible una gran distancia entre lo que dice el Boletín Oficial del Estado y lo que ocurre en la realidad. Entre la España oficial y la real, en materia migratoria, existe un abismo. Ello hace que el análisis jurídico habitual, centrado en el estudio de los textos legales que quieren normar la realidad social, resulte poco útil. En este terreno es absolutamente imprescindible avizorar la realidad jurídica, y no creer demasiado lo que nos dice el BOE. La creciente importancia de la materia, así como su relevancia en la opinión pública y en la agenda política, ha dado lugar a una inflación legislativa.

> Sin embargo, por debajo de la hojarasca de textos legales y reglamentarios, la realidad sigue tozuda, desarrollándose al margen o incluso en contra del Derecho, en términos en gran medida invisibles para los juristas. (Borrajo Iniesta, 2003: 128).

Esta misma observación, no tanto sobre los desajustes entre la reglamentación teórica y las prácticas administrativas, sino sobre la opacidad, la complejidad, la disparidad de criterios y la lentitud de los procedimientos relativos a la inmigración ha sido mencionada como fundamento de la reforma de la última Ley de Extranjería. A esto se refiere el Real Decreto 557/2011, de 20 de abril, por el que se aprueba el Reglamento de la Ley Orgánica 4/2000, sobre derechos y libertades de los extranjeros en España y su integración social, tras su reforma por la Ley Orgánica 2/2009 (BOE, Nº 103 del 30 de abril de 2011, página 43831), al afirmar:

> [...] la reforma del Reglamento de Extranjería también ofrece la oportunidad de clarificar, simplificar y ordenar procedimientos complejos, cuya tramitación puede ser mejorada desde la perspectiva de la agilidad y seguridad jurídica. La ubicación y reordenación sistemática de algunos procedimientos, la distinción entre requisitos y documentos acreditativos de los mismos, la mayor concreción de unos y otros, su simplificación, así como una regulación más clara de la relación entre autorizaciones y visados que evite dobles comprobaciones contribuirán, sin duda, a mejorar la gestión y la seguridad jurídica de los procedimientos de extranjería. Mención aparte, en este mismo sentido, merece la introducción de las nuevas tecnologías en un ámbito con un volumen de gestión elevado y, concretamente, la utilización de una aplicación informática común que permitirá la integración de las diversas fases procedimentales y su gestión por parte de las diversas Administraciones con competencia en la materia, así como una mejor relación con la ciudadanía en consonancia con la normativa de acceso electrónico a los servicios públicos.

Por ello, si se analizan los textos legales y administrativos reglamentarios desde el punto de vista de la igualdad y la ecuanimidad, se llega a la conclusión de que, en la mayoría de las ocasiones y especialmente cuando son impresos administrativos, nada los distingue de los dirigidos a la totalidad de la ciudadanía española, como se ha afirmado en las primeras páginas de este capítulo. Sin embargo, como se ha afirmado en la cita anterior, es en la práctica administrativa en donde se notan ciertas disfunciones y poca unanimidad en la toma de las mismas decisiones para los mismos casos. De ahí que para averiguar si el lenguaje jurídico-administrativo con temática de extranjería es el mismo o es diferente, habría que investigar la realización del mismo como práctica social en un contexto de interacción verbal entre representantes de la autoridad administrativa y los inmigrantes, más que los impresos que se limitan a consignar datos personales y elegir una entre varias opciones previstas en el impreso. Incluso en este último caso podría afirmarse que la Administración parte de lo que puede proporcionar legalmente, y no de las variopintas necesidades administrativas de los inmigrantes. Siguiendo con el ejemplo anterior del divorcio, el legislador español prevé un solo tipo de divorcio, aunque sean distintas sus motivaciones, mientras que otras legislaciones como en el caso de la mayoría de los países árabes prevén distintos tipos según la duración del matrimonio, el iniciador del divorcio (esposo o esposa), revocabilidad, etc.

Queda claro, por tanto, que la relación entre la inmigración y las instituciones administrativas, legislativas y judiciales no solo afecta al lenguaje jurídico y administrativo, sino también, y con mayor repercusión aún si cabe, al número y tipo de documentos jurídico-administrativos que dichas instituciones pueden expedir a los inmigrantes, así como al número de documentos que se les requieren. Las asimetrías entre ordenamientos jurídicos y sistemas administrativos constituyen, en ocasiones, un serio problema para los inmigrantes no solo extracomunitarios, sino también comunitarios.

## 6. Tipología de la documentación relativa a la inmigración

Desde el punto de vista cuantitativo, la mayoría de la documentación relativa a la inmigración procede, como es de esperar, de los poderes legislativo y ejecutivo. Es decir, que tiene como objetivo la regulación y la reglamentación, por eso su direccionalidad es generalmente vertical, desde las instancias de más poder estatal a las de menos, en los servicios de atención directa a los ciudadanos, hasta el último eslabón al final de la línea: los inmigrantes como objeto de estos textos. En este caso, son cuatro los tipos de textos relativos a la inmigración, desde el punto de vista cuantitativo:

### *6.1 Textos legislativos*

Estos textos se presentan en la forma, en su gran mayoría, de articulados que regulan y reglamentan los derechos y deberes de los inmigrantes.

Sirvan de ejemplo todos los textos legislativos periódicos que se publican en el BOE. Aunque los concernidos directamente por estos textos son los inmigrantes, la realidad es que el destinatario real es el cuerpo funcionarial que vela por la reglamentación de la vida en común y por la puesta en práctica de los textos jurídicos y reglamentarios.

> Disposiciones generales.
> Delimitación del ámbito.
> 1. Se considera extranjero, a los efectos de la aplicación de la presente Ley, a los que carezcan de la nacionalidad española.
> 2. Los nacionales de los Estados miembros de la Unión Europea y aquéllos a quienes les sea de aplicación el régimen comunitario se regirán por la legislación de la Unión Europea, siéndoles de aplicación la presente Ley en aquellos aspectos que pudieran ser más favorables. (BOE, 10 del 12 enero, 2000: 1139).

La interpretación última de estos textos y su puesta en práctica corresponde, en no pocas ocasiones, a los funcionarios que atienden a los inmigrantes, lo que provoca a veces ciertas discrepancias entre un funcionario y otro, y entre una administración y otra. La crítica, citada en la páginas anteriores, a los desajustes y asimetrías entre la teoría (los artículos jurídicos) y la realidad (su aplicación) van en este sentido.

### *6.2 Circulares interinstitucionales*

Los textos legislativos, como su nombre indica, legislan; pero no dicen cómo, ni especifican los requisitos necesarios para que un determinado funcionario ejecute un derecho o cumpla una obligación. Para ejecutar y aplicar estos textos, los funcionarios del Estado necesitan otro tipo de textos de procedimientos o de aplicación. Estos, aunque también podrían proceder del poder legislativo como una especie de ley ejecutiva, como la Ley de Enjuiciamiento Civil, por ejemplo, la mayoría de las veces son medidas e instrucciones administrativas específicas para los ejecutores de la ley. Estos textos circulan horizontalmente entre departamentos, secciones de la misma administración o entre administraciones distintas, con el intento de que estas sepan qué hacer y para homogeneizar los criterios entre administraciones distintas, o secciones y departamentos de la misma administración.

En otras ocasiones, la circular tiene como objeto, en cambio, informar o resolver algún imprevisto. Muchos de estos textos acaban destinados directamente a los inmigrantes y sus asociaciones en la forma de instrucciones explícitas de lo que habría que hacer en cada momento. Ejemplo de estos textos podría ser la siguiente carta firmada el 17 de diciembre de 2013, por la Secretaria General de Inmigración y Empleo del Ministerio de Empleo y Seguridad Social:

> Instrucciones SGIE/5/2013, sobre el Régimen Jurídico aplicable a los trabajadores por cuenta ajena nacionales de Rumanía y sus familiares, a partir del 1 de enero de 2015.

O por ejemplo, también:

> Instrucción SGIE 3/2013, por la que se derogan las Instrucciones DGI/SGRJ/03/2007, relativas al Real Decreto 240/2007, de 16 de febrero, sobre entrada, libre circulación y residencia en España de ciudadanos de los Estados miembros de la Unión Europea y de otros Estados parte en el Acuerdo sobre el Espacio Económico Europeo.

Estas circulares, como puede comprobarse con la lectura de sus respectivos textos, dan informaciones e instrucciones explícitas sobre casos concretos sobrevenidos como en la carta de "Instrucciones SGIE/1/2015, sobre el levantamiento de las restricciones a la libre circulación de los trabajadores por cuenta ajena nacionales de Croacia y a sus familiares", donde se puede leer:

> Con la finalidad de clarificar, a la luz de la normativa nacional en materia de extranjería e inmigración, el régimen jurídico aplicable a los trabajadores por cuenta ajena nacionales de Croacia y a sus familiares, la Secretaría General de Inmigración y Emigración elaboró la Instrucción SGIE 4/2013. De acuerdo con esta instrucción los ciudadanos croatas que, a partir del 1 de julio de 2013, desearan residir en España por un periodo superior a tres meses, debían solicitar personalmente, de la misma manera que todos los ciudadanos de la Unión, su inscripción el Registro Central de Extranjería de acuerdo con las condiciones previstas en el artículo 7 y siguientes del Real Decreto 240/2007, de 16 de febrero, sobre entrada, libre circulación y residencia en España [...]. En consecuencia, a partir del 1 de julio de 2015, en España, se aplicará plenamente a los trabajadores croatas el acervo sobre libre circulación de trabajadores.

La totalidad del texto de esta circular firmada con fecha 29 de junio de 2015, igualmente por la Secretaria General de Inmigración y Emigración, ilustra la mayoría de los objetivos propios de este tipo de circular: informar, clarificar, instruir, homogenizar criterios, etc.

### *6.3 Solicitudes e instancias de los inmigrantes*

La mayoría de las solicitudes administrativas realizadas por los inmigrantes se efectúan en distintos impresos puestos a su disposición, entre ellos pueden citarse los siguientes:

1. Formulario de estancia: EX00, Solicitud de autorización de estancia y prórrogas (LO 4/2000 y RD 557/2011).
2. Formulario de residencia no lucrativa: EX01, Solicitud de autorización de residencia temporal no lucrativa (LO 4/2000 y RD 557/2011).
3. Formulario de reagrupación familiar: EX-02, Solicitud de autorización de residencia temporal por reagrupación familiar (LO 4/2000 y RD 557/2011).
4. Formulario de residencia temporal: EX-03, Solicitud de autorización de residencia temporal y trabajo por cuenta ajena (LO 4/2000 y RD 557/2011).
5. Formulario de investigadores: EX04, Solicitud de autorización de residencia temporal y trabajo para investigación (LO 4/2000 y RD 557/2011).
6. Formulario de altamente cualificados: EX05, Solicitud de autorización de residencia temporal y trabajo Tarjeta Azul-UE (LO 4/2000 y RD 557/2011).
7. Formulario de duración determinada: EX06, Solicitud de autorización de residencia temporal y trabajo por cuenta ajena de duración determinada (LO 4/2000 y RD 557/2011).
8. Formulario de cuenta propia: EX 07, Solicitud de autorización de residencia temporal y trabajo por cuenta propia (LO 4/2000 y R.D. 557/2011).
9. Formulario de transnacionales: EX 08, Solicitud de autorización de residencia temporal y trabajo en el marco de prestaciones transnacionales de servicios (LO 4/2000 y RD 557/2011).
10. Formulario exceptuación: EX 09, Solicitud de autorización de estancia o residencia temporal con excepción de la autorización de trabajo (LO 4/2000 y RD 557/2011).
11. Formulario de razones excepcionales: EX 10, Solicitud de autorización de residencia/residencia y trabajo por circunstancias excepcionales (LO 4/2000 y RD 557/2011).

12. Formulario de residencia de larga duración: Solicitud de autorización de residencia de larga duración o de larga duración-UE (LO 4/2000 y RD 557 2011).
13. Formulario de autorización para trabajar: EX 12, Solicitud de autorización para trabajar (LO 4/2000 y RD 557/2011).
14. Formulario de autorización de regreso: EX13, Solicitud de autorización de regreso (LO 4/2000 y RD 557/2011).
15. Informe previo de estancia menores: EX 14, Solicitud de Informe previo para desplazamiento temporal de menores extranjeros (LO 4/2000 y RD 557/2011).
16. Formulario del NIE y certificados: EX 15, Solicitud de Número de Identidad de Extranjero (NIE) y Certificados (LO 4/2000 y RD 557/2011).
17. Formulario de solicitud de Apátrida: EX 15 bis, Solicitud del Estatuto de Apátrida en España (Art. 3.2 del Reglamento de Reconocimiento del Estatuto de Apátrida aprobado por el R.D. 865/2001).
18. Formulario de Cédula y de Títulos de viaje: EX 16, Solicitud de Cédula de Inscripción o Título de viaje (LO 4/2000 y RD 557/2011).
19. Formulario de la TIE: EX 17, Solicitud de Tarjeta de Identidad de Extranjero (TIE) (LO 4/2000 y RD 557/2011).
20. Certificado de Residencia comunitaria: EX 18, Solicitud de certificado de registro de residencia comunitaria (Real Decreto 240/2007).
21. Tarjeta de familiar comunitario: EX 19, Solicitud de tarjeta de residencia de familiar de ciudadano comunitario (Real Decreto 240/2007).

Estos veintiún impresos son los formularios fundamentales que la Administración del Ministerio del Interior pone a disposición de los extranjeros que desean solicitar vivir en España por el periodo de tiempo y motivo que sean.

Existen también junto con estos impresos modelos de cartas de invitación de extranjeros a España como el siguiente: “Solicitud de Expedición de Carta de Invitación (Orden Pre/1283/2007, de 10 de mayo)”, con el encabezamiento no ya del Ministerio del Interior, sino de la Administración General del Estado. Está también la “Declaración del cumplimiento de la Obligación de escolarización de menores a cargo en España (LO 4/2000 y RD 557/2011)”, con el membrete nada más y nada menos que del Gobierno de España.

Existen incluso formularios ya servidos para recurrir una denegación de visado, sirva como ejemplo el formulario que aparece en el siguiente enlace[5].

Todos estos formularios e impresos están disponibles en la web y son fácilmente localizables mediante sus números o nombres. En la casi totalidad de estos documentos la intervención del inmigrante se limita a rellenar sus datos en el mismo papel. Incluso para solicitar la nacionalidad española se sirve ya una solicitud formal preparada. Estos documentos en su totalidad facilitan los trámites tanto para los inmigrantes como para los funcionarios que los atienden. Los primeros saben exactamente qué datos deben proporcionar, y los segundos disponen de toda la información necesaria sobre la identidad de los solicitantes.

### *6.4 Respuestas administrativas a inmigrantes o a cuestiones relativas a ellos*

Las respuestas administrativas a las solicitudes de los inmigrantes son también prototípicas. En el caso de las solicitudes resueltas favorablemente, la carta-respuesta es prácticamente la misma para todos los casos parecidos. Cuando, por el contrario, la respuesta administrativa es desfavorable, denegándose lo solicitado por el inmigrante, el impreso contestatario es también parecido para todos. La única diferencia en estos casos es la implementación o transcripción de uno de los supuestos motivos por los cuales se deniega un pretendido derecho. Por lo demás, en cuanto a las solicitudes comunes y no específicas, el inmigrante recibe la misma respuesta que cualquier ciudadano español.

Sin embargo, en el caso de los inmigrantes, se observan en ocasiones algunas discrepancias entre una reglamentación jurídica y administrativa bastante transparente, y algunas prácticas llevadas a cabo por algunos representantes de la Administración pública. El Tribunal Supremo ha intervenido en ocasiones, para restablecer la legalidad, como es el caso de sentencia de 19 de octubre de 2015 sobre la obligatoriedad de asistencia letrada al tiempo de solicitar el asilo (Roj: STS 4316/2015 – ECLI:ES: TS:2015:4316, Id Cendoj: 28079130032015100306. Órgano: Tribunal Supremo. Sala de lo Contencioso. Sede: Madrid. Sección: 3. Nº de

5 Ministerio de Asuntos Exteriores y de Cooperación: <www.exteriores.gob.es/.../FORMULARIO%20DE%20RECURSO.doc> [3.11.2015].

Recurso: 1420/2015). Esta estancia judicial zanja en respuesta al recurso de casación interpuesto contra la decisión administrativa de denegación de asilo político que:

> Declaramos haber lugar al presente recurso de casación número 1420/2015, interpuesto por la representación procesal de D. Cosme, contra la sentencia de 26 de marzo de 2015, dictada por la Sección Segunda de la Sala de lo Contencioso Administrativo de la Audiencia Nacional, en el recurso número 305/2014 , que casamos.
>
> Estimamos en parte el recurso contencioso administrativo número 305/2014, interpuesto por la representación procesal de D. Cosme, contra la resolución de 23 de mayo de 2014, del Ministerio del Interior, de denegación del derecho de asilo y la protección subsidiaria, que declaramos disconforme a derecho y anulamos, con retroacción de actuaciones a la fase inicial del procedimiento administrativo, a fin de que se ofrezca al solicitante de asilo la asistencia de abogado de su elección o del turno de oficio, se deje constancia expresa de la aceptación o renuncia del interesado, y continúe después el procedimiento conforme a derecho.

Por eso, sería útil profundizar, en futuras investigaciones, en la descripción de las respuestas administrativas a cuestiones y solicitudes de inmigrantes para determinar las simetrías y asimetrías entre los articulados jurídicos y reglamentos administrativos y las prácticas administrativas y discursivas de los representantes de las administraciones públicas en cuestión de inmigración.

Estos casos no se dan por falta de textos legislativos, sino por su incumplimiento y la negación de su universalización por algún funcionario por la razón que fuera. Cuando el legislador español estipula que a una persona se le tienen que leer sus derechos y que se tienen que cumplir unos requisitos procesales o, en su caso, administrativos, no lo ha establecido exclusivamente para autóctonos, descartando a personas procedentes de otros lugares. Cuando un derecho es exclusivo para ciudadanos españoles, el mismo texto establece como primer requisito, en la mayoría de los casos, ostentar la nacionalidad española. En caso contrario, los derechos y las obligaciones son los mismos para todas las personas por igual.

## 7. Conclusión

Del análisis llevado a cabo se puede concluir que las fronteras entre la documentación administrativa y la jurídica son en ocasiones borrosas porque muchos documentos procedentes de la Administración y dirigidos a los ciudadanos se redactan en términos legales intertextuando las bases legales de las decisiones tomadas. Este hibridismo documental conlleva igualmente una mixtura entre el lenguaje exclusivamente jurídico y el lenguaje exclusivamente administrativo.

Desde el punto de vista teórico y en vista de la bibliografía consultada, el lenguaje notarial no reviste el mismo interés investigador que el jurídico. De hecho, se han observado pocas alusiones a este tipo de lenguaje y cierta reacción a incorporarlo como parte integrante del lenguaje jurídico. Se han observado igualmente muchas críticas a la complejidad de este último por considerarlo distanciado de las prácticas y construcciones más habituales y comunes de los ciudadanos. Una de las reivindicaciones para la simplificación del lenguaje jurídico se realizó, como se ha visto arriba, a principios del siglo XX, sin embargo, las instituciones jurídicas son reacias a introducir cambios sustanciales en sus prácticas lingüísticas. Los defensores de la pervivencia de todas las características propias del lenguaje jurídico, incluido su arcaísmo, lo consideran como un lenguaje especializado, preciso y conocido entre los especialistas en temas jurídicos.

En cuanto a las particularidades del lenguaje jurídico y administrativo específico y dirigido a inmigrantes, se ha observado que en las últimas décadas se han ido incorporando a dicho lenguaje términos y expresiones especializados desconocidos con anterioridad en este tipo de lenguaje, como "extranjería", "permiso de residencia y trabajo", "comisaría de extranjería", "centro de internamiento de extranjeros", "permiso de regreso", "carta de invitación", "NIE", etc.

En lo que se refiere a las transacciones documentales entre los inmigrantes y los agentes y funcionarios que les atienden se ha observado que casi la totalidad de las solicitudes de los primeros se formalizan en impresos específicos para ellos, ya preparados. En estos, el lenguaje, a excepción del lenguaje jurídico intertextualizado, es sencillo y universal. El inmigrante, en este caso, se limita a rellenar sus solicitudes preparadas con sus datos personales. Por lo demás, el inmigrante utiliza los mismos impresos que cualquier ciudadano español y goza, teóricamente, de los mismos derechos.

Se ha observado igualmente que la última reforma de la Ley de Extranjería publicada en el BOE ha ido introduciendo cierta dimensión social y de integración de los inmigrantes, algo que se refleja en el lenguaje usado mediante el uso de palabras como "integración", "sociedad", "familias", etc. Esta dimensión contrasta en cierta medida con las primeras versiones de la misma ley que se limitan generalmente a lo puramente regulador y securitario, considerando al inmigrante en su dimensión individual y socialitaria.

Sin embargo, donde sí se han observado ciertos desajustes, ya señalados en trabajos anteriores realizados por otros investigadores, es en la discrepancia entre una legislación, la mayoría de las veces transparente, y sus aplicaciones reales. La teoría reguladora no se ve reflejada en ocasiones en las prácticas ejecutorias. Donde sí pueden observarse también temas dignos de estudio en futuros trabajos es en el lenguaje y la construcción de los exámenes previstos para extranjeros que desean solicitar la nacionalidad española.

## Bibliografía

Álvarez, Miriam. 1995. *Cuadernos de lengua española. Tipos de escrito: epistolar, administrativo y jurídico*. Madrid: Arco Libros.

Borrajo Iniesta, Ignacio. 2003. "El desorden administrativo de la inmigración en España" in *Afduam*, nº 7, 119–133.

Carbonell i Cortés, Ovidi. 1999. *Traducción y cultura: de la ideología al texto.* Salamanca: Ediciones Colegio de España.

Cazorla Prieto, Luis María. 2013. *El lenguaje jurídico actual.* Cizur Menor: Aranzadi.

Colin, Joan & Ruth Morris. 1996. *Interpreters and the Legal Process.* Winchester: Waterside Press.

Coseriu, Eugenio. 1995. "Los límites reales de la traducción", en FERNÁNDEZ Barrientos, Jorge y Wallhead, Celia (eds.). *Temas de Lingüística Aplicada*. Granada: Universidad de Granada, 179–192.

El-madkouri maataoui, Mohamed. 2007. "Globalización, cultura del Otro y traducción" in *Cultura, Lenguaje y Representación*. Castellón: Universitat Jaume I, España, 5–24.

Etxebarria Arostegui, Maitena. 1997. "El lenguaje jurídico-administrativo: propuestas para su modernización y normalización" in *Revista Española de Lingüística*, nº 27, 2, 341–380.

Fuentes Olivera, Pedro Antonio. 2007. *Problemas lingüísticos en la traducción especializada*. Valladolid: Universidad de Valladolid.

Ministerio de Asuntos Exteriores y de Cooperación: <www.exteriores.gob.es/…/FORMULARIO%20DE%20RECURSO.doc> [3.11.2015].

Oliver Gómez, Enrique. [1903] 1985. *Lenguaje de las leyes* [texto impreso]: *Vocabulario jurídico-legal. Tabla alfabética razonada de las palabras, locuciones y frases de uso corriente en la Legislación y en la ciencia del Derecho*. Madrid: Centro Editorial de Góngora, 4 ed.

Sagarra, Pablo. 2015. "25 años de divorcio en España". <http://familiaenconstruccion.blogspot.com.es/2007/10/25-aos-de-divorcio-en-espaa-por-pablo.html> [26/10/2015].

Vázquez Miramontes, Marco Antonio. 2013. "Lenguaje jurídico y realidad" in *Quid Iuris*, año 8, volumen 22, septiembre-noviembre, 119–138.

Vilches Vivancos, Fernando & Ramón Sarmiento González. 2011. *Manual de lenguaje jurídico-administrativo*. Madrid: Dykinson.

# Capítulo V

# La lingüística de corpus para el estudio del discurso especializado de los ámbitos jurídico y administrativo

## *Corpus linguistics for the study of the specialized discourse of the legal and the administrative domains*

Mercè Lorente Casafont
Universitat Pompeu Fabra
merce.lorente@upf.edu

*Resumen*
En este capítulo revisamos los factores del discurso especializado, especialmente de los ámbitos jurídico y administrativo, que condicionan la caducidad y la limitación de los recursos lexicográficos. La constitución de corpus textuales y su constante actualización nos permiten superar estas limitaciones, ya que los textos van reflejando los cambios denominativos, semánticos y pragmáticos asociados a ciertas expresiones y además, documentan contextualizadamente los neologismos que generan las lenguas en ámbitos especializados.

Pero no todos los corpus textuales nos sirven para detectar estos cambios y las novedades, por lo que nos centramos también en las variables que debemos tener en cuenta en la construcción de corpus especializados, que se convierten en metadatos de indexación del recurso: niveles de especialización, géneros, tipología textual, temporización, variedad geolectal, etc.

Completamos el análisis con una revisión sucinta de diccionarios y corpus especializados en las materias de migración y asilo, que han aparecido en los últimos años, para detectar sus principales características y limitaciones.

Por último, discutimos sobre estrategias de recuperación de información, en sentido amplio, y sobre la aplicación de herramientas de procesamiento del lenguaje, de sistemas de exploración de los corpus y de herramientas de extracción de terminología y de neología, para concluir sobre la contribución de la lingüística de corpus para el estudio del discurso de especialidad y sus aplicaciones.

*Palabras clave:* terminología, neología, lexicografía especializada, lingüística de corpus, ingeniería lingüística, derecho, migración.

*Abstract*
In this chapter we revise the factors of specialized discourse, especially of the legal and the administrative domains that condition the expiration and the limitation of the lexicographic resources. The constitution of corpora and their constant updating allow us to overcome these limitations, since the texts reflect the denominative, semantic and pragmatic changes associated to certain expressions, while they document in a context the neologisms that languages generate in specialized domains.

Yet not all corpora are used to detect these changes and the novelties; therefore we also focus on the variables that need to be taken into account when elaborating specialized corpora, which become metadata for indexing the resource: levels of specialization, genres, text typology, temporization, geolectal variety, etc.

We completed the analysis with a brief review of dictionaries and specialized corpus in the areas of migration and asylum, which have appeared in recent years, to detect its main characteristics and limitations.

Finally, we discuss strategies to information retrieval, in a broad sense, and the application of language processing tools, systems for corpora exploration and tools for terminology and neology extraction, to end with the contribution of corpus linguistics to the study of specialized discourse and its applications.

*Key words:* Terminology, neology, specialized lexicography, corpus linguistics, computational linguistics, law, migration.

## 1. Introducción

Los discursos jurídico y administrativo presentan características comunes a las del resto de discursos de especialidad y, a la vez, como ya se ha indicado en capítulos anteriores, características propias, derivadas de las circunstancias funcionales y sociales en las que se generan. Y son precisamente estos rasgos los que permiten exponer las limitaciones que muestran o pueden mostrar los diccionarios de derecho y de otros productos terminográficos afines.

En este capítulo nos preguntamos cuáles son los usuarios de este tipo de recursos y si los diccionarios especializados de tema jurídico y administrativo pueden cubrir sus necesidades. Nos interesa ver cuáles son los retos a los que se deben enfrentar los lexicógrafos cuando diseñan esta clase de materiales. Nos fijaremos, mediante algunos ejemplos, en algunos de los problemas de esta clase de diccionarios, en relación a las principales características que definen el discurso de estos ámbitos académicos y profesionales. Discutiremos cómo la lingüística de corpus y las tecnologías del lenguaje se manifiestan como una buena solución para la redacción de diccionarios innovadores y para la actualización regular de recursos léxicos y fraseológicos.

Nos situamos en la aproximación lingüística de la terminología, representada por la Teoría Comunicativa de la Terminología (en adelante la TCT) (Cabré, 1999). Este posicionamiento teórico nos permite el abordaje contextual de las unidades terminológicas, la atención por combinaciones léxicas y expresiones fraseológicas, el tratamiento de la polisemia y de la sinonimia, o incluso la incorporación de la perspectiva diacrónica.

Además, desde el punto de vista metodológico, la TCT integra coherentemente las aplicaciones de la lingüística de corpus y de la ingeniería lingüística para el tratamiento de los datos textuales y léxicos relevantes.

El objetivo principal de este trabajo es plantear algunas posibles vías de innovación en la elaboración de diccionarios de derecho y administración, como ejemplo paradigmático en la necesaria renovación de recursos terminológicos y fraseológicos de temática especializada.

Organizamos el texto en cuatro apartados: en el primero, revisaremos algunos diccionarios de derecho para ilustrar las limitaciones a que hacíamos referencias más arriba; en el segundo, propondremos las principales características definitorias del discurso jurídico y del discurso administrativo; en el tercero, expondremos de qué forma la lingüística de corpus puede ayudar en la actualización de fuentes informativas; y en el cuarto, comprobaremos cómo la ingeniería lingüística nos ofrece diversas métodos complementarios para la extracción de información pertinente. Y en las conclusiones sintetizaremos las principales propuestas que sugerimos para la renovación de diccionarios jurídicos y administrativos.

## 2. Los diccionarios de derecho y administración

### *2.1 Usuarios*

Los usuarios de este tipo de recursos léxicos son diversos y manifiestan necesidades diferentes, que conviene describir. Habitualmente pertenecen a los perfiles de juristas, profesionales de la administración, estudiantes de derecho y de administración, profesores, traductores, documentalistas, editores y revisores de textos, e incluso hablantes de la lengua que precisan aclarar algún concepto de estos ámbitos especializados. Cada uno de estos perfiles de usuarios busca cosas distintas en los diccionarios.

Los expertos y los profesores conocen la terminología de su ámbito, aprenden las denominaciones y los significados asociados a medida que se van formando en sus respectivas especialidades. Sus consultas en este tipo de diccionarios se dirigen básicamente a repasar o a aclarar algunos sentidos, a localizar el significado de términos de otras subámbitos o los equivalentes en otras lenguas. Los estudiantes se acercan a los diccionarios para confirmar sus procesos de aprendizaje, mediante las definiciones, las remisiones a formas sinonímicas y también los equivalentes a otras lenguas de trabajo.

Los documentalistas usan diccionarios especializados para confirmar sus actividades de clasificación e indización de documentos, por lo que se interesan por las relaciones entre términos. Los mediadores lingüísticos, por su parte, utilizan los diccionarios como apoyo permanente a sus tareas: adquirir nuevos significados, confirmar dudas, precisar los límites de los equivalentes interlingüísticos, buscar sinónimos o variantes, y conocer combinatorias léxicas relevantes (colocaciones y fraseología usuales). El resto de hablantes, los no especializados, se acercan a este tipo de recursos ya que, como posibles destinatarios de las acciones jurídicas o de las actividades administrativas, a menudo necesitan consultar el significado de algunos conceptos y los diccionarios de lengua general no alcanzan a resolver sus dudas.

### *2.2 Contenidos y formatos*

Los catálogos de las bibliotecas universitarias y las novedades editoriales nos enseñan que la idea de diccionario jurídico de referencia se mantiene constreñida aún al contenido genérico del ámbito (diccionario jurídico, diccionario de derecho) y al formato impreso. Proliferan también diccionarios o vocabularios de subámbitos (derecho penal, derecho administrativo, derecho internacional, etc.) y diccionarios jurídicos en formato electrónico, pero se continúan editando diccionarios jurídicos amplios y en papel, con múltiples reediciones. Los usuarios suelen demandar, también respecto de los diccionarios especializados, y sobre todo en el caso de los diccionarios jurídicos, diccionarios asociados a la noción de autoridad, diccionarios de autor o de editoriales reconocidas. Son ejemplos claros el *Black's Law Dictionary* o *A Dictionay of Law* de Oxford, para el inglés; el *Diccionario de términos jurídicos. Inglés-Español. Español-Inglés* (1997) de Enrique Alcaraz y Brian Hughes o el *Diccionario Espasa Jurídico* (2001), para el español.

Este tipo de diccionarios incorporan información de diversas ramas del derecho y de la administración, muchas veces sin diferenciarlas en la estructura del diccionario o mediante etiquetas temáticas para las entradas.

Además, son diccionarios completos y por lo tanto difíciles de actualizar por sus altos costes.

## *2.3 Limitaciones*

En los apartados anteriores ya se apuntan algunas de las restricciones que presentan los diccionarios jurídicos y administrativos: la orientación única hacia usuarios diversos que tienen necesidades distintas; la tendencia a concentrar en un único diccionario todas las subdisciplinas, a veces sin distinguir; y la dificultad de actualización de los contenidos de este tipo de recursos. Nos fijamos a continuación en un par de limitaciones más que presentan los diccionarios de referencia en derecho y administración: la representación de la sinonimia y la representación de la polisemia.

Uno de los aspectos fundamentales que nos ofrecen los diccionarios es la representación de relaciones sinonímicas, relevantes tanto para las consultas orientadas a la descodificación de textos (comprensión) como para las dirigidas a la codificación (redacción). En trabajos anteriores (Freixa & Lorente, 2006; Lorente, Freixa & Joan, 2008) mostramos que, a menudo, existe un desajuste entre la información sobre relaciones sinonímicas representada en diccionarios especializados y la intercambiabilidad posible de estas variantes léxicas en contextos reales.

El análisis de diversas series verbales sinonímicas (por un lado, *compulsar, atestar, cotejar, confrontar, legalizar, carear* y *legitimar;* y, por otro, *eximir, dispensar, liberar, absolver, exonerar, exculpar* y *descargar*), extraídas de diccionarios jurídicos, como el *Diccionario de términos jurídicos. Inglés-Español. Español-Inglés* (1997) de Enrique Alcaraz y Brian Hughes, el *Diccionario de términos jurídicos* de Martínez Marín et *al.* (1994) y el *Diccionario Espasa Jurídico* (2001), nos permitieron concluir que la sinonimia representada no era una sinonimia absoluta, sino relativa; y que las etiquetas temáticas y las informaciones incluidas en los artículos de los diccionarios no eran suficientes para representar adecuadamente las limitaciones de intercambiabilidad contextual de las variantes.

La sinonimia parcial está condicionada por elementos de frecuencia, temáticos (ramas de una materia), textuales (clases de textos), semánticos (acepciones de unidades polisémicas), sintácticos (estructuras de régimen) y sintáctico-semánticos (estructura argumental, papeles semánticos asociados y selección léxica), y en los diccionarios especializados únicamente se suele recoger, y no siempre, la información temática, mediante etiquetas que indican las ramas del derecho, por ejemplo, pero no el resto de condiciones contextuales.

La segunda de las limitaciones que suele manifestarse en algunos diccionarios de este tipo es la falta de representación de la polisemia. Los términos del discurso jurídico y administrativo presentan variación conceptual o semántica, como las palabras del lenguaje general no especializado y como muchos de los términos de otros ámbitos de especialidad. Así, por ejemplo, el término español *careo* debería representarse en los diccionarios jurídicos con el sentido de 'comparación de un documento y de su copia', propio de la administración y del derecho administrativo, y como sinónimo de 'compulsa', y también con el sentido de 'confrontación de dos testimonios', propio del derecho penal. En muchos diccionarios jurídicos, no se distinguen estas acepciones, o bien no se correlacionan con sus correspondientes subámbitos discursivos o con sus contextos restringidos.

### *2.4 Los diccionarios especializados en materia de migración, extranjería o asilo*

Aunque dentro las nomenclaturas de diccionarios de lengua generales y de diccionarios jurídicos podamos encontrar algunos vocablos referidos a los temas de la migración o del asilo político, son escasos aún los productos lexicográficos dedicados exclusivamente a este tipo de temas.

En Internet podemos localizar fácilmente pequeños vocabularios como el *Glosario sobre migración* de la Organización Internacional para las Migraciones (OIM), o el *Glosario de términos claves relativos a la protección internacional de los refugiados* del Alto Comisionado de las Naciones Unidas para los Refugiados (ACNUR). En general, se trata de vocabularios editados en las respectivas lenguas de las organizaciones internacionales con breves explicaciones para cada término, que no responden al modelo estándar de las definiciones lexicográficas. Los buscadores de recursos lingüísticos, como Lexicool[1], ofrecen también listados incompletos de algunos vocabularios bilingües de materias afines (asilo, refugiados, inmigración, acogida, integración, etc.), editados por

1 Diccionario inmigración Lexicool: <http://www.lexicool.com/diccionarios-en-linea.asp?FSP=C21&FKW=inmigracion> [12/09/2015].

los países de acogida con equivalentes a una lengua de migrantes o refugiados: terminologías de inmigración sueco-serbocroata, sueco-turco, árabe-inglés, etc.

La mayoría de editores de este tipo de vocabularios suelen ser ONGs dedicadas a estos temas, como podemos ver en el caso del *Diccionario de Asilo* de CEAR-Euskadi o del glosario sobre refugiados en línea de la asociación ACCEM. Sólo se documenta un diccionario que incluya la lengua española publicado en papel por una editorial comercial especializada en diccionarios: el *Diccionario LID de migración y extranjería* (2014).

Al ser breves vocabularios no diseñados profesionalmente, la delimitación temática no suele ser clara y tampoco se indican los criterios de selección de la nomenclatura ni las fuentes utilizadas para el establecimiento de casi-definiciones o de equivalentes. Oscilan de 80 a 600 términos en su mayoría, aunque cabe destacar que los diccionarios suecos alcanzan en algún caso los 3000 términos y que el recurso más amplio es el *Lexique de l'immigration. Immigration Glossary* (1998) de los Servicios de Traducción del Gobierno Federal de Canadá, de 7000 términos.

Por otro lado, como decíamos, las lenguas recogidas en estos recursos terminográficos suelen corresponder a las de los países de acogida y no a las de los migrantes o refugiados, con escasas excepciones. Las lenguas con mayor presencia son el inglés, el francés y el alemán.

## 3. Las características de los discursos jurídico y administrativo

### *3.1 La proximidad entre discurso especializado y lengua general*

El primero de los rasgos que los discursos jurídico y administrativo comparten con otros discursos de especialidad propios de las ciencias sociales y de la mayoría de las humanidades es la proximidad formal con el discurso no especializado, lo que tradicionalmente se ha denominado el lenguaje común. A diferencia del discurso de otros sectores de las ciencias experimentales, como la química o la medicina, que organizan el conocimiento a partir de un número significativo de unidades terminológicas formadas mediante procedimientos morfológicos de corte culto, con formantes específicos, como *adenosina trifosfato, hidoxamato férrico, esterificación, rinoplastia, edema* o *hidropesía,* y *endocarditis*, entre otras, los términos que representan conceptos básicos del derecho o de la administración tienen, por regla general, la apariencia formal de palabras comunes, como *pena, castigo, delito, falta, prisión, libertad, defensa, denuncia, acusación, solicitud, gestión, administrado, contrato, etc.*

Cabe recordar que este tipo de afirmaciones no son nunca de carácter absoluto, ya que en química también documentamos *oro, ácido, base, sal, compuesto*, en medicina, *hospital, paciente, médico, enfermedad, fiebre* o *herida*, y en cambio en derecho podemos encontrar formas como *homicidio, auto inhibitorio, desinsaculación, interlocutoria* o *habeas corpus.* Se trata básicamente de una cuestión de volumen: mientras que en ciencias experimentales parece que hay una inclinación más marcada a favor de las unidades terminológicas de formación culta de uso casi exclusivo en el discurso especializado, la tendencia en las ciencias sociales se revierte a favor de las unidades terminológicas cuya denominación coincide con palabras de uso general no especializado.

De acuerdo con el marco teórico de la Teoría Comunicativa de la Terminología (TCT) (Cabré, 1999), no existe una diferencia entre términos y palabras, sino que la lengua dispone de unidades léxicas que, en contextos especializados, adquieren valor terminológico. Así, son términos del derecho, en contextos especializados, tanto unidades como *sentencia* o *juez* como unidades como *sobreseimiento* o *responsabilidad civil subsidiaria*.

### *3.2 La especificidad semántica*

Entre aquellas unidades léxicas que se usan tanto en el discurso especializado como en el discurso no especializado, la diferencia es de carácter semántico. Los expertos les asignan significados específicos, precisos y, a menudo, más restrictivos que los usuales entre los hablantes no especialistas: por ejemplo, la distinción entre *demanda* y *querella* entre los juristas es nítida, mientras que los hablantes comunes las usan habitualmente como sinónimos. Así, otra de las características del discurso jurídico y del administrativo, común a todos los discursos de especialidad, emitidos por especialistas que controlan el conocimiento, es la precisión semántica, o al menos la especificidad del significado.

La especificidad semántica del discurso jurídico y administrativo está absolutamente vinculada al marco jurídico, a las leyes promulgadas y al sistema de organización de la administración que imperen en cada comunidad, cosa que tiene como primera consecuencia que en una única comunidad lingüística, como la de la lengua española, pueda haber soluciones terminológicas distintas, según los países: por ejemplo, los tipos de penas, los agentes de la actividad judicial, los estamentos, la distinción entre falta y delito, la edad penal, etc. Esta cuestión puede relacionarse también con la afirmación, que se ha repetido muchas veces desde sectores de la traducción, sobre la imposibilidad de traducir exactamente algunas figuras jurídicas de una lengua a otra, aunque conviene recordar que esta limitación siempre es parcial, porqué, al menos en los sistemas democráticos, hay una parte importante de los valores y de las figuras del derecho compartida. Si no fuese así, no existiría el derecho internacional, ni serían posibles acuerdos de colaboración como los actos de extradición entre países.

La segunda consecuencia de la especificidad semántica del discurso jurídico y administrativo es la renovación natural de los inventarios terminológicos: las sociedades cambian y con ellas sus leyes. Estos cambios se reflejan obviamente en los textos legales, en los estudios jurídicos, en los manuales académicos o en la documentación administrativa. Novedades, como fueron hace años la regulación de los derechos laborales, el derecho a voto de las mujeres o el divorcio, o más recientemente, los cambios en derecho de familia, por poner algunos ejemplos, generan en cada momento nueva terminología: *matrimonio homosexual* o *matrimonio gay, familia monoparental, parejas de hecho, etc.*

### *3.3 Fraseología especializada y géneros textuales*

Otra característica del discurso especializado es la relevancia que adquieren en contexto las combinaciones léxicas (o colocaciones) y la fraseología especializada (o expresiones fijas), especialmente en el caso del discurso jurídico y administrativo. Las colocaciones (combinaciones restrictivas) son frecuentes en todos los discursos de especialidad, y los especialistas las aprenden de manera natural a lo largo de su formación: *incoar un expediente, interponer una demanda, elevar los autos, promulgar una ley.* En cambio, las expresiones fraseológicas (refranes o frases hechas de carácter tradicional) no suelen estar presentes en los discursos de especialidad, con la excepción de un tipo de fraseologismos estilísticos y protocolarios propios del discurso jurídico y administrativo, que mantienen una relación directa con su ubicación en determinados géneros textuales: *vistos y oídos los alegatos de las partes; dicto y publico la sentencia; expedimos el presente certificado a petición del interesado.*

Y precisamente es la tipificación de ciertos géneros textuales otro de los rasgos característicos del discurso jurídico y administrativo. Sentencias, autos, recursos de casación, dictámenes, contratos, facturas, certificados, acuerdos de divorcio o testamentos son algunos de los ejemplos de géneros jurídicos y administrativos, a menudo repetitivos y estereotipados.

### *3.4 Derecho y administración: vasos comunicantes*

Sin poder realizar, por las limitaciones de este trabajo, una descripción exhaustiva de todas las características del discurso jurídico y administrativo, de los tipos textuales predominantes y de la cantidad de géneros existentes, no quisiéramos cerrar este apartado sin referirnos a la cuestión de si el discurso jurídico y el discurso administrativo son un mismo tipo discursivo, o si por el contrario presentan disimilitudes. Es evidente que los ámbitos de actividad profesional son distintos: una cosa son las actividades realizadas desde la administración para los ciudadanos o para otras administraciones y otra bien distinta es el conjunto de acciones legislativas y de acciones judiciales. La diferencia es de carácter funcional, sobre el objeto de tratamiento y sobre los objetivos que se plantean. Ahora bien, a nadie se le escapa que hay un contacto constante entre los dos ámbitos.

Las acciones de la administración respecto de los ciudadanos y de otras administraciones se regulan por leyes y normativas, que nacen en acciones legislativas y que pueden llegar a judicializarse. En la dirección contraria, la actividad legislativa y la actividad judicial se enmarcan en estructuras de la propia administración (las instituciones parlamentarias, los gobiernos, la administración de la justicia, los tribunales). Por ello, no es extraño que algunos diccionarios jurídicos abarquen también contenidos puramente administrativos, o que las administraciones utilicen frecuentemente diccionarios jurídicos. Es incuestionable que el derecho administrativo no agota todas las posibilidades de interacción entre justicia y administración, y por lo tanto únicamente mediante recursos muy especializados podremos establecer una distinción de usuarios bien clara entre recursos terminológicos para administrativos y recursos terminológicos para juristas y letrados.

## 4. La lingüística de corpus para la lexicografía especializada

Desde 1970 viene siendo una práctica habitual que los proyectos de lexicografía se basen en la consulta objetiva de fuentes textuales, y no únicamente a partir de la competencia lingüística de sus autores y colaboradores. Con el desarrollo de la lingüística de corpus, esta práctica se ha generalizado y ha supuesto la incorporación progresiva de herramientas y técnicas de las tecnologías lingüísticas.

### *4.1 La introducción de los corpus especializados*

En el campo de la lexicografía especializada (o terminografía) la irrupción de la lingüística de corpus y de las tecnologías asociadas no ha sido tan temprana. Las causas de este retraso hay que buscarlas en la orientación de la terminología. En cuanto a lasla dificultad intrínseca de construir corpus especializados.

La *Teoría General de la Terminología (TGT)* de Eugen Wüster condiciona, desde los años cuarenta hasta bien avanzados los años ochenta, los trabajos terminológicos. Su orientación claramente prescriptiva, dirigida a la estandarización internacional, ha priorizado necesariamente el tratamiento individualizado de términos o de grupos reducidos de términos, la discusión sobre su adecuación o la difusión para su fijación. En este contexto los agentes de la terminología son exclusivamente expertos de las materias (fundamentalmente tecnológicas), que conocen la terminología usada y se ponen de acuerdo para seleccionar la mejor solución para el escenario de la internacionalización industrial. En este período los autores de diccionarios especializados pueden utilizar fuentes textuales, pero no explotarán estas fuentes de manera intensiva. Además los corpus que se construyen durante los años ochenta son corpus generales (los grandes corpus nacionales), o especializados por tipos de textos o por usuarios (lenguaje infantil, variantes geolectales, corpus históricos, etc.).

El cambio se produce en la década de los noventa, cuando proliferan nuevos corpus de temática específica, y cuando se amplían los corpus textuales generales con textos especializados. Por otro lado, a finales de los noventa ya se han empezado a escuchar diversas voces críticas con las limitaciones de la Teoría General de Wüster, que defienden aproximaciones alternativas a la terminología, como Juan-Carlos Sager, Alain Rey o M. Teresa Cabré, entre otros (Cabré & Sager, 1998). Si nos centramos precisamente en esta última autora, la aproximación lingüística de la *Teoría Comunicativa de la Terminología* (Cabré, 1999) nos lleva de manera natural a observar y analizar los términos usados por los especialistas en contextos reales. Se trata de una orientación de base descriptiva y se fundamenta en la idea de que los expertos se expresan y difunden sus conocimientos mediante discursos orales y escritos, sin esperar que ningún organismo prescriba sus usos. Eso no excluye que existan organismos de normalización industrial, normalización científica o de normalización lingüística que, a partir del uso de los expertos, intenten prescribir unas soluciones, proponer alternativas a los préstamos y los calcos de otras lenguas, corregir usos problemáticos, etc.

En este sentido, la prescripción necesita de la descripción previa de los usos lingüísticos en cada uno de los ámbitos de especialidad. Así, la constitución de corpus textuales especializados se convierte en fundamental para una orientación descriptiva de la terminología. Con el vaciado objetivo de textos especializados hemos podido comprobar que el discurso experto presenta características relevantes, que han modificado nuestra percepción de estas clases de discursos, como por ejemplo la existencia de variación textual (géneros, tipos de textos, niveles de especialización, registros, canales), de variación denominativa (variantes formales, sinónimos), o de variación conceptual (polisemia, cambio de perspectiva).

Además de incorporar una nueva aproximación teórica y metodológica a la terminología, como indicábamos más arriba en los noventa se da un impulso significativo a la constitución de nuevos corpus temáticos en diversas lenguas. La construcción de un corpus con textos especializados no difiere en los aspectos principales de la compilación de un corpus de lengua general, pero presenta elementos específicos que conviene tener en cuenta. Suelen ser corpus más reducidos, en los que la cantidad de información no es tan determinante para el grado de representatividad lingüística, pero en los que una buena estructuración interna puede garantizar que la descripción del discurso especializado sea más exhaustiva. Los corpus especializados se organizan por dominios y subdominios temáticos, y la selección de sus documentos o fragmentos de documentos atiende a criterios de tipología textual y de variación de géneros discursivos. Durante nuestra experiencia en la constitución del Corpus Técnico del IULA (Bach & *al.*, 1997), abordamos de este modo el equilibrio de nuestro corpus: un conjunto de expertos propusieron y validaron las distintas ramas o subespecializaciones dentro de cada ámbito temático (derecho, economía, medicina, medio ambiente e informática) y los géneros más habituales en cada uno de ellos.

Así, por ejemplo, el corpus de derecho del IULA (en catalán, castellano e inglés) contiene fragmentos de textos descriptivos, expositivos, argumentativos y narrativos, pertenecientes a géneros tan dispares como tesis doctorales, manuales universitarios, leyes, artículos científicos, textos divulgativos, ensayos y también de otros géneros que precisan ser anonimizados (contratos, sentencias, demandas, convenios, etc.). Este modelo de corpus, restrictivo, no coincide con otros modelos de corpus temáticos por tres criterios que queremos destacar: la delimitación temporal, la variación geolectal y el concepto de discursos especializado. El corpus del IULA responde a un corte sincrónico de textos producidos en un período de 10 años, por tanto de lengua contemporánea; sólo incluye textos producidos en España, por lo tanto sólo se refiere a la variante peninsular del español; y se rige por la noción de discurso especializado de (Cabré, 1992), según la cual es especializado un texto producido por un emisor que controla el conocimiento, un experto, y no cualquier texto de temática específica. Este último criterio deja fuera de nuestro corpus los textos de prensa que no hayan sido redactados por especialistas; mientras que, en otros corpus especializados construidos sobre criterios más laxos, podríamos contrastar variantes dialectales de una misma lengua, o textos de períodos históricos distintos, o incluso comparar textos emitidos por especialistas con textos periodísticos sobre un mismo tema.

### *4.2 Los corpus especializados como fuentes lexicográficas*

Después de haber visto en los apartados precedentes cuáles son los rasgos más relevantes de los discursos jurídico y administrativo y cuáles son las limitaciones más evidentes de los recursos lexicográficos existentes en este ámbito, podemos establecer qué nos aporta la lingüística de corpus para superar estos constreñimientos. Disponer de un corpus especializado, permanente o regularmente actualizado, nos puede permitir detectar puntualmente la primera documentación de novedades conceptuales o denominativas, eso es de la neología. Que el corpus englobe diversas franjas temporales nos puede ayudar a constatar ciertos cambios léxicos (semánticos y formales) o fraseológicos. Los corpus que abarcan distintos dialectos nos ofrecen la posibilidad de detectar si los neologismos y los cambios citados se dan en el conjunto de la lengua o bien sólo en alguna variante, cosa especialmente relevante para lenguas habladas, como el español o el inglés, en países distintos con sistemas jurídicos y legislaciones bien distintos.

Desde este punto de vista, los corpus son básicos para la actualización de recursos lexicográficos o terminográficos, pero también como fuentes complementarias para los mediadores lingüísticos (traductores, intérpretes, correctores, editores, periodistas) cuando los diccionarios o bancos de datos terminológicos existentes no les ofrecen soluciones completas o satisfactorias.

### *4.3 Los corpus sobre migración y asilo*

Los corpus con contenidos relacionados con los temas de migración, extranjería o asilo han empezado a proliferar en época muy reciente, a causa del incremento del interés social en estas materias. Hasta entonces, los corpus textuales especializados en derecho incluían, como hemos comentado anteriormente para los diccionarios jurídicos, algunos documentos relacionados con reglamentaciones de control y acogida, o artículos jurídicos sobre derechos y deberes de migrantes o refugiados, pero su presencia menor queda desdibujada dentro del conjunto documental y multitemático de estos corpus.

Ahora se empieza a mostrar ya resultados de los trabajos de compilación y análisis de corpus específicos, como LADEX (Lenguaje jurídico administrativo sobre extranjería), INMIGRA (Discurso periodístico sobre la inmigración latinoamericana en España) o el Migration News Corpus de la Universidad de Oxford. Al lado de estos proyectos ambiciosos, se van desarrollando iniciativas más modestas apara apoyar investigaciones doctorales, como el corpus español-rumano de textos jurídicos sobre inmigración de Ioana Cornea (Universitat Pompeu Fabra).

Además de las diferencias de extensión (desde el corpus de Cornea de 800.000 palabras a los 43 millones de palabras del corpus de Oxford), la principal distinción de estos corpus son los géneros textuales utilizados para su compilación. El proyecto Inmigra y el Migration News Corpus están constituidos únicamente por noticias de prensa, mientras que LADEX utiliza documentos emitidos por las Administraciones públicas de España, Francia, Italia y Reino Unido; y Ioana Cornea ha seleccionado leyes, normativas, sentencias, documentos de la administración y artículos científicos de derecho. Por lo que respecta a las lenguas representadas, dos de los corpus son monolingües, el corpus de Oxford es de lengua inglesa (variante británica) e Inmigra es de lengua española (variante peninsular); el de la tesis de Ioana Cornea es bilingüe (aunque no paralelo) español-rumano; y LADEX es el único corpus disponible en cuatro lenguas europeas.

Para terminar este repaso, no exhaustivo, de los corpus textuales en materia de inmigración y asilo, es preciso indicar que, con excepción del de la Universidad de Oxford, se trata de corpus no procesados lingüísticamente, orientados principalmente al análisis del discurso y de las traducciones. Esta carencia de marcaje estándar con herramientas de procesamiento del lenguaje natural parece una de las cuestiones a subsanar en los próximos años para poder incorporar estos corpus específicos a las dinámicas de intercambio de recursos lingüísticos dentro de las humanidades digitales y mejorar sus posibilidades de explotación en diversos campos del saber.

### *4.4 La gestión de corpus textuales*

Ya hemos visto en el apartado 4.1. que existen criterios dispares a la hora de compilar un corpus especializado por la temática, desde planteamientos más restrictivos en los que los textos incluidos en el corpus son originales escritos exclusivamente por expertos de la materia y pertenecen a determinados géneros textuales hasta opciones que recopilan también textos periodísticos, folletos de amplia divulgación o traducciones. Además de los criterios de selección de textos, los corpus especializados presentan diversos grados de tratamiento, como también sucede con los corpus de contenido general.

Autores como (Torruella & Llisterri, 1999: 50) defienden que el nombre de *corpus textuales* sólo deberían recibirlo aquellas compilaciones bien estructuradas, codificadas de forma estándar y que son afectadas por algún tipo de procesamiento informático. Reservan, en cambio, denominaciones como archivos informatizados o bibliotecas digitales, para otras compilaciones no estructuradas y no seleccionadas respectivamente, siguiendo la estela de los autores de referencia en lingüística de corpus:

> A corpus is a collection of pieces of language text in electronic form, selected according to external criteria to represent, as far as possible, a language or language variety as a source of data for linguistic research (Sinclair, 2004: 16).

Como vemos, además de la selección de textos y la estructuración interna, son fundamentales en lingüística de corpus la aplicación de códigos estándares (como TEI-SGML (ISO 8879: 1986) o XCES-XML), que permitan la transferencia y la reutilización de estos recursos, y el procesamiento lingüístico de los materiales. Así los corpus más completos contienen anotación o están marcados, mediante metadatos asociados a los textos o a fragmentos de los textos, como los siguientes:

- Datos bibliográficos de la fuente (autor, fecha, título, editorial, etc.).
- Estructura del texto (título, subtítulo, párrafo, oración, entradilla, resumen, introducción, conclusiones, etc.).
- Clasificación temática (ámbitos, subámbitos).
- Tipología textual asociada a un texto o a un fragmento (expositivo, descriptivo, narrativo, etc.).
- Registro lingüístico asociado a un texto o a un fragmento (coloquial, formal, vulgar, etc.).
- Género textual (en lenguaje jurídico: ley, contrato, testamento, sentencia, recurso, artículo científico, manual, etc.).

Complementariamente la anotación de carácter lingüístico, que se obtiene gracias a herramientas de procesamiento automático del lenguaje natural (PLN), que vinculan etiquetas específicas a las unidades léxicas, a fragmentos de unidades o a determinadas secuencias sintagmáticas, pueden reflejar las siguientes informaciones:

- Tokenización o delimitación de unidades formales (entre espacios en blanco).

- Lematización o indicación de la vinculación de las diversas formas flexionadas con un determinado lema o vocablo.
- Información morfosintáctica o identificación de las categorías léxicas (sustantivo, adjetivo, preposición, verbo, etc.) y de las respectivas subcategorías de flexión (género, número, persona verbal, tiempo verbal, etc.).
- Información sobre marcadores y conectores discursivos.
- Acotación de sintagmas.
- Información sintáctica o funciones gramaticales de los sintagmas identificados.
- Otras informaciones semánticas y pragmáticas.

Los corpus especializados por la temática que mejor pueden responder a las necesidades de la lexicografía especializada son precisamente las compilaciones bien estructuradas, codificadas de manera estándar, y con el máximo número de anotaciones discursivas y lingüísticas posibles. Esto nos permite extraer, con facilidad, contextos y concordancias significativas para recuperar colocaciones, fraseología, usos sintácticos de las unidades léxicas, sentidos distintos, definiciones, ejemplos, variantes, usos defectivos, etc.; informaciones todas ellas relevantes para la actividad lexicográfica. Y, a la vez, asociar estas informaciones del uso lingüístico con tipos de textos, géneros y subámbitos temáticos. Por otro lado, la disponibilidad de corpus especializados anotados estructural y lingüísticamente favorece la aplicación efectiva de determinadas herramientas de extracción y de recuperación de información o de traducción automática.

En este punto, puede surgir la pregunta sobre si los corpus textuales especializados sin procesar son inútiles para las aplicaciones lexicográficas, y debemos hacer una salvedad al respecto. La compilación de textos especializados guiada por criterios de selección está al alcance de cualquier usuario gracias a la disponibilidad de textos en Internet. De hecho, existe una orientación en lingüística de corpus, la *web as a corpus*, que preconiza el uso de Internet como fuente permanentemente actualizada e ilimitada. Sus ventajas son el acceso directo y gratuito al formato digital, el volumen de datos (*big data*), la inclusión de datos especiales que no se localizan en otros corpus, y la documentación de fenómenos raros o no controlados (usos espontáneos), entre otros. En cambio, sus inconvenientes se relacionan con la dependencia de este método de los buscadores comerciales con criterios y filtros específicos, con la naturaleza no exhaustiva de Internet, con la inestabilidad de los datos, y precisamente con el hecho de que se trata de materiales no anotados. Muchos proyectos actuales se basan en esta orientación porque consideran que las desventajas pueden quedar compensadas con los avances que se han producido en tecnologías lingüísticas de base estadística, de manera que aunque los corpus no estén etiquetados lingüísticamente los resultados en extracción o recuperación de información son suficientemente eficientes.

En síntesis, los corpus especializados seleccionados y estructurados, tanto si están anotados como si no lo están, nos proporcionan evidencias empíricas, patrones de uso lingüístico (asociación de rasgos lingüísticos con otros rasgos lingüísticos y no lingüísticos), análisis cuantitativo (tendencias), combinaciones léxicas y asociaciones gramaticales sistemáticas, que nos permiten caracterizar el discurso de especialidad y, en el caso que nos ocupa aquí, el discurso jurídico y administrativo.

## 5. La recuperación de información con control terminológico

Hemos visto que los corpus especializados nos sirven como fuentes fiables para la redacción de recursos lexicográficos y otros productos afines (diccionarios especializados, bancos de datos terminológicos, diccionarios computacionales, ontologías, tesauros), y también como fuentes complementarias actualizadas para ilustrar usos lingüísticos cuando los diccionarios no nos ayudan a resolver las dudas. Pero además los corpus especializados se usan como proveedores de contenidos para otros sistemas de extracción y de recuperación de información.

### *5.1 La extracción automática de unidades léxicas y otras secuencias*

La ingeniería lingüística se ocupa del desarrollo de herramientas que identifican tipos de unidades léxicas u otras secuencias de unidades y las extraen en forma de listas ordenadas o índices con información asociada. Algunos de estos sistemas se ocupan de la extracción automática de terminología, de la identificación y recuento de concordancias, de la detección automática de neologismos, del cálculo lexicométrico o de la detección del plagio textual, entre otras finalidades.

Todas estas herramientas informáticas actúan contra uno o varios corpus textuales de referencia, pero pueden presentar diferencias en la necesidad de anotación o de preparación previa de estos corpus. De este modo, un sistema para la detección del plagio precisa desarrollar estrategias estadísticas para que sus resultados sean significativos, pero en cambio no necesita que los corpus analizados estén anotados o sean preprocesados, al menos en el caso de sistemas basados en el porcentaje de vocabulario coincidente (Turell, 2005: 281).

Sin embargo, otras herramientas lexicométricas, las orientadas al estudio ideológico de los textos, sí que exigen la lematización de formas en vocablos o unidades de análisis (Cabré, 1977: 342). Por otro lado, la oferta de extractores automáticos de terminología engloba tanto herramientas de base estadística (*i.e.* Nazar & Cabré, 2011) y herramientas de base lingüística (*i.e.* Jacquemin, 1999) como herramientas que combinan ambas estrategias, lingüísticas y estadísticas (*i.e.* Vivaldi, 2001); y tantos unos como otros precisan de un cierto tratamiento previo de los corpus.

Los extractores estadísticos trabajan con corpus preprocesados con el fin de filtrar unidades no relevantes; y los extractores de base lingüística requieren corpus anotados al menos en el nivel morfosintáctico. Lo mismo sucede con los sistemas de captación de combinaciones léxicas: los simples extractores de concordancias recuperan secuencias idénticas que se repiten en los corpus, con independencia del tipo de unidades y categorías a las que pertenezcan; y, en cambio, el desarrollo (en curso) de extractores de colocaciones restrictivas, que incluyen patrones sintagmáticos diversos y de categorías distintas, como las expresiones *afirmación rotunda* o *afirmar rotundamente,* cuyas formas pueden aparecer, incluso, en posiciones discontinuas y con formas flexivas diversas, exigen una cierta anotación del corpus.

Además de los sistemas de extracción de unidades o de combinaciones léxicas, existen otros sistemas que nos ofrecen contextos asociados a patrones sintácticos o morfosintácticos, para la identificación de sentidos distintos de una misma unidad léxica, como el *Corpus Pattern Analysis* o CPA (Hanks, 2004).

### *5.2 Los sistemas de recuperación de información*

Dentro de la recuperación de información (a partir de ahora RI) se incluyen herramientas y técnicas distintas para objetivos bien diversos. En sus inicios, los sistemas de RI tenían por objetivo básico la recuperación de documentos y su clasificación automática; pero cada vez más ha ido incrementándose el número de sistemas de búsqueda de información específica, como los motores de búsqueda web, los sistemas de pregunta-respuesta o la generación automática de resúmenes, que han ido evolucionando hacia una mayor complejidad.

Las técnicas estadísticas y de aprendizaje automático (*machine learning*) se han revelado altamente rentables en la ratio de eficacia frente a costes en RI, ya que los métodos independientes de lenguas y de dominio, si sus resultados son suficientemente positivos, son preferibles, sobre todo para operar con grandes volúmenes de datos. No obstante, también ha crecido la incorporación de estrategias lingüísticas en la RI, ya que en estos sistemas se busca una información específica dentro de textos o conjuntos de textos, con lo que recobran importancia elementos como el léxico utilizado, la combinatoria léxica y la estructura o los metadatos de los textos.

Además, entre los criterios de evaluación habituales en RI, ha adquirido suma importancia el criterio de relevancia. Mientras que el criterio de precisión regula la capacidad del sistema de recuperar documentos o fragmentos textuales pertinentes a la consulta realizada, el concepto de relevancia se refiere, sobre todo, a la capacidad del sistema por recuperar información adecuada semántica y pragmáticamente dentro de los documentos o fragmentos pertinentes. Por ejemplo, imaginemos que una consulta sobre *minas* da como resultado un 70% de precisión en documentos sobre minería. A partir de aquí se trata de aplicar una medida complementaria para controlar si, entre estos documentos sobre minería, la información que buscábamos es más o menos la que recuperamos.

Diversas experimentaciones han demostrado que la combinatoria de técnicas estadísticas y lingüísticas permite mejorar ostensiblemente los resultados de precisión en la recuperación de documentos y de relevancia en la recuperación de información precisa dentro de estos textos.

Dentro de las técnicas lingüísticas se consideran todas las relacionadas con el procesamiento del lenguaje natural, que detallábamos en el apartado 4.3., y que dan como resultado corpus etiquetados con información morfosintáctica, morfológica, sintáctica, semántica, pragmática y discursiva; y se incluyen asimismo los desarrollos de otros recursos que aportan información sobre relaciones semánticas y conceptuales o información enciclopédica. Son ejemplos de este tipo de recursos complementarios las ontologías o las herramientas de expansión de consultas.

Los resumidores automáticos de textos y los sistemas de pregunta-respuesta son también algunos de los ejemplos dentro de la RI que utilizan indefectiblemente la información lingüística. En el primer caso, este tipo de información permite distinguir entre textos especializados y no especializados y ha mejorado los resúmenes resultantes con la ayuda del conocimiento sobre las características del discurso especializado, la estructura de ciertos géneros especializados y la información terminológica y sintáctica asociada (Cabré & *al.*, 2014). Los nuevos sistemas de pregunta-respuesta apelados *cognitivos*, como el IBM Watson (Chandrasekaran & DiMascio, 2014), se caracterizan por la combinación de técnicas de procesamiento del lenguaje natural, aprendizaje dinámico y toma de decisiones.

### *5.3 El control terminológico en la RI*

En nuestra experiencia con discursos de especialidad, y concretamente con discursos de las ciencias sociales, como el derecho o la economía, hemos participado en el desarrollo de este tipo de recursos complementarios, en el marco de lo que hemos llamado el *control terminológico*. Consideramos que la integración de información lingüística basada en el conocimiento experto (la terminología de un ámbito, las relaciones entre términos, los usos restrictivos en un determinado ámbito o género discursivo especializado, los sentidos precisos especializados, etc.) nos garantiza este control y nos ayuda en el desarrollo de aplicaciones más ajustadas a las necesidades de los especialistas, los estudiantes y los mediadores.

La primera experiencia de implementación del control terminológico se basó en la idea de mejorar las consultas que realizan los especialistas en economía mediante motores de búsqueda web, consultas que suelen ser simples y monolingües. Con la elaboración *ad hoc* de un vocabulario terminológico de la economía, que introduce variantes sinonímicas, hiperónimos, hipónimos y equivalentes en diversas lenguas, se pudo elaborar un programa informático que transforma una consulta simple y monolingüe en una consulta compleja y multilingüe, y que devuelve un número mucho más numeroso de respuestas, organizadas (o filtradas) por lengua y ordenadas por grado de precisión (Lorente, 2005).

El segundo caso de aplicación del control terminológico está representado por diversas acciones de enriquecimiento con información terminológica de la jerarquía léxica EuroWordNet, y más adelante de la versión de acceso abierto WordNet 3.0. Desde la primera acción con terminología médica en la construcción del extractor automático de terminología YATE (Vivaldi, 2001), hasta acciones posteriores con terminología de la economía (Vivaldi & Lorente, 2008) el derecho, el medio ambiente o la informática.

Para ilustrar un poco más la incorporación de la terminología en la mejora de aplicaciones de RI, comentamos a continuación en qué consiste el enriquecimiento de WordNet 3.0 con información del ámbito jurídico. Tanto en las versiones precedentes como en la versión 3.0 actual, la ontología WordNet contiene poquísimas entradas especializadas, cosa que aún es más acuciante en el campo del derecho. No se incluyen ni siquiera conceptos jurídicos básicos como *derecho nacional, derecho internacional, persona física* o *persona jurídica*. La metodología consiste en la edición del recurso a partir de dos escenarios:

1. Si el significado especializado que se quiere representar ya se ha incorporado en la versión inglesa de WordNet, entonces introducimos en el mismo *synset* o nodo informativo los términos correspondientes en catalán y castellano, sus variantes, glosas y ejemplos de uso en estas lenguas.

2. Si el significado especializado que se quiere representar no se ha entrado en inglés, entonces creamos un nuevo *synset* y completamos su edición con las informaciones correspondientes en las tres lenguas. Las fuentes utilizadas en estas tareas son diccionarios jurídicos de prestigio reconocido, corpus especializados y, si hace falta, la consulta directa a especialistas de la materia. Este trabajo terminológico no está exento de problemas y limitaciones, que se concentran en los siguientes fenómenos semánticos del discurso jurídico (Lorente, Vivaldi & Zanotti, 2011: 156–159):

— La no coincidencia de la delimitación conceptual de términos próximos, que no son exactamente equivalentes, como en el caso de los términos referidos a los perfiles profesionales: *barrister*, *solicitor* y *attorney*, frente a *abogado*.

— La ubicación distinta dentro de la jerarquía léxica de términos que son aparentemente próximos o equivalentes, como *ticket* y multa, que corresponden a procedimiento jurídicos bien diferenciados en cada lengua.

— Y el caso más descrito en la bibliografía sobre traducción jurídica, o sea la falta de equivalencia por efecto de sistemas conceptuales divergentes, como los términos ingleses *capital offence* o *statutory offence*, propios de la *common law*, que no disponen de equivalentes propios en el discurso jurídico catalán o español.

## 6. Conclusión

Para cerrar este breve panorama de los principales retos con los que se enfrentan conjuntamente la lexicografía especializada, la lingüística de corpus y la ingeniería lingüística para ofrecer recursos especializados renovados y más ajustados a las necesidades de sus usuarios, recuperamos, en forma de síntesis, los elementos más relevantes que nos han guiado argumentalmente.

En primer lugar, hemos indicado algunas limitaciones de las que adolecen los diccionarios jurídicos y administrativos usuales, como las siguientes:

— La orientación indistinta hacia usuarios diversos con necesidades divergentes.
— El predominio de diccionarios en papel y de temática unificada, sin distinción de subámbitos y, a veces, sin marcas temáticas específicas.
— El tratamiento deficitario de las relaciones de sinonimia entre términos jurídicos.
— La falta de representación de la polisemia existente dentro del discurso jurídico.

Hemos observado también que los escasos recursos lexicográficos de que disponemos sobre temas de migración y asilo, además de presentar las limitaciones indicadas de los diccionarios de temática jurídica y administrativa, se caracterizan por ser breves compilaciones de términos, no sistemáticos, mayoritariamente de lenguas de los países de acogida, que se integran en las webs corporativas de organizaciones dedicadas a estos temas, pensados para promocionar las actividades de estas organizaciones. Sólo documentamos un diccionario terminológico completo y sistemático, orientado a la traducción inglés-francés, y curiosamente es el más antiguo (casi veinte años parece mucho tiempo para un ámbito tan cambiante como este).

A continuación, hemos establecido cuáles son los principales rasgos de caracterización del discurso jurídico y administrativo:

— La proximidad formal entre el discurso jurídico y la lengua general.
— La especificidad o precisión semántica de los términos jurídicos para los especialistas que controlan el conocimiento experto, condicionada por los marcos jurídicos distintos en cada país y por los cambios legislativos que se producen periódicamente en las sociedades, con periodicidad y contenidos distintos en cada una de ellas.
— La relevancia en el discurso jurídico y administrativo de las combinaciones léxicas (colocaciones y fraseologismos especializados).
— La existencia de géneros textuales específicos para los ámbitos del derecho y de la administración.
— La relación multidireccional entre las acciones legislativas, las actividades judiciales y las administraciones públicas.

Las características propias del campo jurídico y administrativo y las limitaciones de los recursos especializados existentes nos han llevado a reconocer que la lingüística de corpus nos ofrece unos recursos, los corpus especializados, óptimos para utilizar como fuentes fidedignas en la renovación de diccionarios y en su complementación. Hemos visto cómo son estos corpus y cómo se gestionan, mediante codificaciones estándares y técnicas de procesamiento del lenguaje natural.

La revisión sucinta que hemos hecho de algunos corpus especializados en materia de migración nos ha permitido comprobar que no son recursos comparables ni por extensión, ni por géneros textuales representados, ni por lenguas incluidas, ni tampoco por el procesamiento recibido. No obstante, se trata de recursos muy novedosos, necesarios para la actualización ágil y permanente de diccionarios, y por los que conviene continuar apostando, de manera que no queden como simple apoyo a investigaciones lingüísticas puntuales, sino que se integren en la oferta de corpus textuales accesibles para múltiples usos de investigación y desarrollo de aplicaciones.

En la última parte de nuestro trabajo, hemos incidido en las aportaciones de la ingeniería lingüística que interactúan con los corpus para extraer unidades o secuencias (extracción automática de terminología y neología, o de concordancias y colocaciones), para extraer información semántica o para recuperar información pertinente para la gestión del conocimiento especializado y para otras tareas complejas (redacción automática de resúmenes, sistemas cognitivos de pregunta-respuesta). Y hemos concluido con la aportación de la noción del control terminológico como elemento común en todos estos desarrollos tecnológicos de aplicaciones especializadas. En definitiva, un largo recorrido, que no ha hecho más que empezar.

## Bibliografía

Alcaraz, Enrique, Brian Hughes. 1997. *Diccionario de términos jurídicos. Inglés-Español. Español-Inglés*. Barcelona: Ariel.

Bach, Carmen, Roser Saurí, Jorge Vivaldi & M. Teresa Cabré. 1997. "El Corpus de l'IULA: descripció" in *Papers de l'IULA. Sèrie Informes*, nº 17. < http://www.recercat.cat//handle/2072/76> [11/10/2015].

Baker, Paul & Tony McEnery. 2005. A corpus-based approach to discourses of refugees and asylum seekers in UN and newspaper texts, in *Journal of Language and Politics*, nº 42, 197–226.

Cabré, María Teresa. 1977. "La lexicometría como método de localización de rasgos ideológicos" in *Revista Española de Lingüística*, nº 8–2, 335–344.

— 1999. *La terminología: representación y comunicación. Elementos para una teoría de base comunicativa y otros artículos*. Barcelona: Institut Universitari de Lingüística Aplicada de la Universitat Pompeu Fabra.

Cabré, María Teresa & Juan-Carlos Sager. 1998. "Towards a theory of terminology" in *Terminology*, nº 5.1, 1–3.

Cabré, María Teresa, Iria da Cunha, Eric SanJuan, Juan-Manuel Torres-Moreno & Jorge Vivaldi. 2014. "Automatic Specialized vs. Non-specialized Text Differentiation: The Usability of Grammatical Features in a Latin Multilingual Context" in Bárcena, Elena, Timothy Read & Jorge Arús (ed.) *Languages for specific purposes in the digital era*. Cham/Heidelberg: Springer, 223–241.

Chandrasekaran, Swami & Carmine DiMascio. 2014. "Cree un sistema de respuesta a preguntas en lenguaje natural con IBM Watson en Bluemix" in IBM DeveloperWorks. <http://www.ibm.com/deve

loperworks/ssa/cloud/library/cl-watson-films-bluemix-app/Index.html> [03/11/2015].

Cornea, Ioana. 2015. *Unidades de conocimiento especializado para la traducción jurídica: identificación y propuesta de representación de la equivalencia del derecho de extranjería en un diccionario bilingüe español-rumano*. Barcelona: Universitat Pompeu Fabra, Departament de Traducció i Ciències del llenguatge.

*Diccionario Espasa Jurídico.* Madrid: Espasa, 2001.

Freixa, Judit & Mercè Lorente. 2006. "La sinonímia en unitats verbals del discurs jurídic" in *Papers Lextra (Revista electrònica del grup d'estudis de Dret i Traducció)*, nº2.<http://www.lextra.uji.es> [21/10/2015].

Guerra Salas, Luis. 2011. "El discurso periodístico sobre la inmigración latinoamericana en España: el corpus de noticias INMIGRA" in *Lengua y migración = Language and migration,* nº 3:1, 33–51.

Hanks, Patrick. 2004. "Corpus Pattern Analysis" in Williams, Geoffrey & Sandra Vessier (ed.) *Proceedings of the XI EURALEX.* Lorient: Université de Bretagne-Sud, 87–97.

Hernández González, María Belén. 2016. "La traducción de discursos institucionales de extranjería italiano-español basada en corpus" in *Tonos digital. Revista electrónica de estudios filológicos,* nº30, 1–36.

Jacquemin, Christian. 1999. "Syntagmatic and paradigmatic representations of term variation" in *Proceedings 37th Annual Meeting of the Association for Computational Linguistics (ACL'99)*. Baltimore: University of Maryland, 124–143.

Joan, Anna, Jorge Vivaldi & Mercè Lorente. 2008. "Turning a term extractor into a new domain: first experiences", in *LREC 2008 Proceedings (Marrakesh, 28–30 maggio 2008).* ELRA, 748–753.

Lorente, Mercè. 2005. "Ontology for economics and Information Retrieval" in *Hipertext.net*, nº3. <http://www.hipertext.net> [11/10/2015].

— 2009. "Algunas experiencias de la integración de ontologías en proyectos de terminología" in *Puntoycoma*, nº115-S, 34–37.

— 2014. "Hacia la Terminología 3.0: Evolución del uso de las tecnologías en terminología" in Vargas, Chelo (ed.). *TIC, trabajo colaborativo e interacción en Terminología y Traducción.* Granada: Editorial Comares, 9–26.

Lorente, Mercè, Jorge Vivaldi & Cristian Zanotti. 2011. "La terminologia jurídica catalana dins de WordNet 3.0., in Potrony, Lluc & Joan Maria Romaní (ed.). *Indexació, terminologia i llenguatge jurídic*. Barcelona: Institut d'Estudis Catalans, 149–162.

Martínez Marín, Juan, Jacinto Martín & Carmen Ávila. 1994. *Diccionario de términos jurídico*. Granada: Comares.

Nazar, Rogelio & Mª Teresa Cabré. 2011. "Un experimento de extracción de terminología utilizando algoritmos estadísticos supervisados" in *Debate Terminológico*, nº 7, 36–55. <http://seer.ufrgs.br/riterm/article/view/20712/11980> [3/11/2015].

Organización Internacional para las Migraciones (OIM). 2011. *Glosario sobre migración.* Ginebra: IOM Publications. http://publications.iom.int/system/files/pdf/iml_7_sp.pdf [25/11/2015].

Sinclair, John M. 2004. *Trust the Text: Language, Corpus and Discourse.* London: Routledge.

Turell, M. Teresa. 2005. "El plagio en la traducción literaria" in Turell, Mª Teresa (ed.). *Lingüística forense, lengua y derecho. Conceptos, métodos y aplicaciones*. Barcelona: Institut Universitari de Lingüística Aplicada de la Universitat Pompeu Fabra; Documenta Universitaria, 275–294.

Vivaldi, Jorge. 2004. *Extracción de candidatos a término mediante combinación de estrategias heterogéneas*. Barcelona: Institut Universitari de Lingüística Aplicada de la Universitat Pompeu Fabra.

V.v.a.a. 2014. *Diccionario LID de migración y extranjería.* Madrid: LID.

Zanotti, Cristian, Jorge Vivaldi & Mercè Lorente. 2012. "Upgrading WordNet: a Terminological Point of View" in *Global WordNet Conference 2012 Proceedings (Matsue, Japan, 9-13/1/2012).* Brno: Tribun EU, 390–399. <http://www.globalwordnet.org/gwa/proceedings/gwc2012.pdf> [05/1172015].

# Capítulo VI

# El lenguaje jurídico y administrativo español y francés aplicado al ámbito de la extranjería. Características terminológicas y discursivas

*The administrative and legal language French and Spanish applied to the field of immigration. Terminology and discursive features*

Natalia Mª Campos Martín & Nicolás Campos Plaza
Universitat de València & Universidad de Murcia
natalia.campos@uv.es/nacampos@um.es

*Resumen*
En los últimos diez años estamos asistiendo a una normalización lingüística sin precedentes en la Unión Europea, debida, sobre todo, a una serie de acuerdos comerciales y judiciales internacionales. Sin embargo, las ciencias jurídicas presentan una serie de características léxicas, sintácticas y discursivas que las distinguen de otros lenguajes de especialidad. Entre las características del lenguaje jurídico hay que destacar dos: la opacidad y la ambigüedad; una opacidad que, como indican los profesores Alcaraz y Hughes (2002: 21), da lugar, sobre todo en español, a un discurso dotado de un halo de misterio, casi iniciático, y una ambigüedad que se manifiesta también en resoluciones judiciales españolas mediante la utilización de determinados términos que adoptan un sentido muy distinto al que tienen en el lenguaje estándar. Por tanto, en este capítulo analizaremos una serie de características terminológicas, estilísticas y discursivas del lenguaje jurídico español y su equivalencia funcional en francés, porque las lenguas poseen, además de una dimensión lingüística, una dimensión comunicativa. La capacidad de los sistemas lingüísticos para comunicar ideas, hechos, sentimientos, etc., hacen que estos puedan adaptarse, mediante diversas estrategias, a las más variadas necesidades expresivas. Por consiguiente, es preciso contemplar la traducción como un acto de comunicación.

*Palabras clave:* lenguaje jurídico, sistema jurídico, traducción, equivalencia terminológica, características sintácticas y discursivas.

*Abstract*
In the last ten years we are witnessing a linguistic normalization without precedent in the European Union, mainly due to a number of international commercial and legal agreements. However, legal sciences possess a number of lexical, syntactic, and discursive features that makes them different from other specialized languages. Among the features of legal language, opacity and ambiguity stand out. Alcaraz and Hughes (2002: 21) suggest mostly with regard to Spanish legal texts that opacity leads to a speech surrounded by a halo of mystery, and that ambiguity is also present in Spanish court decisions through the use of certain terms that embrace a totally different meaning to the one they have when used in standard language. Thus, in this chapter, we will analyze a number of terminological, stylistic, and discursive features of Spanish legal language and its functional equivalent counterparts in French, because languages have, in addition to a linguistic dimension, a communicative dimension. The ability of the linguistic systems to communicate ideas, facts, feelings, etc., enables them to adapt, through various strategies, to the

most varied expressive needs. It is therefore necessary to consider translation as an act of communication.

*Keywords:* legal language, legal system, translation, terminological equivalence, syntactic and discourse features.

# 1. Introducción

Los movimientos migratorios siempre han sido una constante en el mundo en que vivimos. Un estudio realizado por la ONU en 2014 señalaba que el cómputo de personas que vivían fuera de sus países de origen en 2013 era de más de 230 millones, siendo España y Francia los países con un mayor número de inmigrantes. Si echamos la vista atrás y observamos que uno de los grandes logros de la Unión Europea ha sido la creación de una zona en la que no existen fronteras y en la que los ciudadanos pueden elegir en qué país de la UE desean vivir y trabajar, nos parece hoy una conquista extraordinaria.

No obstante, estos mismos ciudadanos no gozarían de esas libertades si no existieran unos mínimos de seguridad y una legislación que les protegiera contra la delincuencia organizada y el terrorismo internacional. Por ello, por el bienestar de todos los ciudadanos de la UE y por un futuro libre y sin delitos, la UE está creando un espacio de Libertad, Seguridad y Justicia, intensificando la colaboración entre los sistemas judiciales nacionales para garantizar que cualquier decisión judicial tomada en un Estado miembro sea reconocida y aplicada en los demás Estados. Este hecho es especialmente importante en los procedimientos en los que los implicados residen en países diferentes de la UE.

Pero la integración de la población inmigrante en la Europa de las libertades y los derechos va ligada al conocimiento de la lengua y de las leyes que nos rigen a todos. Por tanto, es necesario proporcionar instrumentos útiles que impidan o dificulten la integración de los extranjeros. Es pues conveniente fomentar un conocimiento del lenguaje jurídico y administrativo que ayude a romper las barreras lingüísticas, contribuyendo así a su integración.

Según el Instituto de Salud Pública de la Comunidad de Madrid (2007: 8), el escaso conocimiento del idioma, las barreras culturales y su situación económica hacen de estas personas un colectivo muy vulnerable, todo esto incrementado por el total desconocimiento de los trámites y procedimientos de acceso a la justicia.

Otrosí, las autoridades nacionales contarán, en caso de necesidad, con un instrumento importante en la lucha contra la delincuencia: la orden de detención europea, instrumento que sustituye a los laboriosos procedimientos de extradición, de forma que los delincuentes sospechosos o condenados que hayan huido al extranjero para eludir la justicia puedan ser detenidos en ese país y devueltos rápidamente donde vayan a ser juzgados.

La cooperación judicial tanto en materia civil como penal tiene por objeto establecer unos vínculos entre las autoridades de los países miembros de la U.E con el fin de suprimir cualquier obstáculo derivado de las incompatibilidades que pudieran existir entre los distintos sistemas judiciales y administrativos. Los marcos legales que introducen la cooperación judicial en materia civil el Tratado de Maastricht y posteriormente el Tratado de Ámsterdam; en materia penal, se crea una red judicial europea y posteriormente, en 2002, se crea Eurojust con el fin de reforzar la lucha contra la delincuencia.

La cooperación judicial en la UE tiene como consecuencia positiva la cada vez mayor equiparación de los sistemas jurídicos de los países miembros, lo que lleva consigo una cada vez mayor normalización lingüística sobre todo en lo que a derecho internacional y comunitario se refiere.

Esta normalización facilita bastante la labor de búsqueda de equivalentes terminológicos a los traductores, aunque hay que tener en cuenta que cada país tiene su propio sistema jurídico. Siempre que vayamos a traducir un texto jurídico debemos de tener en cuenta, ante todo, qué sistemas jurídicos vamos a manejar y, por supuesto, con qué código lingüístico trabajamos.

Por tanto, el papel que desempeñan los intérpretes, mediadores lingüísticos y traductores jurídicos o judiciales es fundamental.

En este sentido, este capítulo pretende facilitar, por una parte, a estos profesionales especializados en temas jurídicos su labor de mediación lingüística y, por otra, contextualizar el tema objeto de estudio de la monografía colectiva titulada *El lenguaje jurídico y administrativo en el ámbito de la extranjería: estudio multilingüe e implicaciones culturales*. Para ello, hemos creído necesario realizar un estudio comparado de la terminología jurídico-administrativa del francés y del español, esperando minimizar con ello los obstáculos que conllevan las trabas administrativas.

## 2. Antecedentes

En un estudio reciente, publicado por Juan Crespo Hidalgo en 2011: "Estudio cienciométrico de las tesis doctorales sobre Traducción e Interpretación en España (1972–2010)" e integrado en la monografía colectiva titulada: *Panorama actual de la investigación en traducción e interpretación* (2001), se hace un recorrido por los ámbitos y combinaciones lingüísticas que han sido objeto de investigación en este período de 38 años. A este respecto, de las tesis doctorales catalogadas por Juan Crespo Hidalgo (*cf. op. cit.*, 2011) en su estudio cienciométrico (332), sólo 16 se dedican exclusivamente a la combinación lingüística francés-español, y 8 más incluyen el francés y el español en estudios multilingües que también estudian otras lenguas (inglés, catalán, alemán, ruso, árabe, etc.).

Si reducimos nuestro objeto de consideración a las tesis doctorales que abordan de forma específica el estudio de la traducción jurídica y/o jurídico-económica, el resultado no es mucho más alentador: a los textos jurídicos, hiperonímicamente hablando, se dedican 8 tesis; a los textos de economía, 5. Hay otras 3 tesis que abordan aspectos relacionados con la profesión (deontología) y las culturas jurídicas en contacto. Si concretamos nuestro análisis en las tesis doctorales que se dedican al estudio de la traducción jurídico-administrativa dentro de la combinación lingüística francés-español, los resultados quedan reducidos a muy pocas tesis doctorales, entre ellas la de Cristina Valderrey Reñones (2002) y las de Hasna Karim (2010) y Tanagua Barceló Martínez (2010), respectivamente, que fueron defendidas en la Universidad de Salamanca y Málaga, aunque en éstos últimos cuatro años se han defendido más de 10 tesis relacionadas con la investigación en el lenguaje jurídico-administrativo, aunque sigue existiendo una fuerte tendencia al estudio filológico.

En lo que a traducción e inmigración se refiere, destacaremos la tesis de A. Aguessim (2005): *La traducción jurídico-administrativa e inmigración. Propuesta de traducción al árabe de la ley de Extranjería en vigor,* presentada en la Universidad de Granada.

Siguiendo con el análisis de la literatura disponible sobre traducción jurídica, no podemos pasar por alto la labor investigadora desarrollada, dentro de este ámbito de especialización, por autores como Pedro San Ginés Aguilar, Jesús Cantera Ortiz de Urbina, Emilio Ortega Arjonilla, Nicolás A. Campos Plaza, Esperanza Alarcón Navío, Bernard Thiry, dentro de la combinación lingüística francés-español; o las publicaciones de Anabel Borja Albí, Roberto Mayoral Asensio, Esther Monzó Nebot, Miguel Duro Moreno, María de los Ángeles Orts, Esther Vázquez y del Árbol o Enrique Alcaraz Varó, dentro de la combinación lingüística inglés-español; y Pilar Elena, dentro de la combinación lingüística alemán-español.

En otro orden de cosas, hay que destacar la obra de Nicolás Campos y Emilio Ortega, titulada: *Panorama de Lingüística y Traductología. Aplicaciones a los ámbitos de la enseñanza del Francés/Lengua Extranjera y de la Traducción (francés-español).* En esta obra se propone una caracterización amplia de la situación actual de los estudios lingüísticos y traductológicos en un contexto hispanohablante y francófono, y se nos ofrecen, entre otras aportaciones, toda una serie de repertorios bibliográficos que tratan de establecer un estado de la cuestión en los distintos ámbitos especializados de la Lingüística (General y Aplicada) y de la Traducción e Interpretación orientados a los ámbitos de la producción científica en español y en francés, incluido, lógicamente, el ámbito de Teoría, Didáctica y Práctica de la Traducción en los ámbitos jurídico, jurado, económico y judicial (*cf.* Campos Plaza y Ortega Arjonilla, 2005: 738–741).

Entre las obras más representativas de este ámbito de la traducción jurídico-administrativa publicadas, destacan, entre otras, ordenadas cronológicamente, las siguientes:

— Baily, C. J. (1967). *Manual del traductor público.* Buenos Aires [edición de la autora].
— Naciones Unidas: División de Traducción (1979). *Manual de instrucciones para los traductores.* Nueva York: Naciones Unidas.
— Bocquet, Cl. (1994): *Pour une méthode de la traduction juridique.* Lausanne: CB Service.
— San Ginés Aguilar, P. & Ortega Arjonilla, E. (eds.). 1996 (1ª ed.), 1997 (2ª ed.). *Introducción a la traducción jurídica y jurada (francés-español).* Granada: Comares, col. "Interlingua".

- San Ginés Aguilar, P. & Ortega Arjonilla, E. (eds.). 1996 (1ª ed.), 1997 (2ª ed.). *Introducción a la traducción jurídica y jurada (inglés-español).* Granada: Comares, col. "Interlingua".
- Feria García, M. (ed.) (1999). *Traducir para la Justicia.* Granada: Comares, col. "Interlingua".
- Elena, P. (2001): *La traducción de documentos alemanes.* Granada: Comares, col. "Interlingua".
- Duro Moreno, M. (2003). *Nolumus leges Angliae mutare: Propedéutica de la traducción jurídica inglés-español (estudio de la influencia de los entornos en la traducción al español del derecho inglés, con especial referencia a un caso).* Granada: Servicio de Publicaciones de la Universidad.
- Cruces, S. & Luna, A. (eds.) (2004). *La traducción en el ámbito institucional: autonómica, estatal y europeo.* Vigo: Servicio de Publicaciones de la Universidad.
- Gómez Ruiz, V. M. (2004): *La traducción clara de lo jurídico: textos de trabajo.* Las Palmas de Gran Canaria: Servicio de Publicaciones de la Universidad.
- Borja Albí, A. & Monzó Nebot, E. (eds.) (2005). *Traducción y mediación en las relaciones jurídicas internacionales.* Castellón: Universitat Jaume I.
- Vázquez del Árbol, E. (2008). *La traducción (inglés-español) de testamentos británicos y documentos relacionados. De la teoría a la práctica.* Granada: Servicio de Publicaciones de la Universidad.

También son dignas de mención, por su relación con el tema objeto de estudio en esta tesis, las obras de Carmen Valero Garcés o Miguel Ortega sobre Traducción e Interpretación en los Servicios Públicos, publicadas por la editorial Comares de Granada (colección interlingua) y las monografías colectivas editadas por Jesús Baigorri Jalón sobre Traducción Jurídica e Institucional en la colección interlingua de la editorial Comares de Granada.

Mención aparte merecen las obras que centran su atención en el estudio del lenguaje jurídico. Entre ellas destacan las de J-C. Gémar (1982). *Langage du droit et traduction. Essais de jurilinguistique* y la de E. Alcaraz y B. Hughes (2002). *El español jurídico.*

Entre las monografías colectivas destacan las de Pedro San Ginés, Emilio Ortega y Cristina Valderrey; entre los diccionarios especializados el de Esperanza Alarcón y Carlos Aránguez (Derecho Penal francés-español), el de Bernard Thiry (Derecho Civil francés-español) y el de Nicolás A. Campos, Jesús Cantera y E. Ortega sobre terminología bilingüe jurídico-económica (francés-español/español-francés).

En lo que a obras relacionadas con el campo que nos ocupa, citaremos a Campos Martín, N. Mª. (2006: 309–316) "La terminología jurídica en el ámbito español-francés", en *Traducción y mediación cultural*.

Como hemos señalado previamente, estos son algunos de los ejemplos más significativos de monografías o artículos especializados en la traducción jurídica en España, sin embargo, los trabajos que se han defendido en las universidades españolas como Tesis Doctorales, han ayudado mucho a que se asienten las bases investigadoras y prácticas de esta modalidad de traducción jurídico-administrativa.

## 3. Los problemas de equivalencia del lenguaje jurídico

El lenguaje jurídico presenta una serie de características léxicas, sintácticas y discursivas que lo distinguen de otros lenguajes de especialidad, por lo que es necesario un estudio no solo terminológico, sino también cultural, dado que no se trata de traducir funciones comunicativas, sino de comprender también dos mundos culturales en los que la lengua sirve de nexo. Plantearse el problema de la operación de transferencia lingüística de este tipo de lenguaje, es plantearse el problema de la diversidad de los sistemas lingüísticos y la necesidad de comunicarse entre sí que estos presentan. A este respecto, los profesores Alcaraz y Hughes (2002: 21) justifican la existencia y el estudio del lenguaje jurídico con arreglo a estos tres parámetros:

1. Un vocabulario muy específico, que constituye el núcleo de este lenguaje especializado.
2. Tendencias sintácticas y estilísticas muy particulares.
3. Géneros profesionales característicos y personales.

Desde una perspectiva lingüística, no parece tan evidente que podamos distorsionar unos signos para transformarlos en otros, sobre todo porque concebimos el mundo a través de nuestra lengua materna, de nuestra cultura, de nuestras vivencias, por lo que a la hora de transvasarlo a otra lengua debemos tener en cuenta que cada pueblo, cada sociedad, cada cultura, posee un sistema de signos que le sirve para comunicarse. Estos signos son el resultado de su forma de pensar, de sentir, de vivir, algo único e irrepetible.

Pero esta transferencia lingüística es posible por una razón primordial: las lenguas poseen, además de una dimensión lingüística, una dimensión comunicativa. La capacidad de los sistemas lingüísticos para comunicar ideas, hechos, sentimientos, etc., hacen que estos puedan adaptarse, mediante diversas estrategias, a las más variadas necesidades expresivas, pero si las lenguas poseen términos que no son equivalentes, siempre es posible que en el interior de la situación comunicativa, un emisor encuentre el modo de hacer llegar a un oyente el sentido que estos términos encierran.

Siguiendo el razonamiento que acabamos de exponer, la traducción del lenguaje jurídico no debe ser entendida solamente como un simple transvase de códigos, sino también como un acto de comunicación, porque el texto, el discurso, se refiere a un momento concreto, a una situación concreta protagonizada por un hablante que pretende decir algo a un receptor en otra situación y en otro momento, un destinatario que reacciona de una manera determinada ante ese conjunto de informaciones.

Es, por tanto, un acto complejo de comunicación interlingüística e intercultural, un acto que implica adaptar un texto a un destinatario y a un contexto no previsto en principio por el creador y cuya anagnórisis debe ser la de seguir teniendo el estatuto de texto.

Las lenguas utilizan sus potencialidades morfológicas y sintácticas allí dónde existe una carencia léxica. En todo caso, los problemas de equivalencia entre dos lenguas romances como el francés y el español son menos importantes que los que derivan del alemán, del inglés, del chino o del árabe. La libertad de creación de los lexicógrafos está condicionada por una serie de rasgos culturales que permiten captar mejor la realidad en ambas lenguas.

En este último caso, tal vez sea mejor acudir a una información de tipo enciclopédico. Una lengua fuente como el francés o el español refleja en ciertos sectores de actividad, como el Derecho, una impronta histórica que ha fijado su equivalencia en la lengua meta. En estos casos, el lexicógrafo llega a ser un notario del léxico y debe limitarse a dar a conocer la lexía que expresa esta realidad en la lengua meta, porque en una sociedad organizada desde el punto de vista político, social, económico y cultural, como es el caso de Francia y de España, la existencia de una serie de normas que regulan los intereses de los ciudadanos es absolutamente necesaria.

Así, el Derecho es definido como "el conjunto de reglas que rigen las relaciones de los hombres entre ellos", y estas reglas, estas normas, formuladas por la autoridad correspondiente o por el Parlamento, reciben la denominación de Leyes. Estas leyes obligan a todos los ciudadanos, y son aplicadas por los tribunales a través de los jueces y magistrados, que ejercen la justicia. Hay que ser consciente de las dificultades lexicológicas a las que los diccionarios de este tipo se enfrentan. Estas dificultades residen en la relatividad de los sistemas, que son producto de las transformaciones de la historia, de la cultura, de la sociedad, de la política, de la economía, y también de las mentalidades de un país.

Esto se debe a que el Derecho es una disciplina muy dinámica, en las que el vocabulario y los contenidos evolucionan continuamente para adaptarse a las necesidades y a las circunstancias políticas, religiosas, económicas y sociales de cada época. En Francia y en España se multiplican las leyes que rigen las actividades económicas y sociales de los ciudadanos, y la inmensa mayoría de las personas es consciente de la influencia que sobre estos ámbitos ejercen las relaciones sociales y la vida diaria.

Por esta razón, el estudio terminológico especializado jurídico nutre su vocabulario a partir de materias aparentemente tan alejadas y al mismo tiempo tan próximas como el derecho, la economía o el ámbito laboral. Este tipo de trabajo de investigación debe tener como principal objetivo el de convertirse en un instrumento de formación y de información, no sólo para los traductores y los filólogos en general, sino también para estudiantes de traducción, profesores de lengua francesa y española, juristas y economistas. Para lograr este fin, hay que establecer una nomenclatura común a todas las ramas del Derecho, sin compartimientos estancos, con el fin de establecer una equivalencia entre los términos de la lengua fuente (español) y los de la lengua meta (francés). Esta especificidad, necesaria para asegurar su eficacia, según la inmensa mayoría de los juristas consultados, tiene como consecuencia la utilización de un vocabulario más bien hermético para los legos en Derecho.

El concepto de equivalencia se convierte, pues, en la piedra angular sobre la que debe basarse un estudio lexicográfico bilingüe especializado, dado que las ciencias jurídicas presentan una serie de características léxicas, sintácticas y discursivas que las distinguen de otros lenguajes de especialidad.

La consecuencia es una falta de comunicación y una ininteligibilidad de los textos para destinatarios no especialistas, como la frase "las resoluciones pasan en autoridad de cosa juzgada" (Ley de Enjuiciamiento Civil de

2000, art. 207, ap. 3), que sirve para expresar la afirmación dar firmeza en una decisión judicial, es decir, dictar una resolución por parte de un tribunal.

Sin embargo, en francés, esta lexía es mucho menos opaca, breve, más próxima a la lengua estándar: *ayant acquis l'autorité de chose jugée*, aunque mantiene el complemento *autorité* para determinar la fuerza de la fórmula conjuntiva *ayant acquis*; y una ambigüedad que se manifiesta también en resoluciones judiciales españolas mediante la utilización de determinados términos que adoptan un sentido muy distinto al que tienen en el lenguaje estándar: siendo "pacífico que el demandante [...], siendo asimismo pacífico que [...]", cuando, en realidad, se quiere indicar que se trata de un asunto, evidente, notorio, indiscutible, una ambigüedad que la Ley de Enjuiciamiento Civil del 2000 trata de evitar (art. 399) sin conseguirlo, pues ya en la Exposición de Motivos de la misma se pone de manifiesto el mismo problema que la ley quiere desterrar, al utilizar términos tales como "proceso", "juicio" y "vista" como sinónimos. Esta ambigüedad se manifiesta en el discurso jurídico español, tanto en el nivel semántico como en el sintáctico.

## 4. El origen léxico del lenguaje jurídico francés y español: el fondo común, los préstamos y los calcos

Hay que decir que los lenguajes jurídicos español y francés se han enriquecido gracias a la inclusión de términos cultos procedentes no sólo del latín, del griego, del árabe (en español), sino también del inglés. La influencia del léxico jurídico francés sobre el español es muy importante debido a la influencia cultural y política del país vecino, sobre todo en la época de Napoleón.

### *4.1 El fondo común (latín y griego)*

#### *El fondo latino*

El léxico jurídico español y francés presenta un gran número de términos que proceden directamente del latín.

En primer lugar, hay un primer grupo bastante numeroso de términos provenientes directamente del latín, tales como *a contrario, a fortiori, a minima, a non domino, a novo, a pari, a posteriori, a priori, a quo, ab initio, ab intestato, ab irato, ab origine, alibi, alterum non laedere, altius non tollendi, capitis diminutio, ex aequo et bono, ex novo, expresis verbis, extra petítum et plus petítum, habeas corpus, in dubio pro reo, in fraganti, non aedificandi, persona non grata, quid pro quo, quota litis, ratio decidendi, sine die, sub conditione, sub judice, ut singuli, ut supra, ut universi*, etc.

En segundo lugar, citaremos una serie de términos derivados del latín pero que son compartidos también por la lengua estándar o culta, tales como *angarie* (angaria [*angaria*]), *avocat* (abogado [*advocatus*]), *abolir* (abolir [*abolere*]), *abroger* (abrogar [*abrogare*]), *absoudre* (absolver [*absolvere*]), *délit* (delito [*delictus*]), *fiduciaire* (fiducidario [*fiducidarius*]), *loi* (ley [*lex, legis-lei*]), *mort civile* (muerte civil [*mors civilis*]), *précaire* (precario [*precarius*]), *préemption* (retracto [*retracto*]), *servitude* (servidumbre [*servitudo*]), *sévices* (sevicias [*saevitia*]), *usucapión* (usucapion [*usu capere*]), *usufruit* (usufructo [*usufructus]*), etc.

En tercer lugar, el grupo formado por una serie de términos compuestos de sufijos latinos *(-ab, -di, -ex, -re, -sub)*, muy abundantes tanto en francés, como *abjurer, absoudre, exculper*, como en español, discrecional, exclusión, exhorto, subsidio, etc.

### *El fondo griego*

Tiene una importancia menor, aunque también está presente en el léxico jurídico francés y español, en términos tales como *amnistie* (amnistía), *anatocisme* (anatocismo), *antichrèse* (anticresis), *emphytéose* (enfiteusis), *hypothèque* (hipoteca), *paraphernaux* (parafernales), *synallagmatique* (sinalagmático), etc.

### *El fondo árabe*

Está presente fundamentalmente en español, circunscribiéndose a algunos términos que comienzan con el prefijo *al-*, y que aparecen también en el español estándar, como albacea (*exécuteur testamentaire*), albarán *(bulletin de livraison*), albedrío (*libre arbitre*), alevosía (*perfidie, traîtrise*), alguacil (*huissier*), etc.

### *4.2 Préstamos y los calcos (franceses e ingleses)*

– Los préstamos provenientes del francés son muy numerosos en español: *abandonner* (abandonar); *accaparer* (acaparar); *action* (acción); *agiotaje* (agiotaje); *alleu* (alodio); *aval* (aval); *exécutoire* (ejecutoria); *chantage* (chantaje); *outrage* (ultraje); *sabotaje* (sabotaje); *péage* (peaje), etc.

– Los calcos provenientes del francés son también numerosos: *à bénéfice d'inventaire* (a beneficio de inventario); *à fond perdu* (a fondo perdido); *à main armée* (a mano armada); *à titre onéreux* (a título oneroso); *force de chose jugée* (fuerza de cosa juzgada); *force majeure* (fuerza mayor); *fait accompli* (hecho consumado); *réquisitoire* (requisitoria), y tantos otros.

– Los calcos provenientes del inglés son abundantes en el léxico jurídico francés-español. Proceden normalmente del derecho mercantil. Podemos citar aquí algunos como: *arrêter* (arrestar), *boycottage* (boicot), *firme* (firma), *détecter* (detectar), y *marketing, cashflow, trust, spot, staff, atand, stock*, etc., que son comunes a ambas lenguas. También, el término español "caso", que se utiliza con el sentido de *affaire* o *procès* en francés, o "absentismo" *absentéisme.*

## 5. La extracción terminológica

En primer lugar, hay que familiarizarse con el domino sobre el que se va a trabajar y con el medio profesional al que se dirige. Sería impensable emprender una investigación terminológica o lexicográfica de este tipo sin tener un conocimiento adecuado de estos ámbitos. La elaboración de una obra terminológica bilingüe consta de varias etapas que conviene distinguir. La primera etapa consiste en establecer el corpus que servirá de base para la investigación. Es, pues, la etapa documental que precede el trabajo terminológico propiamente dicho.

El corpus debe ser representativo del ámbito de estudio y de sus subsectores, conforme al plan de trabajo establecido con anterioridad. Así, la terminología debe diversificar sus fuentes para cubrir el conjunto de las nociones propias del ámbito jurídico-económico-administrativo, sin dejar de tratar ninguna de sus partes. Por necesidades terminológicas, hay que precisar esta definición aplicándosela al conjunto de las fuentes orales y escritas que se refiere a este ámbito y que nos proponemos utilizar para establecer y tratar esta nomenclatura. Del cuidado con el que se haya escogido este corpus dependerá el rigor del trabajo terminológico y, finalmente, el valor del léxico.

Sin embargo, la exhaustividad es casi imposible de alcanzar debido a la inaccesibilidad a las fuentes. En cambio, si el número de términos de un ámbito o subsector es limitado, se puede alcanzar un grado muy alto de exhaustividad. El corpus debe tener cierto grado de homogeneidad; y las fuentes estudiadas deben representar un estado sincrónico e idénticos niveles de lengua. No obstante, la disparidad de las fuentes nos obliga a efectuar una selección, para satisfacer estas exigencias. En primer lugar hay que recoger la mayoría de elementos posible, escogiendo luego los textos pertinentes que serán objeto del estudio. Así es como se efectúa la investigación documental en el marco de los ámbitos que hay que tratar.

La documentación escrita sirve de base para establecer el corpus, que a su vez se dividirá en "corpus de análisis" (el que ha sido sometido a un vaciado con motivo del análisis terminológico) y en "corpus de referencia" (el que ha sido utilizado, ya sea en la fase preparatoria de los trabajos, ya sea en el momento de la investigación, para extraer informaciones complementarias y terminológicas o de otro tipo).

El acceso a la documentación se realiza por medio de bibliografías o de repertorios bibliográficos especializados; diccionarios generales franceses y españoles (de lengua y enciclopédicos), diccionarios monolingües especializados (franceses y españoles), diccionarios bilingües francés-español y español-francés; obras terminológicas identificadas como tales (glosarios, vocabularios, etc.); diversas obras (libros, publicaciones, etc.) que contengan un léxico, un vocabulario, una nomenclatura o un índice; bibliografías especializadas en Derecho público y Derecho privado; obras terminológicas de las empresas dedicadas a la documentación comercial e industrial; organismos que trabajan en el ámbito de la terminología; catálogos de las editoriales y los anuarios profesionales; tesauros y clasificaciones; documentos oficiales (leyes y reglamentos, órdenes ministeriales, directivas, sentencias, etc.). También se debe consultar los Servicios del Centro de Documentación de la Asociación francesa de terminología y la Guía del Centro de Documentación y de Información Técnica de la UNESCO, en París.

## 6. Características léxicas

Este lenguaje especializado corre el riesgo de ser bastante desconcertante para los filólogos que abordan la traducción de un texto jurídico. Por lo tanto, hay que tener cuidado con los términos polisémicos, debiendo estos completar su significado en el diccionario por medio de definiciones o remisiones.

Por tanto, ¿cuáles son los rasgos léxicos que caracterizan el lenguaje jurídico?

– Existe un primer grupo, específico, compuesto de una serie de términos exclusivos del lenguaje jurídico-administrativo. Estos términos, empleados de manera unívoca, poseen una gran estabilidad semántica y una gran precisión en sus definiciones, como por ejemplo "anatocismo", en français, *anatocisme* (capitalización de los intereses de una cantidad prestada: los intereses, integrados en el capital, producen a su vez rentas), "usucapir", en français, *acquérir par usucapion* (acquisition d'un bien par prescription acquisitive), "sobreseer" (*surseoir*), "perclusión, caducidad de instancia" (*forclusion*), "cohecho" (*subornation*), "providencia" (*ordonnance*), "interdicto" (*action possessoire*), "impensas" (*impenses*), "otrosí" (*en outre*), "alegato" (*plaidoirie*), "sevicias" (*sevices*), "carga de la prueba" (*charge de la preuve*), y toda une serie de locuciones latinas como *dies ad quo, quota litis, ex novo, tribunal ad quem*, etc.

– Un segundo grupo, una terminología técnica, que reviste un sentido distinto al del lenguaje estándar, como, en español, el término "auto" (*arrêté ou mandat*), "sentencia" (*la sentence ou le jugement*), "el emplazamiento" (*l'assignation*), "la notificación, citación" (la signification ou la notification), "el exhorto o la comisión rogatoria" (*la lettre rogatoire ou commission rogatoire*).

– Un tercer grupo, está formado por una serie de términos polisémicos, que poseen varios significados en función del contexto, como por ejemplo:

Deducir: 1. *Déduire* (con el sentido de "inferir"). 2. *Déduire* (con el sentido de "descontar" una letra de cambio). 3. *Alléguer* (presentar declaraciones).

Instruir: 1. *Enseigner* (dar conocimientos nuevos, impartir enseñanza). 2. *Instruire* (poner un hecho en conocimiento de otra persona, informar de las medidas adecuadas). 3. *Instruire* (hacer lo necesario para que una causa pueda ser juzgada; primera etapa del procedimiento judicial, a la que sigue la presentación de las pruebas).

Proveer: 1. *Fournir* (suministrar una mercancía, abastecer con alguna cosa, producir los alimentos necesarios). 2. *Pourvoir* (dictar una sentencia). 3. *Pourvoir* (conferir un empleo o cargo).

Prueba: 1. *Preuve* (a. demostración, lo que sirve para establecer que una cosa es verdadera; b. demostración de la existencia de un hecho material o de un acto jurídico bajo las formas admitidas en Derecho; c. justificante, documento judicial). 2. *Essai* (análisis de un producto). 3. *Épreuve* (acto que expresa un sentimiento, una intención).

Este tercer grupo es el más numeroso (derecho, deponer, prescripción, auto, falta, garantía, fuente, auxilio, ayuda, bienes, activo, acto, acta, acción, medida, efecto, ocular, pieza, planificación, presentar, acusado, vista, recibo, servidumbre, trámites, tramitación, procedimiento, tráfico, tasa, censo, y tantos otros).

## *6.1 Léxico e inmigración*

En este caso concreto, existe en el discurso jurídico-administrativo francés toda una serie de términos que se prestan a una simple transcodificación, y que poseen una gran estabilidad semántica, bien porque ya pertenecen al lenguaje estándar, como es el caso de los términos empleados en la administración para identificar a las personas "estado civil : soltero, casado, divorciado" (*état civil: célibataire, marié, divorcé*, etc.), o bien porque sirven para designar documentos, como "decretos, acta de nacimiento, libro de familia" (*décrets, acte de naissance, livret de famille* etc.),o situaciones administrativas, como "emigrante" (*émigrant*) "inmigración" (*l'immigration*) "apátrida" *(apatride*), permiso de residencia (*autorisation de séjour*), "campo de refugiados" (*camp de réfugiés*), "clandestino" (*clandestin*), "compatriota" (*compatriote*) "solicitante de asilo" (*demandeur d'asile*), "derecho de asilo" (*droit d'asile*), "extranjero" (*l'étranger*), "expulsar" (*expulser*), "extradición" (*l'extradition*), "odio racial" (*la haine raciale*), "integración" (*l'intégration*), "país de acogida" (*pays d'accueil*), "racismo" (*racisme*), "refugiado" (*réfugié*), "emigrante económico" (*réfugié économique*), "refugiado" (*réfugié de guerre*), "visado" (*le visa*) "xenofobia" (*xénofobie*), etc., o bien porque se trata de colocaciones utilizadas en ambas lenguas: visto bueno, el abajo firmante, en aplicación del artículo (*certifié et conforme, je soussigné, en application de l'article*, etc.)

Sin embargo, el discurso jurídico, como cualquier otro discurso, no consta solamente de elementos mínimos, palabras simples o compuestas, sino también de agrupaciones de palabras que, una vez reunidas, cambian de significado para constituir una combinación fija de dos o tres morfemas dotados de un contenido semántico propio. Estas expresiones, bastante numerosas en el lenguaje jurídico, cumplen diferentes funciones. Pueden ser nominales (*non-lieu, non contraignant*), verbales (*donner quittance, donner procuration, indexé*) prepositivas (*en-cours, à la cote, à huit clos, à vue, de droit, à échoir, en brevet*), conjuntivas *(attendu que, ayant compte, ayant acquis, tenant à l'esprit*) o adverbiales (*dûment*).

No obstante, cualesquiera que sean sus funciones gramaticales, estas expresiones pueden adoptar un sentido muy concreto, a veces distinto del que revisten, en el caso de existir, en otros registros de lengua.

Las expresiones jurídicas son menos transparentes que los términos jurídicos, pero son absolutamente necesarias en la construcción de los enunciados, facilitando la unión entre los diferentes componentes del texto. Existe un gran número de vocablos del español jurídico que tienen un equivalente fijo a priori en francés y en español sin posibilidad de elección. Así, tenemos, por ejemplo: "impugnar el resultado" (*faire appel au résultat*); "declaración de la renta de las personas físicas" (*déclaration des revenus*); "separación de mutuo acuerdo" (*séparation à l'amiable*), mientras que en la expresión "divorcio de mutuo acuerdo" (*divorce par consentement*), el equivalente discursivo de es totalmente diferente.

Algunas de ellas, nos ofrecen una serie de coocurrencias alrededor de un término, dando lugar a campos léxicos muy específicos, como, por ejemplo, las coocurrencias del término "pleito" (*procès, cause*), conocer (*connaître*), "desistir" (*se désister de*), "entablar" (*entamer*), "personarse" (*comparaître*), "promover" (*intenter*), "sobreseer" (*surseoir à*).

## 7. Características estilísticas

Tanto el español como el francés jurídico poseen también una serie de rasgos estilísticos que lo caracterizan y lo distinguen del lenguaje estándar. Estas características se pueden sintetizar de la siguiente manera:

1. Un vocabulario grandilocuente que produce en el destinatario no especialista una ruptura comunicativa, como por ejemplo: "[…] en cuanto a la acumulación de procesos, se aclaran los presupuestos que la hacen procedente, así como los requisitos y los óbices procesales de este instituto" (LEC, 2000), donde el término "óbice" (obstáculo, impedimento), posee en español una connotación irónicamente culta; y el segundo término, "instituto" (principio, norma), no aparece en el DRAE.

2. Un estilo enfático que tiene su origen en el empleo de ciertos términos arcaicos como "proveído" (*sentence, arrêt*), "providencia de archívese" (*ordonnance de classement*), "proveimiento cautelar" (*décision conservatoire*), "constancia documental" (*preuve documentaire*), "fehaciente" (*qui fait foi*), etc.

3. Un estilo arcaizante, como el empleo del pretérito imperfecto del subjuntivo: el que buscase, del futuro del subjuntivo: el que sustrajere, y de algunos pronombres en desuso como cualesquiera.

4. La utilización de ciertas expresiones y frases hechas, verbales y prepositivas, "he de fallar y fallo" *(nous décidons)*, "que estimando como estimo" (*nous prenons en considération*), "debo acordar y acuerdo" (*nous décidons, nous accordons*), "a tenor del artículo" (*à l'avenant de l'article*), "a instancia de" (*à la demande de*), "en su caso, si procede" (*s'il y a lieu*), "en detrimento de" (*au préjudice de*), "en caso de auto de sobreseimiento" (*en cas d'ordonnance de non-lieu*), etc.

5. La invención de términos nuevos y específicos del lenguaje jurídico o económico, sobre todo en español: garantista (de garantía), anulatorio (de anular), contractualista (de firmar un contrato), culpabilístico (de culpable), alienidad (de alienar), habitualidad (de habitud), ajenidad (de ser ajeno a un hecho), necesariedad (de necesario), causación (de causa), etc., términos que no existen en francés.

6. Abundancia de repeticiones y duplicaciones léxicas; es decir, una tendencia a precisar el sentido de los vocablos, por considerar el jurista que el sentido queda incompleto, que es inestable: una Ley que exprese y materialice […] que acoja y vertebre […] que afronte y dé respuesta; cito, llamo y emplazo al testigo […].

7. Un exceso de nominalizaciones, a partir de adjetivos y verbos como ya indicamos (n. 5). La inmensa mayoría de este nominalizaciones se forman con los sufijos *-idad, -ción, -miento* (con prolijidad manifiesta, dar cumplimiento, dictar sobreseimiento, prestar declaración, etc.).

8. Otro fenómeno es el de los términos homónimos, tanto en español como en francés, como el verbo "casar" (*casser; marier*), "fallar" (*juger, prononcer une sentence; manquer, rater*), o los parónimos, como "connivencia" (*connivence*), "complicidad" (*complicité*), "jurisdicción" (*juridiction*), y tantos otros.

9. Algunas metáforas léxicas, como nuda propiedad, cadena perpetua, el peso de la ley, postulación, el cuerpo del delito, la carga de la prueba.

10. Un lenguaje figurado que se manifiesta en términos como "esgrimir" (*présenter*); "zanjar" (*régler*); "ventilar" (*résoudre*); "extinguirse" (*prescrire*); "abortar" (*faire échouer*); "evacuar" (*effectuer*), etc.

## 8. Características sintácticas

Aunque la sintaxis no sea el objeto de un trabajo de este tipo, es necesario enumerar los rasgos sintácticos más comunes del discurso jurídico español y francés:

– El empleo arcaico y repetitivo del pretérito imperfecto del subjuntivo en español (el que se negara […] o alegara […]). Se trata de una influencia del antiguo Código Civil español de 1889. En francés, esta construcción se ha reemplazado por el presente del subjuntivo.

– La utilización abusiva del participio pasado y del gerundio por una influencia del Derecho francés (*les lois concernant […], les lois modifiant […], résidant en pays étrangers*) ("declarando […], desestimando […], acordando […]; finalizado el plazo, interpuesto el recurso, presentada la demanda, visto el expediente", etc.), lo que da lugar a frecuentes anacolutos.

– La utilización frecuente de verbos en voz pasiva (en español predomina la pasiva refleja), para ocultar la identidad del autor de la acción.

– Un notable empleo de sintagmas nominales de gran longitud (varios sustantivos unidos mediante las preposiciones de y con), en los que la precisión es una prioridad, acompañados por una serie de adjetivos valorativos que indican la opinión del legislador con una intención claramente orientativa.

– La existencia de cierta ambigüedad en las conjunciones *et*, *ou*; y la utilización incorrecta de la coma (en español).

– Una acumulación de proposiciones coordinadas y yuxtapuestas en francés que contrasta con la tendencia del español a construir proposiciones-párrafo, compuestas de una serie de proposiciones restrictivas, apositivas y relativas. Una consecuencia de este tipo de construcciones es el abuso de términos anafóricos (el susodicho, el mismo, dicho, el mencionado, el citado, expresado, etc.), que son menos comunes en francés.

– Por último, el lenguaje jurídico francés y español constituye fundamentalmente un discurso normativo y exhortativo. Por consiguiente, los enunciados se construyen mediante expresiones de obligación, y el tiempo empleado es el futuro de obligación, modalidad deóntica que pone de manifiesto la actitud del legislador (el deber, la verdad, la obligación, la necesidad y la probabilidad, etc.), con relación a los hechos contemplados.

## 9. Características discursivas

El exceso de nominalizaciones del lenguaje jurídico no sólo obedece a un fenómeno estilístico o léxico. Es una estrategia discursiva y organizadora del mensaje. No se trata de una estrategia neutra o ingenua, ya que permite omitir la identidad del autor del texto o del que comete la acción evitando las responsabilidades directas.

Una consecuencia de esta relexicalización, es la creación de conceptos especializados que cambian por completo el sentido del término empleado en el lenguaje estándar. Muestra de ello son los términos "repetir" (*répéter*) [reclamar daños y perjuicios a un tercero por evicción], "adherirse" (*adhérer à, se joindre à* [personarse en un recurso interpuesto por la parte contraria] o "enervar" (*acquiescer*) [dejar sin efecto una acción].

Estas expresiones se utilizan, a veces, para referirse a frases rutinarias desconocidas, como: "y para que conste" (*pour valoir ce que de raison*), "a quien corresponda" (*pour le compte de ce qui il appartiendra*); circunstancias agravantes, como "sorprender en flagrante delito" (*prendre en flagrant délit*); maneras de efectuar las acciones, como "por delegación, a mano alzada" (*par délégation, par assis et levé, par indivis, par ouï-dire*); actos ilocutivos, como "emitir un dictamen, dictar auto de sobreseimiento, poner en entredicho" (*rendre un avis, rendre un non-lieu, remettre en cause*); redundancias o contradicciones, como "solidaria e indivisiblemente" (*solidairement et personnellement pour sa part et hypothécairement pour le tout*), etc.

El discurso jurídico presenta, como cualquier otro discurso, varios prototipos textuales: narrativo, descriptivo, argumentativo-exhortativo y de mandato. Sin embargo, lo que nos interesa principalmente en este trabajo son los términos empleados en los diferentes géneros judiciales.

La inmensa mayoría de estos géneros, como por ejemplo la sentencia, comparten una macroestructura que se distribuye de la siguiente manera: el "encabezamiento" (*l'entête*), "los antecedentes de hecho" (*les points de faits*), "los hechos probados" (*les faits pertinents*), "los fundamentos de derecho" (*les fondements juridiques*), el "fallo" (*la décision, l'arrêt*).

Cada género o cada una de las partes posee también una función comunicativa específica (narrativa, descriptiva, argumentativa, etc.). Así, la parte de la sentencia que se denomina los antecedentes de hecho, se redacta en la modalidad narrativa; los fundamentos de derecho se redactan en la modalidad expositiva; etc., y los verbos utilizados más frecuentemente son performativos, como es el caso de "manifestar" (*manifester*), "declarar" (*déclarer*), "condenar" (*condamner*), "acordar" (*accorder*), "afirmar" (*affirmer*), "disponer" (*disposer*), etc.

## 10. Dificultades de equivalencia terminológica

La equivalencia de dos términos se establece en función de su definición. Por tanto, si la definición de un término en un idioma coincide con la definición del mismo término en otro idioma, se pude decir que estos dos términos son equivalentes.

Para encontrar las definiciones de los términos o conceptos jurídicos y determinar su equivalencia en otro idioma con otro sistema jurídico, hay que recurrir a los distintos códigos de cada país, a los diccionarios jurídicos, a los manuales de derecho, etc. de ambos sistemas jurídicos. De esta forma, podremos buscar su equivalente, si es que lo tiene, a partir de la definición en el sistema jurídico término. De no ser así, el traductor puede incurrir en errores bastante comunes en traductores noveles como por ejemplo confundir el lenguaje común con el lenguaje especializado.

Por consiguiente, es muy importante que el traductor jurídico sea consciente de la dificultad terminológica que platea la traducción jurídica y que disponga de las destrezas y medios necesarios para encontrar las soluciones a estos problemas.

Sin embargo, no siempre existe equivalencia de términos entre dos sistemas jurídicos. La estructura del sistema judicial puede ser diferente de un sistema jurídico a otro. Veamos algunos ejemplos[1]:

El término español Juzgado no tiene un equivalente exacto en francés, habría que recurrir a una traducción explicativa y decir por ejemplo: *juridiction à juge unique*. No existe equivalencia por razones culturales, ya que mientras que en España un juzgado está presidido por un único juez, frente al equipo judicial que es el responsable de una sala, en Francia, la organización no se basa en jueces sino en las competencias asumidas por éstos. Éste es un caso típico de falta de equivalencia por razones culturales.

En España se entiende que un juzgado es un tribunal presidido por un único juez, que puede tener competencias en asuntos civiles y penales (juzgado de primera instancia e instrucción), en asuntos civiles (juzgados de primera instancia o especializados en asuntos civiles) o en asuntos penales (juzgado de instrucción, juzgado de lo penal) o en contenciosos-administrativos (juzgado de lo contenciosos-administrativo). En cualquier caso, al margen de la materia que sea objeto de consideración en ese juzgado, el concepto que nos interesa resaltar es la figura del "juez único", frente a la figura del "equipo judicial" que es responsable de una sala.

En el sistema francés, sin embargo, la organización no se basa en juzgados sino en jueces y en las competencias asumidas por éstos. Así, mientras que el *Tribunal d'Instance* sería una estructura similar (que no equivalente) a nuestros Juzgados de Primera Instancia e Instrucción, el *Tribunal de Grande Instance* (la figura que está por encima del *Tribunal d'Instance* en el sistema judicial francés) está organizado de una forma que supone, buscando una equivalencia funcional y de competencias en el sistema español, una equivalencia total en cuanto a su ámbito geográfico de competencias (*Tribunal de Grande Instance* –Departamento en Francia, Audiencia Provincial– Provincias en España) pero hay una diferencia

1 Ejemplos extraídos del anexo para traductores del *Diccionario jurídico y económico francés-español/español-francés* de Nicolás Campos Plaza, Jesús Cantera Ortiz de Urbina y Emilio Ortega Arjonilla, editorial Comares, colección Interlingua-Diccionarios, Granada: 2005.

fundamental entre ambas figuras: mientras que la Audiencia Provincial puede conocer asuntos en segunda instancia (recurso de apelación), en Francia esta segunda instancia es competencia de la *Cour d'Appel* (que tiene una única sede por región).

Igualmente ocurre con Audiencia Nacional, Audiencia Provincial o Tribunal Superior de Justicia, al no encontrar una equivalencia exacta en el sistema judicial francés, hay que optar por una traducción explicativa, por lo que Audiencia Nacional sería equivalente a *juridiction à compétence nationale en Espagne*; Audiencia Provincial, sería equivalente a *juridiction à compétence de la province en Espagne* y Tribunal Superior de Justicia equivaldría a *Juridiction à compétence de la Communauté Autonome en Espagne.*

Las funciones de un cargo pueden abarcar competencias diferentes según el sistema jurídico: el "agente judicial" en España, habría que traducirlo por *huissier audiencier*, y no por *huissier de justice* ya que este término equivaldría al "oficial de justicia" en el sistema español ya que sus competencias superan las del "agente judicial".

Otra falta de equivalencia la encontramos en la tipificación de delitos entre el código penal francés y el español. El Código penal francés clasifica las infracciones penales en: *crimes, délits, y contraventions,* mientras que el Código penal español sólo diferencia entre *delitos* y *faltas*. Nos encontramos aquí con una falta de equivalencia al tener en un sistema jurídico tres tipos de infracciones penales frente a las dos del sistema jurídico español. Esperanza Alarcón y Carlos Aránguez, en su traducción al español del Código Penal francés (2000: 34) proponen la traducción de *crimes, délits,* y *contraventions* por "delitos graves, delitos menos graves y faltas".

No obstante, aunque proponemos equivalentes nítidos cuando existen, los problemas terminológicos encontrados dentro de este ámbito especializado casi nunca se reducen a encontrar un término equivalente en otra lengua, de ahí que es necesario ilustrar los problemas que acompañan a este tipo de lenguaje con otras estrategias de traducción, tales como la explicación, la aclaración o la compensación, como es el caso de:

"Fe pública judicial". En este caso, el equivalente en francés supone una aclaración de la expresión hecha de referencia: *force probante attachée aux actes autentiques.*

"Graduado social", por ejemplo, no existe equivalente en francés al término español, por dos motivos: el título universitario (que no tiene equivalente en el sistema universitario francés) y su ámbito de actuación (que es distinto en Francia). En este sentido, hemos de destacar que el ámbito del trabajo y de la seguridad social en Francia se rige por una organización judicial distinta (*Conseil de Prud'hommes*, entre otras), por lo que en una traducción al francés de este título universitario español habrá que explicitar en qué consiste el título, dónde es competente su actuación (jurisdicción de trabajo y de la seguridad social) y cuál es su ámbito de actuación (tribunales españoles). Sin estas acotaciones el lector francés del texto español traducido no tiene suficientes elementos para saber identificar que se trata de una figura específica del ordenamiento jurídico español y que desempeña unas funciones determinadas en procedimientos judiciales específicos. Podríamos definirlo como *personne ayant un Diplôme en Droit du Travail l'autorisant (en Espagne) à assister une partie devant les juridictions du travail et de la sécurité sociale.*

El término "fiscal" en español equivale, por frecuencia de uso, a *Magistrat du Parquet* en francés. No obstante, el término *Magistrat du Ministère Public* es correcto aunque menos utilizado.

El término "indefensión", que está perfectamente acotado en su significación dentro del derecho español, ha de ser sometido a un proceso de traducción explicativa como *la situation du plaideur sans moyen juridique ou matériel pour se défendre*.

En lo que respecta a "Decreto-Ley", ya no se dictan en Francia. No obstante, si encontramos en un texto este término, su traducción adecuada al francés sería *Décret (en Espagne).* En el caso de "Real Decreto", la diferencia entre los sistemas políticos español (Reino) y francés (República) hace que no haya un equivalente exacto en la otra lengua.

De ahí que haya de añadirse *Arrêté Royal (en Espagne*) en el caso de una traducción al francés de Francia. No obstante, si la traducción se lleva a cabo del español al francés de Bélgica (donde también hay un sistema político basado en la fórmula de monarquía parlamentaria), se podría omitir esa aclaración entre paréntesis porque sí existe el equivalente del Decreto Real español dentro del sistema jurídico belga (*Arrêté Royal*).

El término "letrado" podríamos traducirlo por *avocat*, que es el equivalente de abogado y de letrado en contextos generales. No obstante, en un contexto en el que el término letrado se refiera a una realidad más específica (letrado del Consejo General del Poder Judicial, letrado de alguna institución del Estado, etc.) habrá que recurrir a una traducción explicativa en francés e incluso sustituir el término *avocat* por otro equivalente.

## 11. Dificultades de equivalencia terminológica de la organización judicial entre Francia y en España

El llamado Poder judicial es uno de los tres poderes en los que se divide el Estado español, según la clásica teoría de Montesquieu en la que se inspira el ordenamiento jurídico español. En principio, el término es equivalente al francés *pouvoir judiciaire*, pero debe tenerse en cuenta que en Francia los órganos jurisdiccionales de naturaleza administrativa pertenecen al *pouvoir administratif* (mientras en España se integran en el Poder Judicial).

Integran el Poder Judicial la práctica totalidad de los órganos jurisdiccionales españoles, (Juzgados de Paz, Juzgados de Primera Instancia e Instrucción, Juzgados de lo Penal, Juzgados de lo Contencioso-Administrativo, Juzgados de lo Social, Juzgados de Menores, Juzgados de Vigilancia Penitenciaria, Audiencias Provinciales, Tribunales Superiores de Justicia, Audiencia Nacional y Tribunal Supremo), a excepción de los tribunales especiales y de la Jurisdicción Militar.

En lo que respecta al Orden jurisdiccional, recibe esta denominación el conjunto de órganos jurisdiccionales que resuelven conflictos de naturaleza civil y mercantil (orden jurisdiccional civil), penal (orden jurisdiccional penal), contencioso-administrativo (orden jurisdiccional administrativo o contencioso-administrativo) o laboral (orden laboral). El Poder Judicial español se divide en estos cuatro órdenes jurisdiccionales.

Los problemas de delimitación entre estos órdenes se resuelven por una Sala Especial del Tribunal Supremo, presidida por el Presidente y compuesta por dos Magistrados, uno por cada orden jurisdiccional en conflicto (art. 42 LOPJ). Su significado es distinto en Francia, donde existe una distinción entre *l'ordre judiciaire* y *l'ordre administratif.* Los problemas de delimitación entre estos órdenes se resuelven por el *Tribunal des conflits*.

La jurisdicción es, por tanto, el conjunto de órganos (Juzgados y Tribunales) con potestad para resolver los conflictos que se plantean en la sociedad y para imponer coercitivamente sus resoluciones. También se denomina jurisdicción al poder que ostentan dichos órganos (potestad jurisdiccional) y al ámbito en el que desarrollan su labor jurisdiccional.

Su sentido es distinto al del término francés *juridiction*. En España la Jurisdicción es única (art. 117.5 CE) y se integra por órganos jurisdiccionales. Como ya hemos indicado en el apartado correspondiente, en Francia existen tantas jurisdicciones como órganos (juzgados y tribunales) y se habla así de *juridictions de première instance et des juridictions d'appel, juridictions de l'ordre judiciaire y juridictions de l'ordre administratif, juridictions de droit commun et des juridictions d'exception*, etc.

En España, la Jurisdicción Ordinaria comprende la totalidad de los órganos pertenecientes al Poder Judicial y ciertos tribunales especiales (los tribunales consuetudinarios y tradicionales, el Tribunal Constitucional, la Sección de Enjuiciamiento del Tribunal de Cuentas; también se denominan tribunales especiales los tribunales supranacionales a los que el ordenamiento español atribuye potestad jurisdiccional).

Sin embargo, la Jurisdicción Militar es la única jurisdicción especial que subsiste después de la Constitución de 1978 (el resto fueron extinguidas, ya que dependían directamente del Poder Ejecutivo) y está limitada al ámbito estrictamente castrense y a los supuestos de estado de sitio. Se integra por sus propios órganos (Juzgados y Tribunales togados militares) y en su cúspide se encuentra la Sala de lo Militar del Tribunal Supremo (Sala 5ª).

### *11.1 Los Tribunales*

Los tribunales (*tribunaux*) son órganos jurisdiccionales colegiados (integrado por varios Magistrados). Se denominan también tribunales a ciertos órganos administrativos (Tribunal de Defensa de la Competencia, Tribunales deportivos; y Tribunales de oposiciones, en un sentido más genérico y coloquial), pertenecientes al Poder Ejecutivo, cuyas resoluciones se dictan por funcionarios de la Administración Pública y pueden ser recurridas ante los Tribunales Contencioso-Administrativos.

El "Tribunal de jurado" es un Órgano judicial colegiado integrado por nueve jueces legos y uno técnico, que se constituye normalmente en el seno de la Audiencia Provincial para conocer de un conjunto de delitos enumerados expresamente en la Ley Orgánica del Tribunal del Jurado (homicidio, amenazas, omisión deber de socorro, incendios forestales, etc.). Corresponde, en los casos de homicidio, a los *jury populaires* franceses.

El Tribunal Superior de Justicia (TSJ) es un Órgano jurisdiccional colegiado integrado por tres salas: Sala de lo Civil y Penal, Sala de lo Contencioso-Administrativo y Sala de lo Social. Conoce de las demandas de responsabilidad civil y de los procesos penales instados contra altos cargos de la Comunidad Autónoma, así como de los recursos de apelación contra las Sentencias dictadas por el Tribunal del Jurado.

En el ámbito contencioso-administrativo conoce en primera instancia o resuelve los recursos que determina la Ley y en el ámbito laboral conoce de los conflictos que exceden del ámbito de los Juzgados de lo Social pero no superan el ámbito de la respectiva Comunidad Autónoma.

El Tribunal Supremo es un Órgano jurisdiccional colegiado integrado por cinco salas: Sala Primera (de lo civil), Sala Segunda (de lo penal), Sala tercera (de lo contencioso-administrativo), Sala Cuarta (de lo social o laboral) y Sala Quinta (de lo Militar). Es el órgano jurisdiccional superior en todos los órdenes, salvo en materia de garantías constitucionales. En su seno se constituye la Sala Especial para resolver los conflictos de competencia (dentro del Poder Judicial, entre Juzgados y Tribunales de distinto orden). Tiene su sede en la villa de Madrid y extiende su jurisdicción a todo el territorio nacional. Sus competencias son principalmente la resolución de recursos de casación y otros extraordinarios previstos por la ley (revisión), las demandas de responsabilidad civil y la instrucción y el enjuiciamiento de los delitos cometidos por altos cargos de la Nación, así como los conflictos contencioso-administrativos y laborales con incidencia en un ámbito territorial superior al de la Comunidad Autónoma. Como órgano competente para resolver el recurso de casación es similar a la *Cour de cassation*, si bien en España el TS revisa también el caso concreto y no se limita a comprobar la correcta aplicación de la Ley.

Los Tribunales especiales son aquellos Órganos jurisdiccionales pertenecientes a la Jurisdicción ordinaria pero no incluidos en el Poder Judicial: el Tribunal Constitucional, la Sección de Enjuiciamiento del Tribunal de Cuentas y los Tribunales consuetudinarios y tradicionales son tribunales especiales. También se denominan tribunales especiales ciertos órganos supranacionales a los que el ordenamiento español reconoce potestad jurisdiccional: el Tribunal Europeo de Derechos Humanos, el Tribunal de Justicia de las Comunidades Europeas, el Tribunal Penal Internacional.

Los Tribunales especializados son aquellos Órganos jurisdiccionales pertenecientes al Poder Judicial que han asumido con carácter exclusivo el conocimiento de determinadas clases de asuntos. Por ejemplo, en aquellas jurisdicciones donde existen varios Juzgados de Primera Instancia (civil) y se estima necesario se designa un Juzgado de Familia, especializado, en consecuencia, en asuntos relativos al estado civil y las relaciones paterno-filiales.

En la actualidad existe un amplio debate acerca de la conveniencia de crear tribunales especializados en materia concursal (los Juzgados de lo Mercantil) o en el ámbito de la violencia doméstica.

### *11.2 Los Juzgados*

Como hemos indicado anteriormente, los juzgados son, en España, órganos unipersonales que en muchas ocasiones no tienen una equivalencia de competencias con los tribunales franceses. Por ejemplo, el Juzgado Central de Instrucción es un Órgano jurisdiccional unipersonal perteneciente a la Audiencia Nacional competente para instruir los procesos penales por delito cuyo enjuiciamiento corresponde al Juzgado Central de lo Penal o a la Sala de lo Penal de la Audiencia Nacional.

El Juzgado Central de lo penal es un Órgano jurisdiccional unipersonal perteneciente a la Audiencia Nacional con competencia para enjuiciar los delitos atribuidos a la Audiencia Nacional castigados con penas privativas de libertad inferiores a cinco años o de cualquier otra naturaleza con una duración inferior a diez.

El Juzgado Central de menores es un Órgano jurisdiccional unipersonal perteneciente a la Audiencia Nacional con competencia para enjuiciar los delitos de terrorismo cometidos por menores entre 16 y 18 años.

El Juzgado de lo Contencioso-Administrativo es un Órgano jurisdiccional unipersonal servido por un Magistrado. Conoce en primera instancia de los procesos de naturaleza contencioso-administrativa expresamente atribuidos por ley. Se integra en el orden jurisdiccional contencioso-administrativo, dentro del Poder Judicial (no está dentro del Poder Ejecutivo, como sucede con el *Tribunal administratif* francés).

El Juzgado de lo penal es un Órgano jurisdiccional unipersonal servido por un Juez o Magistrado, con competencias en el orden penal. Enjuicia los delitos castigados con pena privativa de libertad no superior a cinco años o con penas de cualquier otra naturaleza siempre que su duración no supere los diez años. Por Juzgar los delitos menos graves, puede equipararse al *Tribunal correctionnel.*

El Juzgado de lo social es un Órgano jurisdiccional unipersonal servido por un Juez o Magistrado, con competencias en el orden social. Resuelve en primera instancia los conflictos surgidos entre empresarios y trabajadores en el marco de la relación laboral y entre la Seguridad social y sus beneficiarios, así como otras cuestiones expresamente atribuidas por ley. Podría equivaler al *Conseil de Prud'hommes*.

El Juzgado de menores es un Órgano jurisdiccional unipersonal servido por un Juez o Magistrado que conoce de los delitos o faltas cometidos por menores de 18 años.

Está localizado en aquellos partidos judiciales o Audiencias en donde el volumen de asuntos requiera la creación de un juzgado independiente.

El Juzgado de Paz es un Órgano jurisdiccional unipersonal integrado por un juez lego (no profesional) con competencias en el orden civil para conocer de las demandas cuya cuantía no exceda de las 90 € y en el orden penal para el enjuiciamiento de las faltas de menor entidad (daños en el aspecto exterior de los inmuebles, abandono de jeringuillas, maltrato cruel de animales, etc.). Se constituyen en los municipios donde no existen Juzgados de Primera Instancia e Instrucción y entienden su jurisdicción a todo el municipio. Se nombran por un periodo de cuatro años por la Sala de Gobierno del TSJ respectivo, previa elección de su Ayuntamiento.

El Juzgado de Primera Instancia e Instrucción es un Órgano jurisdiccional unipersonal servido por un Juez o Magistrado, con competencias en el orden civil y en el orden penal. Se constituyen en cada partido judicial, entienden su jurisdicción a todo el partido y tienen su sede en la capital del mismo.

En el orden civil resuelve en primera instancia la totalidad de los litigios de naturaleza civil o mercantil que no estén expresamente atribuidos a otro órgano jurisdiccional, así como los actos de jurisdicción voluntaria y las cuestiones de competencia entre los Juzgados de Paz de su partido. Tienen a su cargo el Registro Civil. Sus competencias son similares a las de los *Tribunaux d´instance* y *Tribunaux de grande instance* (con exclusión de los litigios sobre reclamaciones salariales o elecciones, entre otras).

En el orden penal instruye los procesos penales por delito y enjuicia las faltas que no están expresamente atribuidas a los Juzgados de Paz, así como el proceso de *habeas corpus* y las cuestiones de competencia entre los Juzgados de Paz de su partido. Su competencia para enjuiciar las faltas puede equipararse a la del *Tribunal de pólice* para conocer de las *contraventions.*

El Juzgado de vigilancia penitenciaria es un Órgano jurisdiccional unipersonal servido por un Juez o Magistrado con competencias en materia de ejecución de penas privativas de libertad y medidas de seguridad, control jurisdiccional de la potestad sancionadora de las autoridades penitenciarias, amparo de los derechos y beneficios de los internos en los establecimientos penitenciarios. Su competencia puede equiparse a la del *juge de l'application des peines* (*Tribunal de grande instance*).

### *11.3 Las Audiencias*

Se denominan así a los Órganos jurisdiccionales colegiados servidos por tres magistrados con competencias en el orden civil y penal.

La Audiencia Provincial es un Órgano jurisdiccional colegiado (3 magistrados) con competencias en el orden civil y en el penal. Extiende su jurisdicción a toda la provincia y tiene su sede en la capital. Puede estar integrado por una o varias Secciones, bien de naturaleza mixta bien de naturaleza únicamente civil o penal.

* En el orden civil resuelven los recursos –apelación principalmente– contra las resoluciones dictadas por los Juzgados de Primera Instancia. Actúa, pues, como *Cour d'appel*.

* En el orden penal enjuicia los delitos castigados con pena privativa de libertad superior a cinco años y penas de cualquier otra naturaleza no atribuidos a los Juzgados de lo Penal, así como los recursos contra las sentencias dictadas en los juicios de faltas por los Juzgados de Instrucción (en este último caso el recurso se resuelve por uno solo de sus Magistrados). Para los delitos más graves sus competencias son similares a las de la *Cour d'assises*, y para los delitos menos graves funciona como *Cour d'appel*.

En el seno de la Audiencia Provincial se constituye normalmente el Tribunal del Jurado.

La Audiencia Nacional es un conjunto de Órganos jurisdiccionales con competencias en los órdenes penales, contencioso-administrativas y laborales. Se integra, en cada uno de los citados órdenes, por Juzgados Centrales y Salas. En el orden penal instruye y enjuicia un conjunto de delitos enumerados en el art. 65 LOPJ, que constituyen en la práctica los de mayor relevancia social (formas graves de delincuencia): delitos contra el titular de la Corona y altos cargos de la Nación, terrorismo, tráfico de drogas, peticiones de extradición, delincuencia económica, etc., y extiende su jurisdicción a todo el territorio nacional, aunque con sede en la villa de Madrid. No existe equivalencia con ningún órgano jurisdiccional francés.

## 12. Términos procesales y sustantivos del lenguaje jurídico en francés y en español

En lo que a términos procesales respecta, sin pretensión de ser exhaustivos, debemos tener en cuenta los siguientes:

"Aclaración de sentencia". En este caso nos encontramos con otra de las diversas acepciones que el término *jugement* tiene en francés. Aunque, como hemos apuntado en otras notas, este término puede ser empleado como sinónimo de "sentencia" (en primera instancia), pero en este caso la expresión aclaración de sentencia tiene como equivalente en francés *jugement rectificatif.* (Proveído por el mismo tribunal a petición de una de las partes).

El término "acta" en español como uno de sus equivalentes, *acte* en francés, presenta una gran cantidad de acepciones significativas. De ahí que tengamos que ser muy cautelosos a la hora de proponer una traducción de Acta al francés. Así, un "acta" puede equivaler, en términos generales, a un documento o un informe con cierto valor legal. En este caso la traducción puede ser *acte, document, compte rendu.* En caso de que se trate de un "acta judicial", la equivalencia suele ser *acte.* Así, en francés, se utiliza *acte* tanto en el derecho civil como en el derecho penal, en expresiones tales como *acte conservatoire (Droit Civil), acte d'accusation (Droit Pénal*), etc.

Por último, tenemos "acta" como equivalente de *procès-verbal.* Este acta puede ser de naturaleza administrativa (acta de evaluación de un grupo de alumnos) o jurídica. En francés, se define un *procès-verbal*, desde una perspectiva jurídica, como "un acte rédigé par un officier public ou une personne habilitée relatant certaines constatations et en constitue la preuve" (*Dictionnaire Juridique Pratique*, 1998: 476).

El término "actor", aplicado al ámbito judicial, presenta varios equivalentes en francés según su contexto de aplicación. En primer lugar, hay que delimitar qué se entiende por "actor" dentro del ámbito jurídico español. Según el *Diccionario Básico Jurídico* (2004: 13), "actor" es, en

Derecho procesal, la persona que presenta una solicitud de justicia contra otra u otras. Así, este término equivale, en francés, a *demandeur* cuando se refiere al ámbito civil. Remite en concreto, según el derecho civil francés a "une personne qui présente une demande devant une juridiction" (*Dictionnaire Juridique Pratique*, 1998: 214).

En este sentido, en español equivaldría también al término "demandante" dentro de nuestro ordenamiento jurídico. Sin embargo, también puede entenderse como *plaignant*, porque en el derecho penal francés se entiende como *plaignant* a la persona que presenta una *plainte*. Por último, puede equivaler, dentro de un contexto de derecho civil a *requérant*. La persona que, en el derecho francés, presenta una *requête*, y que realiza "une demande en justice non contradictoire adressée à un magistrat" (*Dictionnaire Juridique Pratique*, 1998: 522).

En el caso de "actuación de oficio", el español utiliza "actuación" en lugar de "acción", mientras que el francés recurre a *action* para proponer una equivalencia al término español. Por lo demás, la expresión es bastante transparente, se trata de una acción o actuación iniciada por la Administración y no a instancia de parte: *action intentée d'office*. Sin embargo, la expresión "actuaciones judiciales" puede tener varias equivalencias en francés. Se traducirá por *dispositions* o *mesures judiciaires* cuando estas actuaciones se refieran a la adopción de medidas concretas en un proceso judicial. Se traducirá por *formalités de procédure* cuando estas actuaciones se refieran, en el texto objeto de traducción, al protocolo de actuación en el proceso.

El término "acusado" tiene dos equivalentes en francés que delimitan si se trata del uso general del término, *accusé*, o de una persona imputada dentro de un procedimiento en el *Tribunal correctionnel*. En este caso es *prévenu*.

"Aforado" no tiene equivalente en francés, por lo que se recurre a una traducción explicativa, indicando en francés en qué consiste la condición de aforado en el derecho español: *celui ou celle qui jouit d'un privilège de juridiction*.

Recogemos ahora las expresiones "allanamiento" y "allanamiento de morada" para poner de manifiesto que, en francés, aunque el primero ha de traducirse por *acquiescement*, la expresión derivada equivale a *violation du domicile*.

Además, existen expresiones en francés y en español que deberían tener un equivalente similar. Sin embargo, hay muchos casos en los que no es así: mientras que "antecedentes de hecho" equivale a *exposé des faits* en francés, la expresión "antecedentes penales" equivale en francés a *antécédents judiciaires*.

El término "apercibimiento" se refiere, en términos generales, a citación, aviso o notificación en la que se indican las consecuencias derivadas de la inhibición de la persona receptora de ese aviso. En este caso, la traducción podría ser equivalente a la que tenemos prevista para una notificación con acuse de recibo. En francés existen varios términos *assignation, notification*, etc. Sin embargo, cuando se trata de menores, ese apercibimiento es equivalente a *admonestation* en francés.

El término "apoderamiento" tiene como equivalente francés una expresión *pouvoir de représentation*, aunque "poder" equivalga a *mandat*.

El procedimiento administrativo en español "apremio" equivale, al igual que ocurría en el caso anterior, a una expresión hecha en francés, *procédure d'éxécution*.

Hay expresiones con las que el traductor debe ser especialmente cuidadoso, como, por ejemplo, las expresiones "arresto domiciliario" (*assignation à résidence*), "artículo de previo" (*question préjudicielle*) y "atestado policial" (*constat de police*) como ejemplos específicos de terminología jurídica distinta en ambas lenguas que pueden dar lugar a equívocos importantes.

Veamos ahora un término muy recurrente en la terminología jurídica española: el término "auto". En la medida en que entendemos que "auto" se refiere a "resolución judicial" el contexto indicará cuál es el equivalente adecuado en francés: *décision, mandat, ordonnance, jugement* (en su acepción no equivalente a sentencia en primera instancia), como en las expresiones "auto de libertad bajo fianza" (*ordonnance de placement sous contrôle judiciaire*) "auto de libertad condicional" (*ordonnance de libération conditionnelle*) "auto de prisión" (*mandat de dépôt*). Pero si entendemos un "auto" como un documento, su equivalente en francés será *acte*. Por último, si lo entendemos como pieza de un procedimiento judicial (*Diccionario Básico Jurídico*, 2004: 43) su equivalente en francés será *pièce* o *partie*.

Otro ejemplo típico de las diferentes acepciones significativas que se asocian a los términos en español y en francés es el término "denuncia", el cual se traduce en francés por *plainte* o *plainte simple*, pero "querellante y denunciante" se traducen por un mismo término en francés: *plaignant*, mientras que "denunciado se traduciría por *personne mise en cause*. Terminaremos con un ejemplo de un acto administrativo de autenticación de documentos como es el término "compulsa", que corresponde a una ampliación inequívoca en francés: *vu et authentifié*.

## 13. Términos délficos del lenguaje jurídico en francés y en español

Veamos ahora otros ejemplos típicos de términos que en el ámbito de la lengua general significan una cosa y en un ámbito especializado otra muy distinta. Así, el español "despacho" (que equivale tanto al espacio físico donde se trabaja como al envío de documentos) equivale en francés tanto a *expédition* (en el sentido de envío de documentos) como a *bureau* (en el sentido de espacio físico de trabajo o incluso mueble de ese espacio). Sin embargo, la expresión en español de "busca y captura", puede dar lugar en francés a *mandat d'arrêt* o *mandat d'amener*, según el caso en cuestión.

He aquí un término, fianza, que presenta dos posibles equivalentes en francés: "garantie o cautionnement". No obstante, también existe el término español "garantía", que no se utiliza en este contexto con el sentido de *garantie* que tiene en francés.

La expresión "competencia objetiva" (*compétence d'attribution*) presenta una equivalencia doble en francés. Al igual que en el caso anterior, tendremos que analizar el contexto del encargo de traducción para deducir cuál es el equivalente más adecuado en cada caso. Recogemos, por último, la expresión "inhibición" porque presenta una equivalencia inequívoca en francés: *déclaration d'incompétence.*

Sin embargo, "dictamen" se entiende, dentro del ámbito jurídico, como "opinión y juicio que un abogado forma y emite sobre un tema jurídico". En función del tipo de "dictamen" habremos de traducir este término al francés por *avis, opinion* o *rapport.*

El término "emplazamiento" cuando se trata de de una citación, convocatoria o llamada que se hace a una persona para que comparezca en el juzgado, se puede traducir en francés por *assignation* o *mise en demeure.*

El "exhorto" español se traduce por *lettre rogatoire*, que no hay que confundir con la *Commission rogatoire internationale*, que equivale en español a "Comisión rogatoria internacional".

El fallo, como sentencia definitiva del juez en el sistema jurídico español, puede tener varios equivalentes en francés. Si se trata de un fallo de un juicio en primera instancia, se traducirá por *jugement.* Si se trata de un fallo de un juicio en segunda o tercera instancia, se traducirá por *arrêt.* Si se trata, por extensión, de "fallo" en el sentido de adopción de una "decisión", se podrá traducir por *décision, ordonnance* o *jugement* según el contexto.

El término *sentence*, por último, es un término general para "sentencia o fallo" que no sirve para acotar si se trata de una sentencia en primera o posteriores instancias dentro del sistema jurídico francés.

## 14. Los falsos amigos

Aunque los falsos amigos no constituyen un grave problema, es fundamental que se sepan reconocer. Así, el término "procurador" no es equivalente a *procureur*, también denomidado *magistrat du Parquet, magistrat du Ministère Public*) sino a *avoué*, dado que el *procureur* realiza las funciones de "fiscal" en España.

También el "agente judicial" es un término que constituye un falso amigo de la traducción del español al francés. El agente judicial, tal y como lo entendemos en el sistema jurídico español, sería un *huissier audiencier* en el sistema francés. No obstante, existe una figura en el sistema jurídico francés, *huissier de justice*, que habría que traducir por "oficial de justicia", dado que sus atribuciones superan, con mucho, las atribuidas al agente judicial en el sistema español.

Veamos los distintos tipos de *huissier* dentro del ordenamiento francés:

> Huissier audiencier (Procédure Civile): huissier de justice qui assiste aux audiences publiques, fait l'appel des causes et maintient l'ordre sous l'autorité du Président du tribunal.
>
> Huissier audiencier correctionnel (Procédure Pénale): Huissier de justice chargé du service intérieur des tribunaux correctionnels.
>
> Huissier de justice (Procédure Civile): Officier ministériel chargé des significations et de l'exécution forcée des décisions de justice (saisies), ainsi que de la constatation de certains événements (constats), dans la circonscription où il a pouvoir d'instrumenter. (*Dictionnaire Juridique Pratique,* 1998: 314).

Otro falso amigo de la traducción es el término *rejet*, el cual puede entenderse como "rechazo" en otros contextos, pero que en el ámbito judicial debe traducirse por "desestimación", como sucede también con el término *détenu*, que no es equivalente a "detenido", porque la "detención" se traduce en francés por placer en *garde à vue* (detener) o *garde à vue.*

Atención al término “embargo”, porque aunque el equivalente de “embargo” puede ser *saisie* o *embargo*, pero en francés existen muchos tipos de *saisie* y a cada uno de ellos correspondería un “embargo” con características diferentes en español.

“Falta” es un término que presenta diversos equivalentes en francés según el contexto en el que se utilice. Así, falta, en el sentido de haber cometido una imprudencia o de haber realizado una acción no permitida y punible, equivaldría a *contravention*, pero “falta”, en el sentido de defecto, se traduciría por *défaut*. Por último, “falta”, en sentido más general, equivale en francés a *faute*.

En lo que respecta a la expresión “cuestión de inconstitucionalidad”, aunque exista en francés el término *question*, en este contexto no corresponde en español a “cuestión”, sino a *exception d'inconstitutionalité*.

Otro tanto sucede con la expresión “inspección ocular”, la cual está relacionada con el reconocimiento judicial en un caso de homicidio o asesinato, por lo que en francés no corresponde a *inspection*, sino *transport sur les lieux, transport de justice*.

Cuando se trata de una “prueba pericial”, esta se traduce por *l'expertise*; sin embargo, cuando hablamos del “dictamen pericial” (informe evaluativo de la investigación llevada a cabo), la traducción correcta sería *rapport d'expertise*.

Recogemos, por último, tres colocaciones en español que presentan un equivalente inequívoco en francés: “recurso de amparo” (*question préjudicielle d'inconstitutionnalité*) “recurso de apelación” (*appel, voie d'appel*) “recurso de casación” (*pourvoi en cassation*) y “recurso de súplica” (*rétractation*).

## 15. Conclusión

Como han podido comprobar, hemos situado, en primer lugar, nuestra investigación en un contexto metodológico porque el estudio del lenguaje jurídico exige un buen conocimiento de las fuentes y de las características culturales de este lenguaje especializado.

En segundo lugar, hemos analizado las características léxicas, sintácticas, estilísticas y discursivas del lenguaje jurídico español y su equivalencia en francés.

Al mismo tiempo, hemos intentado igualmente poner de relieve los problemas de equivalencia a los que se somete un mediador especializado en el ámbito de la extranjería en textos jurídico-administrativos franceses y españoles.

Y, por último, hemos querido ofrecer una investigación que tenga como principal objetivo el convertirse en un texto de referencia no solamente para lingüistas, sino también para profesores, juristas y mediadores culturales, colocando unos peldaños que permitan seguir construyendo una Europa multicultural y multilingüe.

## Bibliografía

AGUESSIM, Abdellatif. 2005. *La traducción jurídico-administrativa e inmigración. Propuesta de traducción al árabe de la ley de Extranjería en vigor.* Tesis doctoral. Universidad de Granada.

ALCARAZ BARÓ, Enrique & Brian HUGHES. 2002. *El español jurídico*. Barcelona: Ariel.

AMORÓS RICA, Merlin & Olivier MERLIN WALCH. 2007. *Dictionnaire juridique français-espagnol/espagnol-français.* Paris: Librairie générale de droit et de jurisprudente (L.G.D.J.).

ARÁNGUEZ SÁNCHEZ, Carlos & Esperanza ALARCÓN NAVÍO. 2000. *El Código Penal francés, traducido y anotado*. Granada: Comares.

ARCO TORRES (del) Miguel Ángel (dir.). 2004. *Diccionario Básico Jurídico*. Granada: Comares.

BAILEY, Clifford J. 1967. *Manual del traductor público.* Buenos Aires: Colegio de Traductores Públicos de la ciudad de Buenos Aires.

BASDEVANT, Jules. 1960. *Dictionnaire de la terminologie du droit international*. Paris: Sirey.

BOCQUET, Claude. 1994. *Pour une méthode de la traduction juridique.* Lausanne: CB Service.

— 2008. *La traduction juridique: fondement et méthode.* Bruxelles: De Boeck.

Borja Albí, Anabel & Esther Monzó Nebot (eds.). 2000. *Traducción y mediación en las relaciones jurídicas internacionales.* Castellón: Universitat Jaume I.

Campos Martín, Natalia Mª. 2006. "La terminología jurídica en el ámbito español-francés" in *Traducción y mediación cultural.* Granada: Atrio, 98–110.

Campos plaza, Nicolás, Jesús Cantera Ortiz de Urbina & Emilio Ortega Arjonilla. 2005. *Diccionario jurídico-económico francés-español/español-francés*. Granada: Comares.

Campos Plaza, Nicolás & Natalia Mª. Campos Martín. 2004. "Acercamiento terminológico y conceptual a la organización judicial en España y Francia" in García Marcos, F.-J. (ed.). *Traducción, Cultura e Inmigración*, Granada: Atrio, 123–148.

Campos Plaza, Nicolás & Emilio Ortega Arjonilla. 2005. *Panorama de Lingüística y Traductología. Aplicaciones a los ámbitos de la enseñanza del Francés/Lengua Extranjera y de la Traducción (francés-español).*Granada: Atrio.

Cornu, Gérard. 2000. *Vocabulaire Juridique.* Paris: PUF.

— 2005. *Linguistique juridique*, 3ª edición. Paris: Montchrestien.

Crespo Hidalgo, Juan. 2011. "Estudio cienciométrico de las tesis doctorales sobre Traducción Interpretación en España (1972–2010)" in Ortega Arjonilla, E., Martínez López, A. & Echeverría Pereda, E. (eds.). *Panorama actual de la investigación en traducción e interpretación*. Granada: Atrio, 123–156.

Cruces, Susana & Ana Luna. (eds.). 2004. *La traducción en el ámbito institucional: autonómica, estatal y europeo*. Vigo: Servicio de Publicaciones Universidade de Vigo.

Duro Moreno, Miguel Jesús. 2003: *Nolumus leges Angliae mutare: Propedéutica de la traducción jurídica inglés-español.* Granada: Servicio de Publicaciones de la Universidad.

Elena, Pilar. 2001. *La traducción de documentos alemanes.* Granada: Comares, col. "Interlingua", nº 29.

Feria García, Manuel. (ed.).1999. *Traducir para la Justicia.* Granada: Comares, col. "Interlingua", nº 9.

Fernández Martínez, José Manuel. 2002. *Derecho de la A a la Z. Diccionario jurídico*. Madrid: Aranzadi.

Fontette, (de) François. 1988. *Vocabulaire juridique*. Paris: PUF.

Gémar, Jean-Claude. 1995. *Traduire ou l'art d'interpréter.* Québec: Conseil de la Langue Française.

Gómez de Liaño, Fernando. [1988] 2001. *Diccionario jurídico*. Oviedo: Forum, 7ª edición.

Gómez Ruiz, Víctor Manuel. 2004. *La traducción clara de lo jurídico: textos de trabajo*. Las Palmas de Gran Canaria: Servicio de Publicaciones de la Universidad.

Gonzalo García, Consuelo & Valentín García Yebra (eds.). 2000. *Documentación, terminología y traducción.* Madrid: Síntesis.

— 2004. *Manual de documentación y terminología para la traducción especializada*. Madrid: Arco Libros.

Gouadec, Daniel. 1996. *Terminologie et phraséologie pour traduire. Le concordancier du traducteur*. Paris: La Maison du Dictionnaire.

Guillien, Raymond & Jean Vincent Vincent. [1977], 2001. *Lexique des termes juridiques*. Paris: Dalloz, 13ª ed.

Instituto de Salud Pública de la Comunidad de Madrid: <http://www.madrid.org/bvirtual> [12/11/2015].

Naciones Unidas: División de Traducción. 1979. *Manual de instrucciones para los traductores.* Naciones Unidas, Nueva York: Servicio Lingüístico de las Naciones Unidas.

Naciones Unidas. 1990. *Law Terminology in English, French and Spanish.* Ginebra: Servicio Lingüístico de las Naciones Unidas.

Ortega Arjonilla, Emilio & Martínez López, A. & Echeverría Pereda, Elena. (eds.). [2003] 2011. *Panorama actual de la investigación en traducción e interpretación.* Granada: Atrio, nº1, col. "Traducción en el Atrio" (3ª edición revisada y aumentada).

Real Academia Española (rae). 2001. *Diccionario de la lengua española*. Madrid: Espasa, 22ª ed.

Ribó Durán, Luis. [1995] 2005. *Diccionario de Derecho*. Barcelona: Bosch, 3ª ed.

San Ginés Aguilar, Pedro & Ortega Arjonilla, Emilio. 1996. *Introducción a la traducción jurídica y jurada (francés-español).* Granada: Comares, col. "Interlingua".

Vázquez del Árbol, Esther. 2008. *La traducción (inglés-español) de testamentos británicos y documentos relacionados. De la teoría a la práctica.* Granada: Universidad de Granada.

VICÉN ANTOLÍN, Carlos. 2002. *Diccionario de expresiones y términos jurídicos latinos*. Rubí (Barcelona): Cedecs.

VV.AA. 1998. *Dictionnaire Juridique Pratique*. Paris: Éditions Juridiques Européennes.

VV.AA. 1998. *Le droit de la A à la Z. Dictionnaire pratique juridique*. Paris: Éditions juridiques européennes.

VV.AA. 1998. *Dictionnaire de la langue française*. Paris: Le Robert.

VV.AA. 1998. *Lexique des termes Juridiques*. Paris: Dalloz.

VV.AA. 1998. *Diccionario Trivium de derecho y economía*. Madrid: Trivium.

VV.AA. 2001. *Diccionario jurídico*. Madrid: Espasa.

VV.AA. 2002. *Petit Larousse, dictionnaire encyclopédique*. Paris: Larousse.

# Capítulo VII

# Procedimientos de creación neológica en el ámbito de las migraciones: implicaciones sociológicas y culturales

## *Procedures to create neologisms in the field of migrations: sociological and cultural implications*

NATIVIDAD GALLARDO SAN SALVADOR
Universidad de Granada
ngallar@ugr.es

*Resumen*
Con este capítulo nos proponemos acercar la realidad lingüística y cultural del fenómeno de las migraciones, dentro de un contexto descriptivo, comunicativo y cognitivo, a la neología especializada de ese campo. El vocabulario de la migración se inscribe en el marco de la Teoría Comunicativa de la Terminología, no solo por las unidades terminológicas utilizadas sino también por razones de la función y por el hecho de que este vocabulario se puede utilizar fácilmente en el discurso informativo. Hemos observado el dinamismo neológico de estos vocabularios, en los que hemos asistido al nacimiento de numerosas voces, con frecuencia sujetas a procesos fluctuantes que muchas veces las impulsan hacia la fijación del neologismo. Aunque en alguna ocasión también hemos podido presenciar la desaparición de alguna que otra voz; son los términos de vida efímera que, al poco de ser acuñados, incluso sin haber llegado a alcanzar la madurez y, en consecuencia, sin una norma que sancione su uso, desaparecen del vocabulario en cuestión. Sin embargo, otras veces también hemos podido verificar el fenómeno contrario, es decir, la revitalización que acusa un término debido a la pujanza que ejercen sobre él las noticias de fuerte impacto que llegan hasta los medios de comunicación.

*Palabras clave:* Terminología, neología, procedimientos, migraciones y traducción.

*Abstract*
With this chapter we propose to bring the linguistic and cultural reality of the migration phenomenon to the specialized neology within a descriptive, communicative and cognitive context. The vocabulary of migration falls within the framework referred to as the Communicative Theory of Terminology, this is not only because of the terminological units used but also for reasons of function and the fact that this vocabulary can easily be used in informative discourse. We have been able to observe the dynamic nature of this vocabulary and the constant creation of new terms: the birth of new terms, many of which had to survive a period of instability before becoming accepted as correct; the disappearance of a number of terms, words that shortly after gaining acceptance, some not even reaching maturity, fell into disuse of their own accord; and the opposite, terms that regained popularity thanks to their use in high impact news stories in the media.

*Key words:* Terminology, neology, procedures, migrations and translation.

## 1. Introducción

El *Informe sobre las migraciones en el mundo, 2015*, publicado por la Organización Internacional para las Migraciones (OIM), indica que vivimos en un mundo cada vez más urbano. En 2014, más del 54% de los habitantes del planeta residía en zonas urbanas y es de prever que para 2050 la población urbana, que actualmente asciende a 3.900 millones de personas, alcance unos 6.400 millones. La continua migración hacia las ciudades trae consigo tanto riesgos como oportunidades para los migrantes y contribuye a que estos organicen sus vidas en función de las ciudades, sus habitantes, su cultura y sus normas.

No hay duda de que el fenómeno de la inmigración es una fuente de riqueza para el país de acogida y veremos que lo es también desde el punto de vista de creación neológica en el ámbito lingüístico, cultural y social. Desde la década de los noventa España viene recibiendo flujos migratorios que integran una población nueva cada vez mayor. Es evidente que estos movimientos influyen en la transformación de la sociedad española y tienen consecuencias directas sobre su configuración en el entorno social, económico y político (Gallardo San Salvador, 2009: 135).

Un estudio sociológico sobre España y las migraciones internacionales, realizado por el Colectivo Ioé,[1] afirma que "a partir de 1973 se produce una inflexión en las migraciones internacionales de España, que deja de ser país de emigración y se convierte en país de creciente inmigración, que se acelera extraordinariamente en la última década".

Según las cifras oficiales, en 1985 había algo menos de 250.000 extranjeros registrados en el país; la mayor parte de ellos (59%) procedía de países de la Unión Europea. Diez años más tarde, en 1995, la cifra se había duplicado hasta alcanzar el medio millón de residentes; además del aumento cuantitativo, se estaba produciendo un cambio en la composición de esta población: por entonces los europeos comunitarios ya eran menos de la mitad del total (47%).

A pesar de la incertidumbre económica que lleva viviendo la economía actual en los últimos siete años, según el *Informe de la Fundación Empresa y Sociedad, Grupo de Reflexión y Propuestas sobre Empresa e Inmigración*, emitido el 2 de abril de 2008, España seguiría necesitando

---

1 Equipo de investigación social integrado por los sociólogos Walter Actis, Carlos Pereda y Miguel Ángel de Prada.

nuevos inmigrantes laborales y en este contexto era aconsejable hablar de integración del inmigrante antes que de asimilación, ya que en aquellos países donde se respetan los derechos de los inmigrantes, no llegan a producirse brechas sociales, culturales y lingüísticas.

El *Plan Estratégico de Ciudadanía e Integración 2007–2010* (Ministerio de Trabajo y Asuntos Sociales, 2007) ya destacaba la importancia de la integración de los inmigrantes, y hablaba de enfoque integral y transversalidad, de ciudadanía e igualdad, así como de interculturalidad, bi-direccionalidad, adaptación mutua y diálogo como principios básicos. Explícitamente se planteaba la necesidad de «garantizar a un tiempo la cohesión social basada en principios constitucionales compartidos y el respeto y la valoración positiva de la diversidad». Este primer Plan nació con un amplio consenso institucional y social, e incluyó por primera vez la integración en la agenda pública. El *II Plan Estratégico de Ciudadanía e Integración 2011–2014*, se basaba en cuatro ejes básicos: garantizar la igualdad de derechos, deberes y oportunidades; promover la educación, el empleo y la participación; favorecer la cooperación y el diálogo; y fortalecer la cohesión social en una sociedad diversa. No obstante, a pesar de que desde el Foro para la Integración Social de los Inmigrantes se pretenda abordar los retos de la integración y la convivencia en un nuevo contexto migratorio, la realidad es que estamos aún lejos de tener una sociedad diversa, una sociedad integrada (y no una sociedad en la que *se integran* los inmigrantes).

Por lo tanto, no debemos mirar la inmigración desde un punto de vista meramente instrumental, ni considerar al inmigrante una mera fuerza de trabajo, o una posible solución a los problemas demográficos que poco a poco van amenazando al país. Esto podría hacernos olvidar que la inmigración no es solo un factor positivo desde el punto de vista económico, debido al incremento que supone en la tasa de población activa o al mayor índice de consumo y de ingresos públicos que proporciona al país, sino que también lo es desde el punto de vista socio-cultural, pues una inmigración plenamente integrada supondría que los habitantes autóctonos podrían conocer diferentes culturas y aprender lo mejor de todas ellas. (Villena Rodríguez, 2004: 4).

Sin embargo, las políticas de inmigración que se llevan a cabo en los países de acogida van más orientadas a una aculturación del inmigrante en la que este tiene que asimilar los modelos de comportamiento de la sociedad receptora, privándolo de sus elementos culturales propios y renunciando a su identidad. Con una política de integración se buscaría la identificación del inmigrante con la sociedad que lo acoge y su participación en el ámbito económico, social y cultural sin tener que renunciar a las particularidades propias de su país de origen.

La inmigración es en la actualidad el principal factor de transformación social, cultural, política y económica. No hay un único modelo de integración que se pueda considerar válido para todos los casos, pero es evidente que en España se ha producido una transformación del proceso de las migraciones: hemos pasado de ser un país de emigrantes a uno de inmigrantes. Las formas de incorporación de inmigrantes en las sociedades receptoras son muy diversas y dependen de las características históricas, culturales, políticas, demográficas y sociales de cada país.

La rapidez con la que España ha dejado de ser un país de emigración y se ha convertido en un país de inmigración no tiene precedentes en la historia demográfica europea. Mientras que en los países del norte de Europa, como Francia o Inglaterra, este cambio se produjo en varias décadas (entre los años 1950 y 1970), en el caso español el panorama cambió radicalmente en poco más de cinco años. De hecho, España es el país de la Unión Europea que ha experimentado el mayor incremento de inmigración ininterrumpidamente desde 1997, recibiendo en el año 2006 casi el 45% de toda la población inmigrante que llegó a la UE. Es más, en esos últimos seis años España se situó solo por detrás de Estados Unidos en la intensidad de flujos migratorios a nivel mundial. De modo que, a pesar del lento inicio, desde el año 2000 la inmigración ha marcado de forma crucial la agenda política española, dejando claro que no se trata de un fenómeno coyuntural ni de una cuestión puramente técnica y administrativa, sino de una realidad con efectos estructurales (políticos, económicos, demográficos y socioculturales) (Rodríguez García, 2007: 33).

Pero se ha producido un cambio importante: el año 2010 marcó el inicio de un descenso en el número de inmigrantes, casi con la misma rapidez con la que se había producido el incremento, coincidiendo con el comienzo de una crisis económica, seguida de una recesión y de un aumento en el desempleo vertiginoso que, al parecer, no habían vaticinado los expertos que indicaron que seguiríamos necesitando inmigrantes laborales[2]. Así, desde el año 2011, España ha perdido más de un millón de

2 El Grupo de Reflexión y Propuestas sobre Empresa e Inmigración de la Fundación Empresa y Sociedad ha presentado en el IE Business School su segundo documento, que plantea la importancia de tratar los flujos migratorios teniendo en cuenta la

extranjeros. La población inscrita en España a 1 de enero de 2015 era de 46,6 millones, 41,8 millones son españoles y 4,7 millones, extranjeros, lo que representa el 10,1%. Se trata del cuarto año consecutivo que se reduce el número de extranjeros[3]. Los datos de la Encuesta de Población Activa (EPA), para el primer trimestre de 2015, confirman este descenso acelerado en la inmigración laboral; por nacionalidad, el paro baja en 16.800 entre los españoles y sube 3.700 entre los extranjeros. La tasa de paro de la población extranjera es del 33,65%, lo que supone más de 11 puntos de diferencia respecto de la de las personas de nacionalidad española (22,42%). Con todo ello podemos concluir respecto de los inmigrantes en España que la población y los ocupados disminuyen mientras que la tasa de paro aumenta.

Con este trabajo nos proponemos acercar la realidad lingüística y cultural del fenómeno de las migraciones, dentro de un contexto descriptivo, comunicativo y cognitivo, a la neología especializada de ese campo ya que se trata de un vocabulario en formación que a lo largo de los últimos años ha ido evolucionando y enriqueciéndose con una acusada actividad léxicogenética (Almela, 1999).

## 2. Naturaleza del vocabulario

El vocabulario de Migraciones nos ofrece un rico caudal léxico que podemos clasificar en tres grandes grupos:

- la terminología del ámbito propiamente jurídico y administrativo;

---

evolución demográfica, las necesidades del mercado laboral y la perspectiva de integración para fundamentar ya un pacto de Estado sobre Inmigración, que contemple el tratamiento de los flujos migratorios. Este pacto de Estado se fundamenta en la necesidad que tiene España de la llegada de nuevos inmigrantes laborales en los próximos años a pesar de la incertidumbre económica. Una de las primeras conclusiones de este grupo, publicada el pasado mes de abril [de 2008], es que serán necesarias para España 2 millones de personas inmigrantes hasta 2020. <http://www.luisvivesces.org/actualidad/noticias/el_mercado_laboral_espanol_necesitara_2_000_000_de_inmigrantes_hasta_el_2020.html> [12/11/2015].

3 Datos del Padrón Continuo en España, difundidos el 21 de abril de 2015 por el Instituto Nacional de Estadística (INE).

- la terminología que se engloba en el marco de la gestión de las ONG y organismos internacionales que se encargan de velar por los derechos de los migrantes;
- y un conjunto de términos que podríamos considerar de carácter sociológico que designan actividades, conceptos, e incluso objetos, muy frecuentes en la comunicación de los asistentes, personal de la administración y cooperantes que realizan su tarea habitual de ayuda humanitaria, y que suelen encontrarse con mucha frecuencia en textos periodísticos. Estos términos en realidad reflejan la situación social en la que se ve inmersa la población migrante y su uso suele limitarse en un principio a los textos periodísticos (prensa diaria de difusión nacional) y a los textos semidivulgativos. Es en la prensa donde observamos que se empiezan a utilizar por primera vez, si bien, posteriormente, estos términos se han ido incorporando también a un contexto especializado: al ámbito jurídico y judicial, por ejemplo.

Ya en el año 2004 recogíamos, por primera vez, el adjetivo 'migrante' como ejemplo de especificación:

> Es evidente que se trata de un término de especialidad ya que no lo acoge el *DRAE* en su última edición. En los textos especializados que constituyen el corpus acotado de Migraciones, ésta es una voz de empleo frecuente, así como también en los de semidivulgación y divulgación; empleado para designar el "movimiento de población que trata de instalarse fuera de su lugar de origen" (adjetivo), pero también para nombrar al sujeto de dicha acción (sustantivo). Vemos, pues, que la voz tras haber sido trasvasada desde un ámbito de especialidad a otro (desde la zoología hasta migraciones), sufre un segundo deslizamiento semántico cuando desde la designación de la cualidad que proporciona el adjetivo, extiende su significado más allá, adoptando con el mismo significante la carga semántica del sustantivo. Estamos pues ante uno de los procedimientos de la llamada neología semántica, es decir, la creación de una palabra nueva a partir de otra ya existente en la lengua. Sin embargo no podemos dejar de considerar el fuerte influjo que ejerce el término inglés *migrant* para la acuñación de las dos nuevas voces; teniendo en cuenta que el nuevo adjetivo responde a un proceso de acuñación que podemos calificar como neologismo de sentido, puesto que el nuevo significado toma el significante de otro adjetivo que ya existe de antemano en la lengua, en este caso en otro ámbito de especialidad, el de la zoología. Así observamos que *migrante* viene a ocupar un espacio semántico que ya tenían asignado con anterioridad otros dos sustantivos: emigrante e inmigrante, de larga tradición en español si tenemos en cuenta que su existencia supera la centuria; aunque cada una de estas voces ofrece una precisión significativa diferente, al indicar la dirección de la acción hacia fuera o hacia dentro de un país, mientras que migrante designa la acción de emigrar, sin ningún tipo de especificación. Sin olvidar al mismo tiempo que la voz

> emigrar, mucho más antigua en español que las anteriores, está siendo prácticamente suplantada por el término migrar en el vocabulario que nos ocupa (Gómez de Entería & Gallardo, 2004: 416–17).

En el avance de la vigesimotercera edición del *DRAE* figuraba como artículo nuevo la entrada *migrante* adj. con la definición de "que migra o emigra", aunque al hacer la búsqueda de *migrar* nos remitía a 'emigrar' o 'inmigrar'.

Sin embargo, en la vigesimotercera edición del *DRAE* sí se incluye ya el término *migrante*. No se mantiene la fluctuación que existía en el avance de la edición y, de este modo, se evita la confusión, incorporando la entrada *migrante*, adj., "que migra" y *migrar*, intr., "trasladarse desde el lugar en que se habita a otro diferente".

El vocabulario de migraciones manifiesta la misma particularidad que el área de especialidad que describe; es decir, no presenta unos límites definidos y precisos, sino que está entroncado con las áreas de los derechos humanos, el racismo, la intolerancia, el trabajo, la educación, la economía, la cultura, la sociedad, en su conjunto. Y ello ha supuesto que la selección de los términos haya resultado una tarea difícil. Por un lado, dada la actualidad del tema y el hecho de que hay instituciones y organismos que llevan años trabajando con la población migrante, la cantidad de documentos existentes para la elaboración del corpus es muy elevada. A todo ello habría que añadir que la legislación también se ha desarrollado mucho en este ámbito, con lo cual ha generado también muchos decretos, órdenes ministeriales y jurisprudencia. Los textos procedentes de la prensa también han contribuido a engrosar los corpus recopilados para este trabajo, por lo que, y debido a las pautas de publicación de este trabajo, nos hemos visto obligados a incluir los términos más representativos relacionados con los procesos de creación neológica en el ámbito de las migraciones, buscando una mínima representación de las clasificaciones que hemos mencionado anteriormente, centrándonos en las unidades poliléxicas, y dejando a un lado la fraseología —combinaciones de unidades léxicas que representan unidades de conocimiento especializadas—, que podría considerarse una de las características más específicas y representativas de este vocabulario. (Gallardo San Salvador, 2009: 140).

Nuestro estudio nos ha permitido observar cómo este vocabulario acusa un proceso de creación léxica muy acelerado, debido en gran medida a la evolución social del fenómeno migratorio en España. Claro ejemplo de ello es la reciente creación de términos como, por ejemplo, *contrato de integración*, neologismo de sentido, formado por un proceso de desplazamiento o trasvase de términos desde el área temática de la producción ganadera hasta la de migraciones[4]. Pero al mismo tiempo este conjunto léxico también nos ofrece los rasgos más característicos de un vocabulario de especialidad en vías de vulgarización (Gaudin, 2003: 105), dado el fuerte impacto sociológico que representa el fenómeno migratorio en nuestra sociedad actual.

El acusado proceso de divulgación, en el que está inmerso el vocabulario que nos ocupa, trasciende la naturaleza del mismo y deja en sus piezas léxicas una fuerte impronta, como ponen de manifiesto los numerosos términos formados por procesos de acuñación metafórica, cuyos campos conceptuales se ubican generalmente en la vida cotidiana de los propios inmigrantes: *choque cultural*, *corredor humanitario*, *refugiado en órbita*, *barco negrero*, *barco chatarra*, *piso patera*, *vivienda patera*, *camas calientes*, *patera cuna*, *brecha de pobreza, trabajador fronterizo, trabajador transfronterizo, mafias transfronterizas, migración transfronteriza*, etc.

## 3. Los corpus textuales

La compilación del corpus a partir de textos de especialidad con fines didácticos o traductológicos surge ante la necesidad de recoger, describir y estructurar un corpus lingüístico que acoja una amplia muestra real de la lengua de especialidad empleada en situaciones de comunicación en ámbitos profesionales o especializados. Ello nos permitirá disponer de un instrumento eficaz en contextos comunicativos reales insertos en el ámbito de especialidad y nos facilitará la preparación de materiales basados en una lengua de especialidad real o en situaciones de comunicación especializada (Gallardo San Salvador, 2012: 130).

El análisis de las tipologías textuales lo realizamos a partir de la tipología multinivel de base cognitivista, desarrollada por Ciaspucio y Kuguel (2002) y Ciaspucio (2003). Establecimos cinco niveles genéricos: a) especializado; b) académico-didáctico, profesional; c) semidivulgativo;

4 *Cf.* Gallardo San Salvador, 2012: 135–137.

d) divulgativo y e) publicitario. También tuvimos en cuenta el conocimiento que los textos transmiten y su posible clasificación en dos niveles: horizontal —por la temática— y vertical —por el grado de especialización de los textos— (Cabré, 2002).

Recopilamos un corpus de textos escritos en español y otro en inglés, tratando de que hubiera un número equilibrado de textos que cubrieran los cinco niveles genéricos y que los dos presentaran características similares. El corpus compilado va desde el año 1995 al 2015 y consta de 79.637.933 palabras gráficas, aunque excepcionalmente algunos textos se remontan a los años cincuenta, sobre todo los procedentes de la Organización de las Naciones Unidas y de las primeras organizaciones que se crearon en defensa de los derechos de los refugiados, asilados políticos y migrantes.

Consideramos que la configuración de estos corpus responde a los criterios de representatividad, actualidad, pertinencia y homogeneidad. Hemos considerado también, en algunos casos, los textos que aparecen en la red a través de los blogs (ya sean blogs especializados en migración o blogs creados por organismos de migración para ofrecer asesoría y ayuda).

Los textos escritos que constituyen el corpus contienen:

— documentos jurídicos; legislativos y normativos[5] (leyes, decretos, órdenes ministeriales, directivas);
— administrativos;
— académicos (tesis doctorales, ponencias, conferencias, manuales);
— discursos de ministros, secretarios generales y presidentes;
— profesionales (informes técnicos);
— libros[6] y artículos procedentes de publicaciones especializadas;
— divulgativos (guías y folletos dirigidos a los migrantes sobre aspectos legislativos y cuestiones básicas para su integración en los países de acogida);
— textos de la prensa diaria de difusión nacional (*El País, La Vanguardia, El Mundo* y *Abc*) durante el periodo comprendido entre enero de 1995 y octubre de 2015.

Estimamos que se trata de un periodo de tiempo decisivo para el desarrollo y la formación de la terminología propia de ese ámbito de especialidad,

5 Legislación comunitaria, española e inglesa (Inglaterra y Gales) principalmente.

6 Para este tipo de textos hemos consultado los fondos de la Biblioteca Digital sobre Migraciones e Interculturalidad: <http://www.fudepa.org/Biblioteca/listarMaterias.aspx> [12/11/2015].

dada la evolución social del fenómeno migratorio en España. El período de 1997 a 2004 es el de mayor crecimiento de la inmigración extranjera en España; en esos siete años España se situó al mismo nivel que países como Francia o Alemania y hasta el 2007 registró un crecimiento vertiginoso de los flujos de inmigración. Este crecimiento se debió, fundamentalmente, a dos factores clave: una tendencia al estancamiento de la natalidad y al envejecimiento de la población, por un lado, y al incremento de la demanda del mercado de trabajo, por otro (Gallardo San Salvador & Gómez de Enterría, 2009: 292). Sin embargo, en los últimos años, como ya hemos visto, no solo se estancó el crecimiento sino que hasta se produjo una pérdida de un millón de inmigrantes.

Hemos examinado las condiciones de producción y recepción de los discursos, mediante los cuales se ponen en circulación las noticias del área temática de migraciones, al tiempo que se constata la influencia que ejercen los nuevos conceptos y su contexto de producción sobre las nuevas formas lingüísticas, ya sea en forma de paráfrasis reformuladoras, definiciones, acuñación de términos metafóricos en ámbitos conceptuales determinados, variación sinonímica, fraseología, etc. No obstante, hemos observado que los textos de organismos internacionales podrían considerarse textos neutros, mientras que los legislativos presentan características más propias del país que establece las leyes.

Es evidente que los términos del vocabulario de migraciones están condicionados tanto por la comunidad de especialistas que los acuñaron, como por los cauces de difusión empleados para divulgarlos, sin olvidar aquí las características de los usuarios (legisladores, juristas, funcionarios, cooperantes, periodistas, etc.) que, en el desarrollo habitual de su trabajo, emplean cotidianamente estos vocabularios. Según Beacco (2000: 16), el análisis de las formas lingüísticas de los discursos de divulgación debe realizarse teniendo en cuenta las condiciones de producción, de circulación y de recepción de las mismas. Además, también es importante valorar aquí la actuación del especialista o terminólogo que acuña el neologismo; la del mediador lingüístico que lo divulga y, en numerosas ocasiones, también la labor del mediador no especializado. Este último contribuye a que los nuevos términos lleguen hasta el hombre de la calle cuando, gracias al impacto de la noticia, saltan a los titulares de primera plana y a los informativos de carácter general. Por ejemplo, la recurrencia, constatada en el corpus acotado, de la voz *integración* junto con la extensa familia léxica[7] a la que va a dar lugar:

— Términos: *integración social de los inmigrantes, integración de colectivos inmigrantes, indicadores de integración de inmigrantes, políticas de integración de inmigrantes, proceso de integración, contrato de integración, ondas para la integración* (emisoras para inmigrantes), *sociedad integrada.*

— Fraseología: *gestión de la integración de colectivos inmigrantes en empresas, gestión de la integración de colectivos inmigrantes en la sociedad, gestión de la integración de menores inmigrantes en la escuela.*

— Colocaciones: *integración y adaptación, integración y participación, integración e interculturalidad.*

Este proceso, a veces repentino, de acusada divulgación de un término que antes no había salido del ámbito de los especialistas se debe, por lo general, a la importancia que recibe el tratamiento de una noticia de impacto nacional que se mantiene a lo largo de varios días en los medios como titular de primera plana, tanto en la prensa escrita como en los informativos de radio y televisión. En aquellas ocasiones en las que la noticia mantiene su actualidad en períodos de tiempo más largos, o con una cierta recurrencia durante meses o años puede ocurrir que los términos especializados salgan de su contexto e incluso puedan llegar a instalarse en la lengua común (Badia i Margarit, 2000: 22). Piénsese en los deslizamientos semánticos que sufren algunas voces desde su acuñación en un momento determinado para denominar un concepto concreto y su posterior trasvase a otros ámbitos o incluso su instalación en la lengua común. Por el contrario, en otras ocasiones puede suceder que un término que ha tenido una repercusión importante por la transcendencia de la situación en la que se creó, llega a tener una vida muy efímera, desapareciendo sin llegar a alcanzar la madurez. (Gómez de Enterría, 2009: 11).

7 El concepto de 'familia léxica' está utilizado con el mismo sentido que se aplica en los procesos de prefijación y derivación, aunque no se use para las formaciones sintagmáticas.

## 4. Procedimientos de creación neológica

Los procedimientos de creación neológica utilizados suelen ser, en líneas generales, los mismos que se han empleado para la formación de los vocabularios de las ciencias sociales: préstamos (anglicismos, galicismos, locuciones latinas); creación morfológica (prefijación, sufijación, composición); acuñación metafórica; trasvases de términos de un ámbito de especialidad a otro, etc. Se trata de lo que en los procesos de acuñación de nuevas terminologías se viene denominando "creación dinámica", es decir, el desarrollo y resultado que emplean los terminólogos y las comisiones de normalización para la creación de neologismos (Depecker, 2000: 111). Hemos valorado también que los usuarios puedan ser, en ocasiones puntuales, creadores de terminología por derivación de unidades de conocimiento ya existentes, puesto que en muchas ocasiones nos enfrentamos a nuevos términos que aún no han sido acuñados en la lengua receptora.

### *4.1 Préstamos*

Anglicismos y galicismos. Se han instalado en el discurso de especialidad de las Migraciones y se mantienen como extranjerismos ya que se acepta su uso en la comunicación por parte de los expertos y los mediadores lingüísticos sin llegar a naturalizarse: *apartheid*, *asylum shopping*[8], *boat-people*[9], *green card*, *EU blue card*, etc.

En algunos casos también se observan préstamos híbridos: *cláusula opt-out* (cláusula de exclusión), *refugiado sur place* (refugiado sobrevenido). No obstante, habría que reseñar que la proporción de préstamos del inglés no es tan elevada como, por ejemplo, en el área de la Economía. Asimismo, también encontramos bastantes préstamos del francés: *laissez-passer*[10], *refoulement* (devolución), *non-refoulement* (no devolución)

8 Solicitantes de asilo que presentan su solicitud en varios países hasta encontrar el que ofrezca mejores condiciones. Es un término que siempre se ha utilizado en inglés, aunque últimamente, en algunos glosarios, está apareciendo el calco *compra de asilo*.

9 Su grafía ha venido fluctuando: *boat-people*, *boat people*, hasta llegar a *boatpeople*.

10 Documento de viaje expedido por las Naciones Unidas para su personal, reconocido y aceptado por los distintos estados como documento válido.

y sus combinados, como *principio de non-refoulement* (principio de no devolución), *refugiado sur place* (refugiado sobrevenido), etc.

También queremos señalar la asimilación de estructuras propias del inglés a la sintaxis del español, tal como se observa en términos del tipo: *no admisión, no devolución, no discriminación, no nacional*, etc. Y en términos creados por composición de unidades léxicas mediante guiones que, al igual que en las composiciones anteriores, no son propias de la estructura sintáctica del español: *migración sur-sur*[11], *migrante rural-rural, migrante rural-urbano, migrante urbano-rural* y *migrante urbano-urbano*, sino que se considerarían calcos sintácticos por influencia del inglés.

Locuciones latinas: *habeas corpus, ius cogens, ius sanguinis, ius soli* y préstamos híbridos con *bona fide (solicitante bona fide, solicitud bona fide),* con *de facto (apátrida de facto, pareja de facto, protección de facto, refugiado de facto),* con *de iure (apátrida de iure),* con *non grata (persona non grata)*, *refugiado prima facie,* etc. La presencia de las locuciones latinas viene determinada, como ya hemos comentado, por la estrecha relación que existe entre este vocabulario y el jurídico.

### *4.2 Prefijación*

Como explican Varela y Martín García (1999), hay una gran disparidad en los tratados de morfología en lo que respecta al inventario de los prefijos. Un criterio delimitador para muchos autores es el rango categorial: que coincidan con la preposición, ya en español, en griego o en latín.[12] Hemos seguido el inventario de prefijos de Varela y Martín García que se basa en criterios sincrónicos y desestima el hecho de que el prefijo mantenga o no una relación formal con una preposición de la lengua:

---

11 La migración sur-sur se refiere al movimiento de personas a través de fronteras internacionales, dentro de los países de ingresos bajos y los países de ingresos medianos, y entre ellos. Organización Internacional para las Migraciones (OIM), *Informe sobre las migraciones en el mundo, 2015.*

12 "Consideraré como prefijos cualquiera de los siguientes morfemas ligados: preposiciones españolas —todas las que se antepongan a una base también española, identificable como tal— y las preposiciones griegas y, sobre todo, latinas que, por su frecuencia y vitalidad en el español actual, merezcan considerarse como elementos morfológicos derivativos" (Moreno de Alba, 1996: 23).

> En primer lugar, definimos el prefijo por su posición dentro de la palabra: así excluimos muchos de los llamados 'prefijoides', que pueden aparecer tanto a izquierda como a derecha. En segundo lugar, por la combinatoria: los prefijos propiamente dichos no pueden originar palabras derivadas con solo combinarse con otros afijos (1999: 4997).
>
> [...] Incluiremos ciertos elementos del griego o del latín que, aunque no sean preposiciones, introducen en el español moderno contenidos semánticos de modificación semejantes a los prefijos propios (así, *auto-*, los cuantificadores *tri-*, *deca-*, *mili-*, o *pluri-*) y algunas preposiciones de esas lenguas hoy solo usadas en el vocabulario culto o en creaciones ocasionales (*endo-*, *epi-*, *ecto-*) (1999: 4998).

La prefijación es muy productiva para la formación de términos en Migraciones. Solamente vamos a comentar los más recurrentes, haciendo hincapié en el hecho de que, al igual que en el caso de la sufijación, son los que se emplean tradicionalmente en las lenguas de especialidad para la creación de términos.

El prefijo *a-*: aculturación, apátrida. El prefijo *de-* o *des-*: *deculturación, desnaturalización.* El prefijo *en-*: *enculturación*[13]. De los prefijos intensivos que indican tamaño o cantidad, destacamos *hiper-* que indica tamaño mayor: *hiperguetización, hiperguetoización* y *micro-* que da lugar a formaciones nominales que expresan el grado supremo de inferioridad: *microcrédito, microempresa.* El prefijo, que expresa posición, *endo-*[14]:

---

13 En el ámbito de las migraciones *enculturación* y *endoculturación* se utilizan indistintamente. En la 22ª edición del *DRAE* aparece *enculturación* como "proceso por el cual una persona adquiere los usos, creencias, tradiciones, etc., de la sociedad en que vive". Sin embargo, en la 23ª edición nos remite a la entrada 'inculturación' que hasta ahora no había estado incluida en ningún diccionario de la lengua española. Por el contrario, *endoculturación* no aparece en el *DRAE* y en el *CREA*, en textos de España, aparece solo en manuales sobre filosofía del año 1998; pero en Antropología es la transmisión de la cultura de generación en generación. Es el proceso por el cual la generación más antigua transmite sus formas de pensar, conocimientos, costumbres y reglas a la generación más joven y va asociado al proceso de socialización de los niños.

14 Los prefijos *intra-*, *intro-*, *endo-* tienen el significado "en el interior de, dentro de". *Endo-* solo aparece en creaciones cultas y en el lenguaje científico, especialmente de la medicina.

*endoculturación.* El prefijo *in-*: *inculturación*[15]. El prefijo *inter-*[16] y su variante *entre-*, con el significado de "en medio de": *interculturalidad.* El prefijo cuantificador *multi-*[17]: *multiculturalidad, multiculturalismo, multiocupación de viviendas, multiocupantes de viviendas, pluriculturalidad.* El prefijo *re-* es de los más productivos para la formación de términos en las migraciones, normalmente combinado con sustantivos, de ahí que siga siendo hoy en día uno de los más activos en el proceso de creación neológica: *reagrupación* (y sus derivados, *reagrupación familiar*), *reagrupante, reasentado, reasentamiento, reemigración, reinmigración, reinstalación, reintegración* (*reintegración cultural, reintegración económica, reintegración social*), *reubicación* (*reubicación en un tercer país, reubicación forzosa*), *reunificación* (*reunificación familiar*). El prefijo *sub-*: *subcultura.* El prefino *infra-*: *infravivienda.* Y, para terminar, el prefijo *trans-* que, junto al prefijo *re-*, es de los más utilizados para la creación de neologismos en el ámbito de las migraciones: *transculturación, transculturalidad, transfronterizo* (*movimientos transfronterizos, migración transfronteriza, mafias transfronterizas, trabajador transfronterizo*). Indica "más allá de, al otro lado de" y aparece también en palabras heredadas del latín donde la composicionalidad no es evidente (*tránsito: centro de tránsito, estado de tránsito, visado de tránsito, país de tránsito, pasajeros en tránsito, refugiado en tránsito*).

### *4.3 Composición*

La composición es muy productiva para la formación de términos en Migraciones. Vamos a comentar los más recurrentes, insistiendo en el hecho de que, al igual que en el caso de la sufijación y la prefijación, son los que más se emplean para la creación de neologismos en las lenguas de especialidad. Los procedimientos de composición de palabras en Migraciones proceden, en su mayoría, de la composición sintagmática, siendo

---

15 El término 'inculturación' aparece recogido por primera vez en la vigesimotercera edición del DRAE con la definición: "proceso de integración de un individuo o grupo en la cultura y en la sociedad con las que entra en contacto".

16 En ciertos contextos, la forma prefijada con *inter-* puede funcionar como modificación de un nombre externo, que es el núcleo de la construcción (Varela & Martín García, 1999: 5015).

17 Los prefijos cuantificadores *multi-*, *poli-*, *pluri-* pueden marcar la multiplicidad de elementos con el significado de "muchos, varios".

mayoritarios los de carácter nominal. La más frecuente es la de [sustantivo + adjetivo]: *estado multicultural, desplazamiento interno, tráfico ilegal, migrante temporal, admisión temporal, refugiado temporal, integración social, inclusión social, alienación social, aislamiento étnico, minoría cultural, pobreza energética, migración irregular, migración estacional, ayuda internacional, ayuda jurídica,* etc. y la formada por [sustantivo + sustantivo] como, por ejemplo, los formados a partir de '*patera*': *piso patera, vivienda patera, niños patera, padre patera, editorial patera, patera cuna.*

Estos últimos términos y sus neónimos tienen una referencia específica e inequívoca al contexto español, dado que solo se produce en España la llegada de la migración irregular mediante las embarcaciones denominadas *pateras* y *cayucos*. Un fenómeno similar es el que ocurre con el término inglés *boatpeople*, término que comienza a utilizarse a finales de la década de los 70 cuando se produce una oleada de refugiados e inmigrantes ilegales vietnamitas después de la guerra de Vietnam.

Todos los neologismos creados a partir de *patera* reflejan las implicaciones negativas y adversas que van unidas a la inmigración irregular y a las condiciones infrahumanas en las que viajan, trabajan y conviven los inmigrantes en situación irregular. En el contexto español todos sabemos que el mayor flujo de migración irregular se produce por el mar en pateras y cayucos, procedente de África, y arribando en las costas del sur de España.

Se ha producido un deslizamiento de sentido ya que una patera originariamente en este contexto solo es una barca y la connotación negativa le ha llegado por tratarse de la embarcación en la que viajan hacinados muchos inmigrantes y, de hecho, ha sobrepasado a la primera denominación de simple embarcación; es decir, semánticamente se ha producido un deslizamiento de una simple embarcación a una barca cargada de personas en situación irregular. Y de ahí que todos los neologismos que se han creado con ese término primario, tengan también los mismos matices peyorativos. Sin embargo, el término originariamente no tenía nada que ver con lo que denota ahora[18].

En la edición de 2001 del *DRAE* se añadió por primera vez la voz 'patera' con la definición de "embarcación pequeña, de fondo plano, sin quilla". Y es en la última, la 23ª edición, en la que por fin se incluye el

---

18 *Cf.* Gallardo San Salvador, 2012: 141–144 para las comprobaciones lexicográficas y las vías de penetración del término *patera*.

contexto de migraciones: "embarcación pequeña usada para el transporte de inmigrantes ilegales". No obstante, una noticia publicada en el *Diario de Cádiz,* en su edición del 21 de junio de 1917, ya la recogía con el significado de embarcación pequeña. En el *CREA* aparece recogida por primera vez en una noticia de prensa del año 1991, haciendo referencia a un tipo de embarcación.

### *4.4 Metáforas*

Cuando describimos las nuevas formaciones de carácter metafórico con las que se designan los conceptos de migraciones debemos considerar el marco de referencia en el que han sido creadas. Acuñaciones metafóricas como *choque cultural*, *corredor humanitario*, *corredor migratorio*, *refugiado en órbita*, *migración pendular*, *ciudadanía planetaria*, *barco negrero*, *barco chatarra*, *piso patera*, *camas calientes*, *trabajador fronterizo*, *trabajador transfronterizo*, *mafias transfronterizas*, *migración transfronteriza*, *circulación transfronteriza*, son el resultado de una serie de factores que confluyen en su proceso de formación, entre los que conviene señalar: la necesidad de designar los conceptos con claridad y precisión; la valoración del medio (prensa de semidivulgación y de plena divulgación) a través del cual serán difundidos los conceptos; la naturaleza y el carácter de los usuarios (especialistas y no especialistas) a los que van dirigidos los nuevos conceptos. Sin olvidar además la fuerte tradición histórica en la que podemos ubicar numerosas metáforas asimiladas, esto es, aquellas que hoy ya han perdido su sentido figurado.

Estas metáforas léxicas contribuyen a acentuar, en el vocabulario de migraciones, las características de precisión, claridad y concisión que son propias de las terminologías especializadas. Estos nuevos términos se han acuñado partiendo de campos conceptuales cercanos a la situación y circunstancias de los propios inmigrantes, estableciéndose así una gran diferencia entre esta área temática y otras del ámbito de las ciencias sociales como, por ejemplo, la de la economía, donde el objetivo prioritario al acuñar las nuevas voces es el perfeccionamiento estético del mensaje, sin olvidar al mismo tiempo la consecución de mensajes precisos, correctos y breves (Gómez de Enterría, 2000).

Es evidente que la metáfora adquiere en este vocabulario un papel fundamental en el proceso de conceptualización que facilita la transferencia del conocimiento al área temática propuesta. De ahí que las voces así acuñadas deban ser valoradas como verdaderos términos que constituyen el desarrollo de una terminología de especialidad, antes que como figuras retóricas (Gaudin, 2003: 206). Son estas metáforas las que también pueden abrir una puerta a la polisemia que en los vocabularios de especialidad blindan su significado dentro del área temática cerrándolo a otras posibles interpretaciones que le pudiera proporcionar su valor en la lengua coloquial, es decir, en un contexto ajeno al ámbito de especialidad propuesto.

### *4.5 Trasvase de términos*

Tampoco podemos dejar de considerar aquí la importancia que adquiere para la formación del nuevo vocabulario el procedimiento, ya tradicional en los lenguajes de especialidad, de los frecuentes trasvases de términos de un ámbito de especialidad a otro, con numerosos ejemplos en Migraciones. La mayoría de los trasvases se producen de los ámbitos del Derecho (*apátrida, asilo, cláusula de exclusión, sujeto legitimado, ius sanguinis, ius soli*), la Sociología (*descentralización, estatismo, incivilidad, comunitarismo*), la Política (*centralismo, irredentismo, campo de refugiados, extradición*), la Antropología (*endoculturación, enculturación, aculturación, inculturación*) y las Relaciones internacionales que, en cierta medida, se pueden considerar áreas afines a la inmigración. Pero también encontramos deslizamientos procedentes del ámbito de la Zoología (*migrante*), la producción ganadera (*contrato de integración*), la Química (*homogeneización*), la Geología (*asentamiento de inmigrantes*), la Psiquiatría (*síndrome de Ulises*)[19] , las Ciencias naturales (*desnaturalización*) y la Música (*concertina*)[20].

---

19 Síndrome del inmigrante con estrés crónico y múltiple. El síndrome de Ulises es un trastorno en el que confluyen cuatro factores estresantes: a) la soledad que padecen los que llegan a otro país, que no conocen a nadie y no pueden traer a la familia; b) el sentimiento intenso de fracaso porque no consiguen trabajo o no pueden mejorar sus condiciones laborales; c) la lucha por la supervivencia; d) el miedo a ser deportados por la situación irregular en la que se encuentran. Sus principales víctimas son los inmigrantes ilegales o los desplazados internos, y sus síntomas son la soledad, el miedo, el estrés, el temor al fracaso y el sentimiento de tristeza por estar lejos de su país y seres amados. El trastorno se caracteriza por un estrés superior a las capacidades de adaptación.

20 La palabra *concertina* (recogida por primera vez en 1917, en el *Diccionario de la lengua española* de Alemany y Bolufer) empezó a aparecer asiduamente en la prensa

## *4.6 Fluctuación de voces sinónimas. Variación denominativa*

El ámbito de las Migraciones se caracteriza por la cantidad de voces sinónimas que encontramos para describir un mismo concepto. En algunos casos la fluctuación viene determinada por el tipo de texto y el grado de especialidad del mismo; en otros casos no existe una determinación clara ni una prioridad o preferencia por un término concreto y se utilizan de forma indistinta. Y en otros reflejan el uso específico en un país. Algunos ejemplos son:

— *Menor, niño, infancia*. Estos términos los hemos encontrado indistintamente, y en este orden de frecuencia. En textos jurídicos aparece normalmente *menor* y en textos pertenecientes a organismos e instituciones implicadas en los derechos y la defensa de los migrantes encontramos los otros dos, por ejemplo: "Fondo de las Naciones Unidas para la Infancia" o "Convención sobre los derechos del niño";
— *reagrupable, reagrupante*
— *centro de acogida, centro de recepción, centro de alojamiento*
— *centro de estancia temporal, centro de alojamiento temporal, centro de acogida temporal*
— *campo de refugiados, campamento de refugiados*
— *centro de espera, centro de tránsito*
— *deportación, expulsión*
— *país de origen, país emisor, país de envío, estado de origen*
— *país de acogida, país receptor, país huésped*
— *proceso migratorio, proceso de migración, proceso de inmigración*
— *resolución de expulsión, orden de expulsión*
— *actuaciones de acogida, programas de acogida, estrategias de acogida*

---

en 2013 con el significado de tipo de alambre de cuchillas, fabricado en grandes bobinas que se pueden expandir como un bandoneón, utilizado en el control de fronteras para prevenir la entrada ilegal de inmigrantes. *Puntoycoma, Boletín de los traductores españoles de las instituciones europeas*, lo eligió palabro del año 2013. <http://ec.europa.eu/translation/bulletins/puntoycoma/136/pyc13691_es.htm> [22/11/2015].
Por lo tanto, no se trata del instrumento musical definido en el DRAE como "acordeón de forma hexagonal u octogonal, de fuelle muy largo y teclados cantantes en ambas caras o cubiertas", sino de un alambre reforzado con cuchillas —que puede causar profundas heridas— y enrollado en grandes bobinas para permitir su fácil y rápido despliegue. El trasvase del área de la música a la de las migraciones, y darle ese nombre, se debe a que su forma y disposición se asemeja al instrumento musical (el alambre en bobinas permite estirarlas fácilmente como el fuelle de un acordeón).

— *migrante irregular, migrante en situación irregular*
— *reasentamiento en un tercer país, reubicación en un tercer país, reinstalación en un tercer país*
— *migrante indocumentado, trabajador indocumentado, migrante en situación irregular, migrante irregular, migrante ilegal, extranjero ilegal*
— *reagrupación familiar, reagrupamiento familiar, reunificación familiar*
— *influjo migratorio, afluencia de migrantes, afluencia migratoria*
— *migración forzada, desplazamiento forzado, migración forzosa, desplazamiento forzoso, migración involuntaria*
— *país de acogida, país receptor, país huésped*
— *captación de cerebros, recuperación de cerebros, ganancia de cerebros*[21]. No obstante, merece especial atención el término *ganancia de cerebros*, refiriéndose a la recuperación de emigrantes que han ampliado estudios y han adquirido nuevas competencias y formación. Y también es destacable el 'eufemismo' *exportación de talentos* que está experimentando un aumento en su uso. Destacaremos otros como:
— *fuga de cerebros, éxodo intelectual*
— *trabajador migrante, trabajador migratorio*. En la Convención Internacional sobre la Protección de los derechos de todos los trabajadores migratorios y sus familias, Alto Comisionado para los Derechos Humanos, Naciones Unidas, aparece *trabajador migrante* cuatro veces, todas ellas en la Introducción, mientras que *trabajador migratorio* es el término que se utiliza a lo largo del texto completo de la Convención, exactamente en 124 ocasiones. Esto revela la utilización de voces sinónimas, incluso en un mismo texto.

21 La *Guía del Departamento de Lengua Española*, Dirección General de Traducción, Comisión Europea (2009: 23) incluye este término en el volumen II, *Problemas y dudas de traducción*: "La expresión *brain drain*, en español «fuga de cerebros», designa la salida de un país de científicos o profesionales altamente cualificados, desde el punto de vista del país de origen; el neologismo *brain gain* indica lo mismo desde el punto de vista del país receptor, y su equivalente español es «captación de cerebros». Sin embargo, *brain gain* ha empezado a usarse en un sentido más restrictivo, aludiendo únicamente a la captación de cerebros del país del que eran originarios; en este sentido se usa «recuperación (o retorno, o regreso) de cerebros»".

— *Refugiado económico, refugiado por motivos económicos.* Creemos que *refugiado económico* es un calco claro del inglés *economic refugee*; en español la estructura más propia sería la de *refugiado por motivos económicos*, si bien es cierto que es minoritario su uso en todos los textos que hemos consultado.
— *Migrante económico, migrante por motivos económicos, migrante por razones económicas.* Este es un claro ejemplo, al igual que el de *refugiado económico*, de la influencia que ejerce el inglés en nuestra lengua. No obstante, en México es mayoritario el uso de *migrante por motivos económicos.*

Dentro de la situación precaria del migrante, nos encontramos con que tampoco hay homogeneidad en el uso de los términos que lo definen. Los ejemplos incluidos en los dos últimos puntos reflejan con claridad la situación. Para Gallegos Toussaint "el concepto de *refugiado*[22] está hoy íntimamente ligado al de *migrante económico.* Este es el resultado de las cada vez más rígidas barreras que ponen los países para hacer posible la regularización de los migrantes económicos, por lo que en muchos casos estos se vuelven *solicitantes de asilo*[23]". A las distintas variantes usadas, hay que añadir que incluso algunos autores han acuñado los términos *refugiado económico* o *refugiado político.*

Estos términos, en realidad, no tienen ninguna definición en el sentido jurídico y no solo provocan confusión sino que también son incorrectos ya que sugieren que existen diferentes categorías de refugiados, lo que no es el caso.

22 La Convención sobre el Estatuto de los Refugiados de 1951, artículo 1, dice: "El término refugiado se aplicará a toda persona que, debido a fundados temores de ser perseguida por motivos de raza, religión, nacionalidad, pertenencia a determinado grupo social u opiniones políticas, se encuentre fuera del país de su nacionalidad y no pueda, o, a causa de dichos temores, no quiera acogerse a la protección de tal país".

23 La Directiva 2003/9/CE del Consejo, de 27 de enero de 2003, por la que se aprueban normas mínimas para la acogida de los solicitantes de asilo en los Estados miembros, art. 2 c), indica: "solicitante o solicitante de asilo: el nacional de un tercer país o apátrida que haya presentado una solicitud de asilo sobre la cual todavía no se haya dictado una resolución definitiva." Esta misma Directiva en el art. 2 e) dice: "refugiado: la persona que cumple los requisitos de la letra A del artículo 1 de la Convención de Ginebra."

### *4.7 Falsas sinonimias*

En este apartado incluimos lo que hemos llamado 'falsas sinonimias' porque, aunque se utilicen indistintamente y algunos autores las consideren sinónimos, presentan diferentes matices, lo que contribuye a que no sean totalmente equivalentes sus significados. Por ello creemos que se pueden considerar sinónimos funcionales, pero no siempre totalmente intercambiables: *repatriación voluntaria* y *retorno voluntario*; *detención* e *internamiento*; *trata de personas* y *tráfico ilegal*[24]; *país receptor* y *país de destino*; *trabajador migratorio* y *trabajador fronterizo*; etc.

Uno de los casos más recurrentes es el de *irregular* e *ilegal*. En la mayoría de los textos, excepto en los de mayor grado de especialización redactados por expertos jurídicos en la materia, se utilizan estos términos como sinónimos. Los medios de comunicación los usan indistintamente y los aplican a cualquier concepto, ya sea la migración, el trabajador, el extranjero, la situación, la entrada, la residencia, etc. De hecho, nosotros hemos mantenido esta sinonimia como reflejo del fenómeno. Pero la realidad es más precisa y existe una distinción jurídica entre ambos: se puede ser irregular por entrada ilegal, pero por más causas también, como explica Sagarra Trias (2004: 11–12):

> Un extranjero puede ser irregular pero no es, *per se*, ilegal. Nadie es ilegal, pero todos podemos cometer ilegalidades. Un extranjero puede ser irregular pero no es ilegal, ya que las personas no son ilegales, en todo caso cometen acciones ilegales.
>
> El Estado de Derecho que es la España Constitucional, debe tener muy presente que la sociedad de acogida no puede tolerar estas situaciones de extranjeros irregulares, pero a la vez tampoco debe favorecer que estas personas caigan necesariamente, por falta de previsión legal o de diligencia administrativa, en manos de las mafias de los traficantes ilegales de personas, que son en definitiva los que se lucran de esta situación irregular.
>
> […] Es irregular el inmigrante que en España carece de los permisos preceptivos para residir o trabajar en el territorio nacional, con independencia del origen de su irregularidad administrativa. Ello significa que se puede ser irregular, entre otros supuestos por: a) entrada ilegal; b) irregularidad originaria y querida; c) irregularidad sobrevenida por caducidad de los permisos inicialmente concedidos; d) irregularidad

24 Aunque se utilicen indistintamente, hay una diferencia de matiz entre *trata de personas* y *tráfico ilegal*. Con *tráfico ilegal* nos referimos a la facilitación de la entrada ilegal de una persona a un país del que no es nacional, pero, a diferencia de *trata de personas*, no implica explotación, coacción, ni violación de los derechos humanos.

por falta de diligencia de las autoridades encargadas de tramitar los "papeles" (o la renovación de permisos).

Un análisis de los hechos, de la situación de un colectivo de extranjeros y de las políticas de extranjería llevadas a cabo, conduce a este autor a la paradoja de establecer una clasificación de ocho tipos[25] que no están previstos en la ley ni en los reglamentos pero que arrastran a situaciones que un estado de derecho difícilmente puede justificar. Por todo ello, debemos ser conscientes de que aplicar el término *ilegal* a un migrante, inmigrante o trabajador puede traer como consecuencia criminalizar a la persona en vez de a la acción de entrar o quedarse de manera irregular en un país.

Otro caso, comentado en el apartado 5, que plantea confusión y cuyos límites están tan desdibujados que, en ocasiones, se homogeneizan hasta llegar a confundirse son: *refugiado*, *migrante* y *solicitante de asilo*. Los tres comparten el hecho de abandonar el país de origen, pero por distintas razones: el *refugiado* porque se siente perseguido, el *migrante* para mejorar su situación económica, y el *solicitante de asilo* buscando protección.

De igual modo, a veces también se confunden porque se llegan a identificar los conceptos de 'apátrida' y 'refugiado'. El apátrida es una persona que carece de nacionalidad ya que ningún estado lo reconoce como su ciudadano. Algunos refugiados, pero no todos, son apátridas. Del mismo modo, no todos los apátridas son refugiados.

*País de destino* y *país receptor*. En algunos textos el primero aparece como sinónimo funcional de país receptor, pero en realidad puede darse la coincidencia de que el país receptor sea el de destino, aunque no necesariamente.

*Género* y *sexo*: para la distinción entre ambas voces se cumple lo que indica el *Diccionario panhispánico de dudas*[26]. Hemos incluido

25 1. Extranjero; 2. extranjero-inmigrante; 3. extranjero-inmigrante-irregular; 4. extranjero-inmigrante-irregular-empadronado; 5. extranjero-inmigrante-irregular-empadronado-residente; 6. extranjero-inmigrante-irregular-empadronado-residente-trabajando; 7. extranjero-inmigrante-irregular-empadronado-residente-trabajando-con orden de expulsión; 8. extranjero-inmigrante-irregular-empadronado-residente-trabajando-con orden de expulsión-viviendo legalmente en España (Sagarra Trias, 2004: 12–14).

26 "Las palabras tienen *género* (y no *sexo*), mientras que los seres vivos tienen *sexo* (y no *género*). No obstante, en los años setenta del siglo xx, con el auge de los estudios feministas, se comenzó a utilizar en el mundo anglosajón el término *género* (inglés *gender*) con un sentido técnico específico, que se ha extendido a otras lenguas, entre ellas el español. Así pues, en la teoría feminista, mientras con la voz *sexo* se designa una categoría meramente orgánica, biológica, con el término *género* se

*discriminación de género*, *igualdad de género* y *violencia de género*, pero también *discriminación fundada en el sexo*, *persecución fundada en el sexo* e *igualdad de remuneración por razón de sexo*. Estas últimas son entradas encontradas en textos legislativos[27].

*Trabajador temporero* (o *de temporada*) y *trabajador eventual* (o *temporal*): aunque los conceptos que definen están claramente diferenciados, no es así su uso donde, con bastante frecuencia, se utiliza de forma indistinta llegando a confundirse. El *trabajador temporero* o *trabajador de temporada* (en inglés *seasonal worker*) es aquel cuyo periodo de contratación depende de las condiciones estacionales del año. Estos tipos de contratos suelen darse en el ámbito agrícola, relacionados con las cosechas, o en ámbitos que solo se desarrollan en temporada, por ejemplo, estaciones de esquí, playa, etc. Aunque son sinónimos, suele utilizarse más la variante 'temporero' para labores agrícolas y 'de temporada' para el resto de las actividades. El *trabajador eventual* o *temporal* (en inglés *temporary worker*) es el contratado por periodos definidos que así quedan establecidos en el contrato. En realidad, esta figura se utiliza en contraposición al trabajador que forma parte de la plantilla fija.

Si contrastamos estos términos, de uso generalizado en medios divulgativos, con los utilizados en el ámbito jurídico, la confusión es aún mayor. En el texto inicial de la Ley 8/1980, de 10 de marzo, del Estatuto de los Trabajadores, aparecían incluidos los *trabajadores eventuales* o

---

alude a una categoría sociocultural que implica diferencias o desigualdades de índole social, económica, política, laboral, etc. Es en este sentido en el que cabe interpretar expresiones como *estudios de género, discriminación de género, violencia de género,* etc. Dentro del ámbito específico de los estudios sociológicos, esta distinción puede resultar útil e, incluso, necesaria. Es inadmisible, sin embargo, el empleo de la palabra *género* sin este sentido técnico preciso, como mero sinónimo de *sexo,* según se ve en los ejemplos siguientes: "El sistema justo sería aquel que no asigna premios ni castigos en razón de criterios moralmente irrelevantes (la raza, la clase social, el género de cada persona)", (*El País*, 28.11.02); "Los mandos medios de las compañías suelen ver cómo sus propios ingresos dependen en gran medida de la diversidad étnica y de género que se da en su plantilla" (*El Mundo*, 15.1.95); en ambos casos debió decirse *sexo,* y no *género.* Para las expresiones *discriminación de género* y *violencia de género* existen alternativas como *discriminación* o *violencia por razón de sexo, discriminación* o *violencia contra las mujeres, violencia doméstica, violencia de pareja* o similares."

27 Pacto Internacional de Derechos Civiles y Políticos (PIDCP) y la Ley del Estatuto de los Trabajadores. Véase también *Género y Migración* de la Organización Internacional para las Migraciones (OIM).

*temporeros* como sinónimos, siendo sustituidos posteriormente por *trabajadores fijos discontinuos* y *trabajadores no fijos* en el Real Decreto Legislativo 1/1995, de 24 de marzo, por el que se aprobaba el texto refundido de la Ley del Estatuto de los Trabajadores. En realidad, en ambos casos, estos dos tipos de trabajadores entrarían dentro de los denominados 'contratos temporales' que, a su vez, pueden convertirse en 'contratos de fijos discontinuos' o 'contratos por tiempo indefinido'. Una explicación a este maremágnum de términos distintos para referirse a un mismo concepto es que no se utiliza la misma nomenclatura para la clasificación de los tipos de trabajadores y las modalidades de contratos de trabajo (indefinidos y temporales).

En Bolivia, Colombia y Ecuador, llaman *migrante de corto plazo* al trabajador migrante temporal o trabajador migrante contratado. Hacen referencia para ello a la Convención Internacional sobre la Protección de los derechos de todos los trabajadores migratorios y sus familias, 1990. En textos del Consejo Nacional de Investigaciones Científicas y Técnicas (CONICET) sobre políticas migratorias de Argentina hemos encontrado *migrante de largo plazo* o definitivo. Por el contrario, ninguno de ellos se utiliza en textos españoles, aunque sí aparecen en las traducciones al español de la OIM.

*Repatriación voluntaria* y *retorno voluntario* en la mayoría de los textos consultados aparecen como sinónimos y se utilizan indistintamente. No obstante, hay ligeros matices que los diferencian porque, aunque en ambos casos existe el deseo libremente expresado de regresar, en *repatriación voluntaria* el retorno es al país de origen, mientras en *retorno voluntario* puede ser al país de origen, de tránsito o, incluso, a un tercer país.

*Trabajador migratorio* y *trabajador fronterizo.* El artículo 2 de la Convención Internacional sobre la Protección de los derechos de todos los trabajadores migratorios y sus familias, proclamada el 30 de noviembre de 1990 y adoptada por la Asamblea General de Naciones Unidas en su resolución 45/158, de 18 de diciembre de 1990, distingue entre *trabajador migratorio* y *trabajador fronterizo*. El primero es "toda persona que vaya a realizar, realice o haya realizado una actividad remunerada en un estado del que no sea nacional". El segundo es "todo trabajador migratorio que conserve su residencia habitual en un estado vecino, al que normalmente regrese cada día o al menos una vez por semana".

En alguna ocasión nos hemos encontrado con un término (de uso poco frecuente) que pudiera considerarse especializado del ámbito de la extranjería por el hecho de que aparece únicamente en algunos textos legislativos, pocos, cuando en realidad no lo es. Es el caso de *estante*. Según el DRAE procede del antiguo participio activo de estar, adjetivo poco usado: "que está presente o permanente en un lugar". El Diccionario de la Academia en su edición de 1780 ya lo incluía exactamente igual que la 23ª edición, participio activo del verbo estar: "el que está o presente o permanente en un lugar". El párrafo que viene a continuación deja claro que se está refiriendo a la situación de 'estar presente' en un contexto general, no especializado, y no tiene nada que ver con clasificación de ciudadanos: residentes, desplazados o en situación irregular:

> A estos efectos, los estudiantes extranjeros con autorización de estancia, conforme al art. 33 LE, deberán considerarse como extranjeros residentes legalmente en España, pues pese a que nominativamente tienen la consideración de estantes, la nota de permanencia que acompaña su régimen los hace materialmente asimilables a la situación de los residentes, en tanto la duración de estas autorizaciones se acomodan a la del curso para el que estén matriculados, con posibilidad de prórrogas anuales. Por consiguiente, habrá de partirse de la no aplicabilidad de la expulsión sustitutiva a los estudiantes extranjeros con autorización de estancia, pues en definitiva, su régimen se asemeja al de los residentes temporales más que al de los estantes. (Circular 2/2006 sobre Diversos Aspectos relativos al Régimen de los Extranjeros en España).

Para concluir, vamos a comentar un neologismo que, aunque repudiamos el concepto que define, desgraciadamente refleja una situación cada vez más frecuente en la sociedad actual y deberíamos avergonzarnos porque demuestra el sentimiento de repugnancia ante el pobre y ante el desamparado. Este término no es otro que el de *aporofobia*[28].

La filósofa Adela Cortina[29] en un artículo publicado en *El País*, el 7 de marzo de 2000, titulado *Aporobofia* indicaba:

> La Real Academia Española introduce de tanto en tanto en el Diccionario de la lengua nuevos términos por razones diversas. Son algunas de las más comunes que la expresión correspondiente venga usándose en la calle de forma habitual, o que proceda de una lengua extranjera y sirva para designar algún objeto o acción en un campo del saber. Pero existe una razón poderosa, tal vez la más poderosa, para acoger una nueva

---

28 Fobia a los extranjeros pobres frente a xenofobia que es fobia a los extranjeros en general. La Fundeu también insiste en el hecho de que el neologismo está bien formado y que lo apropiado es utilizar la forma *aporofobia*, y no *aporafobia*, voz que tiene cierto uso, pero que etimológicamente no se considera válida <http://www.fundeu.es/recomendacion/aporofobia> [13/11/2015].

29 A quien se le atribuye la acuñación del término en el año 1996.

> palabra en el seno de una lengua, y es que designe una realidad tan efectiva en la vida social que esa vida no pueda entenderse sin contar con ella.
>
> [...] Es en este orden de cosas en el que quisiera brindar a la Real Academia un nombre, después de rebuscar afanosamente en mi viejo diccionario de griego, tan usado el pobre en los años del bachillerato: el nombre "aporofobia". "Dícese — podría constar en la caracterización, por analogía con otras— del odio, repugnancia u hostilidad ante el pobre, el sin recursos, el desamparado". Y en ese ilustrativo paréntesis que sigue al término diría algo así como: "(del gr. *á-poros*, pobre, y *fobéo*, espantarse) f.". Es, ciertamente, una expresión que no existe en otras lenguas, e ignoro si es la mejor forma de construirla. Pero lo indudable es que la repugnancia ante el pobre, ante el desamparado, tiene una fuerza en la vida social que todavía es mayor precisamente porque actúa desde un deleznable anonimato[30].

Este término empieza a ser utilizado por los medios de comunicación más de una década después de su acuñación, pero también lo hemos encontrado en textos especializados, como informes jurídicos. Aunque la autora indicara en su momento que el término no existía en otras lenguas, en realidad, sí lo hemos encontrado en inglés, *aporophobia*, en la tesis doctoral de Dena Aufseeser, titulada *Managing 'Poverty: Care and Control in Peruvian Street Children's Everyday Lives*, de la Universidad de Washington, 2012, en la que afirma "While they acknowledge that some of the people supporting the law are motivated by charity and mercy, they argue that the aporophobia, or fear and hatred of poor people, is re-cloaked under the guise of protection".

## 5. Conclusión

Hemos observado el dinamismo neológico de estos vocabularios, en los que hemos asistido al nacimiento de numerosas voces, con frecuencia sujetas a procesos fluctuantes que muchas veces las impulsan hacia la fijación del neologismo. Aunque en alguna ocasión también hemos podido presenciar la desaparición de alguna que otra voz; son los términos de vida efímera que, al poco de ser acuñados, incluso sin haber llegado a alcanzar la madurez y, en consecuencia, sin una norma que

30 <http://elpais.com/diario/2000/03/07/opinion/952383603_850215.html> [10/11/2015].

sancione su uso, desaparecen del vocabulario en cuestión: *contrato de integración* es un ejemplo de ello. Sin embargo, otras veces también hemos podido verificar el fenómeno contrario, es decir, la revitalización que acusa un término debido a la pujanza que ejercen sobre él las noticias de fuerte impacto que llegan hasta los medios de comunicación, el caso de *pater*a y sus derivados.

En muchas ocasiones los términos especializados han salido de sus contextos y se han llegado a instalar en la lengua común, pero puede darse también el proceso inverso: que términos que se han creado en un ámbito periodístico y divulgativo pasen a instalarse en el ámbito especializado.

Hemos comprobado la vitalidad del español en la utilización de los mecanismos léxicos para la creación de neología en el área especializada de Migraciones. En la comunicación especializada la necesidad de denominar los nuevos conceptos que se están creando continuamente es una máxima constante. Son los especialistas los encargados de crear nuevos términos para designar nuevos conceptos y el uso de los mismos en la comunicación especializada. Pero no siempre serán los expertos los que crearán neología; en muchas ocasiones serán los traductores, los mediadores lingüísticos, los periodistas, redactores, etc., los que identificarán nuevos conceptos que necesitarán ser denominados con unidades léxicas nuevas o con lo que se denomina unidades léxicas recicladas semánticamente y que no son otra cosa que la adscripción de un concepto nuevo a una palabra ya existente en la lengua.

Los neologismos, cuando son creados, pasan por un proceso de acuñación y adaptación y, por ello, transcurre tiempo antes de trascender a otros tipos de textos distintos de los descritos.

Los recursos que la lengua pone a nuestra disposición para denominar nuevas designaciones son variados y dependerán de los campos de especialidad. En el caso de las Migraciones, como hemos visto, los procedimientos de creación neológica utilizados suelen ser, en líneas generales, los mismos que se han empleado para la formación de los vocabularios de las ciencias sociales.

También se constata la interacción constante entre un léxico fuertemente especializado y la lengua común, cuya dependencia mutua se pone de manifiesto con la proliferación de procesos de carácter neológico condicionados por los usos divulgativos.

La inmigración laboral en España es un fenómeno estructural, no coyuntural; no podemos negar que ciertas actividades (construcción, hostelería, servicio doméstico, atención a personas dependientes, comercio) van a seguir siendo desempeñadas por personas de otros países.

El texto del Reglamento de la Ley de Extranjería que entró en vigor el 30 de junio de 2011 consolida la política de inmigración regular, basada en la regulación ordenada de los flujos migratorios, vinculándolos a la realidad del mercado de trabajo; la lucha contra la inmigración irregular; y el fortalecimiento de las políticas de integración.

La importancia de la inmigración para nuestro futuro social y económico hace imprescindible articular un discurso constructivo y facilitar su integración mediante la incorporación de los inmigrantes a nuestra sociedad. Debemos apostar por políticas de integración más que de inmigración, que se limitan al control de los flujos migratorios en vez de favorecer su participación en el desarrollo del país que los acoge. Esperamos que este estudio, testimonio de la comunicación dentro del ámbito de las migraciones, sea un granito de arena hacia el logro de esa cohesión social.

## Bibliografía

ALMELA PÉREZ, Ramón. 1999. *Procedimientos de formación de palabras en español.* Barcelona: Ariel.

BADIA I MARGARIT, Antoni. 2000. "Risc i certesa de la neología" in M. T. CABRÉ, J. FREIXA & E. SOLÉ (eds.). *La neologia en el tombant de segle.* Observatori de Neologia. Barcelona: IULA, 17–27.

BEACCO, Jean Claude. 2000. "Écritures de la science dans les médias" in F. CUSIN-BERCHE, (ed.). *Rencontres discursives entre sciences et politique dans les médias* (Carnets du Cediscor 6). París: Presses de la Sorbonne Nouvelle, 15–24.

CABRÉ, Teresa. 2002. "Textos especializados y unidades de conocimiento: metodología y tipologización" in J. GARCÍA PALACIOS, & M. T. FUENTES Morán (eds.), *Texto, terminología y traducción.* Salamanca: Almar, 15–36.

CIASPUCIO, Guiomar. 2003. *Textos especializados y terminología.* Barcelona: IULA.

Ciaspucio, Guiomar & Inés Kuguel. 2002. "Hacia una tipología del discurso especializado: aspectos teóricos y aplicados" in J. García Palacios, & M. T. Fuentes Morán (eds.). *Texto, terminología y traducción.* Salamanca: Almar, 37–74.

Depecker, Loïc. 2000. "Quelques aspects des vocabulaires spécialisés de la fin du XXe siècle: entre créativité lexicale et parallélisation sur l'anglais" in *La banque des mots*, 60, 103–134.

Gallardo San Salvador, Natividad. 2009. "El fenómeno social de las migraciones: reflejo en la lengua y su terminología" in N. Gallardo y J. Gómez de Enterría (eds.). *Estudios de léxico especializado.* Granada: Atrio, 135–294.

— 2012. "De pateras o de cómo la embarcación utilizada por la inmigración irregular se convierte en fuente de creación neológica. Aspectos sociolingüísticos de la neología especializada de las migraciones en la prensa" in *Terminology*, nº 18:1, 128–148.

Gallardo San Salvador, Natividad & Josefa Gómez de Enterría. 2009a. "La transferencia del conocimiento en migraciones: renovación de un vocabulario neológico" in *Sendebar* 20, 289–301.

— 2009b. *Estudios de léxico especializado*. Granada: Atrio.

Gallegos Toussaint, Ximena. 2008. "La migración contemporánea y la protección de los derechos humanos". Mexico: Comisión de Derechos Humanos del Distrito Federal. <http://www.cdhdf.org.mx/index.php?id=dfemar04migra> [11/10/2015].

Gaudin, François. 2003. *Socioterminologie. Une approche sociolinguistique de la terminologie.* Bruxelles: Duculot.

Gómez de Enterría, Josefa. 2000. "La función metafórica en el léxico económico" in Melloni, R. Lozano & P. Capanaga (eds.). *Interpretar y traducir textos de la(s) cultura(s) hispánica(s).* Bologna: CLUEB.

— 2009. "Introducción" in N. Gallardo & J. Gómez de Enterría (eds.). *Estudios de léxico especializado*. Granada: Atrio, 9–13.

Gómez de Enterría, Josefa & Natividad Gallardo San Salvador, 2004. "Reflexiones sobre neología especializada en vocabularios procedentes de diversos ámbitos de carácter sociológico" in L. González & P. Hernúñez (coords.). *Las palabras del traductor*. Bruselas: Esletra, 76–98.

MORENO DE ALBA, José Guadalupe. 1996. *La prefijación en el español mexicano*. México D. F: Universidad Nacional Autónoma de México.

RODRÍGUEZ GARCÍA, Dan. 2007. "Prólogo" in J. BILES, I. MICHALOWSKI & L. WINNEMORE. *Políticas y modelos de acogida. Una mirada trasatlántica: Canadá y Alemania, Francia y los Países Bajos.* Serie Migraciones número 12. Barcelona: CIDOB, 2–9.

SAGARRA TRÍAS, Eduard. 2004. *Consecuencias jurídicas de la irregularidad*. Serie Migraciones número 3. Barcelona: CIDOB.

VARELA ORTEGA, Soledad & Josefa MARTÍN GARCÍA. 1999. "La prefijación" in I. BOSQUE & V. DEMONTE (dirs.). *Gramática Descriptiva de la Lengua Española*. Madrid: Espasa Calpe, 4993–5040.

VILLENA RODRÍGUEZ, María. 2004. *Demografía, mercado de trabajo y política de inmigración*, Eumed.net. <http://www.eumed.net/cursecon/libreria/2004/mvr/mvr.htm> [04/11/2015].

# Capítulo VIII

## De barreras culturales en la traducción jurídica y administrativa del francés al español. Aplicaciones al ámbito de la extranjería

*Cultural barriers in Administrative and Legal Translation from French into Spanish. Applications to immigration matters*

Emilio Ortega Arjonilla
Universidad de Málaga
eortega@uma.es

*Resumen*
Este capítulo versa sobre dos temas complementarios entre sí: la percepción que el traductor tiene del texto jurídico que es objeto de traducción, algo que condicionará sus opciones de traducción a la hora de generar el texto meta del proceso de traducción; y las barreras culturales que se habrán de sortear para generar un texto aceptable como resultado del proceso de traducción.

Con respecto a lo primero, es evidente que la "percepción subjetiva" que un determinado traductor tiene del texto original como lector privilegiado condiciona su traducción. De ahí que hablemos de varias traducciones posibles (y aceptables) de un mismo texto, dentro del ámbito jurídico (del francés al español).

En relación a lo segundo, es evidente que en ese proceso de traducción habrá "barreras culturales" que sortear, y el traductor habrá de estar atento a su localización y a la resolución de los problemas de traducción que le planteen la existencia de estas barreras en según qué contextos de actuación (traducción jurídica, jurada o judicial), comprendiendo en esta clasificación los documentos que son traducidos en la administración o para esta, ya sea esta nacional, regional o local.

Es obvio que, en según qué ámbitos del saber, la tendencia a escala internacional es la asimilación cultural, no obstante, hay ocasiones en que se utilizan estrategias distintas, como la interculturalidad (o integración cultural) o el multiculturalismo. De ahí que en el tratamiento de este segundo tema recurramos a una distinción clara entre los conceptos de asimilación cultural, interculturalidad y multiculturalismo, que se verá ilustrada con ejemplos extraídos de la práctica profesional de la traducción.

En contextos jurídicos se pueden aplicar diferentes estrategias aceptables en la práctica de la traducción, en función del 'skopos' de la traducción y/o de la interacción cultural que tenga lugar en un proceso concreto de traducción jurídica. Esta es la razón que explica que esta contribución se base principalmente en la descripción de distintas estrategias que pueden ser utilizadas en la práctica de la traducción (del francés al español) dentro de este ámbito especializado del saber.

*Palabras clave:* barreras culturales, traducción jurídica, traducción jurada, traducción judicial, asimilación cultural, integración cultural, multiculturalismo.

*Abstract*
This chapter deals with two subjects that are complementary to one another. On the one hand, it deals with how translators perceive the legal text they are translating, which will condition the translation options they see themselves as having when involved in producing

the target text. On the other hand, it deals with the cultural barriers that they must sort out before they may produce an acceptable text.

In the case of the former, it is evident that how a translator, as a privileged reader of the source text, "subjectively perceives" it will condition how he or she decides to translate it. It is thus necessary to consider that there may be several possible (and indeed acceptable) translation renditions of a single text in a legal context (from French into Spanish).

In the case of the latter, it is evident that the translation process will entail "cultural barriers" that must be resolved, and the translator will in turn indeed need to be aware of where they exist and resolve them in the best way possible depending on the context (Legal, Sworn or Court translation), including in this classification the documents which are translation into or for the National, Regional or Local Administration.

It is clear that, depending on the area of knowledge, the tendency at the international level is cultural assimilation; however, there are occasions where different strategies are used, such as cultural integration or multiculturalism. Therefore, in the treatment of the second topic under discussion, a clear distinction will be made between the concepts of cultural assimilation, cultural integration, and multiculturalism. Moreover, each of these concepts will be illustrated with authentic professional translation examples.

In Legal contexts, it is possible to use many different acceptable strategies in the practice of translation depending on the 'Skopos' of the translation and/or the cultural interaction that takes place in a particular process of translation. This is the reason why this paper is mainly based on the description of different strategies that can be used in the practice of translation (from French into Spanish) within this specialized field of knowledge.

*Keywords:* Cultural barriers, Legal Translation, Sworn Translation, Court Translation, Cultural Assimilation, Cultural Integration, Multiculturalism.

## 1. Introducción: el ámbito de la extranjería como objeto de estudio traductológico

Resulta frecuente encontrar definiciones del término "extranjería" del tipo: situación y condición legal de la persona que es extranjera en relación con las leyes del país donde reside. O, tomando como referencia la expresión "ley de extranjería": conjunto de normas que regulan la condición y los intereses de los extranjeros en un país.

A este respecto, tanto si nos centramos en la primera acepción de extranjería como si lo hacemos en la segunda, el objeto de estudio en este caso puede ser abordado desde muy diversos puntos de vista, en numerosas ocasiones complementarios entre sí. Así, además del acercamiento jurídico o político, podemos abordar la extranjería desde un punto de vista sociológico o antropológico e incluso lingüístico o cultural.

En el presente capítulo, sin embargo, proponemos un acercarnos al ámbito de la extranjería desde un punto de vista estrictamente traductológico (orientado a la práctica profesional). Este acercamiento nos permite constatar que el estatus del extranjero que visita o quiere instalarse en otro país no influye en la práctica traslativa. En todos los casos, desde el ciudadano de la Unión Europea que quiere instalarse en otro país de esta realidad supranacional como en el de cualquier ciudadano de terceros países que sea demandante de la condición de refugiado, asilado o residente (temporal) en nuestro país, se trata, desde un punto de vista traductológico, de abordar la traducción de una serie de documentos que permitan integrarse al sujeto demandante en el país de destino desde un punto de vista administrativo (acceso a la asistencia sanitaria, al sistema educativo, obtención de la condición de residente a efectos civiles, fiscales, etc.).

En suma, la práctica traslativa de la traducción (jurídica, jurada o judicial) de documentos jurídicos, administrativos, sanitarios o educativos (títulos académicos, certificaciones oficiales, etc.) no difiere por el estatus del inmigrante que solicita esas traducciones sino por otros muchos motivos ampliamente conocidos dentro del ámbito de la práctica traslativa: el tipo de traducción que requiere la administración del país de destino en función de la actuación administrativa que se pretende realizar (jurídica, jurada o judicial), las dificultades que presenta el trasvase de determinados elementos culturales entre la cultura jurídico-administrativa del TO (texto original) y la cultura jurídico-administrativa del TM (texto meta), la finalidad (o skopos) de la traducción requerida, etc.

Por otro lado, la traducción en el ámbito de la extranjería se caracteriza por la presencia recurrente de documentos-tipo que son los más requeridos en una versión traducida (al español, en este caso) por la administración del país de destino. Nos referimos, por ejemplo, a las solicitudes de residencia, refugio o asilo o a los documentos que identifican al sujeto demandante (partida de nacimiento, pasaporte, libro de familia o equivalentes, informes sanitarios, títulos académicos –si los hubiere–, etc.), entre otros.

A este respecto, el objeto de este trabajo consiste precisamente en mostrar cuáles son las barreras culturales que hay que sortear para realizar una traducción aceptable de la documentación que el inmigrante trae consigo cuando trata de integrarse en un país de destino y en un sistema jurídico-administrativo, judicial, educativo y sanitario distinto al de su país de origen.

A este respecto, no hay una traducción para ricos y otra para pobres. Hay una labor de traducción de realizar, que resulta indispensable para que el ciudadano recién llegado realice algunas gestiones administrativas en el país de destino y empiece a ser beneficiario de una serie de derechos. Otra cosa bien distinta es que un ciudadano de la Unión Europea lo tenga más fácil que otro que provenga de Senegal, aunque ambos hayan cumplido con el requisito inexcusable de hacer una traducción (jurada o no) de sus documentos.

Por tanto, el objeto de este trabajo no es el de valorar la facilidad o dificultad que acompaña a la migración en función de la procedencia geográfica del sujeto que emigra a otro país (en este caso a España), sino valorar cuáles son las dificultades de traducción que acompañan a los documentos-tipo que son objeto de traducción cuando se produce una situación de este tipo (instalación de un ciudadano extranjero en nuestro país en calidad de residente temporal o permanente, asilado, refugiado o turista), independiente del estatus que acompañe al inmigrante que solicita la traducción de una serie de documentos en virtud de los trámites que haya de realizar ante la administración del país de destino.

En suma se trata de traducir una serie de documentos, al margen de la procedencia del inmigrante.

Hechas las observaciones preliminares que anteceden a este subapartado, centramos nuestra atención en la traducción jurídica, entendida como hiperónimo que engloba distintas realidades profesionales que tienen que ver con lo documentación que ha de ser traducida cuando se produce la llegada de un inmigrante a nuestro país.

A este respecto, la traducción jurídica, de importancia creciente en el mundo profesional de la traducción e interpretación en nuestros días, incluye distintos ámbitos de aplicación, desde la traducción jurídica propiamente dicha hasta la traducción jurada, pasando por la traducción jurídico-económica, la traducción judicial, la traducción policial y un largo etcétera que incluye documentos de naturaleza jurídica, jurídico-administrativa, e incluso documentos híbridos como los informes periciales (documentos médico-legales, informes técnicos, etc.), los informes sanitarios o los documentos de tipo académico.

Esta diversidad de ámbitos de aplicación y de documentos que pueden ser objeto de un encargo de traducción en el contexto de la extranjería nos obliga a hacer algunas precisiones conceptuales previas para acotar el objeto de estudio antes de adentrarnos en el estudio de las ‘barreras culturales' que caracterizan a este tipo de traducción especializada desde un punto de vista teórico y práctico.

En nuestro caso, centraremos la atención en un único par de lenguas (francés-español) y en la comparación entre los sistemas jurídicos y administrativos de Francia y España o de países que tienen como lengua oficial o vehicular el francés (francofonía) o el español (mundo hispanohablante) analizando una única dirección del proceso de traducción (traducción directa del francés al español).

Un acercamiento estrictamente lingüístico al estudio de la traducción jurídica nos llevaría a afirmar una gran variabilidad en la búsqueda de equivalentes que, en muchos casos, no existen o que solo equivalen parcialmente al término, expresión o unidad fraseológica objeto de consideración en la lengua del TO (texto original). Introducir la dimensión cultural en el estudio traductológico de la traducción jurídica nos permite ir más allá de una dinámica lineal de comparación de original y traducción para abordar el problema de la interacción que se establece, a escala internacional, entre los sistemas jurídicos o administrativos que tiene su explicación, en muchos casos, en factores de tipo político, económico o cultural que influyen, sin lugar a dudas, en el ejercicio profesional de la traducción dentro de estos ámbitos especializados del saber.

## 2. Algunas aclaraciones conceptuales previas: la traducción jurídica, un hiperónimo que engloba numerosas realidades traductológicas no siempre coincidentes entre sí

La influencia del francés (*traduction juridique* versus *jurilinquistique*) y del inglés (*legal translation*) explica, en buena medida, que en español se adoptara el hiperónimo traducción jurídica para designar toda una serie de realidades no siempre coincidentes entre sí. Esta denominación resulta, a nuestro modesto saber y entender, demasiado amplia para realizar una definición bien delimitada de este ámbito especializado de la traducción. De ahí que tengamos que realizar algunas acotaciones conceptuales antes de abordar el análisis de casos prácticos del ejercicio profesional de la traducción dentro de este, o para ser más preciso, de estos ámbitos especializados del saber.

Para empezar habría que especificar que al igual que podemos hablar de traducción jurídica, también hemos de tener en cuenta la existencia de la interpretación jurídica.

En muchos casos, ambas están estrechamente relacionadas, como ocurre en contexto judicial, donde la traducción de un documento para un proceso judicial puede llevar aparejada, llegado el caso, la conversión de este documento en el punto de partida de una interpretación, como ocurre cuando los documentos traducidos en contexto judicial son incorporados a la práctica de la prueba durante la fase oral del juicio. En otras ocasiones, como ocurre con la traducción jurada, esta no suele requerir, por lo general, la intervención de un intérprete para dar cuenta de las opciones de traducción adoptadas en su realización, salvo que (como apuntábamos más arriba) el documento en cuestión haya sido incorporado a la fase oral de un proceso judicial.

En este caso no vamos a abordar la problemática que rodea a la interpretación jurídica, en general, y a la interpretación para los servicios públicos en particular (en contexto judicial o policial). Solo vamos a ocuparnos en nuestro estudio de la traducción de documentos escritos, de naturaleza jurídica o administrativa, en una única dirección: del francés al español. Esto no obsta para que algunas de las soluciones propuestas sean idénticas para el ejercicio de la traducción o la interpretación dentro de este ámbito especializado del saber en otra dirección (español-francés) o con otros pares de lenguas (árabe-español, inglés-español, italiano-español, etc.).

El acercamiento que proponemos a la traducción de este tipo de documentos es estrictamente traductológico, lo que incluye, entre otros elementos, tanto la dimensión lingüística como la dinámica cultural que explica el uso de unas u otras acepciones significativas.

Esta delimitación conceptual ya fue objeto de consideración por parte del autor de este capítulo en publicaciones anteriores (Ortega, 2005, 2009, 2012a, 2012b). La pregunta inicial habrá de ser, entonces, la siguiente: ¿qué habremos de entender por traducción jurídica? A la que ahora añadimos otra: ¿qué habremos de entender por traducción administrativa? Lógicamente, al abordar en esta monografía la extranjería como objeto de estudio habría que incluir también las cuestiones siguientes: ¿son los documentos de extranjería diferentes de otros documentos administrativos o jurídico-administrativos?

Con respecto a la primera pregunta, nos basamos en lo expuesto por el autor de este capítulo en una contribución de 2005 (Ortega, 2005: 113–131), donde distingue, desde un punto de vista traductológico, entre traducción jurídica, jurada y judicial; a la que se añaden la traducción institucional y la traducción económico-empresarial.

— Se entiende por traducción jurídica la práctica translativa que tiene por objeto los textos o documentos de naturaleza jurídica.
— Se entiende por traducción económico-empresarial la práctica translativa que tiene por objeto los textos o documentos emanados de la práctica económica o empresarial, sean o no de naturaleza jurídica.
— Se entiende por traducción institucional la práctica translativa que tiene por objeto los textos o documentos emanados de una institución internacional, independientemente de la temática que encierren.
— Se entiende por traducción judicial la práctica translativa que tiene por objeto los textos o documentos emanados de la práctica judicial (autos, sentencias, comisiones rogatorias, informes periciales, etc.).
— Se entiende, por último, por traducción jurada, la práctica translativa que implica la identificación del traductor, del documento y la aplicación de unas normas específicas de realización que incluyen, entre otras cosas, la integración de una copia del documento original en la presentación final del encargo.

Si nos preguntásemos por la traducción administrativa o jurídico-administrativa, habríamos de afirmar, en esta ocasión, lo siguiente:

Conceptualmente, la traducción administrativa o jurídico-administrativa, en la que se incluyen los documentos de extranjería, comparte con la traducción jurídica la naturaleza jurídica o jurídico-administrativa de los textos objeto de traducción. Desde un punto de vista práctico, este tipo de documentos pueden ser objeto de traducción jurada o judicial, según la finalidad (o skopos) de la traducción.

En todo lo demás, los documentos administrativos son similares a los que se utilizan para desarrollar la vida administrativa de un país sin recurrir a la traducción (países con una sola lengua oficial o vehicular) o recurriendo a ella (países con más de una lengua oficial o vehicular).

El enfoque adoptado para dar cuenta de estas realidades que convergen en lo que llamamos hiperonímicamente "traducción jurídica" puede ser, desde un punto de vista metodológico, maximalista o minimalista, incidir en una percepción académico-profesional o apoyarse en las dinámicas culturales que se establecen a escala internacional entre Estados (convenios de colaboración o cooperación en vigor), regiones o grupos de Estados agrupados en una instancia supranacional.

### *2.1 El punto de vista adoptado: maximalismo versus minimalismo*

Dentro de la tendencia maximalista se sitúan los autores que consideran que dentro del ámbito de la traducción jurídica caben no sólo los textos procedentes del ámbito del Derecho, sino también los documentos propios del ámbito económico y empresarial, los textos producidos en instituciones internacionales (traducción institucional), y los propios de la práctica de la traducción jurada.

Dentro de esta tendencia destacan, sobre todo, las consideraciones de profesionales de la traducción que no tienen demasiado interés en reflexionar, desde una perspectiva teórica o académica, sobre este ámbito especializado. Esta tendencia refleja, en suma, ese 'divorcio' tantas veces enunciado (o denunciado) entre 'teoría' y 'práctica' de la traducción profesional.

Por el contrario, dentro de una tendencia minimalista se sitúan los autores que pretenden desarrollar una teoría particular, siguiendo la terminología de Z. Lvovskaya (1997), de cada uno de los subámbitos anteriormente enunciados. Así, tendríamos una teorización o conceptualización del ámbito jurídico, del económico, del empresarial, del comercial, etc.

Las tendencias minimalistas son típicas (y casi exclusivas) del ámbito académico. Se realizan investigaciones focalizadas en un ámbito específico de la traducción y se pretende, a la par que se reivindica la 'especificidad' de ese tipo de discurso, hacer una categorización del mismo y poner una etiqueta de 'diferenciación' con respecto a otros discursos especializados, sin tener siempre en cuenta (o no siempre en el grado requerido) lo que 'en realidad' ocurre en la práctica.

Esta tendencia refleja, o puede reflejar, las diferencias existentes entre el punto de vista exclusivamente profesional (o, si se prefiere, práctico) y el punto de vista exclusivamente académico, lo que puede dar lugar a una percepción demasiado atomizada, e incluso incoherente, de la reflexión en torno, en este caso, al ámbito de la traducción jurídica.

### 2.2 *La comprensión de los fenómenos de traducción jurídica desde un punto de vista académico-profesional*

Entre ambas tendencias, son cada día más numerosos los traductores-traductólogos (o los traductólogos-traductores), que, sin renunciar al rigor científico que les ofrece su formación académica, centran su reflexión en el análisis de los problemas reales que acompañan a la 'práctica profesional de la traducción'.

Esta última tendencia pretende "conciliar" esos dos mundos aparentemente tan alejados, sobre todo desde el punto de vista del profesional (autodidacta o con formación de grado o de posgrado en Traducción), ofreciendo una respuesta "académica" a problemas de la práctica cotidiana de la traducción especializada.

En este trabajo asumimos esta última tendencia, reivindicando una práctica de la investigación traductológica interdisciplinar, que tenga en cuenta los puntos de vista de los especialistas implicados en un ámbito específico de la traducción: el del experto que redacta documentos dentro de ese ámbito y domina la materia objeto de traducción; el del traductor especializado en la práctica de ese tipo de traducción; y el del traductólogo que investiga sobre esta materia o la enseña en el aula.

### 2.3 *Las consecuencias de la adopción de un enfoque académico-profesional para la comprensión de los fenómenos de traducción jurídica*

La adopción de un enfoque académico-profesional, nos lleva en este caso, a distinguir entre denominaciones, y a incluir dos variables fundamentales que son características de los documentos objeto de traducción: la dimensión lingüística (con especial atención a los fenómenos de variación) y la dimensión cultural (con especial atención a las dinámicas que explican la práctica documental y los límites de la traducción en estos ámbitos especializados del saber).

Desde un punto de vista denominativo, proponemos, como apuntábamos más arriba, las siguientes distinciones:

— Se entiende por traducción jurídica la práctica translativa que tiene por objeto los textos o documentos de naturaleza jurídica.

— Se entiende por traducción económico-empresarial la práctica translativa que tiene por objeto los textos o documentos emanados de la práctica económica o empresarial, sean o no de naturaleza jurídica.
— Se entiende por traducción institucional la práctica translativa que tiene por objeto los textos o documentos emanados de una institución internacional, independientemente de la temática que encierren.
— Se entiende por traducción judicial la práctica translativa que tiene por objeto los textos o documentos emanados de la práctica judicial (autos, sentencias, comisiones rogatorias, informes periciales, etc.).
— Se entiende, por último, por traducción jurada, la práctica translativa que implica la identificación del traductor, del documento y la aplicación de unas normas específicas de realización que incluyen, entre otras cosas, la integración de una copia del documento original en la presentación final del encargo.

Desde un punto de vista lingüístico, haciendo especial hincapié en una comprensión variacionista de los problemas de traducción jurídica, podemos afirmar lo siguiente:

— Todos (o la mayoría de) los textos o documentos propios de la traducción jurídica, según la definición anterior, están redactados utilizando un registro culto de la lengua. Eso sí, existen numerosas variantes diatópicas que pueden constituir, llegado el caso, un problema de traducción.
— Los documentos propios del ámbito económico-empresarial presentan un mayor grado de variabilidad en cuanto al registro de lengua utilizado, de tal forma que, junto a textos muy especializados, también coexisten otros de naturaleza más "divulgativa", debido, sobre todo, a motivos comerciales.
— Los documentos propios del ámbito institucional se caracterizan por su alto grado de variabilidad en cuanto al registro de lengua utilizado y también por la diversidad temática que encierran (textos de naturaleza jurídica, política, técnica, etc.).
— Los documentos propios del ámbito judicial son los que mayor grado de variabilidad presentan en cuanto al registro de lengua utilizado en su elaboración. También incluyen la lengua oral (transcripciones de declaraciones o grabaciones previas) y escrita y su diversidad temática en tan amplia como ámbitos son objeto de consideración en la práctica judicial.

— Por último, los documentos objeto de traducción jurada, al igual que los documentos propios de la traducción jurada, están redactados en un registro culto de la lengua.

Desde un punto de vista estrictamente cultural, hemos de afirmar lo siguiente:

El ámbito jurídico, jurado y judicial se sitúa en una posición intermedia entre la 'diversidad cultural' de los ámbitos literarios y humanístico (por poner un ejemplo significativo) y la tendencia a la 'homogeneización cultural' del ámbito biosanitario, al menos en el registro culto del discurso médico.

En este macroámbito especializado de la traducción coexiste la homogeneización cultural en ámbitos como el de la traducción jurídica en sistemas u ordenamientos supranacionales (ONU o UE) con un grado mayor o menor de respeto a la diversidad cultural en contextos como el judicial (nacional), en el que hay un sistema que marca la pauta jurídica y lingüística (administración de justicia en la que se lleva a cabo un proceso judicial con un justiciable extranjero que desconoce la lengua de esta administración), y otros sistemas o discursos jurídicos (los de los justiciables extranjeros) que sirven como referencia para generar 'equivalencias' totales o parciales que permitan la comunicación fluida entre las partes en un proceso judicial.

### *2.4 Las consecuencias para la práctica profesional de la traducción: el papel del traductor*

Frente a estos fenómenos de variación (lingüística y cultural) que caracterizan al ámbito jurídico, el traductor se encuentra en una encrucijada, en la que habrá de optar por alguna de las siguientes estrategias de traducción:

— Estandarizar o neutralizar los fenómenos de variación observados en el TO en la construcción del TM.
— Mantener los fenómenos de variación observados en el TO en la construcción del TM, buscando los equivalentes adecuados o los términos o expresiones que permitan encontrar esa "equivalencia dinámica" (de la que habla Eugene A. Nida) en la lengua meta.
— Introducir fenómenos de variación en el TM aunque estos no estuviesen presentes en el TO por exigencias del cliente (condiciones del encargo de traducción), debido al skopos (finalidad de la traducción)

o a la polisemia que genera ese término o expresión objeto de traducción en la lengua meta.

Las razones que explican esta variabilidad son muy numerosas y pueden deberse a diversas razones, como las que exponemos a continuación:

— A la existencia de varios ordenamientos jurídicos que comparten una misma lengua vehicular, como ocurre, por ejemplo, con los países hispanohablantes que comparten el español como lengua vehicular pero mantienen diferencias más o menos acentuadas, según los casos, en sus respectivos ordenamientos jurídicos o administrativos. Lo mismo es aplicable a otras lenguas de gran difusión internacional como el inglés o el francés.
— Desde un punto de vista traductológico, el traductor se enfrenta a la traducción de documentos redactados en una lengua extranjera (inglés o francés, por ejemplo) pero procedentes de sistemas jurídicos o administrativos muy diversos, lo que exige al traductor identificar los fenómenos de variación y proceder a su neutralización o reproducción según las condiciones del encargo, la finalidad de la traducción o las convenciones adoptadas en convenios internacionales (bilaterales o multilaterales) de aplicación.
— En este ámbito, salvo el contexto judicial, donde pueden existir una gran variabilidad en los registros de lengua utilizados y en la temática abordada (según la competencia lingüística del justiciable, la naturaleza del documento objeto de traducción o la temática de este documento, etc.), no se suele trabajar con textos divulgativos o vulgarizados. Antes al contrario, la mayoría de los documentos son muy especializados y están fuertemente convencionalizados (formularios, documentos tipo, etc.), lo cual no exime de la presencia de fenómenos de variación, por las razones que hemos expuesto anteriormente.

Un ejemplo paradigmático de estos fenómenos de variación (en este caso diafásica o diastrática) lo constituye la traducción de español a francés de *falta* y *fallo*, como veremos a continuación:

| *Término original en español* | *Equivalentes en francés* |
|---|---|
| Falta | 1. *Faute*<br>2. *Contravention*<br>3. *Défaut* |

(Ortega Arjonilla, 1999: 438)

Este término en español (falta) que tiene acepciones más técnicas (crípticas) y un uso general en la lengua común (acepción délfica), es un caso paradigmático de ausencia de variación en el TO (español) que exige, sin embargo, introducir esa variación en el TM según el tipo de encargo de traducción o la acepción significativa que se haya asignado a ese término en el TO. Ortega (1999) lo explica de la siguiente forma:

Así, si nos movemos en el ámbito de la lengua general, falta, en sentido general, equivaldría a *faute* en francés. Sin embargo, si nos situamos en un contexto especializado (judicial, en este caso), la traducción habrá de incluir el término críptico correspondiente en cada caso:

Falta equivale a *contravention* en francés cuando se trata de describir una imprudencia o la realización de una acción no permitida y punible.

Falta equivale a *défaut*, en el sentido de defecto (Ortega, 1999: 449).

Lo mismo ocurre con el término críptico fallo, que se traduce por *erreur* en la lengua general, pero que habrá de traducirse por alguna de los siguientes equivalentes crípticos en francés según el ámbito de aplicación.

| *Término críptico original en español* | *Equivalentes crípticos en francés* |
|---|---|
| Fallo | *1. Jugement*<br>*2. Arrêt*<br>*3. Décision, ordonnace ou jugement*<br>*4. Sentence* |

(Ortega Arjonilla, 1999: 438)

Ortega (1999) lo explica de la siguiente forma:

— Si se trata del fallo de un juicio en primera instancia, este se traducirá por *jugement* en francés.
— Si se trata de un fallo en segunda o tercera instancia, la equivalencia adecuada en francés será *arrêt.*
— Si se trata, por extensión de "fallo" en el sentido de adopción de una decisión, se podrá traducir por "*décision, ordonnance* o *jugement*", según el contexto.
— El término *sentence*, por último, es un término general para "sentencia o fallo" que no sirve para acotar si se trata de una sentencia en primera o posteriores instancias dentro del sistema jurídico francés (Ortega, 1999: 448–449).

Peñaranda (2015), por su parte, nos advierte sobre la importancia de la variación diatópica que se produce cuando varios países comparten una misma lengua oficial o vehicular pero cuentan, lógicamente, con sistemas jurídicos distintos, como se observa en los casos siguientes:

| *Términos y expresiones de procedimiento penal utilizados en países hispanohablantes* | *Equivalente en el sistema jurídico español* |
|---|---|
| Acción de revisión (Colombia) | Nombre que se da en Colombia al recurso de revisión. (Peñaranda, 2015: 241) |
| Allanamiento (Argentina, Colombia, Perú, Venezuela, Costa Rica) | Entrada (y registro) en lugar cerrado; orden de registro y allanamiento = mandamiento de entrada y registro (Peñaranda, 2015: 241) |
| Aprehensión (Costa Rica) | Privación de libertad del sorprendido en flagrante delito, del preso fugado o del sospechoso de haber cometido delito grave (El Derecho costarricense distingue entre aprehensión y detención). (Peñaranda, 2015: 241) |
| Detención (Costa Rica) | Privación de libertad del presunto delincuente o por imperativos procesales (equivale en cierto modo al *mandat d'amener* del Derecho francés). (Peñaranda, 2015: 245) |

## 3. La práctica profesional de la traducción jurídica dentro de la combinación lingüística francés-español: análisis de casos prácticos

Las ejemplificaciones que se pueden proponer para ilustrar las dificultades que presenta la práctica de la traducción jurídica dentro del par de lenguas francés-español son innumerables. En esta ocasión hemos seleccionado diez casos que representan prototípicamente algunas de las dificultades más características de la práctica traslativa dentro de este macroámbito especializado del saber.

*CASO Nº 1. Las denominaciones normalizadas en Derecho supranacional: el derecho comunitario (UE).*

Uno de los primeros retos a los que se enfrenta el traductor profesional dentro de este ámbito especializado del saber consiste en detectar las expresiones o términos que han sido normalizados y aceptados por la comunidad internacional (política, jurídica o económica) en una única acepción denominativa. Un ejemplo paradigmático lo constituye, por ejemplo, la creación de neologismos en la Unión Europea, como se observa en el caso siguiente:

| *Expresión normalizada en francés (denominación oficial en la UE)* | *Expresión normalizada en español (denominación oficial en la UE)* |
|---|---|
| *Mandat d'arrêt européen* | Orden de detención y entrega europea |

La también llamada euroorden es un caso prototípico de creación neológica motivada por el desarrollo de la convergencia europea en materia judicial.

En el mismo caso, entrarían los principios que rigen la constitución y el desarrollo de instituciones supranacionales, como ocurre con el siguiente caso:

| *Expresión normalizada en francés (denominación oficial en la UE)* | *Expresión normalizada en español (denominación oficial en la UE)* |
|---|---|
| *Principe de subsidiarité* | Principio de subsidiariedad. |

Sin tratarse en este caso de una creación neológica, sí que se trata de un principio que explica, en buena medida, la forma de proceder de la Unión Europea, en la que coexisten las cesiones de soberanía (nacional) y el mantenimiento de ciertas esferas (de la vida política, jurídica y administrativa) bajo la tutela de la legislación nacional de cada uno de los países miembros.

*CASO Nº 2. La consolidación de un equivalente en las instituciones internacionales: la Unión Europea.*

En la misma línea del caso anterior se encuentran los equivalentes que han sido acuñados con la práctica profesional de la traducción en el seno de instituciones internacionales.

Un primer caso, representativo de la práctica de la traducción en la Unión Europea, lo constituyen las traducciones de los términos imposition/impositions al español:

| *Unidad terminológica o fraseológica oficial en francés (UE)* | *Equivalente oficial en español (UE)* |
|---|---|
| *Impositions*<br>*Imposition applicable*<br>*Imposition fiscale*<br>*Impositions à l'importation*<br>*Imposition intérieure*<br>*Imposition parafiscale*<br>*Double imposition*<br>*Frapper d'impositions* | Tributos<br>Tributo aplicable<br>Imposición de carácter fiscal<br>Gravámenes a la importación<br>Tributos internos<br>Imposición de carácter parafiscal<br>Doble imposición<br>Gravar con tributos |

*CASO Nº 3. La consolidación de un equivalente en las instituciones internacionales: Naciones Unidas.*

Lo mismo ocurre en Naciones Unidas, como podemos ver en los ejemplos siguientes, relacionados con el término principal *mémoire*:

| *Unidad terminológica o fraseológica oficial en francés (ONU)* | *Equivalente oficial en español (ONU)* |
|---|---|
| *Mémoire*<br>*Mémoire en duplique*<br>*Mémoire en réplique* | Memoria<br>Memoria de dúplica<br>Memoria de réplica |

*CASO Nº 4. El acuerdo político como punto de partida para la normalización terminológica escala internacional: la Apostilla de La Haya.*

Hay ocasiones en las que la normalización no viene dada por la creación neológica, la adopción de principios que tienen una traducción única entre lenguas (UE) o la práctica consolidada de la traducción. Hay muchas ocasiones, sobre todo en el seno de instituciones internacionales, en las que el acuerdo político precede a la denominación lingüística. La Apostilla de La Haya es un caso paradigmático, de uso muy extendido en la práctica de la traducción jurada.

He aquí los elementos que constituyen la Apostilla de La Haya en francés y en español:

| *Apartados de la Apostilla de La Haya en francés (Convention de La Haye du 5 octobre 1961)* | *Apartados de La Apostilla de La Haya en español* |
|---|---|
| *1. Pays* | 1. País |
| *2. Le présent acte public* | 2. El presente documento público |
| *3. A été signé par* | 3. Ha sido firmado por |
| *4. Agissant en qualité de* | 4. Quien actúa en calidad de |
| *5. Est revêtu du sceau/timbre de* | 5. Y está revestido del sello/timbre |
| *6. Attesté* | 6. Certificado |
| *7. À* | 7. En |
| *8. Le* | 8. El día |
| *9. Par* | 9. Por |
| *10. Sous numéro* | 10. Bajo el número |
| *11. Sceau/timbre* | 11. Sello/timbre |
| *12. Signature* | 12. Firma |

De igual forma, este documento normalizado incluye un texto que explica el valor de la Apostilla de la Haya tanto en una lengua como en otra:

*Texto en francés*

| |
|---|
| *Cette Apostille atteste uniquement la véracité de la signature, la qualité en laquelle la signature de l'acte a agi et, le cas échéant, l'identité du sceau ou timbre dont cet acte public est revêtu.*<br>*Cette Apostille ne certifie pas le contenu de l'acte public par lequel elle a été émise.* |

*Texto en español*

| |
|---|
| Esta Apostilla certifica únicamente la autenticidad de la firma, la calidad en que el signatario del documento haya actuado y, en su caso, la identidad del sello o timbre del que el documento público está revestido.<br>Esta Apostilla no certifica el contenido del documento para el cual se expidió. |

*CASO Nº 5. La variabilidad en las denominaciones de Estados: Unión Europea versus ONU.*

En el libro Interinstitucional de Estilo de la UE se nos advierte sobre las variantes existentes en las denominaciones de algunos países y Estados en la UE (donde se usa como referencia el español peninsular) y la ONU (donde la referencia es el término más usado en el conjunto de países hispanohablantes que son miembros de esta entidad supranacional).

Algunos ejemplos significativos de esta variabilidad lo constituyen los casos siguientes:

| *Nombre usual* | *Nombre oficial (UE)* | *Código ISO* | *Capital (UE) y gentilicio* | *Nombre oficial en la ONU* |
|---|---|---|---|---|
| Costa de Marfil | República de Costa de Marfil | CI | Yamusukro Gentilicio: costamarfileño, marfileño, de Costa de Márfil | República de Côte d'Ivoire |
| Moldavia | República de Moldavia | MD | Kishinau Gentilicio: moldavo | República de Moldova |
| Birmania, Myanmar | Unión de Myanmar | MM | Rangún (o Yangón) | Myanmar es la denominación de Birmania en la lengua birmana, así como el nombre impuesto por el Gobierno birmano y utilizado en Naciones Unidas. |

*CASO Nº 6. La inexistencia de equivalente en la cultura meta: el recurso a la traducción explicativa.*

Hay ocasiones, sin embargo, en las que el traductor no se enfrenta a la detección de equivalentes normalizados por las razones que fuesen como veíamos más arriba (casos 1, 2, 3 y 4), sino a la inexistencia de equivalente en la cultura meta, por lo que habrá de recurrir a la traducción explicativa como estrategia para sortear la barrera cultural que le plantea esta diferencia existente entre sistemas jurídicos nacionales.

| *Unidad terminológica o fraseológica en español* | *Traducción explicativa en francés (por carencia de equivalente)* |
|---|---|
| Fe pública judicial<br>Graduado social<br>Indefensión | *Force probante attachée aux actes authentiques.*<br>*Personne ayant un Diplôme en Droit du Travail l'autorisant (en Espagne) à assister une partie devant les juridictions du travail et de la sécurité sociale.*<br>*Situation du plaideur sans moyen juridique ou matériel pour se défendre.* |

(*Cf.* E. Ortega Arjonilla, 1999)

*CASO Nº 7. Cuando la dificultad está en las unidades fraseológicas derivadas de un término principal "transparente" (desde un punto de vista traductológico).*

Hay ocasiones en las que el término principal en francés tiene un equivalente transparente en la lengua meta (español). El problema se plantea cuando construimos unidades terminológicas complejas o unidades fraseológicas con ese término principal, como ocurre con el término *abandon* (*Cf.* Campos Martín, 2013):

| *Término o unidad fraseológica en francés* | *Equivalente(s) en español* |
|---|---|
| *Abandon* | Abandono |
| *Abandon de créance* | Renuncia de créditos |
| *Abandon du domicile conjugal* | Abandono del hogar |
| *Abandon de droits* | Renuncia de derechos |
| *Abandon de la procédure (Desistement)* | Desestimiento |
| *Abandon de poste* | Abandono de servicio, de destino, deserción |
| *Abandon de marchandises* | Abandono de mercancías |
| *Abandon en mer* | Abandono en el mar |
| *Abandon de mitoyenneté* | Renuncia de medianería |
| *Abandon de navire et du fret* | Renuncia de navío y del flete |
| *Abandon de travaux* | Abandono de trabajos |

*CASO Nº 8. La redundancia en el uso de expresiones hechas: el caso del español jurídico en la UE.*

Sin llegar a constituir un equivalente normalizado, encontramos un gran número de expresiones que se utilizan con frecuencia en actos jurídicos de la UE. Es el caso, como apuntan los autores del Libro Interinstitucional de Estilo de la UE (en español), de expresiones de uso frecuente como las siguientes:

| *Expresiones de uso frecuente en documentos que recogen actos jurídicos de la UE* |
|---|
| Texto pertinente a efectos del EEE. |
| El texto en lengua española es el único auténtico. |
| Los textos en lengua francesa y neerlandesa son los únicos auténticos. |
| El destinatario de la presente Decisión será la República Francesa. |
| Los destinatarios de la presente Decisión serán los Estados miembros. |

*CASO Nº 9. Cuando existe una denominación internacional única (organismos de la UE) que el traductor ha de conocer y respetar.*

Es el caso, por ejemplo, siguiendo de nuevo el Libro Interinstitucional de Estilo de la UE, de las denominaciones oficiales de organismos de la UE en español, como observamos en los ejemplos siguientes:

| *Denominación oficial de instituciones en la UE (español)* | *Abreviatura oficial (español)* |
|---|---|
| Dirección General de Economía y Finanzas<br>Dirección General de Empleo y Asuntos Sociales<br>Dirección General de Agricultura | DG Economía y Finanzas<br>DG Empleo y Asuntos Sociales<br>DG Agricultura |

*CASO Nº 10. Cuando la equivalencia es parcial o existen varios equivalentes según el contexto de actuación.*

Hay ocasiones en las que existen equivalentes parciales y hay que compensar la traducción incluyendo algún tipo de aclaración, como ocurre en los casos siguientes:

| *Término en español* | *Equivalente parcial en francés + aclaración (entre paréntesis)* |
|---|---|
| Estatuto de los trabajadores | *Statut des salariés (partie du Code du Travail en France)* |
| Real Decreto | *Arrêté Royal (en Espagne)* |

En otras ocasiones, sin embargo, una expresión en español puede tener varias posibles traducciones en francés. El traductor habrá de decidir, en cada caso, cuál es el equivalente adecuado en su encargo de traducción. Los ejemplos son muy numerosos. Sirva a modo de ilustración el siguiente:

| *Término en español* | *Equivalente en francés* |
|---|---|
| Avalúo | *Estimation, évaluation* |

## 4. Una propuesta de caracterización traductológica: el decálogo de la traducción jurídico-administrativa

En línea con lo propuesto en 2012 por el autor de este trabajo, donde se hacía un propuesta de conceptualización traductológica de la traducción judicial titulada: "Hacia una caracterización de la traducción judicial desde una perspectiva académica y profesional: el decálogo de la traducción judicial", en esta ocasión proponemos también un decálogo (abreviado) de la traducción jurídico-administrativa, que incluiría, entre otros, a los documentos de extranjería y que se propone en comparación con aquella.

*1º. El encargo, punto de partida de la actuación del traductor en el ámbito jurídico administrativo (el valor y el skopos de la traducción).*

El encargo de traducción (fragmento textual, documento único, conjunto de documentos de temática homogénea o heterogénea, según los casos), condiciona, indudablemente, la labor de traducción profesional.

En este caso no hay diferencias notables entre los distintos ámbitos que se incluyen dentro de la traducción jurídica.

*2º. La existencia o no de convenciones textuales.*

Si algo caracteriza a la traducción jurídico-administrativa es precisamente la existencia de documentos-tipo (formularios). Esto exige del traductor un gran rigor a la hora de tratar la traducción de este tipo de documentos y limita su autonomía. En ocasiones habrá de estar muy atento a la existencia de formularios oficiales en versión multilingüe. De ser así, habrá de utilizar esos formularios. En caso contrario, habrá de respetar las convenciones al uso en la traducción de este tipo de documentos.

*3º. La existencia o no de convenciones terminológicas.*

Es indudable que el desarrollo de la legislación supranacional en organismos internacionales (ONU y UE, por ejemplo), la elaboración de glosarios especializados o la compilación de legislación en distintos idiomas (EURLEX, por ejemplo), suponen un acercamiento entre sistemas jurídicos y, como consecuencia, en la terminología que se utiliza en distintos países y lenguas.

En el caso que nos ocupa existen distintos grados de convergencia terminológica, desde la normalización a escala internacional hasta la adopción por "tradición" de algunos equivalentes, pasando por fórmulas intermedias de adopción de equivalentes parciales (con o sin aclaración adicional). El traductor habrá de valorar en cada caso la importancia relativa de esas convenciones y respetarlas cuando se trate de nomenclaturas normalizadas que han sido aceptadas a escala internacional por motivos lingüísticos (no siempre es el caso) o políticos (en la mayoría de los casos).

*4º. Términos délficos versus Términos crípticos.*

Esto es algo característico de todos los ámbitos de la traducción jurídica. El lenguaje jurídico (en francés y en español) cuenta con una terminología propia (críptica) que se ha ido consolidando a lo largo de los siglos en el seno de comunidades nacionales. Pero también es frecuente que se hayan ido ampliando las acepciones significativas de palabras de la lengua común cuando se las utiliza en contexto jurídico (términos délficos). La convergencia de estos dos fenómenos hacen que el traductor tenga que estar muy atento a su presencia en el texto objeto de traducción.

En el primer caso, el de los términos crípticos, es fácil detectar su presencia y habrá que buscar el equivalente en la lengua meta en las fuentes especializadas que resulten relevantes en cada caso. En el caso de los términos délficos, estos son una fuente incesante de errores de traducción, dado que no siempre es fácil identificar que esa palabra de la lengua común signifique algo "distinto" cuando se usa en contexto jurídico.

*5º. Lenguaje oral versus Lenguaje escrito.*

Este fenómeno (la presencia de la lengua oral) que puede ser relativamente frecuente en el ámbito judicial, es prácticamente irrelevante en el ámbito jurídico-administrativo, en el que toda la comunicación se realiza por escrito utilizando un registro culto de la lengua.

*6º. La transcripción–traducción–práctica de la prueba.*

Puede ocurrir que un documento administrativo que haya sido objeto de traducción forme parte de la fase oral de un juicio. En ese caso, lo jurídico-administrativo también será objeto de interpretación. En la mayoría de los casos, sin embargo, los documentos jurídico-administrativos solo son objeto de traducción (escrita).

*7º. Las convenciones estilísticas.*

No es infrecuente, dentro del ámbito jurídico-administrativo que existan fórmulas de encabezamiento o cierre que son reiterativas. Es algo que caracteriza a los documentos-tipo. El caso, por tanto, no es privativo del ámbito judicial, sino que es aplicable a cualquier otro tipo de documento jurídico y, muy especialmente, al documento de naturaleza jurídico-administrativa, en el que suele haber elementos comunes que se repiten una y otra vez.

En 2012, Ortega proponía los siguientes casos prácticos de uso de convenciones estilísticas en el ámbito judicial.

| *Expresión hecha en español judicial* | *Aclaración* |
|---|---|
| ¿No es menos cierto que…? | Intervención de un letrado |
| Así, por esta mi Sentencia, de la que se llevará testimonio a los autos principales, lo pronuncio, mando y firmo | Fórmula de cierre de sentencia de un juez o magistrado |
| Leída y publicada ha sido la anterior sentencia por la Sra. Magistrada-Juez que la suscribe, estando celebrando audiencia pública en el día de su fecha, de lo que doy fe | Fórmula de publicación de la sentencia de un secretario judicial |

Desde un punto de vista jurídico-administrativo podemos recurrir, por ejemplo, a la Apostilla de La Haya como documento-tipo en el que se reproducen estas convenciones estilísticas:

| *Apartados de la Apostilla de La Haya en francés (Convention de La Haye du 5 octobre 1961)* | *Apartados de La Apostilla de La Haya en español* |
|---|---|
| *1. Pays* | 1. País |
| *2. Le présent acte public* | 2. El presente documento público |
| *3. A été signé par* | 3. Ha sido firmado por |
| *4. Agissant en qualité de* | 4. Quien actúa en calidad de |
| *5. Est revêtu du sceau / timbre de* | 5. Y está revestido del sello / timbre |
| *6. Attesté* | 6. Certificado |

| *Apartados de la Apostilla de La Haya en francés (Convention de La Haye du 5 octobre 1961)* | *Apartados de La Apostilla de La Haya en español* |
|---|---|
| *7. À* | 7. En |
| *8. Le* | 8. El día |
| *9. Par* | 9. Por |
| *10. Sous numéro* | 10. Bajo el número |
| *11. Sceau/timbre* | 11. Sello/timbre |
| *12. Signature* | 12. Firma |

*8º. El formato y/o los formatos de presentación.*

Dentro del ámbito judicial existen formatos y/o prototipos textuales de uso frecuente (autos, providencias, sentencias, etc.), sin embargo, poco o nada existe sobre formatos de presentación de traducciones, a no ser la emulación del formato del propio texto, objeto de traducción.

En el ámbito jurídico-administrativo también contamos con distintos prototipos textuales que son utilizados en la vida administrativa. El formulario es quizás el documento-tipo más frecuente. En su traducción habrá que estar muy atento al uso de fórmulas y convenciones estilísticas coherentes con las utilizadas habitualmente en la cultura meta del proceso de traducción.

*9º. El papel de lengua oficial/lengua de trabajo.*

Este apartado es atribuible, sobre todo, a los organismos internacionales. Hay ocasiones en que la labor translativa desarrollada en estos organismos condiciona, y mucho, la práctica de la traducción en otros contextos. La traducción jurídico-administrativa no es una excepción, como hemos podido apreciar en el análisis de casos prácticos, efectuada en el apartado anterior.

*10º. La calidad del texto final.*

Indudablemente, todo este proceso de traducción debe conducir a la realización de una traducción "de calidad". En este caso, el ámbito de actuación (judicial, económico, jurídico-administrativo) no exime de la consecución de un texto de calidad.

En el caso que nos ocupa, la traducción jurídico-administrativa, hay una serie de condicionantes que han de ser tenidos en cuenta para conseguir esa traducción de calidad aceptable, como hemos apuntado anteriormente.

## 5. Conclusión

Como hemos podido apreciar en el análisis de casos prácticos la traducción jurídica presenta dificultades de muy distinta naturaleza. Corresponde al traductor decidir en cada caso cuál es la estrategia más adecuada para conseguir que su traducción sea aceptable en la cultura meta.

Sin embargo, como también hemos reiterado en numerosas ocasiones en este trabajo, la labor del traductor jurídico está condicionada por numerosos factores. Para empezar, nos remitimos al decálogo de la traducción jurídico-administrativa que aquí reproducimos y que se formula en comparación con el decálogo de la traducción judicial formulado por E. Ortega en 2012.

Por otro lado, remitimos a los límites de la actuación del traductor. La existencia de convenciones, de nomenclaturas aceptadas a escala internacional y la práctica acumulada de la traducción (organismos internacionales) hace que el abanico de posibilidades se estreche y que el traductor haya de ser muy riguroso (y respetuoso) con lo que ya cuenta con un equivalente acuñado (o aceptado) por la comunidad internacional para ofrecer un texto de calidad como resultado de su práctica translativa.

Los documentos de extranjería comparten con muchos otros su condición de documentos-tipo de naturaleza administrativa o jurídico-administrativa, por lo que, desde un punto de vista traductológico, no hay diferencias sustanciales entre traducir un contrato o una solicitud de asilo, por poner dos ejemplos significativos. Lo que sí resulta relevante en este caso es el conocimiento de las convenciones que rigen en este tipo de traducción y el dominio de las herramientas e instrumentos adecuados (terminologías normalizadas, formularios oficiales en distintas lenguas, diccionarios especializados, etc.) para garantizar una práctica aceptable de la traducción dentro de este macroámbito de la traducción especializada.

# Bibliografía


CAMPOS PLAZA, Nicolás, Jesús CANTERA ORTIZ DE URBINA & Emilio ORTEGA ARJONILLA. 2005. *Diccionario jurídico y económico francés-español/español-francés.* Granada: Comares, col. "Intrelingua".

CAMPOS PLAZA, Nicolás & Emilio ORTEGA ARJONILLA. 2005. *Panorama de Lingüística y Traductología.* Granada-Cuenca: Atrio-Servicio de Publicaciones de la Universidad de Castilla-La Mancha.

CORNU, Gérard. 2000. *Vocabulaire Juridique.* Paris: PUF.

— 2005. *Linguistique juridique,* 3ª edición. Paris: Montchrestien.

NACIONES UNIDAS. División de Traducción. 1979. *Manual de instrucciones para los traductores.* Naciones Unidas, Nueva York.

ORTEGA ARJONILLA, Emilio. 2008. *La traducción e interpretación jurídicas en la UE. Retos para la Europa de los ciudadanos.* Granada: Comares, col. "Interlingua".

— 2012. *Traducción jurídico-económica (francés-español/español-francés).* Proyecto Docente Concurso-Oposición para la provisión de una plaza de catedrático de Universidad. Universidad de Málaga (inédito).

— 1996ª. "Traducción jurídica versus traducción jurada" in P. SAN GINÉS y E. ORTEGA (eds.). *Introducción a la traducción jurídica (francés-español).* Granada: Comares, 1ª ed., col. "Interlingua", 65–68.

— 1996b. "El proceso de traducción de documentos jurídicos" in P. SAN GINÉS & E. ORTEGA (eds.): *Introducción a la traducción jurídica francés-español.* Granada: Comares, 1ª ed., col. "Interlingua", 69–77.

— 1996c. "La crítica de traducciones juradas francés-español" in P. SAN GINÉS & E. ORTEGA (eds.): *Introducción a la traducción jurídica (francés-español).* Granada: Comares, 1ª ed., col. "Interlingua", 107–125.

— 1999. "Algunas reflexiones sobre la traducción en y para la administración de justicia desde una perspectiva académica y profesional" in Manuel C. FERIA GARCÍA (ed.). *Traducir para la justicia.* Granada: Comares, col. "Interlingua", 129–154.

— 2002. "La traducción técnica dentro del ámbito judicial: los retos traductológicos del futuro espacio judicial europeo" in A. ALCINA & S. GAMERO (eds.). *La traducción científico-técnica y la terminología en la sociedad de la información.* Castellón: Universitat Jaume I, 163–167.

— 2004. "El futuro de la traducción y de la interpretación judicial: aspectos teóricos, metodológicos y profesionales" in F. García Marcos & *al.* (eds.). *Traducción, cultura e inmigración. Reflexiones interdisciplinares.* Granada: Atrio, col. "Traducción en el atrio", 147–156.

— 2005. "La traducción jurídica, jurada y judicial: aspectos teóricos, metodológicos y profesionales" in Anabel Borja Albí & Esther Monzó Nebot (eds.). *Traducción y mediación en las relaciones jurídicas internacionales.* Castellón: Universitat Jaume I, 113–131.

— 2009. "La conceptualización, el efecto dominó y el sesgo cientificista en la traducción jurídica institucional" in Jesús Baigorri & Helen J. L. Campbell (eds.). *Reflexiones sobre la traducción jurídica. Reflections on Legal Translation.* Granada: Comares, col. "Interlingua", 109–124.

Ortega Arjonilla, Emilio & Julia Lobato Patricio. 2010. "Elementos éticos y políticos de la traducción jurada" in Emilio Ortega Arjonilla, Ana Belén Martínez López & Elena Echeverría Pereda (eds.). *Panorama actual de la investigación en traducción e interpretación (vol. 2).* Granada: Atrio, col. "Traducción en el atrio", 1515–1524.

Ortega Arjonilla, Emilio. 2012a. "Sobre la traducción judicial: propuesta de conceptualización traductológica" in Icíar Alonso & *al.* (eds.). *Ensayos sobre traducción jurídica e institucional/Essays on Legal and Institutional Translation.* Granada: Comares, col. "Interlingua", 27–41.

— 2012b. "Hacia una caracterización de la traducción judicial desde una perspectiva académica y profesional: el decálogo de la traducción judicial" in Miguel Ángel Candel Mora & Emilio Ortega Arjonilla (eds.). *Tecnología, traducción y cultura.* Valencia: Tirant lo blanc, col. "Tirant Humanidades", 25–45.

Ortega Arjonilla, Emilio, Ana Belén Martínez López & Elena Echevarría Pereda (eds.). 2010. *Panorama actual de la investigación en traducción e interpretación (3 vols.),* 3ª edición corregida y aumentada. Granada: Editorial Atrio, col. "Traducción en el atrio", nº 1.

San Ginés Aguilar, Pedro & Emilio Ortega Arjonilla (eds.). [1996], 1997. *Introducción a la traducción jurídica y jurada francés-español.* Granada: Comares, col. "Interlingua", 2ª edición.

# Capítulo IX

# Comparación del lenguaje jurídico español y chino en el ámbito de la extranjería

## *Comparison of Spanish and Chinese legal language on the field of immigration*

Carmen Valero Garcés
Universidad de Alcalá
carmen.valero@uah.es

Yanping Tan
Universidad de Alcalá
typbj@hotmail.com

*Resumen*
En las últimas décadas las relaciones China-España se han intensificado en diversos ámbitos, lo cual también conlleva la intensificación de las demandas de traducción jurídico-administrativa entre español y chino por la necesidad de los ciudadanos de conocer y respetar las leyes de ambos países, sobre todo las del "otro" país. Sin embargo, son poco los estudios que analizan esta realidad. Nuestra propuesta se centra en un estudio inicial comparativo de la Ley de Extranjería de España y las legislaciones chinas en materia de extranjería.

El objetivo principal es la recopilación de las legislaciones en materia de extranjería de China y la comparación del lenguaje legislativo español y chino. Dos son las razones principales:

1. España cuenta con un alto índice de población china y posee una ley completa y sistemática sobre extranjería mientras que en China aún está en su fase inicial el desarrollo de la legislación en este sentido.
2. El análisis de las características del lenguaje jurídico español y chino desde los aspectos léxicos, sintácticos y estilísticos facilitará estudios posteriores y un avance en las investigaciones sobre las relaciones China-España en tanto en cuanto el análisis de las dificultades de traducción puede llevar a reflexionar sobre la necesidad de simplificar o adaptar el lenguaje jurídico en leyes futuras.

*Palabras clave:* comparación, ley de extranjería, lenguaje jurídico, español, chino.

*Abstract*
In recent decades, China-Spain relations have intensified in various fields, which also involves the intensification of the demands of legal and administrative translation between Spanish and Chinese on the need for citizens to know and respect the laws of both countries especially those of the "other" country. However, there are few studies that analyze this reality. Our proposal focuses on a comparative study of the initial Aliens Act of Spain and Chinese laws on foreigners.

The main objective is the collection of laws on foreigners in China and the comparison of Spanish and Chinese legislative language. There are two main reasons:

1. Spain has a high rate of China's population and has a complete and systematic law on foreigners while China is still in its initial phase of the development of legislation in this regard.

2. The analysis of the characteristics of Spanish and Chinese legal language from the lexical, syntactic and stylistic facilitate further studies and research progress in China-Spain relations as long as the analysis of the difficulties of translation can lead to reflect on the need to simplify or adapt the legal language in future legislation.

*Keywords:* comparison, immigration law, legal language, Spanish, Chinese.

## 1. Introducción

España es y ha sido un país de inmigración desde la entrada del país en la Unión Europea en 1986. A lo largo de estos años ha desarrollado una ley completa y sistemática para los extranjeros, la cual, es de suma importancia para todos los inmigrantes, y entre ellos los chinos que viven en España y sirve como ejemplo de estudio para países como China, país en vías de desarrollo y de emigración, que está en su etapa inicial de legislación sin disponer de una ley específica para extranjeros.

En China, al contrario que en España, las disposiciones en materia de extranjería se distribuyen en diferentes leyes y, recopilar estas leyes constituye el principal objetivo de este estudio para a partir de ahí poder establecer una comparación de la ley de Extranjería de España y las leyes relacionadas con los extranjeros en China.

En el apartado siguiente llevaremos a cabo un estudio inicial comparativo de la Ley de Extranjería de España y las Legislaciones en materia de extranjería de China, texto de corpus de nuestro estudio presente.

## 2. La Ley de Extranjería de España

La Ley de Extranjería es el nombre con el que se conoce la Ley Orgánica 4/2000, de 11 de enero, sobre Derechos y Libertades de los Extranjeros en España y su Integración Social. Tradicionalmente, España había sido un país de emigración, por lo que la producción legislativa relativa a la extranjería era fragmentaria. El primer intento de paliar este tema se dio con la Ley Orgánica 7/1985, de 1 de julio. Más tarde, las deficiencias de la Ley y la transformación del fenómeno migratorio en España a finales de los años 1980 y en los años 1990 mostraron la necesidad de una nueva ley adaptada a las circunstancias. La reforma se produjo finalmente por la Ley Orgánica 4/200.

Dicha ley ha sido modificada por las LO 8/2000, 14/2003, 2/2009 y 4/2011. La Ley de Extranjería es la norma española que regula la entrada y estancia de los extranjeros extracomunitarios en el territorio español, así como los derechos y libertades que se les reconocen. Su actual Reglamento de desarrollo fue aprobado por el Real Decreto 2393/2004, de 30 de diciembre. Con fecha de 30 de junio de 2011 fue sustituido por el nuevo Reglamento de desarrollo, aprobado por el Real Decreto 557/2011, de 20 de abril (BOE de 30 de abril). Los textos con los que vamos a analizar se sacarán de dicho Real Decreto, que se puede leer completamente en esta página web del Boletín Oficial del Estado[1].

## 3. Situación actual de la inmigración y el sistema legal de China

Al igual que España a comienzos del siglo XX, China es día un país de emigración, y lo sigue siendo a día de hoy, si bien la inmigración comienza a ser cada vez más notable dado el desarrollo económico del país. Por lo tanto, en China todavía no existe una ley de extranjería tal y como la que hay en España a pesar de que la necesidad de elaborar dicha ley ha sido cada día más urgente ante el aumento del número de extranjeros que viven en China. Según estadísticas oficiales, a finales del año 2010, había 593,832 extranjeros residentes en China, de los cuales más de 200,000 cotizaron a la Seguridad Social.

Las leyes chinas en materia de extranjería están distribuidas en diferentes categorías de leyes generales que disponen los derechos y obligaciones de los ciudadanos chinos principalmente y sólo, por lo general, se incluye al final de cada ley las disposiciones relacionadas con la extranjería, en el caso de que las contenga. A modo de ilustración, si tomamos la Ley de Matrimonio como ejemplo, en China no hay una ley especial sobre el matrimonio de o con los extranjeros, no siquiera se menciona.

1 Boletín Oficial del Estado: <http://www.boe.es/diario_boe/txt.php?id=BOE-A-2011-7703> [11/11/2015].

Sin embargo, según nuestras investigaciones, las disposiciones relativas al matrimonio de o con los extranjeros se disponen en los nueve artículos (artículo 142–150) del Título Ocho del *Código General de China* (民法通则) (en total tiene nueve títulos y 156 artículos) y en los diez artículos (artículo 21–30) del Título Tres de la *Ley aplicable a las relaciones civiles con elementos de Extranjería* (涉外民事关系法律适用法) (en total tiene ocho títulos y 52 artículos). Por tanto, consideramos que hace falta una recopilación de las leyes principales en materia de extranjería a fin de facilitar a los extranjeros que necesiten saber dicha información.

Antes de realizar la recopilación, nos aproximaremos de modo general al sistema legal de China. El sistema legal contemporáneo de China, de conformidad con los diferentes temas regulados, está compuesto por siete áreas y se clasifica en tres diferentes niveles de normas jurídicas[2]. Los tres niveles son:

- Las leyes elaboradas por la Asamblea Popular Nacional de China y su Comité Permanente.
- Los reglamentos administrativos elaborados por el Consejo de Estado.
- Los reglamentos locales elaborados por las asambleas populares locales, los reglamentos autónomos y las normativas específicas elaboradas por las asambleas populares de las regiones autónomas.

Las siete áreas son:

- La Constitución y las leyes relacionadas con la Constitución (22920).
- El Código civil y comercial (12727).
- Las leyes administrativas (77412).
- Las leyes económicas (122107).
- Las leyes sociales (13843).
- El Código penal (1111).
- Las leyes sobre el procedimiento litigioso y no litigioso (2547).

El número entre paréntesis de cada área es la cantidad de leyes y normas con rango de ley que pertenecen a la misma categoría hasta la fecha, y las normativas y disposiciones relacionadas con los extranjeros se distribuyen

2 *Cf.*《当代中国法律制度的基本特征、结构与未来发展展望》，王江雨，东亚论文第 期，<http://www.eai.nus.edu.sg/CWP86.pdf> [11/10/2015].

en diferentes leyes. A continuación procedemos a recopilar las principales leyes y normas legislativas en materia de extranjería.

## 4. Recopilación de las principales legislaciones chinas en materia de extranjería

Como comentábamos en las páginas anteriores, las leyes chinas en materia de extranjería se distribuyen en diferentes leyes. Todas las leyes y reglamentos actuales de China se hallan disponibles en la página web[3] que figura a pie de página. A continuación ofrecemos un breve resumen de las principales legislaciones chinas en materia de extranjería. Dado que no existen traducciones de estas leyes en español y la traducción literal palaba por palabra es imposible en el caso del chino-español, se ha optado por una traducción con sentido, dadas las caracteristicas de la investigacion.

1. Disposiciones en la Constitución:
   a) Artículo 18: "中华人民共和国允许外国的企业和其他经济组织或者个人依照中华
   人民共和国法律的规定在中国投资，同中国的企业或者其他经济组织进行各种形式的经济合作。在中国境内的外国企业和其他外国经济组织以及中外合资经营的企业，都必须遵守中华人民共和国的法律。它们的合法的权利和利益受中华人民共和国法律的保护" (La República Popular China permite que las empresas u otras organizaciones económicas o individuos extranjeros inviertan en China y que realicen diversas formas de cooperación económica con empresas u otras organizaciones económicas de China respectando las estipulaciones de la ley de la República Popular China. Las empresas y otras organizaciones económicas extranjeras, así como las empresas de inversión conjunta chino-extranjera instaladas en territorio chino, deben observar las leyes de la República Popular China.

3 <http://www.chinalawedu.com/falvfagui/ >法律教育网 (Red de Educación Legal).

Sus derechos e intereses legítimos son amparados por las leyes de la República Popular China[4]). (Traducción propia).

b) Artículo 32: “中华人民共和国保护在中国境内的外国人的合法权利和利益，在中国境内的外国人必须遵守中华人民共和国的法律。中华人民共和国对于因为政治原因要求避难的外国人，可以给予受庇护的权利” (La República Popular China protege los derechos e intereses legítimos de los extranjeros que se encuentran en China y, estos a su vez, tienen que acatar las leyes de la República Popular China. La República Popular China puede conceder asilo a los extranjeros que lo solicitan por causas políticas[5]). (Traducción propia).

2. 《中华人民共和国国籍法》(Ley de Nacionalidad de la República Popular China). (10/09/1980).
3. 《中华人民共和国外国人入境出境管理法》(Ley de Administración de Entrada y Salida de la República Popular China[6]). (22/11/1985).
4. 《中华人民共和国境内外国人宗教活动管理规定》(Reglamento de Administración de las Actividades Religiosas de los extranjeros en China[7]). (31/01/1994).
5. 《外国人在中国就业管理规定》 (Reglamento de Administración Laboral de los extranjeros en China[8]). (22/01/1996).
6. 《中华人民共和国境内外国人宗教活动管理规定实施细则》 (Normas para la Aplicación del Reglamento de la Administración de las Actividades Religiosas de los extranjeros en China[9]). (27/09/2000).
7. 《外国保险机构驻华代表机构管理办法》 (Medidas para la Administración de las Oficinas de Representación de Instituciones de Seguros Extranjeras[10]). (15/01/2004).
8. 《外国人在中国永久居留审批管理办法》(Medidas de la Autorización y Administración de la Residencia Permanente de los extranjeros en China[11]). (15/08/2004).

4 <http://www.politica-china.org/imxd/noticias/doc/1232451324Constitucion_china_ES.pdf> [10/10/2015].

5 <http://www.politica-china.org/imxd/noticias/doc/1232451324Constitucion_china_ES.pdf> [10/10/2015].

6 <http://www.chinalawedu.com/falvfagui/fg22598/182213.shtml> [10/10/2015].

7 <http://www.chinalawedu.com/falvfagui/fg22598/5368.shtml> [10/10/2015].

8 <http://www.chinalawedu.com/falvfagui/fg23051/16329.shtml> [11/10/2015].

9 <http://www.chinalawedu.com/falvfagui/fg23051/16329.shtml> [11/10/2015].

10 <http://www.chinalawedu.com/falvfagui/fg22598/13539.shtml> [12/10/2015].

11 <http://www.chinalawedu.com/falvfagui/fg22598/13539.shtml> [12/10/2015].

9. 《中华人民共和国外国人入境出境管理法实施细则》(Normas para la Aplicación de la Ley de Administración de Entrada y Salida de la República Popular China[12]). (24/04/2010).
10. 《中华人民共和国涉外民事关系法律适用法》(Ley Aplicable a las Relaciones Civiles con los extranjeros de la República Popular China[13]). (28/10/2010).
11. 《涉外民事诉讼法》(Leyes de Enjuiciamiento Civil relacionadas con elementos de Extranjería[14]).

## 5. Macroestructura de las leyes españolas y chinas

Comentadas las principales legislaciones chinas en materia de extranjería, el siguiente aspecto que nos interesa conocer es la estructura de las leyes españolas y chinas. Todas las leyes y normas con rango de ley de todos los países tienen su propia macroestructura que es fácil de distinguir y constituye una característica estilística típica del lenguaje legislativo, lo cual consideramos que el traductor jurídico debería conocer para facilitar su trabajo de traducción.

Como señala Diamond (1971: 45) "All genuine codes are couched in the natural language of statutory legislation, namely conditional sentences in the third person, the protasis containing the facts supposed, and the apodosis the sanction. Nowhere is there to be found a rule of law in the second person. Nowhere is there a rule of law without its sanction."(所有的法律规定都是采用同一立法表现结构模式：先是第三人称的条件从句，从句中包含假定事实，然后是带有规定制裁之结论句。迄今为止，还从未有过用第二人称规定的法律规定，也从未有过不含制裁规定的法律规则). (Traducción propia).

12 <http://www.chinalawedu.com/falvfagui/fg22598/527642.shtml> [16/10/2015].
13 <http://www.chinalawedu.com/falvfagui/1200a21829aaa2010/20101213li fei104749.shtml> [12/10/2015].
14 < http://www.chinalawedu.com/falvfagui/23108/> [11/10/2015].

## *5.1 Macroestructura de la ley Orgánica y Real Decreto de España*

El formato específico de la ley española consta de cinco secciones, siendo esa la estructura de la Ley Orgánica 4/2000, de 11 de enero, sobre Derechos y Libertades de los Extranjeros en España y su Integración Social, y sus modificaciones de las LO 8/2000, 14/2003, 2/2009 y 4/2011. Ambas tienen la misma macroestructura:

| | |
|---|---|
| LEY | Nombre de la ley y número por el que se la conoce |
| | Fórmula de la sanción real |
| | Exposición de motivos |
| | Cuerpo de la ley |
| | Disposiciones adicionales, transitorias, derogatorias y finales |

(Elaboración propia).

La macroestructura del Real Decreto, como este 557/2011, de 20 de abril, tiene otro formato con poca diferencia a la de las leyes. En el esquema siguiente se puede observar:

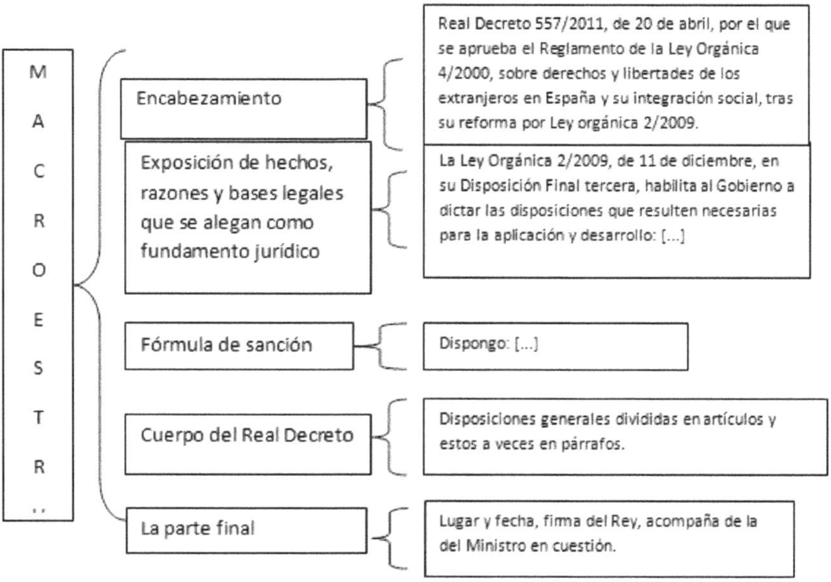


(Elaboración propia).

## *5.2 Macroestructura de la ley china*

Al igual que las leyes de España, las leyes de China también tienen su propia macroestructura que resumiremos con un esquema que sigue:

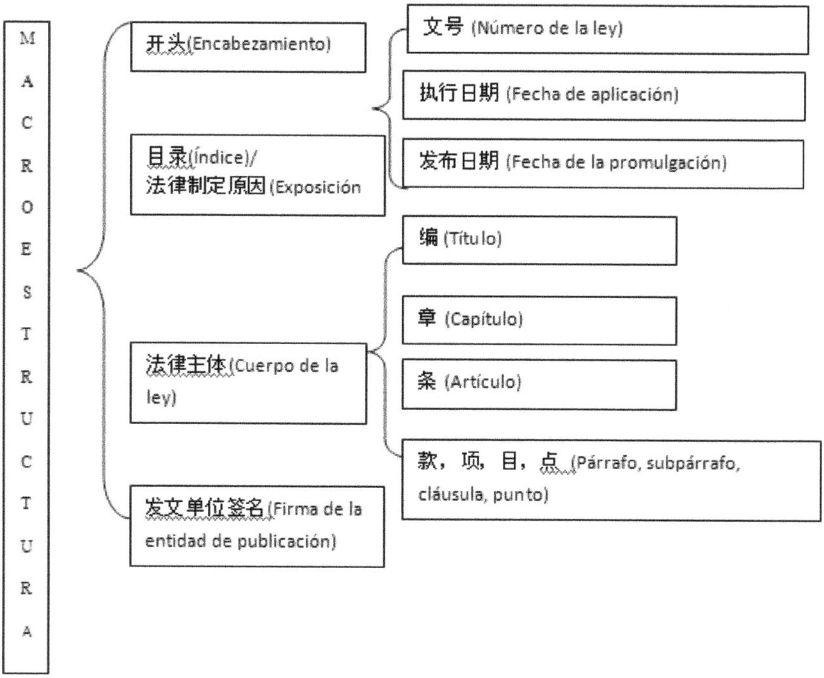


(Fuente: elaboración propia).

El encabezamiento a veces sólo contiene tres partes sin la entidad de publicación y en el número de la ley se pone 中华人民共和国主席令 (Orden del Presidente) y el número del orden. Además, se añade el lugar, fecha y firma del presidente después de la fecha de aplicación. El índice y la exposición de motivos de la ley tampoco son indispensables, algunas lo llevan y otras no.

En cuanto al cuerpo de la ley, normalmente se divide en títulos, capítulos, artículos y a veces en puntos más pequeños.

Conocer las características estilísticas de cada tipo de textos legislativos resulta de mayor importancia para la traducción de ellos ya que regulan la estructura del texto de acuerdo con el contenido del mismo, lo cual, facilitará su comprensión y la expresión en otra lengua.

Dicha macroestructura de las leyes chinas se da también en las provisiones legislativas en sí, también tienen su estructura fija. Como señalan 宋雷 y张绍全 (Song Lei y Zhang Shaoquan) (2010: 125): 中文立法条款固定，一般由假定，处理和制裁三部分组成(有的法律条款只包括其中的两项内容). (Las disposiciones legislativas chinas tienen una estructura fija, que normalmente están compuestas por tres partes: la suposición, el tratamiento y la sanción (algunas disposiciones solo tienen dos: la suposición y el tratamiento o la suposición y la sanción) (Traducción propia). Lo explicaremos con un esquema:

| | | |
|---|---|---|
| 法律 ley | 假定<br>La suposición | "什么人" 或是 "在什么样的情况下"<br>"Quién" o "bajo qué circunstancias" |
| | 处理<br>El tratamiento | 应当，可以怎样做或是不应当或禁止怎样做<br>Qué debe o puede hacer o qué no debe o está prohibido hacer |
| | 制裁<br>La sanción | 如违反法律规范，将受到什么样的处置<br>Si violan las normas legales, qué sanción se le aplicará |

(Elaboración propia).

Ejemplo de la Ley de Nacionalidad de la República Popular China（中华人民共和国国籍法）第十三条 曾有过中国国籍的外国人，具有正当理由，可以申请恢复中国国籍；被批准恢复中国国籍的，不得再保留外国国籍

(Traducción propia: Art.13. Los extranjeros que hayan tenido la nacionalidad china, podrán recuperarla aduciendo razones legítimas y una vez ratificada la recuperación de la nacionalidad china no podrán conservar la extranjera). Esta disposición tiene la suposición (Los extranjeros que hayan tenido la nacionalidad china y tengan razones legítimas) y el tratamiento (podrán recuperarla y una vez ratificada la recuperación de la nacionalidad china no podrán conservar la extranjera).

Otro ejemplo del Reglamento de Administración Laboral de los extranjeros en China（外国人在中国就业管理规定）：第三十条 对伪造、涂改、冒用、转让、买卖就业证和许可证书的外国人和用人单位，由劳动行政部门收缴就业证和许可证书，没收其非法所得，并处以一万元以上十万元以下的罚款；情节严重构成犯罪的，移送司法机关依法追究刑事责任.

(A los extranjeros y empleadores que falsifiquen, alteren, usen de manera fraudulenta, transfieran, vendan o compren la tarjeta o licencia de trabajo, los departamentos administrativos de trabajo recogerán los permisos de trabajo y licencias, confiscarán los ingresos ilegales e impondrán una multa de más de 10,000 yuanes y menos de 100.000 yuanes. En caso de que las circunstancias sean tan graves hasta llegar a constituirse delitos, serán transferidos a los órganos judiciales y recibirán responsabilidades penales). (Traducción propia).

Este ejemplo, por su parte, tiene la suposición (a los extranjeros y empleadores que falsifiquen, alteren, usen de manera fraudulenta, transfieran, vendan o compren la tarjeta o licencia de trabajo) y la sanción (los departamentos administrativos de trabajo recogerán los permisos de trabajo y licencias, confiscarán los ingresos ilegales e impondrán una multa de más de 10,000 yuanes y menos de 100.000 yuanes. En caso de que las circunstancias sean tan graves hasta llegar a constituirse delitos, serán transferidos a los órganos judiciales y recibirán responsabilidades penales).

Conocer estas macroestructuras y estructuras de las leyes y los textos legislativos de los idiomas de trabajo, bajo nuestro punto de vista, será fundamental para el traductor jurídico, tal y como manifiesta Prieto Ramos (2013: 89–90): el traductor jurídico debería poseer, entre otras competencias, la competencia estratégica o metodológica que incluye la ubicación macrotextual y la competencia lingüística y textual que abarca la distinción de registros, análisis y contraste de rasgos textuales y convenciones de género.

## 6. El lenguaje legislativo chino

### *6.1.1 Aspectos léxicos*

Dado que hay investigadores y profesionales mucho más versados en las leyes españolas y en el lenguaje jurídico y son numerosas las publicaciones al respecto (Alcaraz 2001, Alcaraz y Hughes 2002, Alonso Araguas et *al.* 2013, Borja 2007, Prieto 2013, entre otros), nos limitaremos a dar algunas pincelada sobre las características del lenguaje jurídico chino.

Según 宋 雷 y张 绍 全 (2010), el lenguaje jurídico proviene principalmente de cinco fuentes. El libro está redactado en chino, y nos limitaremos a sacar puntos claves y traducirlos al español:

*1. El chino antiguo.* Antes de la fundación de la nueva China en el año 1949, el lenguaje jurídico chino estaba formado por palabras del chino antiguo. Tras la reforma, o mejor dicho, la simplificación del chino antiguo, se empezó a emplear el chino moderno. No obstante, se conservan palabras del estilo antiguo que resultan más cultas y concisas que el chino moderno, como 契 (contrato)，法 (ley)，则 (norma)，刑(castigo)，罚(castigar)，律(disciplina)，宪(constitución)，诉(apelar)，讼 (litigio)，狱 (cárcel)，etc.

*2. Variantes del léxico común.* Tomamos la palabra "人" (persona) como ejemplo, en el léxico jurídico su significado ya no es la "persona de sentido común", sino "persona de sentido jurídico" como 自 然 人 (persona física)， 法 人 (persona jurídica)， 监 护 人 (tutor), 上 诉 人 (apelante)，etc. Pasa lo mismo con palabras como "出生" (nacer), "死亡"(morir), "告 诉"(decir)，"抚养"(mantener)，entre otras, que tienen un significado en el léxico común y otro distinto en el léxico jurídico.

*3. Palabras procedentes de préstamos.* Se ha introducido muchas palabras extranjeras en el lenguaje jurídico chino, como 证据开示 *(discovery*，沙律师 *(solicitor)*, 巴律师 *(barrister)*，接 近正义 *(access to justice),* etc.

*4. Creación de palabras nuevas (neologismo).* En los años recientes, los juristas, con el fin de cumplir con el rápido desarrollo de la construcción jurídica de China, y a veces, para demostrar su grandilocuencia, han creado muchas palabras nuevas. Por ejemplo, 任意性自白 (confesión voluntaria)，正当防卫 (defensa justificable)，罪过 (pecado), etc.

*5. Palabras extranjeras.* En el lenguaje jurídico chino a veces se utilizan palabras extranjeras directamente sin necesitar traducirlas, sobre todo los nombres de las organizaciones, de los Códigos, de las leyes y de las jurisprudencias. Por ejemplo, WTO, UCC (Uniform Commercial Code), CEO (Chief Executive Officer), McClesky v.Kemp, etc.

### *6.1.2 Características del léxico jurídico chino*

*1. Gusto por utilizar el verbo.* En el lenguaje jurídico chino no existe el fenómeno de la nominalización como en español, sino que se emplean con frecuencia los verbos, tomas unas frases en los textos legislativos en materia de extranjería como en el ejemplo, 制作或销售宗教书刊 (producir o vender libros religiosos)，危害公共安全 (poner en peligro la seguridad pública)，外国人在中国境内临时住宿，应当依照规定，办理住宿登记 (El extranjero que desee alojarse temporalmente en el territorio chino deberá tramitar el registro del alojamiento de acuerdo con las disposiciones), etc.

2. *Uso de un gran número de vocabularios prestados.* Cabe indicar que el Derecho contemporáneo de China es un producto de la introducción del Derecho occidental, principalmente del Código Civil de Alemania y, como consecuencia, una gran cantidad de palabras inglesas, alemanas, francesas y japonesas han sido introducidas en el léxico jurídico chino. Por ejemplo, 衡平法 (del inglés *equity*), 不可抗力 (del francés *force majeure*, significa "fuerza mayor" en castellano), 所有权 (del japonés, significa "propiedad" en castellano).

3. *Uso frecuente de la estructura de "cuatro caracteres".* En chino abundan las expresiones formadas de cuatro caracteres como frases hechas. Cuando se emplean en el lenguaje jurídico resultarán compactas, concisas y solemnes, como 身体健康 (con buen estado de salud), 劳动管理 (administración laboral), 平等互利 (igualdad y beneficio mutuo), 不准入境 (estar prohibida la entrada)，滥用职权 (abusar del poder)，依照规定 (de conformidad con las disposiciones)，非法入境 (entrar de modo ilegal)，情节严重 (las circunstancias son graves)，etc.

4. *Uso de palabras del chino clásico.* El chino moderno se desarrolla en base al chino antiguo, por consiguiente, se conserva cierta cantidad de palabras clásicas. En comparación con el chino moderno, el estilo clásico resulta más conciso y solemne, por tanto, su uso en el lenguaje jurídico es frecuente. Las palabras más utilizadas incluyen: 该 (dicho)，本 (este)，确 (verdad)，系 (ser), 许 (permitir), 遂 (entonces), 其 (su)，此 (dicho), 因 (motivo), 以 (para), 故 (razón),予 (conceder), 皆 (ambos, todos), 禁 (prohibir)，尚 (todavía), 者 (persona), 据 (de acuerdo con)，依 (de conformidad con), 均 (ambos)，etc.

5. *Facilidad para la creación de nuevos términos entre los juristas*, por ejemplo, la palabra "交验" en la frase "交验与申请入境、过境事由有关的证明" (entregar y revisar los certificados relacionados con su motivo de la entrada o salida) es una palabra que ha sido inventada por los juristas y no existe en los diccionarios. Lo mismo ocurre con la palabra "缴验" en la frase "外国人出境，须缴验有效护照或者其他有效证件" (los extranjeros que pretendan salir de China deberán entregar y revisar el

pasaporte en vigor u otro documento válido), que también es una palabra creada por los legisladores y no se utiliza en la vida cotidiana.

El siguiente esquema sirve para ilustrar lo dicho anteriormente (Esquema 1):

*Esquema 1: Comparación de las características léxica-estilísticas del lenguaje jurídico español y chino.*

| Ejemplos en la Ley de Extranjería de España | Características léxica-estilísticas | Ejemplos en las leyes chinas |
|---|---|---|
| Artículo 12 "Si la documentación presentada fuera hallada conforme y no existe ninguna prohibición o impedimento para la entrada del titular […]" | El gusto por lo altisonante y arcaizante | 该(dicho)，本(este)，确(verdad)，系(ser)，许(permitir)，遂(entonces)，其(su)，此(dicho)，因(motivo)，以(para), 故(razón)，予(conceder)，皆(ambos, todos)，禁(prohibir)，尚(todavía)，者(persona)，据(de acuerdo con)，依(de conformidad con ), 均(ambos)，etc. |
| Artículo 235: "De estimarse por el instructor la pertinencia de la realización de prueba propuesta, ésta se realizará en el plazo máximo de tres día." | El apego a fórmulas estereotipadas y léxico relacional | El frecuente uso de la estructura estereotipadas de "cuatro caracteres": 滥用职权 (abusar del poder)，依照规定 (de conformidad con las disposiciones)，非法入境(entrar de modo ilegal)，情节严重(las circunstancias son graves)，etc. |
| Ejemplos: de habitual, habitualidad; de ajeno, ajenidad; de necesario, necesariedad; de admitir, inadmitir; de causar, causación, etc. | La facilidad de la creación de nuevos términos de forma automática | "交验与申请入境、过境事由有关的证明" (Entregar los certificados relacionados con su motivo de la entrada o salida);<br>"外国人出境，须缴验有效护照或者其他有效证件" (Los extranjeros deberán presentar un pasaporte válido u otros certificados válidos a la salida del territorio chino). |
| "La mejora, en definitiva, de la seguridad jurídica mediante unas previsiones más detalladas y concretas que disminuyen el reenvío a otras normas […]" | La redundancia expresiva léxica | "对伪造，涂改，冒用，转让，买卖就业证和许可证书的外国人和用人单位" (A los extranjeros y empleadores que falsifiquen, alteren, usen de manera fraudulenta, transfieran, vendan o compren la tarjeta o licencia de trabajo); |

| Ejemplos en la Ley de Extranjería de España | Características léxica-estilísticas | Ejemplos en las leyes chinas |
|---|---|---|
| "En el caso de que el órgano competente para resolver decida aplicar la sanción de expulsión del territorio español en lugar de la sanción de multa, dictará resolución de expulsión con los requisitos y efectos establecidos en el artículo 242" | La excesiva nominalización y la relexicación en español / el uso dominante de los verbos en chino | 制作或销售宗教书刊(producir o vender libros religiosos); 外国人在中国境内临时住宿，应当依照规定，办理住宿登记 (El extranjero que desee alojarse temporalmente en el territorio chino deberá tramitar el registro del alojamiento de acuerdo con las disposiciones) |
| Arrestar, boicot, cashflow, manos limpias, fuerza mayor, gabinete, abandonar, etc. | Un gran número de vocabularios prestados de otros idiomas | "衡平法"（del inglés "equity"）; "不可抗力"(del francés "force majeure", significa "fuerza mayor" en castellano); 所有权(del japonés, significa "propiedad" en castellano), etc. |

(Elaboración propia).

## 6.2 Aspectos sintácticos

*1. Frecuente omisión del sujeto.* La diferencia sintáctica más evidente entre el lenguaje jurídico español y chino consiste en la estructura de la oración. A diferencia del español, el chino es una lengua sin flexión de ningún tipo, es decir, sus palabras no tienen cambios ni de género ni de número. Como consecuencia, las frases del español jurídico, igual que el español general, suelen tener composiciones completas para quedarse bien estructuradas. No obstante, el chino jurídico tiene característica de ser estructuralmente conciso con la omisión de muchas composiciones, con lo cual, no parece tan riguroso como el español. Por ejemplo, muchas disposiciones legales chinas no tienen sujeto, pero se entiende bien que el sujeto lógico es "nosotros" o "la ley". Este tipo de omisión de sujeto hace el chino jurídico conciso. Por ejemplo, la frase: "为维护中华人民共和国的主权、安全和社会秩序，有利于发展国际交往，特制定本法"

(Con el fin de proteger la soberanía, la seguridad y el orden público de la República Popular China y favorecer el desarrollo de los intercambios internacionales, se elabora esta ley). En esta frase no se indica el sujeto *quién* elabora la ley aunque se entiende perfectamente que su sujeto lógico es “nosotros”, por tanto, hemos utilizado la pasiva refleja “se elabora” en su traducción.

Otro ejemplo, “禁 止 个 体 经 济 组 织 和 公 民 个 人 聘 用 外 国 人” (La contratación a extranjeros de las organizaciones económicas individuales o ciudadanos individuales está prohibida). En esta frase tampoco se indica quién prohíbe este tipo de contratación, pero se entiende bien que el sujeto es “esta ley” , por eso creemos que se puede utilizar la pasiva refleja “se prohíbe” o “estar prohibido” en la traducción.

El tercer ejemplo, “签发普通签证时，根据外国人申请来中国的事由，在签证上标明相 应的汉语拼音字母”

(Cuando se emiten los visados ordinarios, de acuerdo con los motivos de la entrada en China de los extranjeros, se deberá marcar con los correspondientes alfabetos fonéticos chino en el visado). En esta frase no se habla de quién deberá marcar en los visados, pero se entiende que son los trabajadores en las embajadas, consulados, delegaciones diplomáticas, etc.

*2. Ausencia de la voz pasiva.* A diferencia del español, aparece muy pocas veces la voz pasiva en el lenguaje jurídico chino y sobre todo las construcciones pasivas con el carácter “ 被”, símbolo de la voz pasiva en el chino. En la mayoría de los casos, se emplea la voz activa omitiendo el sujeto para expresar el sentido pasivo.

Por ejemplo: “被认为入境后可能危害中国的国家安全，社会秩序的外国人，不准入境”

(Se prohíbe la entrada de los extranjeros que supongan un posible peligro para la seguridad nacional y el orden público de China), en esta frase se utiliza “不准入境” omitiendo el sujeto quién en vez de “不准被入境” , pero se entiende bien su sentido pasivo. Otro ejemplo, “外国人出境，须缴验有效护照或者其他有效证件” (Cuando el extranjero salga del territorio chino, se deberá revisar su pasaporte válido u otros documentos válidos). En esta frase el sentido es pasivo- los documentos del extranjero deberá ser revisados-pero se utilizar la voz activa omitiendo el sujeto que deberá ser los trabajadores correspondientes.

*3. Frecuente uso de un sujeto seguido de varios verbos en una oración.* En el chino jurídico, se suele usar solo un sujeto mientras aparecen varias acciones realizadas por el mismo sujeto con el fin de ser conciso. Por ejemplo, “外国人在中国境内，必须<u>遵守</u>中国法律，不得<u>危害</u>中国国家安全，<u>损害</u>社会公共利益，<u>破坏</u>社会公共秩序”(Los extranjeros que se encuentren en China tendrán que respetar la ley china, no podrán poner en peligro la seguridad nacional de China, no podrán perjudicar el interés público ni perturbar el orden público). En esta frase, hay cuatro verbos 遵守，危害，损害，破坏 y solo un sujeto-el 外国人-pero se entiende perfectamente que el sujeto es el mismo, siendo esta una característica prominente del chino jurídico. Por el contrario, resultará raro si añadimos el sujeto delante de cada verbo.

*4. La frase de "的".* Es una estructura de idioma fijada en el chino con función de sustantivo para clasificar cierto tipo de persona o cosa. Se observa una gran cantidad de la frase "的" en el lenguaje jurídico con el fin de fomentar la concisión y rigurosidad de éste. Por ejemplo, "持用他人出境证件的"(los que utilicen el documento de salida de otra persona); "没有共同经常居所地的" (los que no tengan residencia habitual común), "拒绝接受检查证件的" (los que rechacen la revisión de sus documentos), etc.

*5. El uso de dobletes o parejas.* Igual que el español jurídico, en el chino también se emplea sinónimos o palabras de sentido aproximado en una misma frase para precisar el significado de la palabra que el legislador quiere expresar. Por ejemplo, "对伪造，涂改，冒用，转让，买卖就业证和许可证书的外国人和用人单" (para los extranjeros y empleadores que falsifiquen, alteren, usen de manera fraudulenta, transfieran, vendan o compren la tarjeta de trabajo y el certificado de permiso de trabajo);

"F 签证发给应邀来中国访问，考察，讲学，经商，进行科技文化交流及短期进修，实习等活动" (El visado F se emite a los visitantes invitados a China con motivo de visitar, investigar, dar conferencias, hacer negocios, realizar intercambios tecnológicos o culturales y estudio a corto plazo o prácticas ); "入境后可能进行恐怖，暴力，颠覆活动的" (Los que tengan posibilidad de realizar actividades de terrorismo, violencia o subversión tras entrar en territorio chino), etc.

*6. Uso de modo autoritario con construcciones fijas*, como：

a) "……有….. 自由" (tener la libertad de).

b) "……有权….." (tener el derecho de).

Ejemplo: " 第十二条 对下列外国人，边防检查站有权阻止入境或者出境" (Artículo 12. Para los extranjeros siguientes, los puestos de control fronterizo tiene el derecho de prohibirles la entrada o la salida).

c) "……可以….." (poder hacer).

Ejemplo: "其中 9 人以上组团来中国旅游的，可以发给团体签证" (Se puede emitir el visado colectivo a los grupos de más de nueve personas con motivo de turismo).

d) "……应当….." (deber hacer).

Ejemplo: "第三十八条 外国人应当在签证准予停留的期限内或者居留证件的有效期内出境" (El extranjero deberá salir del territorio chino dentro del período de estancia que permite su visado o dentro de la validez de su permiso de residencia).

e) "……必须….." (tener que).

Ejemplo: "第五十三条 外国人申请各项签证、证件或者申请签证、证件延期、 变更，必须按规定缴纳签证、证件费" (El extranjero tendrá que abonar la tasa por tramitación del visado y los documentos según lo previsto cuando solicite estos o la prórroga o modificación de los mismos).

f) "……禁止….." (estar prohibido).

Ejemplo: "第三十四条 禁止个体经济组织和公民个人聘用外国人" (Está prohibida la contratación a extranjeros por organizaciones económicas individuales o ciudadanos individuales).

g) "……不得….." (no poder hacer).

Ejemplo: "第三十七条 外国人未经允许，不得进入不对外开放的场所" (El extranjero, sin permiso, no podrá entrar en los lugares que no se abren al público).

h) "……享有….." (disfrutar del derecho a).

Ejemplo: "第三十四条 外国驻中华人民共和国外交代表机关、领事机关成员 以及享有特权和豁免权的其他外国人入境后的管理，按国务院及其主管机关的有关规定办理"

(La administración de los órganos representativos diplomáticos de países extranjeros en China, los miembros de oficinas consulares y los extranjeros que disfruten de privilegio o inmunidad después de su entrada en China se realizará de acuerdo con las disposiciones pertinentes del Consejo de Estado y sus autoridades competentes).

El siguiente esquema ilustra lo dicho en las páginas anteriores (Esquema 2).

*Esquema 2: Comparación de las características sintáctica-estilísticas del lenguaje jurídico español y chino.*

| Ejemplos en la Ley de Extranjería de España | Características sintáctica-estilísticas | Ejemplos en las leyes chinas |
|---|---|---|
| Artículo 18: "[…] o si las autoridades de este último país le hubieran denegado la entrada y lo hubieran devuelto a la frontera española por la que ha transitado […]" | El uso del futuro imperfecto de subjuntivo en español / La frecuente omisión del sujeto en chino | "签发普通签证时，根据外国人申请来中国的事由，在签证上标明相应的汉语拼音字母" (Cuando se emite los visados ordinarios, de acuerdo con los motivos de la entrada en China de los extranjeros, se deberá marcar con los correspondientes alfabetos fonéticos chino en el visado). |
| Artículo 211: "Finalizada la tramitación del procedimiento, salvo que el extranjero se encontrase incurso en alguno de los supuestos de prohibición de entrada o se haya dictado contra él una orden de expulsión […]" | El uso del ablativo absoluto en español/ el uso de oraciones con 的 en chino | "持用他人出境证件的"(los que utilicen el documento de salida de otra persona); "拒绝接受检查证件的" (los que rechacen la revisión de sus documentos), etc. |
| Artículo 16: 2. "[…] bien desistiendo de la ejecución ya iniciada, bien impidiendo la producción del resultado, sin perjuicio de […]" | El abuso del gerundio en español /el uso de la pluriverbalización del sujeto en chino | "外国人在中国境内，必须遵守中国法律，不得危害中国国家安全，损害社会公共利益，破坏社会公共秩序"(Los extranjeros que se encuentren en China tendrán que respetar la ley china, no podrán poner en peligro la seguridad nacional de China, no podrán perjudicar el interés público ni perturbar el orden público). |
| Artículo 56 "Los extranjeros residentes en España en base a su previa condición de residentes de larga duración-UE en otro Estado miembro de la Unión Europea, titulares de una Tarjeta azul-UE o beneficiarios del régimen especial de investigadores podrán […]" | Los sintagmas nominales largos en español / los sintagmas verbales largos en chino | "F字签证发给应邀来中国访问，考察，讲学，经商，进行科技文化交流及短期进修，实习等活动" (El visado F se emite a los visitantes invitados a China con mitivo de visitar, investigar, dar conferencias, hacer negocios, realizar intercambios tecnológicos o culturales y estudio a corto plazo o prácticas). |

| **Ejemplos en la Ley de Extranjería de España** | **Características sintáctica-estilísticas** | **Ejemplos en las leyes chinas** |
|---|---|---|
| Artículo 302.1. En los supuestos previstos en el artículo anterior se impondrán las penas privativas de libertad en su mitad superior a las personas que pertenezca a una organización dedicada a los fines señalados en los mismos [...] | Las construcciones pasivas (la *pasiva perifrástica*) en español / La voz pasiva sin marcadores gramaticales en chino | "外国人出境，须缴验有效护照或者其他有效证件" (Cuando el extranjero salga del territorio chino, se deberá revisar su pasaporte válido u otros documentos válidos). |
| Artículo 70: "[...] y el empleador quedará obligado a comunicar el contenido del contrato de trabajo a los Servicios Públicos de Empleo." | La modalidad deóntica y el modo autoritario | "第五十三条：外国人申请各项签证、证件或者申请签证、证件延期、变更，必须按规定缴纳签证、证件费" (El extranjero tendrá que abonar la tasa de tramitación del visado y los documentos según lo previsto cuando solicite estos o la prórroga o modificación de los mismos.) |

(Elaboración propia).

## 7. Conclusión

A lo largo de esta investigación, hemos realizado un estudio inicial comparativo de la Ley de Extranjería de España y las legislaciones chinas en materia de extranjería. Dado que España ya dispone de una ley individual y sistemática de extranjería y China aún está en su fase inicial de legislación en este sentido, hemos llevado a cabo la recopilación de las leyes en materia de extranjería de China, a fin de ofrecer corpus de análisis para el posterior estudio y comparación de las características del lenguaje jurídico español y chino.

El uso de ejemplos concretos de las legislaciones chinas en materia de extranjería y los esquemas comparativos de los textos de la Ley de Extranjería de España y de las leyes chinas nos han permitido resaltar algunas de las similitudes y diferencias entre el lenguaje jurídico español y chino desde los aspectos léxicos, sintácticos y estilísticos. Este estudio, esperamos sirva de punto de partida para otros investigadores en el ámbito de la traducción jurídica entre el español y chino y facilitar estudios posteriores sobre el análisis de las dificultades de dicha traducción.

## Bibliografía

Alcaraz Varó, Enrique. 2001. "La traducción del español jurídico y económico" <http://cvc.cervantes.es/obref/congresos/valladolid/ponencias/nuevas_fronteras_del_espanol/1_la_traduccion_en_espanol/alcaraz_e.htm> [26/10/2015].

Alcaraz Varó, Enrique & Brian Huges. 2002. *El lenguaje jurídico*. Barcelona: Ariel.

Alonso Araguás, Icíar, Jesús Baigorri Jalón & Helen J. L. Campbell (eds.). 2013. *Translating the Law. Theoretical and Methodological Issues/Traducir el Derecho. Cuestiones teóricas y metodológicas.* Granada: Comares.

Borja Albí, Anabel. 2007. "Los géneros jurídicos". <http://www.gentt.uji.es/Publicacions/BorjaLosGenerosLegales[1].pdf> [26/10/2015].

Prieto Ramos, Fernando. 2013. "¿Qué estrategias para qué traducción jurídica?: por una metodología integral para la práctica profesional" in Alonso Araguás, Icíar, Jesús Baigorri Jalón & Helen J. L. Campbell (eds.). *Translating the Law. Theoretical and Methodological Issues/Traducir el Derecho. Cuestiones teóricas y metodológicas.* Granada: Comares.

刘红婴. 2007. 法律语言学. 北京：北京大学出版社. Liu Hongying. 2007. *Legal Linguistics.* Beijing: Peking University Press.

孙懿华，周广然. 1997. 法律语言学. 北京：中国政法大学出版社. Liu Yihua & Zhou Guangran. 1997. *Legal Linguistics*. Beijing: China University of Political Science Press.

宋雷， 张绍全. 2010. 英汉对比法律语言学，北京：北京大学出版社. Song Lei & Zhang Shaoquan. 2010. *Contrastive Legal Linguistics.* Beijing: Peking University Press.

# Capítulo X

## La representación del extranjero en los textos jurídicos y administrativos en italiano

## *The image of foreign people in legal and administrative documents in Italian language*

María Belén Hernández González
Universidad de Murcia
mbhg@um.es

*Resumen*
En un momento crucial para afrontar el problema de la afluencia migratoria en Europa, el presente capítulo analiza la figura de la persona extranjera en el espacio UE y en particular en la península italiana, a partir del estudio de una significativa muestra de documentos administrativos de extranjería emitidos por las instituciones italianas nacionales, autonómicas y locales entre 2011 y 2013. Dichos documentos forman parte del *corpus* multilingüe LADEX, resultado de un proyecto de investigación interdisciplinar sobre textos especializados en extranjería en cuatro lenguas (español, inglés, francés e italiano).

Los datos obtenidos sobre la frecuencia léxica y las concordancias sintácticas en el *sub-corpus* en italiano, ponen de manifiesto la abundancia de construcciones sintácticas complejas con un marcado significado socio-político; dichas construcciones evolucionan muy rápidamente, según disposiciones de ley circunstanciales, erogadas en correspondencia con situaciones de emergencia y afluencia masiva de inmigrantes. No obstante, los documentos normativos estudiados (relacionados con la principal ley italiana sobre extranjeros Decreto Legislativo (25 luglio 1998 n° 286) mantienen una representación del ciudadano extranjero prefijada y en fuerte conflicto con las disposiciones administrativas adicionales.

En esta sede se muestran las construcciones nominales relacionadas con extranjeros más frecuentes observadas en nuestro *corpus*, así como una interpretación sobre la intencionalidad de las mismas y sus implicaciones socioculturales. Los resultados, basados en muestras de lengua reales, aportan beneficios para la didáctica del italiano como L2, así como para el desarrollo de herramientas para la traducción y la mediación cultural.

*Palabras clave:* didáctica de la lengua italiana, lingüística aplicada, análisis de corpus, análisis crítico del discurso, traducción.

*Abstract*
In present conflict context in front of massive immigration in Europe, this chapter analyzes the figure of foreign person in space of European Community, and in particular in Italy, from the study of a representative sample of administrative documents issued by national, regional and local Italian institutions between 2011 and 2013.
These documents are part of the multilingual *corpus* Ladex, the result of interdisciplinary research project on administrative language for foreigners in four languages (Spanish, English, French and Italian).

Data obtained on the lexical and syntactic matches frequency in the *sub-corpus* in Italian, reveal the abundance of complex syntactic constructions with a strong socio-political meaning; such constructions evolve very rapidly, according to circumstantial dispositions, published in correspondence with emergency and massive influx of immigrants. However, the studied normative documents (related to the main Italian law on foreigners *25 luglio 1998 Legislative Decree n ° 286*) maintain a predetermined foreign citizen representation and strong conflict with the additional administrative provisions.

In this paper are explain the nominal constructions related to foreign more frequently observed in our *corpus*, as well as an interpretation of the intent of these and their possible social implications. The results, based on samples of actual language, provide benefits for teaching Italian as L2 and for the development of tools for translation and cultural mediation.

*Keywords:* teaching of the Italian language, applied linguistics, corpus analysis, critical discourse analysis, translation.

## 1. Introducción

El presente capítulo analiza la figura de la persona extranjera en el espacio UE y en particular en la península italiana, a partir del estudio de una significativa muestra de documentos administrativos de extranjería escritos, emitidos por las instituciones italianas nacionales, autonómicas y locales entre 2011 y 2013. Dichos documentos forman parte del *corpus* multilingüe LADEX, resultado de un proyecto de investigación[1] interdisciplinar sobre textos especializados en extranjería en cuatro lenguas (español, inglés, francés e italiano).

La libre circulación de personas en el espacio europeo ha favorecido la presencia de extranjeros en todos los Estados; paralelamente se ha desatado el fenómeno migratorio, en pos de mejoras de empleo y bienestar, o por la necesidad de escapar de áreas en conflicto y opresión. En consecuencia, desde 1992 las solicitudes masivas de cambio de residencia, nacionalidad y asilo han instado a las distintas administraciones de la UE a desarrollar un complejo aparato de reglamentos jurídico administrativos con fuertes implicaciones sociológicas y políticas.

Italia, a partir de 1970 se ha transformado de un país tradicionalmente emigrante a un país de acogida. A principios de los años 80 la política

1 Proyecto de Investigación FFI2011–30214, Ministerio de Economía y Compatitividad de España. Proyecto de investigación Lenguaje de la administración pública en el ámbito de la extranjería: estudio multilingüe e implicaciones culturales. 2015. <http://www.um.es/ladex/> [16/10/2015].

del estado italiano denominada de "*Porte Aperte*" admitía los primeros núcleos de extranjeros; en 1981 se registraban en su territorio alrededor de 350.000, en su mayor parte clasificados administrativamente como: *lavoratori temporanei.* Desde 1998 el texto legislativo principal para la regulación de extranjeros en el territorio es el denominado *Decreto Legislativo 25 luglio 1998 n° 286 Testo unico delle disposizioni concernenti la disciplina dell'immigrazione e norme sulla condizione dello straniero*[2]. Dicho texto reglamenta el ámbito de aplicación de la políticas migratorias, los derechos y deberes del extranjero, todas las disposiciones de ingreso y residencia, el control de las fronteras y las condiciones de expulsión, las disposiciones en materia de trabajo, sanidad, alojamiento, derecho al estudio, integración social, tutela de menores y disposiciones humanitarias.

En 1991, Italia recibió por primera vez una avalancha masiva de inmigrantes procedentes de Albania, tras la crisis sociopolítica generada por la caída del comunismo. Como consecuencia de ello en Italia se han sucedido numerosas ordenanzas y disposiciones que modifican lo dispuesto en el texto único de 1998, algunas de ellas entran en contraste con el espíritu de la ley aún en vigor. El conjunto completo de textos legales aprobados en la última década por el gobierno italiano esta recogido en la web del *Ministero degli Interni*[3]. En lo que va de siglo, Italia junto a España se ha convertido en el Estado europeo con mayor población extranjera. En Italia el crecimiento sostenido estimado es 201,8%[4]: en cifras absolutas la población extranjera se ha triplicado desde 2001; así mismo, el porcentaje de extranjeros censados se ha elevado del 23,4 por mil en 2001 al 67,8 por mil de censados en 2011. Según datos del censo oficial, dos de cada tres extranjeros residen en el norte, el 35% vive en regiones del noroeste de

---

2 Véase el texto íntegro in legge immigrazione. 2015. <http://www.ristretti.it/areestudio/stranieri/leggi/legge.htm/> [16/10/2015].

3 Ministero degli interni. Italia. 2015: <http://www.interno.it/mininterno/export/sites/default/it/sezioni/servizi/legislazione/immigrazione/> [16/10/2015].

4 Los porcentajes de población extranjera más elevados se registran en el sur de Italia (233,8%), aunque la densidad de población de extranjeros resulte inferior a otras áreas geográficas. El impacto de extranjeros sobre la población total oscila también según las zonas: desde el 95,3 de extranjeros por mil censados en el norte, al 27,7 en el sur y el 23,4 en las islas (Istat, 2015). Los datos reflejan claramente que los extranjeros con papeles se desplazan mayoritariamente al norte del país, donde hay más oportunidades de trabajo; mientras que en la Italia del sur e islas es menor el número de extranjeros censados, pero son más numerosas las poblaciones totales, entre las cuales abundan las personas sin permiso de residencia.

Italia, el 27% en el noreste, el 24% en el Centro y el 13% en el Sur (Istat, 2015). En el siguiente mapa se puede observar la proporción de población extranjera sobre el total de residentes en Italia, teniendo en cuenta que los datos contabilizan únicamente a las personas censadas y en posesión de permisos de residencia.

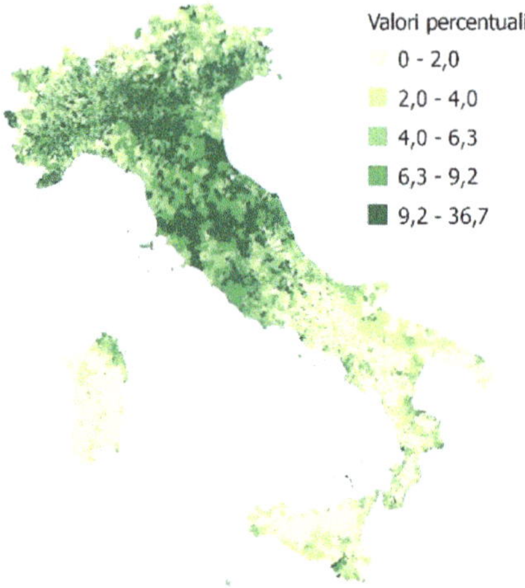


*Figura 1: Porcentaje de residentes extranjeros sobre el total de residentes (Istat, 2015).*

En 2011, según datos de Eurostat, había cerca de 32 millones de extranjeros en la UE, lo que equivale a un 6.3% del total de la población de los 28 Estados Miembros. De ellos aproximadamente el 60% eran ciudadanos extranjeros provenientes de fuera de la UE (Eurostat, 2015). En el siguiente cuadro se puede observar el incremento de las nacionalidades concedidas a extranjeros por año y país, según los registros de las administraciones nacionales:

| | 2009 | 2010 | 2011 | 2012 | 2013 |
|---|---|---|---|---|---|
| EU-28 | *771.8* | *815.7** | *786.4** | *822.1** | *984.8* |
| Belgium | 32.8 | 34.6 | 29.8 | 38.6 | 34.8 |
| Bulgaria | 1.0 | 0.9 | 0.6 | 1.8 | 0.8 |
| Czech Republic | 1.1 | 1.1 | 1.6 | 1.8 | 2.2 |
| Denmark | 6.9 | 4.0 | 4.2 | 3.6 | 1.8 |
| Germany | 96.1 | 104.6 | 109.6 | 114.6 | 115.1 |
| Estonia | 1.7 | 1.2 | 1.5 | 1.3 | 1.3 |
| Ireland(1) | 4.5 | 6.4 | 10.7 | 25.0 | 24.3 |
| Greece | 17.0 | 9.4 | 17.5 | 20.3 | 29.5 |
| Spain(2) | 79.6 | 123.7 | 114.6 | 94.1 | 225.8 |
| France | 135.8 | 143.3 | 114.6 | 96.1 | 97.3 |
| Croatia | 5.3 | 3.3 | 3.3 | 1.1 | 1.0 |
| Italy | 59.4 | 65.9 | 56.2 | 65.4 | 100.7 |
| Cyprus | 4.1 | 1.9 | 2.2 | 2.3 | 1.6 |
| Latvia | 3.2 | 3.7 | 2.5 | 3.8 | 3.1 |
| Lithuania | 0.2 | 0.2 | 0.3 | 0.2 | 0.2 |
| Luxembourg | 4.0 | 4.3 | 3.4 | 4.7 | 2.6 |
| Hungary | 5.8 | 6.1 | 20.6 | 18.4 | 9.2 |
| Malta | 0.8 | 0.9 | 1.1 | 1.1 | 1.0 |
| Netherlands | 29.8 | 26.3 | 28.6 | 31.0 | 25.9 |
| Austria | 8.0 | 6.1 | 6.7 | 7.0 | 7.4 |
| Poland | 2.5 | 2.9 | 3.4 | 3.8 | 3.9 |
| Portugal | 24.2 | 21.8 | 23.2 | 21.8 | 24.5 |
| Romania(2) | 9.4 | : | : | : | 2.8 |
| Slovenia | 1.8 | 1.8 | 1.8 | 1.5 | 1.5 |
| Slovakia | 0.3 | 0.2 | 0.3 | 0.3 | 0.2 |
| Finland | 3.4 | 4.3 | 4.6 | 9.1 | 8.9 |
| Sweden | 29.5 | 32.5 | 36.6 | 50.2 | 50.2 |
| United Kingdom | 203.6 | 194.8 | 177.6 | 193.9 | 207.5 |
| Iceland | 0.7 | 0.5 | 0.4 | 0.4 | 0.6 |
| Liechtenstein | 0.1 | 0.1 | 0.1 | 0.1 | 0.1 |
| Norway | 11.4 | 11.6 | 14.4 | 12.7 | 13.5 |
| Switzerland | 43.4 | 39.3 | 36.0 | 33.5 | 34.1 |

(1) provisional.
(2) break in series.
The individual values do not add up to the total due to rounding
(*) The EU-28 aggregate includes Romanian data for 2009.
(:) Data not available
Source: Eurostat (online data code: migr acq)

*Figura 2: Tasas de concesión de nacionalidad a extranjeros (Eurostat, 2015).*

En 2013 entre los Estados Miembros, las tasas más elevadas de extranjeros se registran en Alemania (6.1 millones), España y UK (ambos con unos 5 millones de extranjeros), Italia (4 millones) y Francia (3.8 millones). Según datos del Istituto Nazionale di Statistica italiano, los principales países de procedencia de los extranjeros residentes en Italia son por orden de frecuencia: Rumania, Albania (principalmente establecidos en Toscana, Umbria, Le Marche, Basilicata, Puglia, Trentino Alto Adige), Marruecos (concentrados en Lombardía, Piemonte, Veneto, Cerdeña), China, Ucrania (Campania), Túnez (Sicilia), Filipinas (Lazio) y en menor proporción India, Perú, Bangladesh y Senegal. Los sectores productivos más relevantes son agricultura y servicio doméstico, seguido por el comercio y la construcción (Istat, 2015). El siguiente gráfico muestra la proporción de solicitudes de nacionalidad en los países objeto de nuestro estudio:

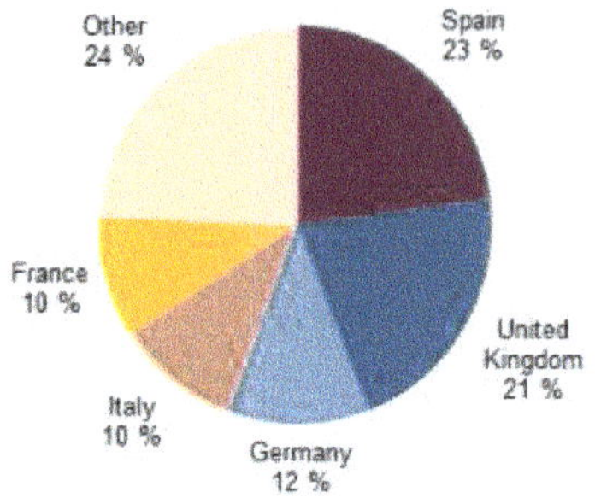


*Figura 3: Países con mayores tasas de concesión de ciudadanía, 2013 (Eurostat 2015).*

Por otra parte, como es sabido, aumenta exponencialmente en número de peticiones de asilo en la UE, por parte de extranjeros no pertenecientes a la Unión Europea; por este motivo la inmigración por razones de asilo se ha convertido en uno de los puntos más controvertidos de la legislación comunitaria.

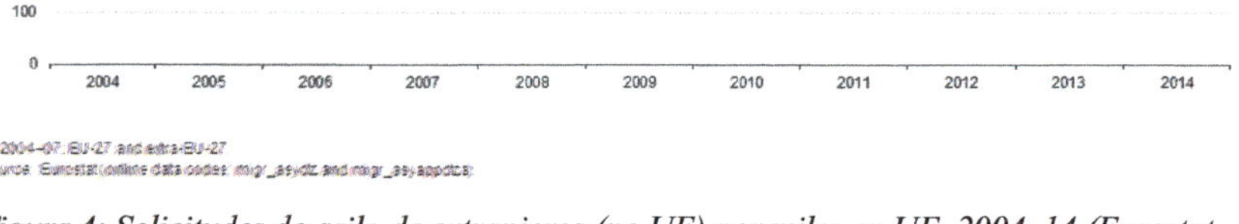


*Figura 4: Solicitudes de asilo de extranjeros (no UE) por miles en UE, 2004–14 (Eurostat, 2015).*

La heterogeneidad de los documentos reguladores y el lenguaje administrativo desarrollado en cada Estado depende no solamente de su función y ámbito de aplicación, sino también de otros factores históricos y sociales. Así pues, algunos países europeos afrontan el reto con ayuda de la experiencia acumulada durante el periodo colonial, tras la convivencia con pluralidades lingüísticas y culturales en su territorio, como es el caso de UK y Francia; mientras que en otras naciones, como Italia, en muchos casos se ha improvisado una política de acogida e integración del inmigrante apresurada, efectiva sólo a corto plazo; en respuesta al flujo masivo de extranjeros y al desbordamiento de sus fronteras.

En efecto, el poder ejecutivo descansa en el organismo de la Administración para hacer cumplir la legislación vigente, de ahí la estrecha relación entre los textos jurídicos y los administrativos. El texto legal más polémico y trascendente para los extranjeros que viven en Italia actualmente ha sido la ley "Bossi-Fini" 30 luglio 2002, n. 189, que ha modificado el procedimiento para la entrada y residencia en Italia, anteriormente regulado por la ley "Turco-Napolitano", D. Lgs. 25 luglio 1998 n. 286. La ley Bossi-Fini estableció el denominado *Sportello unico per l'immigrazione* (Ventanilla única para la inmigración), dependiente de cada *Prefettura* (Oficina territorial del Gobierno). El *Sportello unico* se ocupa de tramitar los siguientes procedimientos: primer contrato de los trabajadores extranjeros; agrupación familiar; test de conocimiento de la lengua italiana; y conversión del permiso de residencia. El *Decreto del Presidente del Consiglio dei ministri 17 febrero 2011* definía la programación de flujos transitorios de ingreso de trabajadores extracomunitarios estacionales en el año 2011, autorizando una cuota máxima de 60.000 ingresos en Italia. Los Ministerios de *Interno* y *Lavoro* e *Politiche Sociali* emitieron una circular destinada a las estructuras territoriales con instrucciones sobre los módulos de solicitud e instrucción. Por otra parte, se ha desarrollado una política de control de acceso, permanencia o exclusión del territorio, mediante centros especiales, clasificados en tres modalidades: *Centri di accoglienza (CDA), Centri di accoglienza richiedenti asilo (CARA)* y *Centri di identificazione ed espulsione (CIE) (Cf.* Capítulo I). Los CIE fueron creados según *Decreto legge 23 maggio 2008, n. 92*; dichos centros pretenden evitar la dispersión de los inmigrantes irregulares por el territorio y permiten a las fuerzas del orden proceder a la expulsión de los irregulares. El *Decreto-Legge* n. 89 del 23 junio 2011, convertido en Ley n. 129/2011, prorroga el término máximo de permanencia de los extranjeros en estos centros de los 180 días (previstos por la ley n. 94/2009) a 18 meses totales. A pesar de los esfuerzos en política migratoria, Italia ha sido repetidamente sancionada por los tribunales internacionales en materia de migración. Es patente que las oscilaciones de la política italiana en materia de inmigración han determinado el desarrollo de un aparato de documentos administrativos de extranjería copioso y con fuertes discordancias internas, como se observará a continuación.

En consecuencia, se deberá tener en cuenta para este estudio que los documentos administrativos para personas no pertenecientes a la UE presentan generalmente un carácter restrictivo (como por ejemplo las disposiciones sobre las cuotas de entrada) o están sujetos a condiciones especiales, tales como ofertas de trabajo, niveles de cualificación profesional, etc. (Eurostat, 2015). Sin embargo, junto a dichos documentos se distinguen otros que podríamos denominar "inclusivos", cuya intención comunicativa es de signo opuesto, pues nacen en respuesta a la emergencia humanitaria de los refugiados de guerra y exiliados políticos. Algunos textos de este grupo consisten en disposiciones de ley para proteger a menores y a sectores de población socialmente desfavorecidos.

La compilación del *corpus* Ladex, asumiendo la complejidad del tema, se ha fundamentado en una división simétrica de las distintas tipologías discursivas con mayor frecuencia de uso en materia de extranjería; así como en las estrategias retóricas que las caracterizan según los elementos de la comunicación. La tipología base se ha establecido desde el español hacia las otras lenguas (*Cf.* Capítulo II); por lo tanto, la abundancia de documentos de cada clase no es homogénea para cada lengua y las denominaciones de los documentos se han traducido según la funcionalidad de los mismos. En concreto en el *sub-corpus* italiano las secciones de documentos, equiparables a otros idiomas, se denominan:

1) *Testi normativi* (divididos en: *regolamenti, decreti, leggi*).
2) *Atti amministrativi diretti al cittadino* (divididos en: *relazioni, certificati, atti, citazioni, risoluzioni*).
3) *Documenti informativi* (divididos en: *avvisi, depliant, brochure, pagine web, relazioni tecniche*).
4) *Atti amministrativi diretti alla propria Amministrazione* (divididos en: *circolari, dichiarazioni, relazioni, memorie*).
5) *Atti amministrativi diretti dal cittadino all'Amministrazione* (divididos en: *richieste, domande, dichiarazioni, comunicazioni*).

Para la anotación del *corpus*, las cinco secciones, como se advierte en las etiquetas, se han ordenado desde la perspectiva de los elementos de la comunicación. En efecto, según el emisor, los documentos se clasifican en dos bloques: los emitidos por la Administración y los órganos legislativos (secciones 1, 2, 3 y 5) y los emitidos por el ciudadano extranjero (sección 5); aunque se trata en realidad de formularios y peticiones generalmente emitidas por la Administración pública en forma de modelos, donde el extranjero sólo debe cumplimentar datos o exponer solicitudes. En los documentos jurídico administrativos el emisor ocupa una posición de dominio y suele buscar el anonimato. En apariencia, se trata de un emisor sin libertad para expresarse según criterios subjetivos o creativos, no puede utilizar un estilo o estructura originales, ya que debe repetir estructuras prefijadas según un estilo convencional (Calvo, 1980; Franceschini & Gigli, 2003; Rovere, 2005).

Con respecto al receptor, los documentos de nuestro *corpus* se clasifican también en dos grandes bloques: los documentos recibidos por el ciudadano extranjero (secciones 1, 2, 3, 4) y los recibidos por la Administración pública (sección 5). Los últimos, a su vez, son documentos en parte redactados desde la propia Administración y exigidos por ella como requisito para que sean admitidos a trámite; es decir, tampoco desde el punto de vista del receptor son documentos improvisados en cuanto a estructura. Por lo general, en las cuatro primeras secciones el receptor ocupa una posición subordinada con respecto al texto, ya sea éste un texto preceptivo o informativo; menos cuando el receptor es la Administración (sección 5), pues entonces se invierte la posición y el ciudadano se ve obligado a utilizar la tercera persona, mantener respeto y mostrar constantemente una actitud subordinada (De Miguel, 2000: 8).

El resto de elementos de la comunicación también son característicos en los textos jurídico administrativos. El canal suele ser un documento firmado y fechado, con rango de oficial, ya se encuentre publicado en papel o en formato digital, y representa la propia ley. El contenido del mensaje es metatextual, pues se corresponde con el asunto legislativo que representa. Finalmente la intención (sobre la cual hemos ilustrado ya algunos aspectos para la materia de extranjería) posee un carácter pragmático, pues: ordena, dispone, prohíbe, informa, disuade o ruega (sección 5) según el problema que desee resolver.

Con respecto al código y tipo de textos resultantes, en estas páginas se analizarán especialmente las estrategias lingüísticas relacionadas con el distanciamiento entre la Administración y el ciudadano extranjero, según una pretendida objetividad no discriminatoria que en realidad oculta mecanismos de control según determinadas intenciones políticas. Hemos tenido como referencia una metodología sinérgica entre el análisis del discurso (Fairclough & Wodak, 1997) y los estudios lingüísticos basados en *corpora*

(Stubbs, 2001; Sinclair, 2004); éste método ya se ha demostrado eficaz en los estudios sobre la caracterización de los refugiados en la prensa de Gran Bretaña, como se puede ver en la obra de Paul Baker y otros (Baker, 2008)[5]. Entre los estudios sobre lenguaje jurídico administrativo e intención discursiva, destacamos la perspectiva de Elena de Miguel, cuando explica:

> Si el texto jurídico-administrativo se analiza como el fruto de una intención, deja de constituir el aparente texto fallido que normalmente se considera que es. Antes al contrario, desde esta perspectiva sería un tipo de texto muy restrictivo, que logra un objetivo disuasorio sobre el receptor, al que domina. Un texto, en suma, que más que proteger al ciudadano, busca y logra acentuar la distancia con él por medio de un uso especial de la lengua estándar que le es ajeno. Así se entiende por qué el texto resulta más complejo, impreciso y opaco cuando se trata de regular o legislar el derecho del administrado y parece volverse más explícito y prolijo en los detalles cuando busca la protección del administrador –aunque también con resultados complejos y confusos–. Tanto si esta impresión se corresponde con una intención consciente por parte del redactor del texto jurídico-administrativo como si no, lo cierto es que el lector sufre restricciones en su comunicación, se siente muchas veces indefenso y, al menos, ve complicada su actuación. Parece, pues, evidente que existe un elemento de control del discurso ejercido a través de recursos lingüísticos cuyo objetivo (o cuyo resultado no pretendido) es mantener al ciudadano al margen del discurso. Parece también evidente que convendría desactivar ese instrumento de control o al menos dominarlo en igualdad de condiciones. (De Miguel, 2000: 33).

Estas consideraciones son especialmente certeras en el ámbito de la administración de extranjería, donde el usuario medio no suele tener pleno dominio del código lingüístico, factor que incrementa la complejidad y opacidad

5 El acercamiento a los *corpora* lingüisticos desarrollado por P. Baker (2008), –entre otros Garside (1997), Sinclair (2004), Stubbs (2001)–, propone, además de la anotación de categorías gramaticales, nodos de frecuencia y usos particulares de los documentos recopilados; una anotación de los aspectos discursivos (elementos de intención y cohesión), de utilidad para descifrar aspectos connotativos de los textos. Dichos aspectos añaden a la fase de etiquetado rasgos adicionales a los estrictamente categoriales, relacionados con la ideología tales como podrían ser el sexo, religión o nacionalidad de los sujetos. Es decir, constituyen un paso adelante para interpretar los documentos de los *corpora* desde el punto de vista cultural. Recordemos que el análisis crítico del lenguaje introduce los principios sociológicos en los estudios lingüísticos al relacionar los discursos con el poder; así lo define T. A. Van Dijk: "Critical discourse analysis is a type of discourse analytical research that primarily studies the way social power abuse, dominance, and inequality are enacted, reproduced, and resisted by text and talk in the social and political context. With such dissident research, critical discourse analysts take explicit position, and thus want to understand, expose, and ultimately resist social inequality" (Van Dijk, 2005: 352).

textual. La lengua de redacción de los documentos puede ser además una barrera para conseguir la residencia o la nacionalidad, en el caso de que solicitante no supere los exámenes de idioma, obligatorios tanto en España como en Italia desde el año 2010 (Fernández Vítores, 2013: 59).

El texto jurídico administrativo por una parte está determinado por el contenido, por otra por las características de la comunicación donde se aplica, definida en función de los límites interpretativos impuestos al receptor por parte del emisor (Sabatini, 1990): desde esta perspectiva el texto jurídico se presenta como un tipo de discurso muy vinculante, regulado por fuertes restricciones de interpretación que establecen distancias con respecto al receptor. En el caso del receptor extranjero, el distanciamiento típico de este discurso (fuertemente politizado) plantea cuestiones de índole política y cultural.

Estudiar la macroestructura de los documentos, en dependencia de su función y tipología constituye una nueva tendencia también en los estudios sobre el discurso de especialidad en italiano. No entraremos en el debate de si existe un lenguaje específicamente jurídico administrativo (como 'microlengua' o variante la lengua jurídica), o bien se trata de un uso especial de la lengua standard por parte de la Administración, considerada una variedad diastrática del sistema o lenguaje sectorial (Náñez, 1998). En la lingüística del italiano son muchos los estudiosos que han optado por esta perspectiva de análisis (Berruto, 1987; Sabatini, 1990; Basile, 1991; Franceschini & Gigli, 2003; Fortis, 2005).

No obstante, para el objeto de esta investigación –al margen de las reflexiones teóricas sobre el código al que pertenecen los textos jurídico-administrativos–, desde un punto de vista didáctico y traductológico, conviene resaltar la naturaleza híbrida de su terminología combinada con la estructura formal[6] y funcional de los documentos.

La hibridez terminológica de nuestros textos responde a una mezcla de vocabulario del derecho administrativo con distintos grados de especialidad (Cabré, 1999: 190–191) (Gotti, 1991: 10–11)[7] (Mortara Garavelli, 2001: 10–17)[1]. Así, por una parte los documentos recopilados

6 La estructura precisa, previsible y altamente codificada de estos textos es fruto de un acuerdo sobre el uso de modelos condolidados por la tradición, y forma parte de la estrategia vinculante ya mencionada. Las fórmulas protocolarias de inicio y final de documentos, la presencia de datos y nombres de autoridades persigue un margen muy restringido de libre interpretación de los mismos.

7 Según la denominación de Bice Mortara Garavelli (2001: 10–17) las tres categorias del léxico jurídico en italiano son: *tecnicismi specifici, ridefinizioni, tecnicismi collaterali.*

en el *corpus* LADEX usan tecnicismos propios del ámbito jurídico, con una acepción semántica precisa y unívoca (*atto, richiedente*). Además, se usan palabras del lenguaje común, que han adquirido un significado nuevo y se consideran semi-tecnicismos (*asilo, extracomunitario, badante*). Por último se usa el lenguaje común con su acepción común (*bambini, lavoro, abitazione*). Alcaraz Varó y Hughes (2002) añadieron un cuarto grupo de términos, los técnicos no jurídicos: palabras importadas de otras especialidades que se constituyen en materia legislativa (es decir, propios del lenguaje médico, económico, etc.).

Desde el punto de vista del traductor, el *corpus* multilingüe muestra correspondencias terminológicas y pragmáticas que pueden iluminar la complejidad de esta tipología textual. A pesar de los patrones de homogeneización dictados por los gobiernos de la UE, todavía es patente que el lenguaje jurídico administrativo no se ha universalizado, a diferencia de otros lenguajes técnicos, porque es reflejo de la tradición cultural y jurídica de cada país.

Dicha heterogeneidad es particularmente significativa en materia de extranjería, como veremos a continuación: una cuestión candente para los gobiernos europeos, afrontada desde políticas antagónicas en el seno de la Unión.

## 1. El lenguaje administrativo italiano o *burocratese*

El término *burocratese*[8], importado en los años treinta del lenguaje jurídico americano, se generalizó en italiano a partir de los años setenta del siglo XX, para indicar una lengua opaca e incomprensible para el hablante común, utilizada por las Administraciones públicas para dirigirse a los ciudadanos. Esta denominación tiene connotaciones negativas para el conjunto de la sociedad, relacionadas con el control del discurso por parte

8 Definición del Diccionario Treccani: "Col termine burocratese si indicano, con accezione negativa, lo stile comunicativo e il linguaggio inutilmente complicato utilizzati da amministrazioni e istituzioni pubbliche nelle comunicazioni (prevalentemente scritte) connesse allo svolgimento dei loro compiti di mediazione tra le prescrizioni normative, le strutture che devono curarne l'applicazione e le categorie di cittadini cui sono destinate". Treccani. 2015. <http://www.treccani.it/> [16/10/2015].

del emisor y su carácter vinculante[9], antes mencionado. Con el fin de observar, a través del *corpus* de documentos recopilados, el alcance de las transformaciones en acto para dichas variantes y sus posibles consecuencias sociales y culturales, conviene plantear una síntesis de las principales características del lenguaje jurídico administrativo en italiano.

A partir de la década de los 90 del siglo XX, tanto en Italia como en España[10] se ha iniciado una reforma profunda de las Administraciones públicas. El cambio había comenzado dos décadas antes en Estados Unidos, gracias a los movimientos de consumidores que reclamaban mejores servicios públicos y una transparencia mayor de los documentos jurídicos. La tendencia se difundió sucesivamente a los países europeos, donde los *mass media* demandaron también una actualización del lenguaje administrativo en aras de mayor corrección y accesibilidad. En consecuencia nuestras Administraciones Públicas comenzaron a forjar una imagen corporativa para dotar de un servicio a la sociedad (en lugar de imponerlo), a imitación de las empresas privadas. En Italia se avanza decididamente en este campo con la publicación del *Codice di stile* (1993); posteriormente los distintos ministerios e instituciones, así como los investigadores y técnicos del sector, han aportado iniciativas para mejorar la redacción de los textos legales y simplificar el lenguaje con el cual las Administraciones Públicas se comunican con los ciudadanos. El objetivo primordial es eliminar toda oscuridad inútil, derivada de una voluntad distanciadora no finalizada al buen funcionamiento del texto. Los manuales aparecidos hasta el momento (Fioritto, 1997; Mancini, 1999; Franceschini, 2003; Cortelazzo, 2003) han proporcionado un cuadro de la situación actual del

9 Sabatini (1990) establece una tipología general de textos administrativos según el la intensidad de los vínculos de los lectores y sus posibilidades interpretativas. En dicha tipología se distinguen textos: muy vinculantes, medianamente vinculantes y poco vinculantes.

10 En la misma época en España se disponen leyes tendentes a mejorar y hacer más comprensibles al público los documentos administrativos; principalmente las del 10 de enero de 1981, 7 de julio de 1986 y el Real Decreto-Ley (1/1986, de 14 de marzo). Se trata de una legislación para simplificar los requisitos formales y estilísticos de los documentos administrativos. Tras la publicación del libro de Luciana Calvo Ramos (*Introducción al estudio del lenguaje administrativo* en 1980), el Ministerio para las Administraciones públicas editó distintos manuales de estilo para uso de los funcionarios: *Manual de estilo del lenguaje administrativo* (1990); *Manual de documentos administrativos* (1994) y complementos con nuevas ediciones que se agotaron rápidamente.

lenguaje administrativo italiano y han propiciado, con apoyo de la administración UE, la *Rete per l'eccellenza dell'italiano istituzionale* (REI)[11].

El *Manuale de stile* (Fioritto, 1997: 69) distingue cuatro rasgos principales del lenguaje burocrático: *complessità, oscurità, formalità, circolarità.* 'Complejidad', porque la actividad del lenguaje administrativo penetra en todos los aspectos de la vida del ciudadano; 'oscuridad', porque sus documentos son la parte ejecutiva de los órganos de gobierno y representan leyes incomprensibles para la mayoría; 'formalidad', en tanto poseen la de la 'performatividad', e inciden directamente en la realidad con obligaciones o resoluciones; y 'circularidad', en tanto es un lenguaje que tiende a repetirse a sí mismo, perpetuando estructuras y fórmulas preexistentes. A estas características, Daniele Fortis añade las de *autoreferenzialità e anticomunicatività*, por la voluntaria separación establecida entre emisor y receptor. En efecto, en muchos casos el burócrata redacta los documentos desde una perspectiva interna y olvida la eficacia comunicativa, teniendo en cuenta exclusivamente la legitimidad formal del documento: "Una volta che il provvedimento sia conforme alle leggi e ai regolamenti, il funzionario ritiene, in genere, di aver assolto il proprio compito: che il cittadino capisca o meno, poco importa". (Fortis, 2005: 53–54).

Entre los aspectos genéricos observados por los estudiosos en los textos administrativos en italiano (Mortara Garavelli, 2001; Raso, 2002), subrayamos a continuación los más recurrentes para el estudio de LADEX:

- Uso de giros y expresiones estereotipadas que expresan conceptos vacíos, contorsiones sintácticas, barroquismos e intrusión de incisos y referencias cruzadas a normativa críptica e inapropiada para la disposición informativa de los textos. Estas referencias a leyes y disposiciones externas, obligan al destinatario a una laboriosa investigación de textos jurídicos más complejos y publicados en otros medios.
- Uso de construcciones y expresiones calcadas de las leyes. Además de reproducir las estructuras textuales sujeto-motivación –verbo preformativo–dispositivo.

11 En 2010 la REI declaraba sus objetivos en el *Manifesto per l'italiano istituzionale "Parole chiare per tutti"*. REI se compone de representantes de los servicios lingüísticos de las instituciones de la Unión Europea y de las Administraciones Públicas italiana y suiza, junto a académicos y dirigentes de entes de normalización, asociaciones de terminología y traducción. REI. 2015. <http://ec.europa.eu/translation/italian/rei/index_it.htm/> [16/10/2015].

- Los textos se dirigen potencialmente a receptores que se encuentran dentro del territorio nacional; independientemente de su nivel de escolarización, de la competencia lingüística y de sus conocimientos extralingüísticos.
- El lenguaje no está sujeto a variaciones diacrónicas, pero se infiltra buen número de neologismos procedentes del inglés.
- El léxico de este lenguaje se ha introducido en muchos sectores ajenos a la Administración. Especialmente en las crónicas periodísticas y televisivas. En los informativos se emplean a menudo expresiones derivadas o reportadas directamente de documentos administrativos, como *femminicidio*. Los tecnicismos de origen administrativo constituyen actualmente una corriente de moda en los medios de comunicación italianos.

Para favorecer la eficacia comunicativa de los textos institucionales en italiano, el *Codice di stile* (1993) señala de forma genérica algunas normas todavía lejanas de los usos reales:

- Una oportuna focalización del autor y del destinatario.
- Una estructura del documento según un esquema sujeto-disposición-motivación, pero si es posible con un estilo discursivo y accesible para las motivaciones específicas y que indique las conclusiones y las necesarias referencias jurídicas y normativas.
- Una formulación del objeto eficiente y orientada hacia la aceptabilidad, además de hacia la intencionalidad.

Con respecto a las características específicas relacionadas con el léxico administrativo en italiano, mencionamos aquellas más importantes (Fortis, 2005) para el estudio del *corpus* LADEX:

- Predominio de los denominados *sostantivi deverbali,* generalmente con sufijo cero, su desinencia se pega directamente a la raíz verbal: *condono, convalida, delibera, riordino, ripristino, stipula, surroga*, etc.
- Empleo de verbos llamados *denominali,* verbos derivados de sustantivos: *attergare, disdettare, relazionare, resocontare*, etc.
- Uso de adjetivos terminados en *-ale*, por influencia del inglés: *dirigenziale, discrezionale, previsionale, gestionale.* A menudo pleonásticos, porque se superponen a los adjetivos ya existentes terminados con el sufijo *-ivo*, como *comunicazionale*, en lugar de usar el equivalente: *comunicativo.*

- Uso de locuciones formadas con conjunciones y preposiciones: *al fine di*, *nel caso in cui*, *in ordine a*, junto a otras típicas del lenguaje jurídico: *ai sensi di*, *in ottemperanza a*, *in ossequio a*, *di concerto con*, *a titolo di*, *in deroga a*, *nelle more di*, *in costanza di*, etc.
- Locuciones verbales: bien formadas por un verbo (*firmare*, *pagare*, *annullare*) o por verbo más sustantivo (*apporre una firma*, *effettuare un pagamento*, *procedere all'annullamento*).
- Neologismos: como *esternalizzare* en lugar de: *affidare a un soggetto esterno*. Entre los neologismos abundan los derivados de extranjerismos: *e-government* o *e-democracy.*
- Extranjerismos: son abundantes en todos los sectores del italiano actual; a veces se trata de extranjerismos adaptados al italiano. Otras veces, de préstamos integrales no adaptados: *city manager*, *mobility manager*, *urban planning*, *governance*, *front office*, *back office*. El *Ministero del Lavoro e delle Politiche Sociali* desde hace unos años también se llama *Ministero del Welfare.* La ley n. 675 del 31/12/1996, se denomina oficialmente *Tutela delle persone e di altri soggetti rispetto al trattamento dei dati personali*, conocida como *Legge sulla Privacy*.
- Arcaísmos en el uso de conjunciones: *allorché*, *altresì, ivi, laddove, onde, ove, quantunque*.
- 'Burocratismos', expresiones obsoletas exclusivamente usadas en la administración, pues fuera de este ámbito se usan solo en sentido irónico: *in calce*, *a tergo*, *obliterare*, *il sottoscritto*, *lo scrivente*, *il dichiarante*, etc.
- Formulismos (clichés rituales y frases hechas formularias): *è fatto obbligo a chiunque di*; *e successive modifiche e integrazioni*; *si trasmette per opportuna conoscenza*; *si prega di prendere buona nota*; *con voti unanimi espressi nei modi di legge,* etc. También sujetos a colocaciones fijas: *sollecito riscontro*, *cortese sollecitudine*, *tempestivi provvedimenti*, *fattiva collaborazione*, etc.

En relación con el registro elevado y distante que pretende el lenguaje administrativo, destacan:

- Los eufemismos y perífrasis para indicar algo de forma indirecta, por ejemplo: el ciudadano recibe una orden indirecta: *il cittadino è gentilmente pregato di compiere una data azione,* en ocasiones se deben a una depuración del lenguaje hacia lo políticamente correcto, así las personas con deficiencias físicas son denominadas: *non vedenti*, *ipovedenti, non udenti, non deambulanti.* Uso de perífrasis: *frana* se denomina *evento franoso*, un *semaforo*: *impianto semaforico.*

- Los pleonasmos redundantes, como: *rivolgersi all'ufficio competente, a far riferimento alla normativa vigente, a consegnare l'apposito modulo debitamente compilato.*
- Uso de siglas, acrónimos y abreviaciones para indicar instituciones o legislación vigente: *ISTAT (Istituto Nazionale di Statistica), DPCM (Decreto del Presidente del Consiglio dei Ministri), DPR. (Decreto del Presidente della Repubblica), D.lgs (Decreto legislativo), L. (Legge), TU (Testo unico).*

Con respecto a la sintaxis el italiano administrativo, predominan las frases largas, las oraciones subordinadas complejas en modo subjuntivo; nuestros documentos tienden a usar:

- Formas nominales del verbo, participios: *premesso che*, *atteso che*, *dato atto che*, *rilevata la necessità di*, *vista la legge*, etc.
- Participio pasado con función adjetival precediendo al nombre: *l'avvenuto pagamento*, *le citate norme*, *nelle previste circostanze.* Participio presente con función adjetival: *il vigente statuto comunale*; *una struttura non ancora operante.* Con función verbal, seguido por el complemento directo: *la ricevuta comprovante il versamento*, *una legge recante disposizioni in materia;* o predicativo del complemento: *il decreto avente ad oggetto;* o predicativo de complemento indirecto: *i diritti spettanti al locatore*, *le spese incidenti sul bilancio.*
- *Si* impersonal o pasivante*: si comunica*, *si trasmette*, *si rende noto*, *si dispone.* En posición enclítica*: pregasi*, *trattasi*, *vedasi.* Además de las típicas construcciones en voz pasiva.
- Formas pasivas de obligación, con el auxiliar *andare*: *l'importo va versato in unica soluzione.*
- Sustantivación de raices verbales o adjetivales con los sufijos *-mento*, *-zione*, *-tura*: *realizzazione del progetto, rivalutazione della politica.*
- Locuciones formadas por verbo + sustantivo: *effettua il pagamento*, *procede alla stipulazione*, *provvede all'acquisto*, *sottopone a controllo.*
- Predominio de frases negativas: *Non è possibile votare per più di un candidato,* en lugar de *È possibile votare per un solo candidato.* Es frecuente también la doble negación: *non è vietato*, *non si può non considerare.*

- Verbos en indicativo futuro para expresar obligación: *I candidati si presenteranno alle ore.*
- Expresiones de cohesión del texto a menudo empleadas de forma incorrecta. Entre ellas predominan las anáforas: *detto, predetto, suddetto, anzidetto, summenzionato, suesposto, succitato, sopracitato, cennato, testé indicato, di cui sopra, di cui all'oggetto, in epigrafe.* Y las catáforas: *sottoindicato, sottoriportato, sottoelencato, di seguito riportato, il sottoscritto, al punto successivo, in calce.*

Desde el punto de vista de la comunicación, los discursos administrativos en italiano evitan la primera persona del singular, marcando así el distanciamiento del emisor y la abstracción. En realidad, la acción se atribuye no a una persona, sino a una estructura jurídica. Este fenómeno según Raso consiste en una *antropomorfizzazione dell'ufficio*, donde se refleja: "La perdita di coscienza del fatto che i meccanismi comunicativi sono basati sulla volontà e sulla responsabilità umana, e sulla soggettività del linguaggio, da sottintendersi anche dietro una forma impersonale" (Raso, 1999–2000: 243). Como consecuencia de ello, Raso (1999–2000: 241–243) observa un proceso de desdoblamiento del emisor en dos autores:

- El 'autor material' del texto, quien redacta y emite físicamente el documento. Generalmente se trata de un funcionario de nivel medio bajo.
- El 'autor jurídico', el directivo que aprueba y firma el documento, asumiendo la responsabilidad. Formalmente es el emisor frente a sujetos externos a la institución.

A su vez, el destinatario sufre un análogo proceso de despersonalización, distinguiéndose (Raso, 1999–2000: 243):

- El 'destinatario inmediato' del documento, que coincide con el autor jurídico indicado anteriormente (quien lee y firma el texto antes de reenviarlo al ciudadano).
- El 'destinatario último', que recibe finalmente el documento, el ciudadano o el ente público al que se remita.

De esta forma, el mecanismo de la comunicación se des-naturaliza y sufre una especie de 'cortocircuito' comunicativo; cuyo principal efecto es que el destinatario último de los textos, en lugar de ser el elemento más importante a cuyo servicio se encuentra la Administración, sea en cambio el menos considerado, como venimos diciendo.

Por último, a todos los defectos del lenguaje de los documentos administrativos en italiano hasta ahora reseñados, se debe añadir que sus textos son pragmáticamente inapropiados, como ha indicado Mortara Garavelli (1997: 114). Es decir, al ser escritos en modo mecánico y "tecnologizado", por lo general no tienen en cuenta la situación retórica, ni de los destinatarios, ni de los fines comunicativos.

En Italia todos estos aspectos negativos del lenguaje jurídico administrativo están siendo debatidos con el fin facilitar la legibilidad de los documentos, y mejorar no solamente el estilo de esta tipología textual, sino también el aspecto de la Administración Pública frente a la sociedad. No obstante, el *corpus* LADEX en italiano muestra el largo camino que todavía queda por recorrer en este campo.

## 2. El extranjero y sus cualidades

En materia jurídica no existe una definición precisa del término *straniero* en italiano. El significado se basa en una distinción negativa, de no apartenencia: la característica sobresaliente del concepto *straniero* es la presencia de una persona en el territorio de un Estado del cual no es ciudadano. Así se utiliza en la Constitución de la República Italiana (art. 10).

En lenguaje común, *straniero* se identifica generalmente con una persona de otro país, pero dicha definición no divulga el contenido jurídico ni el significado completo del término. Los extranjeros son una categoría específica de personas con una relación particular con el Estado que las acoge. En efecto, en los actos jurídicos de nivel internacional emitidos por las instituciones italianas la definición de *straniero* implica: ciudadano o súbdito de un Estado extranjero o apólida.

La peculiaridad jurídica de la condición de extranjero es que se encuentra sujeto a dos ordenamientos jurídicos: uno nacional (de la nación de la cual es ciudadano) y otro del país donde se encuentra. Este dualismo conduce a la erogación de específicas normas de derecho internacional privado a fin de regular los derechos de los extranjeros en materia de propiedad, familia, trabajo y derechos procesales y personales. El derecho de extranjería en la República italiana, como principio originario usa un tratamiento nacional en materia de condición jurídica general del extranjero:

"I cittadini stranieri sono uguali davanti alla legge indipendentemente dalla provenienza, status sociale, ricchezza, razza, etnia, sesso, istruzione, lingua, religione, tipo di occupazione e altre circostanze". (Decreto Legislativo 25 luglio 1998; Ministero degli Interni, 2015).

En contraste con el texto legal, observemos la siguiente definición recogida por el diccionario:

> STRANIERO agg. e s. m. (f. *-a*) [der. del lat. *extraneus* "estraneo, esterno"; cfr. il fr. ant. *estrangier*, der. di *estrange* "estraneo"].
>
> Che appartiene per cittadinanza a uno stato estero, ma che gode dei diritti civili attribuiti ai cittadini dello stato, a condizione di reciprocità e nell'osservanza di norme contenute in leggi speciali.
> 2. Con connotazione ostile, alludendo a popolazioni nemiche o comunque avverse e odiate: *eserciti s.*; *l'invasione, l'occupazione s.*; *languire sotto il dominio s.*; anche come sost.: *essere soggetti agli s.*, *oppressi dagli s.*; spesso al sing. con valore collettivo. (Treccani, 2015: 321).

La segunda acepción indica a las claras que aunque el Decreto legislativo haya velado por la consideración igualitaria del extranjero en el territorio italiano, su significado corriente todavía se asocia a connotaciones negativas heredadas del pasado o bien ratificadas en la realidad actual. El conflicto del significado de *straniero* consiste en que expresa y subraya el carácter extraño de la persona con respecto a la comunidad que debería acogerla. Al preguntar a un hablante italiano medio[12] por la idea común de extranjero, encontramos un matiz interesante para la cuestión: "Stranieri al plurale è il termine più comune, che può essere neutro o avere una sfumatura di significato negativa, per questo pur essendo il più comune si preferisce usarlo sempre con altre parole, per esempio «cittadini»". En esta definición, los hablantes nativos aceptan la negatividad del término; sin embargo, para eliminar dicha connotación reconocen la nominalización del adjetivo que pasa al plural (*straniero* no es igual a *stranieri*), y afirman la necesidad de incorporar cualidades al sustantivo. Es evidente que en este proceso el italiano jurídico administrativo se ha infiltrado en el italiano común, hasta el punto de proporcionar variables menos negativas o neutras, si el término está determinado por adjetivos o sustantivos que precisen la cualidad de la persona extranjera.

---

12 He obtenido esta definición mediante preguntas a universitarios italianos del programa Erasmus, estudiantes en el Grado de Estudios Franceses y Traducción e Interpretación.

En el *corpus* LADEX en italiano predominan las construcciones nominales, que se manifiestan en el abundante uso de sustantivos y adjetivos en relación con los verbos utilizados. Esta primera tendencia se combina con otro factor despersonalizador ya ilustrado, la abundante presencia de formas no personales del verbo: infinitivos, participios-presentes y pasados (*il richiedente, il soggiornante, l'avvenuta communicazione*), muchos en construcción absoluta (*vista la legge, udita la relazione della causa*)- y, sobre todo, gerundios (*essendosi lo stesso trattenuto, mancando anche la prova, così ponendo in essere*), usados a veces de manera incorrecta.

Las construcciones nominales relacionadas con extranjeros más frecuentes observadas en nuestro *corpus* están en relación con un restringido grupo de significados, entre los que despuntan: *cittadino-i, extracomunitario-i, immigrato-i.*

La palabra *straniero* (sustantivo en singular) aparece en colocaciones como:

<dei doveri connessi alla condizione di cittadino *Straniero* immigrato>
<area Schengen, entro otto giorni dall'ingresso, lo *straniero* dichiara la sua presenza, rispettivamente all'autorità>
<uno speciale permesso di soggiorno per consentire allo *Straniero* di sottrarre si alla violenza ed ai condizionamenti>

En los textos normativos (sección 1 del *corpus*) el 47% de los documentos compilados emplean el término como sustantivo plural, referido a la regulación de poblaciones por áreas o sectores de producción. Algunos ejemplos de colocaciones en plural son:

<garantire i diritti umani inviolabili degli *stranieri* presenti a qualunque titolo sul territorio regionale>
<nonché ai minori *stranieri* non accompagnati, ai giovani immigrati di seconda generazione>
<costituzione di centri di assistenza legale per gli *stranieri* vittime di discriminazioni per motivi razziali, etnici, nazionali>
<economia sommersa che comportano per i cittadini *stranieri* situazioni di violenza o di grave sfruttamento>
<di interventi di mediazione interculturale rivolta ai detenuti *stranieri* finalizzata a garantire pari opportunità di tutela giuridica>
<La gestione dell'eccezionale afflusso di cittadini *stranieri* extracomunitari giunti irregolarmente in Italia>

Predomina en sustantivo plural en las secciones 3 y 4, textos informativos y emitidos de la Administración a la propia Administración. Mientras que en los textos de las secciones 2 y 5 (de la Administración al ciudadano y viceversa) el término *straniero-i* es menos utilizado. La baja frecuencia relativa de *straniero* en el discurso jurídico-administrativo de extranjería en Italia se explica por la representación del sujeto mediante características de: edad (*minorenne*), nacionalidad (*rom, sinti*), situación legal (*aplide, rifuggiato*) o laboral (*colf, badante*) que sobreentienden *straniero* como sustantivo, como el caso de*: residente, immigrato, sfollato, sbarcato, irregolare.*

Los términos asociados al lema *straniero* en construcciones nominales del *corpus* son diferentes, en dependencia de su colocación con valor adjetivo o sustantivo. Veamos una muestra de los valores de frecuencia en la siguiente tabla[13]:

| Valores de frecuencia Ladex-it. Corpus 1 *straniero (adjective)* (ladex.it.corpus1.txt freq = 1,263 (1,364.4 per million) | Valores de frecuencia Ladex-it. Corpus 1 *straniero (noun)* (ladex.it.corpus1.txt freq = 1,263 (1,364.4 per million) |
|---|---|
| cittadino 728/12.56<br>lavoratore 133/10.77<br>titolare 35/9.7<br>destinatario 19/8.81<br>studente 17/8.74<br>immigrato 16/8.03<br>alunno 15/8.64<br>provvedimento 14/7.65<br>legge 10/6.09<br>popolazione 9/7.72<br>paese 9/7.39<br>cittadina 7/7.5<br>vittima 7/7.49<br>detenuto 6/7.32<br>presenza 6/7.16<br>sentenza 6/6.99<br>immigrazione 6/6.43<br>donna 5/6.99<br>giudice 5/6.86<br>cittadinanza 5/6.76 | minore 89/12.37<br>immigrato 62/11.33<br>presente 29/8.53<br>extracomunitario 13/9.22<br>espulso 11/10.07<br>interessato 11/9.35<br>cittadino 9/9.76<br>residente 9/9.32 |

13 Los datos presentados se limitan al anotado del lema *straniero* en los *subcorpus* 1 y 3 (textos normativos e informativos) en italiano. It.*corpus* 1: 925.648 tokens / It.*corpus* 3: 1.919.541 tokens. Se ha utilizado para el recuento de datos la herramienta Sketch Engine.

| Valores de frecuencia Ladex-it. Corpus 3 *straniero (adjective)* (ladex.it.corpus3.txt freq = 1,390 (724.1 per million) | Valores de frecuencia Ladex-it. Corpus 3 *straniero (noun)* (ladex.it.corpus3.txt freq = 3,140 (1,635.8 per million) |
|---|---|
| cittadino 315/11.55<br>lavoratore 142/10.9<br>titolare 76/10.52<br>studente 45/10.04<br>utente 36/9.48<br>utenza 29/9.47<br>destinatario 29/9.46<br>alunno 16/8.75<br>allievo 16/8.74<br>lingua 26/8.42<br>vittima 13/8.02<br>genitore 11/7.97<br>persona 41/7.96<br>popolazione 12/7.83<br>espulso 7/7.59<br>immigrato 13/10.77<br>residente 9/10.26<br>extracomunitario 8/9.55<br>stagionale 3/8.43 | minore 357/12.78<br>espulso 38/10.5<br>extracomunitario 34/10.02<br>interessato 36/9.84<br>residente 25/9.73<br>immigrato 19/9.33 |

*Figura 5: lemas asociados a straniero en construcciones nominales. Ladex.It.*

Como se observa en los datos relevados de nuestro *corpus*, en los textos normativos los significados más frecuentes para construcciones donde el lema *straniero* tiene valor adjetivo son: *cittadino, lavoratore, titolare, destinatario, studente*; cuando *straniero* es sustantivo, son: *minore, immigrato, presente, extracomunitario, espulso*. Las connotaciones del primer grupo son neutras o positivas, ya que se ha cualificado al extranjero con un atributo relacionado con la ciudadanía, el mundo del trabajo, la titularidad de un derecho, etc. Sin embargo, en el segundo grupo, cuando el término extranjero se usa en ámbito estrictamente jurídico, según la definición antes mencionada (no perteneciente al territorio), las connotaciones son diferentes: desprotección, marginalidad social, fisicidad (*presenza nel territorio*), no pertenencia a la UE, ilegalidad. Connotaciones marcadamente negativas, utilizadas preferentemente en un conjunto de documentos con intención restrictiva, de decir, mediante los cuales el Estado italiano ejerce medidas de control.

En los textos informativos, según la tabla, los significados más frecuentes para el lema *straniero* con valor de adjetivo son parecidos: *cittadino, lavoratore, titolare, studente, utente* (*utenza*); aparecen significados relacionados con la educación y muy llamativamente con la idea de 'servicio', ya que el extranjero, a diferencia de los textos normativos, se podría considerar un cliente. Para construcciones con el lema *straniero* como sustantivo, en estos documentos encontramos: *minore, espulso, extracomunitario, interessato, residente, immigrato*. Con idénticas connotaciones negativas que en las colocaciones del grupo anterior, pero utilizadas principalmente en documentos de asistencia social, lo cual explica el uso de la palabra *residente*. Es decir, en general los textos informativos forman parte del grupo de documentos que hemos denominado 'inclusivos', cuya intención es amparar a las personas desfavorecidas y facilitar su integración en el territorio.

En el análisis terminológico y sintáctico realizado hasta el momento, hemos comprobado que los lemas asociados a *straniero* tienen pues una gran importancia para el estudio de la intención comunicativa de los textos, así como para detectar la presencia de fórmulas nominales fijas para designar la cualidad o *status* de las personas extranjeras.

En el conjunto de documentos donde *straniero* posee valor nominal, dichas fórmulas se ven complementadas con un mayor número de frases estereotipadas de carácter ritual, fórmulas conminatorias dirigidas al posible infractor o expresiones coercitivas: *la domanda sarà dichiarata inammisibile, il ricorso è fondato e deve essere accolto.*

La recurrencia de dichas estructuras establece un paradigma rígido para esta tipología textual, complementada por la repetición de elementos fijos e intercalados que sirven de corroboración. Estos elementos determinan para este conjunto de textos un mayor grado de formalidad y de opacidad.

## 3. Estructuras recurrentes y sus contextos

En los estudios sobre *corpus* lingüísticos, se ha prestado especial atención a las estructuras fijas, que no corresponden con una palabra, sino con unidades semánticas ampliadas (Stubbs, 2001; Sinclair, 2004); en las cuales es relevante la colocación, la coligación (co-presencia de palabras con las mismas categorías gramaticales), la preferencia semántica y la prosodia semántica o significado pragmático y funcional de la frase, donde se comprenden todos los niveles lingüísticos (morfo-sintáctico, léxico y pragmático). En la definición de Sinclair: "The semantic prosodies express attitudinal and pragmatic meaning: they are the junction of form and function. The reason why we choose to express ourselves in one way rather than another is code in the prosody, which is an obligatory component of the lexical item" (2004: 174).

Por otra parte, en los estudios sobre léxico jurídico administrativo muchos autores se han referido a las parejas de sinónimos, como ha estudiado (Saraleghi & Pérez-Salazar, 1992: 112–133). Estas combinaciones responden a un rasgo estilístico frecuente en este lenguaje tendente a acumular términos de igual significado debido a un afán de exactitud y conservadurismo, como por ejemplo: *solo ed esclusivamente nei casi espressamente previsti dalla legge, dichiara e autocertifica, dichiarazioni non veritiere e falsità*. Pero, a menudo los términos agrupados en estas fórmulas rituales no son sinónimos totales, en ocasiones uno de los términos es polisémico en la lengua común, y el otro un tecnicismo jurídico más especializado semánticamente, como: *ritenuto e considerato in fatto e diritto*. Junto a estas parejas de colocación fija, se observan en nuestros documentos unidades semánticas que agrupan significados encontrados, como: *minori stranieri non accompagnati, lavoratori domestici extracomunitari, soggiornanti di lungo periodo.*

La naturaleza híbrida del discurso jurídico administrativo determina que la terminología –como ya se ha visto– sea uno de los aspectos más problemáticos del análisis. En efecto, los tecnicismos acuñados en los documentos de extranjería pertenecen generalmente al segundo grupo antes mencionado: se trata de semi-tecnismos vinculados a la lengua común. Ciertamente las connotaciones negativas que hemos señalado antes podrían mejorar si al concepto de *straniero* se le añaden significados neutros, que confieran cualidades igualitarias a este grupo de personas. Una de las estructuras, o unidades semánticas, más recurrentes e interesantes del *corpus* LADEX italiano es la expresión: *Cittadini stranieri extracomunitari*, donde se puede estudiar de forma crítica la cuestión de la intencionalidad del discurso y sus implicaciones socioculturales.

Este sintagma se compone de tres términos típicos del lenguaje jurídico administrativo italiano. La palabra *cittadino*, que como hemos mencionado se encuentra en la definición legal de *straniero*, se define así: "Chi appartiene a uno Stato (cioè a una comunità politica, a una nazione), e per tale sua condizione è soggetto a particolari doveri e gode di determinati diritti." (Treccani, 2015). Es una palabra muy prestigiosa, pero en el caso de la tipología textual que nos ocupa se ha convertido en palabra corriente, por el abuso que se hace de ella, no sólo en la redacción de leyes, sino también en los comunicados y textos divulgativos. Este fenómeno ha provocado en los últimos veinte años un cambio progresivo del concepto de ciudadanía y nacionalidad, que en esta sede no podemos desarrollar (Merloni, 2006); solamente se advierte que ambos significados están estrechamente ligados a la imagen de la Administración pública en los Estados modernos. El propio concepto de Estado se ha visto afectado por dicha transformación semántica.

*Extracomunitario*, en la acepción de sustantivo significa: "Coloro che emigrano da paesi economicamente disagiati (spec. da regioni dell'Africa e dell'Asia) negli stati dell'Unione Europea in cerca di lavoro e di migliori condizioni di vita" (Treccani, 2015). Nótese que el prefijo *extra-* en este sintagma se usa con su segunda acepción, que es negativa: *extra-* "*posizione fuori di un dato ambito* (*extracomunitario*)". El término *extracomunitario* surgió en 1980; en italiano standard es sinónimo de *straniero immigrante*, para la Administración corresponde al perfil de extranjero en tránsito, como se observa en el siguiente contexto: "Ulteriori disposizioni urgenti dirette a proseguire le attività di contrasto e di gestione dell'afflusso di *extracomunitari* presso i centri di identificazione ed espulsione nei comuni di Santa Maria Capua Vetere e di Palazzo San Gervasio". (Tipo di documento: *Ordinanza del Presidente del Consiglio dei Ministri 23 gennaio 2012*, Presidenza del Consiglio dei Ministri[14]. Por el contrario el adjetivo *comunitario* añade un plus a la ciudadanía nacional y se utiliza para designar a una clase de extranjeros que goza de los mismos derechos que los nacionales.

El contraste entre los significados *cittadino/extracomunitario*, confiere a esta clase de extranjeros un *status* peyorativo, pero acordado en la Administración pública como políticamente correcto. Se trata de un tecnicismo ambiguo empleado en todas las instituciones italianas, desde las oficinas de los ayuntamientos a las comisarías o los departamentos del Ministerio degli Interni, para discriminar a un conjunto de extranjeros que

14 Governo italiano. Presidenza del Consiglio dei Ministri: <http://www.governo.it/> [01/04/2015].

se rige por una normativa distinta a los países de la Unión Europea; dicha normativa ha sido desarrollada especialmente en el ámbito del Derecho laboral y los servicios sociales.

El término *extracomunitario* se ha difundido también como sustantivo en el italiano standard[15]; forman parte de su significado todas las figuras de *straniero* cuya definición no se encuentra claramente regulada en la legislación italiana, como son: *immigrato, rifugiato, profugo, apolide, irregolare, clandestino*. Las connotaciones negativas de esta designación han obligado a los funcionarios italianos a buscar una fórmula alternativa o eufemística para redactar los documentos oficiales de la UE; a finales de los años 90, del debate para la normalización lingüística ya expuesto, surgió la expresión: *cittadino non appartenente all'Unione Europea*. En España se usa una semejante: *ciudadano extranjero no comunitario*. Sucesivamente, en la primera década del siglo XX, se acuñó el sintagma *cittadini stranieri di paesi terzi*, en la cual se ha eliminado la conjunción negativa, pero donde *paesi terzi* es asociado al tercer mundo.

El proceso de sustitución de una estructura por otra-s muestra que la fórmula *cittadino straniero extracomunitario*, fue confeccionada por la Administración para neutralizar los aspectos menos agradables coligados a los extranjeros venidos de los denominados terceros países, evitando así nombrar explícitamente las regiones de procedencia de extranjeros más pobres que nosotros. No obstante, la fórmula concebida en los 80 del siglo XX, se presenta hoy como retórica y segregacionista, aunque la sustituta (*cittadino non appartenente all'Unione Europea*) parece igualmente hueca e ideológicamente politizada.

## 4. Conclusión

En la recopilación de documentos en italiano se ha puesto de manifiesto la complejidad del lenguaje jurídico administrativo, debido a la estrecha relación entre las directrices políticas cambiantes según los gobiernos y la

15 Según el diccionario de *Il Corriere*: "extracomunitario per estens. è chi proviene da fuori Europa; in partic., in modo improprio, ma diffuso, straniero proveniente da paesi poveri che emigra e vive, il più delle volte clandestinamente, in paesi occidentali." *Il corriere*. 2015. <http://dizionari.corriere.it/dizionario_italiano//> [16/10/2015].

labor continuadora de la administración, constituida como brazo de control y regulación de los poderes ejecutivos del Estado. Paralelamente a otros países europeos (como España), la tendencia tradicionalista y críptica del lenguaje burocrático italiano se ha puesto en tela de juicio a partir de la última década del siglo XX, con el fin de modernizar la imagen de las Administraciones Públicas hacia una concepción corporativa al servicio al usuario. En particular, el ámbito de extranjería (debido a las lagunas del marco legal del Decreto 1998 y a la emergencia social provocada por la avalancha de inmigrantes) se ha convertido en un banco de pruebas para las iniciativas de simplificación y modernización de las instituciones públicas italianas. Sin embargo, las distintas autoridades territoriales (locales, regionales y nacionales) se han visto obligadas a redactar leyes y disposiciones tanto para controlar el desbordamiento de las fronteras, como para acoger a los extranjeros por razones humanitarias. Los contrastes entre ambas intencionalidades ideológicas pueden verse representados en el conjunto de textos digitalizado en este proyecto de investigación.

A efectos traductológicos un *corpus* multilingüe de documentos especializados, como LADEX, facilita en gran medida la tarea del traductor en las etapas de caracterización y categorización textual. En efecto, la forma de resolver una traducción jurídico-administrativa en parte depende de la relación entre el documento y un género textual con el cual el traductor debe estar familiarizado, pero además requiere de un complejo proceso de caracterización (Jachia Feliciani, 2006: 189). Como hemos expuesto, durante la fase de compilación del *corpus*, se han establecido correspondencias ínter lingüísticas entre las cinco grandes categorías del género de documentos administrativos de extranjería y, a su vez, dentro de éstas, se ha especificado un abanico diversificado de subgéneros que pretenden abarcar la práctica totalidad de las tipologías textuales de este ámbito.

El conjunto de documentos del *corpus*, una vez recopilado de esta forma, consiente que el traductor, identifique el género desde el punto de vista macrotextual, y pueda a continuación observar la dimensión pragmática del texto, asimilando los modelos textuales y analizándolos desde el punto de vista microtextual. Dentro de esta perspectiva, nuestro *corpus* ofrece información relevante para estudiar la situación comunicativa, identificando emisor, receptor, mensaje o tema tratado y vínculos o relación entre los interlocutores.

Los datos del *corpus* LADEX anotados hasta el momento revelan que las representaciones del término *straniero* por parte de la Administración del Estado Italiano inciden en el concepto del mismo para el conjunto de la sociedad italiana. La prensa y los medios de comunicación han naturalizado las expresiones semi-técnicas adoptadas por las instituciones, en consecuencia algunas construcciones consideradas políticamente correctas se perciben como vacías, mientras que aquellas no filtradas ideológicamente son percibidas como discriminatorias. Así se distinguen connotaciones preferentemente neutras cuando el lema *straniero* se utiliza como adjetivo; mientras que dominan las connotaciones negativas cuando se utiliza como sustantivo, es decir, cuando se predica del sujeto un *status* o sus cualidades.

El genero lingüístico analizado, pese a la deficiente definición jurídica de *straniero*, ha determinado el desarrollo de una nomenclatura relacionada, que con frecuencia omite a éste como sustantivo: (*straniero*) + *extracomunitario, immigrato, temporaneo, espulso, irregolari, sfollati, sbarcati, colf, badante, rifugiato, apolide*; además de remarcar etnias o nacionalidades (*rom, sinti, nordafricani*); y crear adyacentes específicos mediante estructuras recurrentes o unidades semánticas, como: *soggiornanti di lungo periodo, minori non accompagnati, presenti nel territorio, lavoratori domestici extracomunitari*, etc.

Desde el punto de vista administrativo, la compleja representación de la condición de extranjero se corresponde con el desarrollo de normas restrictivas, derivadas de *Trattamenti speciali,* según los cuales se prevén medidas en cada sector de derechos y/o deberes, diferentes a los previstos en dicho sector para los ciudadanos del Estado. Según derecho, el principio de igualdad se refiere a todos los extranjeros que se encuentran en Italia, independientemente de poseer permiso de residencia. En la práctica para la realización de sus derechos, los extranjeros se encuentran con una gran cantidad de obstáculos administrativos (así como lingüísticos), que se reflejan en la definición cultural del término *straniero* para la sociedad italiana actual.

En la agrupación semántica *cittadino straniero non comunitario*, se observa la creciente correspondencia de *straniero* con alguien en inferioridad de derechos. El binomio *straniero/non cittadino* está transformando el significado mismo de *cittadinanza*, ésta parece despojarse progresivamente de su histórica relación con la nacionalidad; de esta forma en Italia se generaliza la idea de que un extranjero pueda ser autónomo de cualquier estatalidad y por tanto, también podría entrar en crisis el concepto de igualdad.

En definitiva el estudio de las construcciones nominales relacionadas con extranjeros, así como las unidades semánticas y estructuras fraseológicas recurrentes del presente *corpus,* aporta datos muy valiosos para determinar la imagen de los mismos frente a las Administraciones Públicas, estrechamente ligadas a las ideologías dominantes. El etiquetado y comentario de una recopilación de documentos reales de estas características ofrece una perspectiva privilegiada para interpretar la intencionalidad de los discursos y comprender su trascendencia sociocultural. Todo ello revierte en el campo de la traducción y muy especialmente en el de la mediación lingüística, ámbito donde tendrá cada vez mayor aplicación, debido a la necesidad de expertos profesionales en materia de inmigración.

## Bibliografía

ALCARAZ VARÓ, Enrique & Brian HUGHES. 2002. *Español Jurídico.* Barcelona: Ariel.

BAKER, Paul *et al.* 2008. "A useful methodological synergy? Combining critical discourse analysis and corpus linguistics to examine discourses of refugees and asylum seekers in the UK press" in *Discourse & Society*, nº19, 273–306.

BALBONI, Paolo Ernesto. 2000. *Le microlingue scientifico-professionali.* Torino: Utet.

BASILE, Grazia. 1991. "Storia e caratteristiche dell'italiano burocratico" in *Novecento*, nº1, 23–40.

BERRUTO, Gaetano. 1987. *Sociolinguistica dell'italiano contemporaneo.* Roma: La Nuova Italia Scientifica.

CABRÉ, María Teresa. 1999. *La terminología. Representación y comunicación. Una teoría de base comunicativa y otros artículos*. Barcelona: Universitat Pompeu Fabra.

CALVO RAMOS, Luciana. 1980. *Introducción al estudio del lenguaje administrativo*. Madrid: Gredos.

CAVAGNOLI, Stefania & Elena IORATTI FERRARI (eds.). 2009. *Tradurre il diritto. Nozioni di diritto e di linguistica giuridica*. Padova: Cedam.

Cortelazzo, Michele A. & Federica Pellegrino. 2003. *Guida alla scrittura istituzionale*. Roma-Bari: Laterza.

Il Corriere. 2015. <http://dizionari.corriere.it/dizionario_italiano//> [16/10/2015].

De Miguel, Elena. 2000. "El texto jurídico-administrativo. Análisis de una orden ministerial" in *Círculo de Lingüística Aplicada la Comunicación (CLAC),* nº4, 6–31.

Dipartimento della funzione pubblica. 1993. *Codice di stile delle comunicazioni scritte ad uso delle pubbliche amministrazioni*. Roma: Istituto Poligrafico e Zecca dello Stato.

Duarte, Carles & Anna Martínez. [1995] 2000. Il linguaggio giuridico. Cagliari: Condaghes, 2º e.

Enciclopedia del italiano treccani. 2015. <http://www.treccani.it//> [16/10/2015].

Etxebarría, Maitena. 1997. "El lenguaje jurídico y administrativo. Propuestas para su modernización y normalización" in *Revista Española de Lingüística*, v. 27, nº 2, 341–380.

Eurostat. 2015. Europa: EC. <http://ec.europa.eu/eurostat/statisticsexplained/index.php/Acquisition_of_citizenship_statistic> [16/10/2015].

Fairclough, Norman & Wodak, Ruth. 1997. "Critical Discourse Analysis" in T.A. van Dijk (ed.) *Discourse as Social Interaction*. London: SAGE, 258–84.

Fernández Vitores, David. 2013. "El papel de la lengua en la configuración de la migración europea: tendencias y desencuentros" in *Lengua y migración*, nº5, 51–66.

Fiorelli, Piero. 1994. "La lingua del diritto e dell'amministrazione", L. Serianni & P. Trifone (eds.). *Storia della lingua italiana, II: Scritto e parlato*. Torino: Einaudi, 553–597.

Fioritto, Alfredo (e.). 1997. *Manuale di stile. Strumenti per semplificare il linguaggio delle amministrazioni pubbliche*. Bologna: Il Mulino.

Fortis, Daniele. 2005. "Il linguaggio amministrativo italiano" in *Revista de Llengua i Dret*, nº43, 47–116.

Franceschini, Fabrizio & Sara Gigli (eds.). 2003. *Manuale di scrittura amministrativa*. Roma: Agenzia delle Entrate.

Garside, Roger & Tone Mcenery. 1997. *Corpus Annotation: Linguistic Information from Computer Text Corpora*. London: Routledge.

Grandi, Roberto. 2001. *La comunicazione pubblica. Teorie, casi, profili normativi*. Roma: Carocci.

Gotti, Mauricio. 1991. *I linguaggi specialistici*. Firenze: La Nuova Italia.

Hurtado Albir, Amparo. 1999. *Enseñar a traducir*. Madrid: Edelsa.

Istituto Nazionale di Statistica (ISTAT). 2015. Italia: <http://www.istat.it> [16/10/2015].

Jachia Feliciani, Ada. 2006. "Español del derecho y lenguajes especializados en la traducción de los documentos jurídicos" in M.V. Calvi & L. Chierichetti (eds.), *Nuevas tendencias en el discurso de especialidad*. Bern: Peter Lang.

Mancini, Paolo. 1999. *Manuale di comunicazione pubblica*. Roma-Bari: Laterza.

Merloni, Francesco. 2006. *Dirigenza pubblica e amministrazione imparziale*. Bologna: Il Mulino.

Ministero degli interni. Italia. 2015. <http://www.interno.it/mininterno/export/sites/default/it/sezioni/servizi/legislazione/immigrazione/> [16/10/2015].

Ministerio para las administraciones públicas [1990] 1991. *Manual de Estilo del Lenguaje Administrativo*. Madrid: Ministerio para las Administraciones Públicas, 2 ed.

— 2003. *Manual de documentos administrativos*. Madrid: Tecnos.

Mortara Garavelli, Bice. 1997. *Manuale di retorica*. Milano: Bompiani.

— 2001. *Le parole e la giustizia*. Torino: Einaudi. ocse (1987). *L'administration au service du public*. Paris: ocse.

Náñez, Emilio. 1998. "Consideraciones sobre el lenguaje administrativo" in *Carabela*, nº 44, 138–143.

Proyecto de investigación Lenguaje de la administración pública en el ámbito de la extranjería: estudio multilingüe e implicaciones culturales. 2015. España: UMU. <http://www.um.es/ladex/> [16/10/2015].

Raso, Tommaso. 1999–2000. "Origini e strategia dell'informazione in alcune testualità burocratiche" in *Studi linguistici italiani*, nº 25, 234–266 y nº 26, 97–129.

— 2002. "Il linguaggio burocratico" in F. Bruni & T. Raso (eds.). *Manuale dell'italiano professionale*. Bologna: Zanichelli, 249–276.

Rete per l'eccelenza dell'italiano istituzionale. 2015. <http://ec.europa.eu/translation/italian/rei/index_it.htm/> [16/10/2015].

ROVERE, Giovanni. 2005. *Capitoli di linguistica giuridica. Ricerche su corpora elettronici*. Alessandria: Edizioni dell'Orso.

SABATINI, Francesco. 1990. "Analisi del linguaggio giuridico. Il testo normativo in una tipologia generale dei testi" in M. D'ANTONIO (ed.). *Corso di studi superiori legislativi 1988–1989*. Padova: Cedam, 675–724.

SARALEGHI, Carmen & Carmela PÉREZ-SALAZAR. 1992. "Coordinación de sinónimos en textos jurídicos" in *Rilce*, nº 8, 112–133.

SINCLAIR, John. 2004. *Trust the Text: Language, Corpus and Discourse*. London: Routledge.

STUBBS, Michael. 2001. *Words and Phrases: Corpus Studies of Lexical Semantics*. Oxford: Blackwell.

VAN DIJK, Teun A. 2005. "Critical Discourse Analysis" in D. SCHIFFRIN, D. TANNEN & H. E. HAMILTON (eds.). *The Handbook of Discourse Analysis*. Massachusetts, USA: Blackwell Publishers Ltd, Malden. Doi: 10.1002/9780470753460.ch19.

VILCHES VIVANCOS, Fernando & Ramón SARMIENTO GONZÁLEZ. 2010. Manual de lenguaje jurídico-administrativo. Madrid: Dykinson.

V.V.A.A. legge immigrazione. 2015. <http://www.ristretti.it/areestudio/stranieri/leggi/legge.htm> [16/10/2015].

# Capítulo XI

# Representación del extranjero en los documentos emitidos por la Administración Pública francesa: fijación lingüística e imaginario social

## *Foreign language representation in the published documents from the French public administration: linguistic fixedness and social imaginary*

Mercedes Eurrutia Cavero
Universidad de Murcia
mercedes.eurrutia@um.es

*Resumen*
El mundo actual en curso de globalización, caracterizado por su movilidad y sus intercambios frecuentes, ve acelerar y multiplicar los espacios de encuentro cuya fuerza transformadora no tarda en manifestarse en la terminología y la fraseología que, a su vez, están interconectadas con los dominios jurídico, social, político, económico y educativo. Una dinámica híbrida se instala en la comunidad de migrantes constituyendo una categoría amplia de profesionales, obreros u otros, en situación legal que conviven con inmigrantes clandestinos, refugiados, solicitantes de asilo, etc. Este sector creciente de la población mundial se ve obligado a traducirse, cada día, a partir de espacios híbridos dejando marcas implícitas en los usos lingüísticos. En este contexto, las cuestiones se multiplican sobre el modo de articular este espacio híbrido a través de un lenguaje que se transcribe en términos de similitud y especialmente, en período de crisis, de diferencias.

Apoyándonos en el estudio contrastivo de un corpus de documentos auténticos emitidos por la Administración Pública francesa correspondientes a dos tipologías discursivas, la formada por los textos normativos e informativos referidos al dominio de la inmigración, daremos cuenta de los rasgos lingüísticos que las caracterizan así como de los contextos extralingüísticos propios de cada una de ellas.

El análisis cuantitativo y cualitativo del fenómeno colocacional y cotextual basado en el estudio de la frecuencia léxica y el uso discursivo de una selección de lemas especialmente representativos del citado ámbito, nos permitirá delimitar el entramado semántico entretejido por los términos clave que definen su especificidad, incidiendo en las posibles implicaciones socioculturales léxicas o fraseológicas, según la tipología textual abordada.

En este capítulo mostraremos, en definitiva, cómo, a pesar de la pretendida objetividad del lenguaje jurídico y administrativo, el recurso sistemático a estereotipos, a determinadas figuras de estilo o el uso, en exceso, de ciertas estructuras lingüísticas guía al lector creando una especie de pensamiento único.

*Palabras clave:* inmigración, lenguaje jurídico-administrativo, implicaciones socioculturales, enfoque léxico y fraseológico.

*Abstract*
At the present time in which globalization takes place, characterised by its mobility and frequent exchanges, spaces of encounter are increasing in speed and amount, whose transforming force is soon manifest in the terminology and language, which at the same time are connected with the administrative-juridical, social, political, economic and educative fields. A hybrid dynamic is set in the migrant community creating a big category of professionals,

contractual workers but refugees, clandestine immigrants, asylum seekers. This growing sector in terms of global population is forced to be derived into day by day using of hybrid spaces causing implicit marks in the linguistic uses. In this context, questions related to the way of articulation of this hybrid spaces, using a language which is defined, in terms of similarity and specially, in a period in crisis and differences, is multiplied.

Based on the contrastive analysis from a corpus with original documents published by the French public administration, related to two discursive typologies, constituted by the normative and informative texts referred to the immigrant field, we would explain its linguistic features and the extralinguistic contexts derived from them.

The quantitative and qualitative analysis of the collocational and contextual phenomenos, based on the study of the lexical frequency and the discursive use from a selection of items, specially representative from this field, it will be able to determine the semantic field using the keyterms which define its specifity, focusing on the possible sociocultural and lexical or phraseological implications, related to the textual typology employed.

The research work will show how, besides the pretended objectivity derived from the administrative language, the systematic stereotipical resources, to determined rethorical features; the abusive use of certain linguistic elements lead the reader creating a kind of unique belief or thought.

*Keywords:* immigration, administrative language, sociocultural implications, lexical and phraseological focus.

## 1. Introducción

El fenómeno de la migración constituye para la sociedad actual uno de los grandes retos político, económico, cultural, del que la lengua, instrumento indispensable de comunicación, es testigo vivo pues como decía L. Guilbert "L'histoire de la langue rejoint celle de la société" (1975: 34). Las migraciones han transformado nuestra sociedad y en particular, el espacio europeo, donde la libre movilidad de la población de los países miembros de la Unión Europea y el auspiciable respeto por los derechos humanos de las personas que buscan asilo dentro de sus confines, convive con la inquietud por la seguridad y con la necesidad práctica de poner límites a las fronteras externas. Ambos aspectos, contrapuestos, se han convertido, en las últimas décadas, en el centro de los esfuerzos político-administrativos de la UE. Así pues, dentro del lenguaje jurídico, el lenguaje administrativo más que ningún otro se ha visto obligado a mantener un difícil equilibrio entre dicha duplicidad de intenciones: por un lado, las administraciones emiten textos que reflejan un gran esfuerzo integrador, a fin de garantizar los derechos de los inmigrantes; por otro, dichos escritos denotan la preocupación de los gobiernos de los distintos Estados por limitar y restringir la inmigración, con la consecuente estratificación de derechos civiles (Haddad, 2003; Morris, 2001), además de esconder posibles incoherencias ideológicas como muestra la terminología y fraseología que vamos a analizar.

En este contexto, el estudio de los procedimientos neológicos como manifestación de una dinámica evolutiva constituye un ámbito privilegiado para explorar el funcionamiento semántico de las nuevas unidades léxicas especialmente representadas en el dominio de la inmigración por nombres abstractos cuyo uso, a menudo figurado según la tipología discursiva en la que se actualizan, adquiere un valor metafórico fiel reflejo de la situación sociocultural actual.

El objetivo del presente capítulo es mostrar cómo, como consecuencia de la evolución del contexto social, histórico, político y económico, asistimos en la actualidad a la asociación de nuevos sentidos a términos indispensables en este sector. Analizaremos pues los valores semánticos que determinados términos, especialmente representativos, adquieren en este dominio en el que los intercambios interculturales e interlingüísticos constituyen un fenómeno de hibridación cultural del significado lingüístico.

Partiendo de la oposición tradicional formada por la dicotomía neología formal *versus* neología semántica (Dubois & *al.*, 1994: 322), reactualizada por J. Rey-Debove (1988: 144), mostraremos, a través del análisis de determinados ejemplos, cómo la neología no necesariamente surge de la producción de un nuevo significante sino que puede proceder de cambios semánticos progresivos basados en una selección de semas previamente actualizados y manifestarse, de modo eventual, a través de conversiones, de cambio de estatus (entre unidad léxica y gramatical o recíprocamente) o de categoría (nombre propio que se convierte en nombre común); de modificaciones de clase gramatical (adjetivo que se convierte en nombre) o de categoría semántica (nombre abstracto se transforma en concreto, de animado a inanimado, etc.); en definitiva, a través de modificaciones que ponen de relieve la evolución del sistema lingüístico, un sistema "vivo" en el espíritu de los locutores, en constante transformación por el uso cotidiano. Hecho que entra en contradicción con aquellos que lo consideran como una simple abstracción del lingüista.

En el lenguaje jurídico y administrativo específico del ámbito de la extranjería constatamos cómo los nombres abstractos empleados en referencia al fenómeno migratorio, además de ocupar un lugar prioritario, condensan información que, a menudo puede expresarse mediante unidades fraseológicas más amplias, lo cual demuestra una vez más cómo el léxico y la sintaxis pueden estar estrechamente vinculados desde un enfoque semántico. En cuanto una nueva forma pasa a integrarse en el léxico de una determinada lengua, su sentido evoluciona y se desvincula de su "prescripción" morfológica originaria; este distanciamiento es especialmente relevante cuando la unidad producida se inscribe en un proceso denominativo.

En los documentos que conforman los diferentes córpora seleccionados para el presente capítulo, el corpus normativo y el corpus informativo, ambos constituidos por documentos auténticos emitidos por la Administración Pública francesa, el término *étranger* aparece como núcleo de un campo semántico que, a menudo, induce a equívoco. El uso de este término se ve con frecuencia distorsionado ante la ignorancia de ciertos matices semánticos por parte de los usuarios que restringen o amplían su significado, asociándolo a otros términos completamente distanciados de éste tanto desde el punto de vista lingüístico como desde la perspectiva de la legalidad.

| | | |
|---|---|---|
| *immigré* | *apatride* | *ressortissant* |
| *débouté* | *demandeur d'asile* | *sans documents* |
| *immigrant* | *sans-patrie* | *émigré* |
| *sans-identité* | *ÉTRANGER* | *perdu* |
| *clandestin* | *expatrié* | *sans-papier* |
| *sans-voix* | *dans l'ombre* | *invisible* |
| *illégal* | *migrant* | *réfugié* |

Si consideramos que la comprensión léxica y fraseológica debe constituir una aproximación indispensable al ámbito de la inmigración, es preciso delimitar el sentido de algunos de estos términos, ricos en connotaciones implícitas. Así, los términos *étranger(s)* e *immigré(s)* se emplean en la actualidad indistintamente. Sin embargo, el primero remite, desde el punto de vista jurídico, a una nacionalidad diferente a la nacionalidad francesa:

> ÉTRANGER: 1. Relativement à un pays, toute personne qui n'a pas la nationalité de ce pays. Ant. National (Cornu, 2014: 371).

Code de l'entrée et du séjour des étrangers et du droit d'asile:

> Sont considérées comme étrangers les personnes qui n'ont pas de nationalité française, soit qu'elles aient une nationalité étrangère, soit qu'elles n'aient pas de nationalité (article L. 111-I).

El concepto de *étranger* evocado por esta segunda definición es bastante más amplio ya que incluye además de la noción de national la de *apatride*[1].

No obstante, el segundo término, *inmigré* insiste en el fenómeno migratorio sin hacer referencia alguna a la nacionalidad. La noción expresada por el término *étranger* no recubre la noción de *immigré* ya que se puede ser *étranger* sin haber migrado nunca como ocurre en el caso de personas que han nacido en un país en el que viven aún sin haber adquirido nunca la nacionalidad. Del mismo modo, se puede ser *immigré* pero no *étranger* en el caso de personas que nacen siendo extranjeras en un determinado país, se instalan en él y adquieren la nacionalidad.

La politización de la pertenencia es evidente así como la creciente importancia atribuida al modo de adquisición de la nacionalidad francesa y a la categoría jurídica de *étranger*[2].

Numerosos ejemplos, similares a estos, se suceden en los diferentes córpora recopilados confirmando la existencia, tanto bajo la presión del contexto histórico, sociopolítico y económico como del entorno lingüístico y fraseológico, de una dinámica semántica similar a la que opera a nivel morfológico en la medida en la que se produce una selección de elementos existentes (semas connotativos en el caso de la neología semántica; morfemas, en el caso de la neología formal) y reempleo parcial de los mismos lo cual da lugar a nuevas combinaciones. Accedemos pues al sentido de una unidad léxica gracias a sus actualizaciones en diferentes

1 APATRIDE : adj. Inv. sans patrie, sans nationalité reconnue 2. n. inv. personne sans patrie, sans nationalité reconnue (Cornu, 2014: 67).

2 El extranjero "moderno" aparece antes que el *inmigré*. Con la Revolución francesa, los sujetos se convierten en ciudadanos, y poseen en común la soberanía nacional, en otra época bajo el poder real. La "nación" adquiere identidad política y acoge con gusto a los extranjeros que comparten sus aspiraciones de libertad. Sin embargo, desde que la patria se siente amenazada, el extranjero se convierte en enemigo potencial, objetivo primordial de toda normativa represiva. Entra en juego una tradición y un nacionalismo que se nutren de la xenofobia. Surge así la imagen del *étranger*, rechazado por su condición de "no pertenecer a la nación" y, por consiguiente, por representar una amenaza potencial contra ella. Tras casi un siglo se estabilizaron los marcos jurídicos que definen la condición de ciudadano francés (Blanc-Chaléard, 2001: 6). (Traducción propia).

contextos y al estudio de su distribución en la frase. Por eso consideramos esencial el estudio del léxico y de la fraseología en su contexto.

Partiendo de la idea según la cual todo término es necesariamente una palabra, una unidad léxica y cualquier palabra puede acceder al estatus de término en el interior de un ámbito referencial estrictamente delimitado, en función de criterios extralingüísticos de tipo nocional, nos proponemos poner de manifiesto la organización léxico-denominativa en el ámbito de la inmigración.

Nuestro objetivo es pues, a partir de las relaciones semánticas que estructuran el microsistema léxico que permite expresar el fenómeno migratorio, redefinir las grandes leyes que rigen la estructuración del sistema léxico en su conjunto. Así pues, daremos cuenta de las manifestaciones semánticas complejas inducidas en particular por la polisemia, "phénomène typique de la langue naturelle" (Polguère, 2003: 125).

El análisis de los neologismos semánticos basados en procesos de restricción y extensión semánticas, metáforas y metonimias tal y como se manifiestan en la terminología de la inmigración, mostrará la importancia, en este dominio, de estas cuatro operaciones que, desde los inicios de la semántica léxica, de modo reiterado, permiten calificar los cambios semánticos.

Finalmente, el análisis cotextual y contextual, léxico y discursivo de ciertos nombres abstractos insertos en los textos que forman parte del corpus normativo y del corpus informativo, objeto del presente capítulo, pondrá de relieve la importancia de las metáforas conceptuales, ricas en connotaciones socioculturales implícitas.

## 2. Metodología basada en corpus lingüísticos

La metodología aplicada para poder llevar a cabo el presente estudio se ha basado en la lingüística de corpus. Para ello se han determinado las siguientes etapas:

1. Delimitación y recopilación de corpus textuales de documentos destinados a extranjeros, emitidos por el Ministerio del interior, la Administración pública francesa, entre 2007 y 2013 para ciudadanos

comunitarios y extracomunitarios. Estos documentos de extranjería que conforman la burocracia a la que se enfrenta obligatoriamente todo inmigrante que desea regularizar su situación han sido clasificados atendiendo a diferentes parámetros:

- Situación personal y familiar del solicitante (país de origen, nacionalidad, edad, sexo, estado civil, etc.).
- Organismo emisor.
- Organismo receptor.
- Finalidad perseguida (autorización de residencia temporal, permanente o por reagrupación familiar, estancia de menores, prórroga de estancia, permiso de trabajo, asistencia sanitaria, etc.).
- Naturaleza del documento (certificado, informe gubernativo, declaración jurada o prometida, etc.).
- Procedimiento de legalización requerido según el caso.
- Problemas documentales que interfieren el desarrollo eficiente de dichos procedimientos (planteados por las instituciones de acogida o por el gobierno de su propio país). En dicho caso se han considerado eventuales documentos alternativos susceptibles de paliar determinadas situaciones conflictivas y/o en su caso, la posible interposición de recursos.

2. Identificación del corpus de investigación: tipología de textos, tamaño y período de alcance. Para ello hemos consultado obras especializadas en el campo, publicadas dentro del marco legal español, entre otras la de Calvo Ramos (1980), MAE (1990), Aguirre & Hernando de Larramendi (1997), Álvarez (1997), Borja Albí (1998) y Alcaraz Varó & Hughes (2009).
   La mayoría de estos autores concluye que el lenguaje administrativo está compuesto por documentos resolutivos, documentos de instrucción, tanto de instancia interna como de constancia externa, documentos de comunicación y escritos de la administración. Cada una de estas categorías incluye textos de diferente naturaleza que, además, en nuestro caso, pueden variar al afrontar el análisis del lenguaje administrativo en dos culturas legales diferentes, a saber, la española, la francesa, lo que añade una variable de análisis al presente trabajo de investigación:
3. Clasificación taxonómica de las diferentes tipologías discursivas (*Cf.* Capítulo II).

4. Análisis taxonómico de los diferentes corpora, primero en su singularidad y posteriormente desde un enfoque comparativo.
5. Digitalización de los textos mediante el uso de las herramientas electrónicas (*FreeLing* y *TreeTager* que permiten consultas morfológicas).
6. Operacionalización, anotado y análisis de los constructos huella cultural/ideológica y caracterización del inmigrante tanto a nivel lingüístico como discursivo textual.

## 3. Representación del extranjero en los córpora normativo e informativo: análisis léxico y fraseológico

La ingente cantidad de documentos auténticos recopilados y su diversidad, nos ha llevado por cuestiones prácticas, a centrarnos en las tipologías textuales ya citadas por considerarlas de gran riqueza a la hora de explotar valores implícitos socioculturales implícitos en el léxico además de ser las más representativas para el estudio que proponemos.

Teniendo en cuenta los datos obtenidos en estas diferentes etapas de la metodología aplicada y tras el proceso de anotación de datos, hemos procedido en primer lugar a un *estudio cuantitativo* de unidades léxicas previamente seleccionadas para posteriormente, realizar el *estudio cualitativo* de las mismas, basándonos en el análisis de rasgos lingüísticos microtextuales (categorías gramaticales, uso de palabras genéricas, eufemismos, tabúes, anfibologías, etc.) de las dos tipologías seleccionadas. Para ello hemos centrado nuestro análisis en la metáfora de la *inmigración clandestina* por su relevancia en la sociedad actual.

Desde una valoración general cuantitativa se advierte que los documentos informativos han sido los más abundantes (4.771.381 *tokens*), junto a los normativos (2.050.943 *tokens*), cuya complejidad y profusión denota la necesidad de hacer frente a frecuentes avalanchas de inmigrantes ilegales en el territorio francés así como la necesidad de reforzar las fronteras para limitar la entrada de flujos de ciudadanos extracomunitarios. Esto es debido en parte a que, en la recopilación de los documentos informativos emitidos por la Administración Pública francesa en el ámbito de la extranjería, se ha considerado conveniente incluir documentos publicados por asociaciones y fundaciones sin ánimo de lucro, las cuales con frecuencia realizan informes y elaboran expedientes en colaboración con instituciones de diferentes países como Italia, España o el Reino Unido, de gran repercusión en el debate social actual y por consiguiente, en la regulación normativa local e incluso nacional.

Tanto en el corpus normativo como en el corpus informativo se han incluido los documentos emitidos por la Administración Pública francesa destinados a los franceses de la metrópoli así como los destinados a los residentes en los DROM (Departamentos y regiones de ultramar) y en las COM (Colectividades de ultramar).

Con respecto a los textos normativos cabe destacar las dificultades planteadas, en el momento de la clasificación taxonómica de dichos documentos, por la disparidad de sistemas políticos (sistema monárquico en España; republicano en Francia) desde la perspectiva contrastiva entre la lengua francesa y española lo cual dificulta en ocasiones el establecimiento de paralelismos entre ambas lenguas.

Así pues, desde el punto de vista lingüístico, subrayaremos la presencia en esta lengua especializada de parónimos interlingüísticos o "falsos amigos" frecuentes entre lenguas románicas como el español y el francés. Así, en francés *règlement* equivale a *Règlement européen* o a "regulación o reglamento" elaborado por el poder ejecutivo y por consiguiente, equivalente a *décret* cuando lo dicta el Presidente de la República o el Primer Ministro y a *arrêté* cuando emana de un ministro (*arrêté ministeriel*, orden ministerial), de un prefecto (equivalente al Delegado de Gobierno español) (*arrêté préfectoral*, orden gubernativa) o de un alcalde (*arrêté municipal*, orden municipal).

Partiendo pues de estas consideraciones previas, hemos delimitado nuestra investigación a 7 lemas: *immigrant, immigré, étranger, migrant, citoyen. immigration* y *migration.* Sirviéndonos del motor de búsqueda *Skein Engine* hemos realizado un muestreo aleatorio en los dos subcórpora mencionados, limitando nuestro sondeo a 100 líneas. El muestreo obtenido en ambos casos, ha sido grabado en formato *Kwic* y posteriormente en *Sentence* para facilitar su estudio, arrojando los siguientes datos:

| TEXTOS NORMATIVOS | TEXTOS INFORMATIVOS |
|---|---|
| *immigrant–0* | *immigrant–3.40* |
| *immigré–0* | *immigré–6.20* |
| *étranger–7.958* | *étranger–13.072* |
| *migrant–3.30* | *migrant–3.30* |
| *citoyen–8.96* | *citoyen–2.04* |

| | |
|---|---|
| *immigration–1.1* | *immigration–4.1* |
| *migration–2.54* | *migration–2.3* |

La información obtenida mediante el análisis cuantitativo constituye el punto de partida para la exploración cualitativa del cotexto así como de los elementos colocacionales más representativos. Para el *análisis cualitativo,* léxico y fraseológico, de este ámbito hemos comenzado por la *categorización del nodo respecto a sus colocaciones* atendiendo al asunto administrativo en cuestión, aspectos religiosos, factores culturales, étnicos, de identidad nacional, atributos diferenciadores y marcas específicas. Posteriormente, hemos procedido a la *categorización gramatical del nodo*, es decir, si aparece como objeto de, sujeto, en estructuras yuxtapuestas, coordinadas, etc. para efectuar, en una tercera etapa, el análisis de la prosodia, haciendo especial énfasis en las connotaciones positivas, negativas u otras, asociadas al contexto en el que se actualiza el lema: positiva o negativa, en su caso, lo cual nos ha permitido inferir posibles implicaciones socioculturales. Así pues, observamos por ejemplo como los términos *migrant, immigrant, étranger,* a pesar de motivar la redacción de la casi totalidad de los documentos seleccionados, siempre son "objeto de", es decir, en la mayoría de los casos se habla de ellos en tercera persona. Aunque todos los textos analizados giran en torno a ellos siempre son otros los que dictaminan o les atribuyen determinadas obligaciones, deberes o en su caso, derechos pero nunca son ellos los que toman la palabra.

El enfoque comparativo entre las tipologías textuales normativas e informativas muestra el rigor de los textos normativos frente al discurso informativo en el que los lemas analizados desvelan matices semánticos, en ocasiones contrapuestos. En dichos textos las metáforas conceptuales[3] como la de la clandestinidad se hacen patentes a pesar de haber sido emitidos en su mayoría por organismos oficiales como el *Secrétariat général à*

3 La metáfora conceptual, según la Lingüística cognitiva, es un fenómeno de cognición en el que un área semántica o dominio se representa conceptualmente en términos de otro. Esto quiere decir que utilizamos nuestro conocimiento de un campo conceptual, por lo general concreto o cercano a la experiencia física, para estructurar otro campo que suele ser más abstracto. El primero se denomina dominio fuente, puesto que es el origen de la estructura conceptual que importamos. [...] Es importante distinguir entre metáfora conceptual y expresión lingüística metafórica. Las metáforas conceptuales son esquemas abstractos de pensamiento que se manifiestan de muchas formas, entre ellas el lenguaje. Esta metáfora o "manera de pensar no literal" es responsable de múltiples expresiones lingüísticas pueden variar de una lengua a otra aunque la metáfora conceptual sea la misma. (Soriano, 2015: 207).

*l'immigration et à l'intégration (SGII), l'Office Français de l'Immigration et de l'Intégration (OFII), Direction Régionale Jeunesse, sport, cohésion sociale, République française, Association Forum des Refugiés, Direction de l'accueil, de l'integration et de la citoyanneté, Ministère de l'emploi et de la solidarité, Ministère de l'asile et du séjour, Sécrétariat général à l'immigration et a l'intégration, Haut Conseil de l'Intégration, Sécurité Sociale Française,* entre otros. Aunque en dichos textos se precisan los diferentes tipos de inmigración y se destacan los numerosos y variados dispositivos puestos en marcha en su lucha por conseguir la integración, esas buenas intenciones se ven con frecuencia frustradas ante la imposibilidad de desarrollar proyectos que respondan a las expectativas y necesidades de las personas que solicitan su apoyo, de no ser al margen de la normativa en vigor. De hecho, observamos cómo de modo reiterativo se introduce en ellos la definición del término *intégrer*:

> Intégrer, au sens contemporain du terme, c'est permettre à un individu d'acquérir ou de retrouver une capacité de se considérer comme membre d'un groupe. Intégrer c'est sémantiquement et politiquement le contraire de 'séparer'[4].

El objetivo que se proponen es sin duda crear un mecanismo de automatismo mental similar a los textos publicitarios de modo que el sentido actual de *intégrer* quede "grabado" en la consciencia de los destinatarios (la población en general) suscitando reacciones positivas al respecto.

Dotado de mayor fuerza expresiva, el discurso informativo denuncia situaciones extremas y se pronuncia, en su dialéctica, sobre temas que afectan, de modo directo, a sus receptores. Aprehendemos este discurso, en ocasiones subjetivo, polifónico e híbrido, en función de la intertextualidad y lo interpretamos dependiendo de nuestro bagaje sociocultural, del contexto político y económico y del dominio de diferentes códigos que subyacen a su producción y recepción.

Centrado en la realidad, en experiencias en ocasiones vividas en primera persona por los propios inmigrantes, el discurso informativo se convierte, aún de modo inconsciente, en "le réceptacle de nos imaginaires, de nos angoisses contemporaines" (Adam, 2001). La manera en la que ciertas Asociaciones de ayuda al inmigrante abordan determinados temas o

---

4 Commissariat Général. *Plan Immigration, marché du travail, intégration*: <http://www.ladocumentationfrancaise.fr/var/storage/rapports-publics/024000590.pdf> [11/10/2015].

situaciones, más o menos polémicos, influye directamente sobre la imagen y la opinión que la sociedad se construye en torno a este colectivo.

Observamos cómo frente a la noción de identidad, difícil de delimitar en la actualidad, el concepto de hibridad se impone. Con el fin de demostrarlo, partiremos de la hipótesis según la cual cualquier situación de contacto entre lenguas o de variaciones lingüísticas y de culturas que produce la hibridación cultural, conlleva la reconceptualización de elementos culturales híbridos y es susceptible de desencadenar fenómenos de cinetismo semántico, es decir, la inscripción, en el significado de las palabras, de asociaciones argumentativas híbridas.

## 4. Metáfora de la inmigración clandestina en el lenguaje jurídico y administrativo: reflejo de la sociedad actual

Basándonos en las tipologías textuales citadas y en los lemas seleccionados, analizaremos *la metáfora conceptual de la inmigración clandestina* aparentemente "oculta" pero omnipresente en el lenguaje jurídico-administrativo actual como muestra el entramado semántico en el que se definen las relaciones que mantienen los lemas analizados con la unidad léxica *immigrant illégal*. El empleo discursivo de los lemas seleccionados: *immigrant, migrant, citoyen y étranger* muestra cómo la noción de hibridación, enraizada en la genética del siglo 19 y divulgada en los años 1980–2000 por especialistas como S. Hall (2003), H. Bhabba (2002) o P. Gilroy (2000), implícita en el uso lingüístico, remite a dos fenómenos complementarios: la heterogeneidad del sujeto y la polifonía del texto en el discurso (siguiendo la terminología de Bakhtine, 1929), enfoque según el cual el texto "habla" por sí mismo. Cualquiera que sea el nivel discursivo, normativo o informativo, la construcción y expresión de identidades así como de los procesos de identificación pasan por la palabra y esta expresión lingüística de los locutores en su enunciación está marcada por una pluralidad de voces. En este sentido, la heterogeneidad enunciativa se asocia a la naturaleza híbrida del discurso.

Hibridación cultural, cosmopolitismo, mestizaje coexisten en la sociedad francesa actual manteniendo filiaciones y creando nuevos vínculos, dando lugar en definitiva, a través de usos lingüísticos, con frecuencia metafóricos, a un concepto de solidaridad más amplio, auténtico antídoto contra la exclusión. Constatamos, pues, la existencia de dos discursos contrapuestos: uno marcado por términos clave como *intégration, solidarité* opuestos a *discrimination, séparation*; otro *caché* representado por *les clandestins, les sans-papiers, les sans-voix* en el que los dispositivos de apoyo de organizaciones humanitarias se revelan insuficientes entrando en conflicto con la crudeza y rigor de la normativa restrictiva vigente en pugna contra la ilegalidad.

> <Affirmer les droits des *immigrants illégaux sans voix,* de ceux et celles qui sont sur le territoire français [...]>.

Una doble moral subyace a los textos representados por ambas tipologías discursivas. Los textos normativos reflejan la lucha del Gobierno por la regularización de los inmigrantes en situación irregular aunque, en realidad, el cupo de acceso de los mismos a la nacionalidad francesa es tan restringido y los requisitos exigidos tan estrictos, que solo se ve beneficiada de ello una minoría representada generalmente por profesionales cualificados cuyo poder adquisitivo no representa "amenaza" alguna para el Estado francés. Ante esta situación podríamos cuestionarnos sobre su objetividad y replantearnos su posible carácter unidireccional (sólo los inmigrantes legales son admitidos).

Paradójicamente y, a pesar de esta pretendida objetividad que caracteriza el lenguaje jurídico-administrativo, en el discurso sobre inmigración transmitido a través de los textos informativos, más próximos al usuario, las metáforas conceptuales se hacen evidentes a través del léxico y la fraseología, concretamente, las metáforas que traducen una realidad social ineludible, marcada por la clandestinidad.

Para G. Lakoff y M. Johnson (1985) la noción de "experimentalismo" explica la elección por parte del locutor, de las mismas. En su opinión la comprensión del mundo se basa en la interacción del sujeto con su entorno físico, social y cultural.

En esta línea se sitúan las teorías de M. Prandi según el cual "la metáfora viva no es una estructura estática" (2010: 123) sino el resultado de un conflicto que se transcribe en los textos informativos referentes a este ámbito.

Bajo la influencia de la crisis y de acontecimientos violentos por parte de grupos radicales, la sociedad se debate entre un discurso solidario hacia los inmigrantes legales que se opone paradójicamente a los sentimientos discriminatorios hacia los inmigrantes que se encuentran en situación irregular. El término *immigrant* ha dejado de ser utilizado en dichos textos en referencia a "celui qui vient d'arriver d'ailleurs" (Cornu, 2014: 175) sino a *immigrant illégal* o a *migrant illégal*, sectores, en definitiva, subalternos de la sociedad a los que se estigmatiza. Estas metáforas establecen sin duda una clara separación entre inmigrantes y autóctonos.

Las referencias lingüísticas utilizadas para denominar a personas concretas con metonimias como *illégaux, sans-papiers* promueven su 'cosificación' (Nash, 2005; Thompson, 1998). Dichos usos forman parte, en definitiva, de una estrategia discursiva de sustitución que favorece su despersonalización: *être immigrant* se convierte en sinónimo de "être membre d'un collectif homogène et indifférencié" (Houbert, 2005: 47). Se tiende, pues, a construir un discurso homogeneizador sobre *les immigrants* que niega su pluralidad e invisibiliza su diversidad interna, además de transmitir una imagen desvirtuada, negativa y deshumanizada de ellos. De ahí las metáforas conceptuales, cargadas de connotaciones peyorativas, que se "deslizan" de modo a veces inconsciente, especialmente, en los textos informativos apelando de este modo a la necesidad de decisiones políticas eficaces en la lucha contra la clandestinidad.

Estas unidades léxicas son realmente problemáticas ya que "criminalizan" a la persona, más incluso que el acto en sí de entrar o residir de modo irregular en un determinado país. En la era de la globalización, de fomento de la interculturalidad, las asociaciones de ayuda al inmigrante denuncian injusticias sociales como ésta con eslogans como *Personne n'est illégale* promovido por el *OFII (Office Français de l'Immigration et de l'intégration)* en 2013.

Destacan, entre muchas otras, la *metáfora bélica (invasion du sud, menace silencieuse)*. La "*lutte* contre l'immigration clandestine" se convierte en este contexto en una forma de "protection nationale" que impulsa a la población a la acción: "il faut *combattre* l'entrée des étrangers en situation irrégulière".

<Les résultats quantitatifs de *la lutte contre l'immigration irregulière* révèlent l'intensité de l'action conduite par l'ensemble de ses acteurs>.

<Le Conseil européen des 14 et 15 décembre 2006 a prévu de renforcer la coopération entre Etats membres en matière de *lutte contre l'immigration illégale* et a convenu que les mesures mises en place contre le travail illégal devaient être intensifiées>.

<*La police s'alarme de l'arrivée massive de clandestins*. Il y a bien une explosion de passages d'illégaux en France [...]>.

Especialmente representativa en este contexto es la *metáfora acuática*. Se habla de *vagues d'immigrants,* de *flux de réfugiés*, de la *marée en direction nord, d'avalanche d'immigrants* y de sus efectos destructivos: *un pays inondé par des immigrants*), lo cual lleva a los Estados a la *contention des murs, à l'imperméabilité de frontières*:

> <Les *vagues successives* d'arrivée d'immigrants et de réfugiés, la mise en œuvre des politiques [...]>.

> <France. *La marée d'immigrants et de réfugiés*, exige la mise en œuvre des politiques visant à renforcer les mesures prises pour le contrôle [...]>.

Estas metáforas coexisten con la de la *furtividad*, la *clandestinidad* especialmente relevante al evocar la *population dans l'ombre, dans l'obscurité, illégale, cachée, sans-voix, sans-papiers.*

> <Affirmer les *droits des sans-voix*, des immigrants illégaux, de ceux et celles qui sont sur [...]>.

Aún con mayor carga semántica citaremos la metáfora basada en la separación entre *immigrants légaux* e *illégaux* representada por *le mur.* En este sentido el término *mur* es evidentemente utilizado en sentido figurado en referencia a la separación legal que a su vez determina la separación moral que el resto de la sociedad establece en referencia a ellos. Como decía el Rey Felipe VI en la entrega de los primeros *Premios Princesa de Asturias* celebrados el día 23 de octubre de 2015 en Oviedo, "Que nadie construya muros con los sentimientos." Constatamos pues ese uso reiterado de *mur* y *frontière* en sentido metafórico, en representación a la distancia establecida "en y por" el margen de la legalidad.

En este sentido constatamos cómo la evolución positiva hacia la integración de los *immigrants illégaux* que se ha producido en la sociedad francesa durante estas últimas décadas, se opone a cierto sentimiento discriminatorio hacia los que se encuentran en *situation irrégulière.*

En una época especialmente conflictiva, como ya hemos indicado, tanto por la crisis económica como por los brotes violentos de grupos radicales, las políticas se recrudecen y los usos lingüísticos (terminológicos y fraseológicos) de intensa carga connotativa ponen de manifiesto cómo la *lutte contre l'immigration clandestine* se convierte en este contexto en una forma de *protection nationale* que mueve a la población a subsanar las irregularidades y luchar por la integración e inserción social:

> En el metro de París, los rostros cambian continuamente como en un carrusel multiétnico. Franceses, africanos, árabes, indios, chinos... diferentes idiomas y diferentes antecedentes: es como cambiar de canales en el televisor. París es verdaderamente una de las capitales multiculturales del mundo.
>
> "Francia ya no es para los franceses" afirma la Sra. Leroy, una francesa, madre de una niña de dos años, "somos minoría en nuestro propio país". Algunos franceses piensan que están "perdiendo su identidad" frente a la gran cantidad de inmigrantes que llegan al país, especialmente desde el mundo árabe[5].

Según A. Mussolff "Les métaphores jouent un rôle indispensable dans les préjugés raciaux; elles retracent souvent une histoire tortueuse qui met en évidence comment la politique et la discrimination positive n'ont pas mis fin aux ségrégations raciales." (2006: 24).

Para M. Johnson (1985) la falta de comprensión de valores implícitos culturales de los que aparecen dotados los nombres abstractos que giran en torno al término *étranger* limita a menudo las nociones jurídicas y aumenta el riesgo de distorsión. Cuando en los textos informativos encontramos la metáfora "de l'eau qui coule et dont l'avancement progresse sans arrêt" para designar "un groupe non identifiable de personnes" de los que ignoramos información de tipo demográfico se pone énfasis en el gran número de personas implicadas. A pesar de las apariencias se trata de una metáfora personal ya que a través de un uso figurado *immigrant* se convierte en *étranger;* l'*étranger* a su vez en *illégal* y *l'illégal* proveniente del sur es un *Algérien.*

Estas metáforas personales se introducen, en la mayoría de casos, de modo inconsciente en el discurso, difieren considerablemente de las metáforas jurídicas o doctrinales, evaluadas por la crítica y aceptadas moralmente por la comunidad. Dotadas de valor explicativo, son "cognitivamente eficaces" (Anscombre, 2006) es decir, necesarias para la correcta interpretación y aplicación de las leyes.

Aunque las diferentes instituciones, asociaciones y organismos se esfuerzan en ofrecer su apoyo de modo indiscriminado, a todo aquel que lo necesita como la *OTII,* la Asociación de refugiados o determinadas

5 Rhoids, Herman. 2014. "Inmigrantes indocumentados en París: entre la espada y la pared" in *Cafebabel,* 12 junio: <http://www.cafebabel.es/sociedad/articulo/inmigrantes-indocumentados-en-paris-entre-la-espada-y-la-pared.html> [15/09/2015].

Agencias nacionales, un sistema fundamentado en la oposición distingue con claridad entre *légaux* (personas que disponen de recursos económicos suficientes, de cualificación profesional y por consiguiente de contrato de trabajo, en proceso de naturalización/nacionalización o convertidos ya en *citoyens français*) e *illégaux* (cuya precariedad resulta conflictiva para el Estado francés).

Las relaciones binarias que se manifiestan a nivel léxico y fraseológico desempeñan una función indispensable en la decodificación semántica de los usos lingüísticos referidos a este dominio *(riche–pauvre; régulier–irrégulier; légal–illégal; citoyen–non-citoyen; Nord–Sud, professionnel–non professionnel, régulier–irrégulier; légal–illégal; Européen–non Européen, communautaire–non-communautaire)*. En todos estos casos, las metáforas subyacentes que representan la noción de *santé* y de *vie* en referencia al país y a la sociedad receptora se oponen a las metáforas de destrucción masiva vinculadas a la *mort* en alusión al país de origen con frecuencia en conflicto bélico, en situación de precariedad extrema, a travesías tortuosas de futuro incierto, a numerosos casos de abuso, a viajes interminables sin esperanza.

Estas oposiciones descansan en una relación de antonimia bastante amplia, de ahí las apreciaciones de D. Sears (1988), según el cual se debe oponer la noción de *immigrant sans papiers* a la de *identité nationale.* La base en la que se sustentan subyace al intercambio recíproco fundado en el respeto de "derechos" y "deberes". Sin embargo, "France, terre d'immigration depuis ses origines" se proclama como "terre d'accueil de l'immigration" reconociendo la importancia de los *immigrants* en su construcción como Nación conforme a la legislación nacional y europea.

<La France, *terre d'immigration* depuis ses origines, n'a pu devenir Nation que par les efforts sans cesse renouvelés de l'Etat, qui a imposé de puissants *efforts d'intégration*, de construction d'une identité nationale, et de coopération avec les pays sources d'immigration [...]>.

Se hace referencia a la política de Francia en este dominio, acorde con la política europea:

<Fondée sur cette conviction, la politique du Gouvernement se veut équilibrée, juste et ferme, assurant la fois la maîtrise de l'immigration et l'intégration effective des migrants>.

<[…] Transposer trois directives européennes qui créent de nouveaux outils au service des objectifs de la politique d'immigration du Gouvernement: promotion de l'immigration professionnelle, lutte contre l'immigration irrégulière, et répression des employeurs d'étrangers sans titre.

La France participe à la construction progressive d'une politique européenne de l'immigration et de l'asile, complément indispensable du grand espace de libre-circulation issu des accords de Schengen>.

No obstante, la consideración positiva o negativa del Gobierno hacia los inmigrantes pasa por la *maîtrise* de la *immigration* y la consiguiente *intégration des migrants* como muestran los textos normativos en los que no existe la más mínima referencia a los illégaux. Así pues, Francia lucha por la integración basada en el control de la inmigración:

<Fondée sur cette conviction, la politique du Gouvernement se veut équilibrée, juste et ferme, assurant la fois la *maîtrise de l'immigration et l'intégration effective des migrants>*.

– La noción de integración aparece vinculada a la adquisición de la nacionalidad:

<Nous avons l'honneur de vous différer, conformément au deuxième aliéna de l'article 61 de la Constitution, l'ensemble de la loi relative *l'immigration, l'intégration et la nationalité>.*

– Estableciéndose así mismo una relación entre integración e inmigración profesional:

<Le présent projet de loi conforte ces orientations: il renforce la politique d'intégration, conformément aux orientations du séminaire sur l'identité nationale qui s'est tenu le 8 février 2010 sous la présidence du Premier ministre; *il crée de nouveaux outils de promotion de l'immigration professionnelle, de lutte contre l'immigration irrégulière et l'emploi d'étrangers sans titre,* en reformant les procédures et le contentieux de l'éloignement des étrangers en situation de séjour irrégulier, en s'inspirant notamment du rapport de la commission préside par Pierre Mazeaud>.

Las sociedades, sometidas a relaciones desiguales de poder, incorporan etnotipos, clichés importados del Otro (Amossy, 2009). La interiorización de valores dominantes por los dominados constituye un rasgo fundamental en todas las culturas que entran en contacto y cuyas tradiciones diferentes con frecuencia, se oponen.

A pesar de la dificultad que supone erradicar estas desigualdades, en algunos casos fomentadas por la propia sociedad y/o poderes públicos y políticos, observamos la incentivación por parte del Estado francés de numerosos proyectos de carácter educativo, proyectos que promueven la participación del inmigrante en la vida social e incluso cultural de determinados barrios, aún marginales, con el fin de favorecer su integración. No obstante, el juego de imágenes de uno y el Otro, el debate entre identidad y alteridad, la implantación de procesos y el desarrollo de estrategias de incorporación, rechazo o adaptación entrañan sin duda una amplia complejidad patente a nivel lingüístico.

Los lemas *immigrant, immigré, émigré* y *étranger* aparecen en el corpus formado por tipologías textuales informativas, contrapuestos a *citoyen*; en el corpus normativo, solo aparece registrado éste último.

No obstante, una precisión se impone entre el término *immigré* e *immigrant* y de éste a su vez con *étranger* con el que entra a menudo en correlación. Los diccionarios bilingües como el *Dictionnaire juridique de français-espagnol/espagnol-français* de N. Amorós Rica y O. Merlin Walch no aportan ningún matiz distintivo al respecto lo cual dificulta su transferencia desde un enfoque traductológico francés-español/español-francés: *immigrant* (m): inmigrante (1993: 269); *immigré* (adj. et n.): inmigrante (1993: 269). Sin embargo, los semas distintivos entre ambos términos aparecen registrados en el *Vocabulaire juridique* de G. Cornu: *immigrant, ante:* 1. Qui immigre; 2. Personne qui immigre, c'est-à-dire qui entre dans un pays étranger pour s'y établir (Cornu, 2014: 1313); *immigré:* Qui est venu de l'étranger, par rapport au pays qui l'accueille (Cornu, 2014: 1321).

Aunque en principio el término *immigrant* puede aparecer, en determinados contextos, como sinónimo de *étranger* su sentido es mucho más restringido. Una breve evocación histórica como aproximación a los términos *immigré* et *immigrant* nos permitirá delimitar con precisión los valores connotativos implícitos a cada uno de ellos. Así, el término *immigrant* es un anglicismo. Norteamérica se vio poblada por *immigrants* que, tras abandonar su país de origen, perdían progresivamente los vínculos con él, integrándose con carácter definitivo en el país de acogida y participando de este modo en la creación de un nuevo Estado. Cuando los colonos llegaban a Norteamérica conservaban su estatus de *immigrants* durante una o dos generaciones. Por extensión, este término se ha conservado en el uso para designar a las personas que continúan llegando de cualquier parte del mundo a un determinado lugar. Sin embargo, es curioso constatar cómo el término *immigrant* no se utilizó en Europa con ese sentido dado que las Naciones, los Estados ya se habían constituido antes de la llegada de los primeros *étrangers.* En su lugar se difundió el término *inmigré* en referencia a las personas, procedentes de otros países, que llegaban a Europa pero mantenían vínculos estrechos con su país de origen y, por consiguiente, no deseaban o al menos no formaba parte de sus objetivos el participar en la construcción de la sociedad. Este matiz aparece registrado en ciertos diccionarios como *Le Robert. Dictionnaire culturel de la langue française* en el que *immigré* figura en sentido especializado como "SPÉCIALT. Qui est venu d'un pays peu développé pour travailler dans un pays industrialisé" (2005: 1840).

Los *immigrés* no llegan a Europa con la idea de asimilarse a los nacionales sino con la esperanza de regresar un día a su país de origen o seguir siendo *étrangers* en el país acogida. En este sentido, el término *immigré* fue durante mucho tiempo considerado como sinónimo de "extranjero sin grandes aspiraciones" (*Agence pour le développement des relations interculturelles*, 2002: 25).

El matiz semántico que durante años permitió diferenciar estos tres términos *immigré, immigrant* y *étranger* estuvo pues estrictamente relacionado con el vínculo de unión con el país de procedencia.

La evolución semántica a lo largo de la historia de la inmigración y de la sociedad refleja una realidad bien distinta. En la actualidad, el término *immigrant* se utiliza de modo metonímico con carácter nominal con el sentido restrictivo de *immigrant (illégal)* mientras *immigré* ha adquirido un tono neutro, objetivo, cuyas connotaciones no discriminatorias, permiten su asociación casi generalizada, desde el punto de vista semántico, a *migrant.* Este vínculo semántico se debe quizá a la frecuente asociación entre el término *immigré* con su parónimo *émigré* que, en el uso cotidiano, ha dado lugar a numerosas confusiones. Ambos términos aparecen, al igual que los anteriores, en determinados contextos, como correlativos de *étranger.*

> ÉMIGRÉ: *personne qui sort de son pays, qui le quitte pour vivre dans un autre pays. Syn. Expatrié. Ex.* Les émigrés avaient embarqué clandestinement au port de leur ville.

> IMMIGRÉ: *personne qui est accueillie par un pays qui n'est pas son pays d'origine et où elle compte s'installer. Syn. Accueilli. Ex.* La naturalisation est accordée aux immigrés sous certaines conditions[6].

Igual sucede con el término *émigré*. Sin embargo, el prefijo *é-* de *émigré* está en relación con *ex-* cuyo significado es “hacia el exterior”, por tanto *émigré* designa a “celui qui migre à l'extérieur”. Mientras el prefijo *im-* de *immigré* es una variante ortográfica de *in-*, cuyo sentido es “hacia el interior”; por consiguiente, *l'immigré* es “celui qui migre à l'intérieur”. El matiz semántico distintivo se fundamenta en este caso en las nociones de “salida” o de “acogimiento”, en principio opuestas. No obstante, una misma persona puede ser a su vez, dependiendo del punto de vista desde el que se le considere, *émigrée* (desde su país de origen) o *immigrée* (desde el país de acogida).

A nivel semántico, debido precisamente a esos límites fronterizos impuestos por los países receptores (entendiendo por frontera “trabas, dificultades, obstáculos”), el término *emigrante* al igual que *immigrant* se han convertido en la actualidad en co-referentes de *inmigrant illégal*, unidad léxica a la que aparecen con frecuencia asociados tanto en textos divulgativos como en los de carácter informativo.

Dichos términos aparecen a su vez opuestos al lema *citoyen,* tratado en ambas tipologías discursivas con pleno derecho. Dicho vocablo se asocia en la actualidad a *ressortissant*[7] y en todo momento se tienen en cuenta sus derechos y los de su familia. Aunque en la actualidad el marco jurídico de *citoyen* está claramente delimitado, tuvo que transcurrir cerca de un siglo para conseguir su estabilización. Así pues en los textos normativos encontramos definida, al igual que aparece registrada en los diccionarios especializados en este dominio, la condición de *citoyen* francés.

> CITOYEN 1. Membre d'une cité ou d'un groupement politique; 2. Parfois synonyme de national ou ressortissant d'un État; 3. Personne qui, dans un État démocratique, participe à l'exercice de la souveraineté, soit dans la démocratie indirecte par l'élection de représentants, soit dans la démocratie directe par l'assistance à l'assemblée du peuple. Droits de citoyens (Cornu, 2014: 154).

---

6 *Dictionnaire Larousse:* <http://www.larousse.fr/dictionnaires/francais/%C3%A9migr%C3%A9_%C3%A9migr%C3%A9e/28750> [23/11/2015].

7 *Ressortissant:* Subst. De ressortir qui, comme terme juridique dérive de ressort. Aujourd'hui syn, de national. Comp. sujet, citoyen, résident, 2. Jadis, individus auxquels un État accordait sa protection (nationaux, sujet s de pays de protectorat, sous mandat ou tutelle) (Cornu, 2005: 809).

A diferencia de los lemas *immigrant* y *étranger*, semánticamente dotados de connotaciones negativas, ser *citoyen* supone un cambio de estatus vinculado a determinadas obligaciones pero también a los mismos derechos que los nacionales. De ahí que "adquérir la nationalité" se considere sinónimo de "atteindre la qualité de citoyen, la *citoyenneté*[8] (synonyme de *nationalité*)."

El término *citoyen* aparece en los corpora analizados modificado en el 90 % de los casos por el complemento nominal *de l'Union européenne*. En ocasiones se tiene en cuenta en la categorización de ciudadano a los *non ressortissants* y se les ofrece todo tipo de garantías. En su estatus como *citoyens,* los inicialmente *étrangers,* pasan a disponer de los mismos derechos que cualquier ciudadano nacional pero al mismo tiempo asumen idénticas responsabilidades que se traducen en obligaciones y deberes. La posible adquisición de la *citoyenneté* a través de un largo proceso de naturalización[9], supone pues una evolución considerable del estatus jurídico del *étranger:*

> Tout citoyen européen peut voter aux élections locales des États membres de l'Unionn européenne: le droit de vote et le droit de se présenter aux élections locales

---

8 La citoyenneté française est liée à la détention de la nationalité française. Cette nationalité s'acquiert de plusieurs façons. Par le "droit du sang": est français tout enfant dont au moins l'un des deux parents est français. Par le "droit du sol": un enfant né en France d'un parent étranger lui-même né en France est français de naissance ("double droit du sol"). Pour l'enfant né en France de parents étrangers nés à l'étranger, la nationalité française lui revient automatiquement et de plein droit à sa majorité ("droit du sol simple différé") s'il réside en France à cette date, et s'il a eu sa résidence habituelle en France pendant une période continue ou discontinue d'au moins 5 ans depuis l'âge de 11 ans. Avant sa majorité, il peut acquérir la nationalité sur demande de ses parents (entre 13 et 16 ans), ou sur demande personnelle (entre 16 et 18 ans), avec des conditions de durée de résidence en France. Par la procédure de "naturalisation": un étranger majeur, résidant habituellement sur le sol français depuis au moins cinq ans, peut demander à être naturalisé. La décision est prise de façon discrétionnaire par l'administration qui peut refuser la naturalisation même si les conditions sont réunies. La durée de résidence peut être réduite à deux ans si le demandeur a accompli avec succès deux années d'études dans un établissement d'enseignement supérieur français ou s'il a rendu, ou peut rendre, "des services importants à la France". <http://www.vie-publique.fr/decouverte-institutions/citoyen/citoyennete/citoyen-france/comment-devient-on-citoyen-francais.html> [25/10/2015].

9 NATURALISATION. n. f. Octroi discrétionnaire, par les autorités d'un État, de la nationalité de cet État à l'étranger qui la demande; la naturalisation ne doit pas être confondue avec l'acquisition de la nationalité par l'effet de la loi ou par l'exercice d'une option de nationalité. V. *origine.* Comp. *francisation.* (Cornu, 2005: 596).

> et européennes dans n'importe quel État membre sous les mêmes conditions que les nationaux de cet État[10].

Solo en el 1% de los casos se contempla el hecho de que el *citoyen* suponga una amenaza para el orden público, hecho inaceptable y, por tanto, rechazado por los poderes públicos. En el muestreo realizado constatamos como el término *citoyen* aparece normalmente en la aposición *citoyen européen, citoyen communautaire* nunca lo encontramos asociado a *citoyen non européen* ni a *citoyen non communautaire* y por supuesto, tampoco a *étranger (citoyen étranger)* con el que entra en contradicción. *Citoyen* y *étranger* se encuentran pues totalmente desvinculados tanto a nivel lingüístico como jurídico.

Cuando aparece el término *étranger* en los textos normativos que regulan el derecho de entrada y residencia de extranjeros en Francia ("entrée et séjour des étrangers") se insiste en el hecho de que, en caso de no cumplir los requisitos conforme a la normativa vigente "l'étranger doit être reconduit à la frontière". Así mismo se establece una distinción estricta entre *étrangers européens* y *étrangers qui ne sont pas ressortissants d'un pays de l'UE.* Esto, unido al hecho de seguir considerando los casos en los que el extranjero "representa una amenaza para el orden público" resulta en cierto modo discriminatorio. Dichos actos contrastan con la posible aceptación de su *demande de regroupement familial,* contemplada en los textos normativos lo cual nos lleva inevitablemente a la distinción entre *étrangers bons* et *étrangers méchants.*

### *4.1 Análisis léxico: enfoque cuantitativo y cualitativo*

#### *4.1.1 Fenómeno colocacional y cotextual*

El enfoque cuantitativo de los fenómenos colocacionales y cotextuales permite identificar las tendencias de una combinatoria léxica susceptible de un análisis cualitativo sobre el modo de tratar, desde un punto de vista lingüístico especialmente centrado en el léxico, el fenómeno migratorio en Francia durante los últimos años.

---

10 Direction de l'information légale et administrative. La vie publique: <http://www.vie-publique.fr/decouverte-institutions/citoyen/citoyennete/citoyen-france/comment-devient-on-citoyen-francais.html> [25/10/2015].

Los textos informativos tratan al *immigrant* con un grado de neutralidad inexistente en épocas anteriores. En la mayoría de los casos no se especifica su estatus sino que aparece en su función adjetival *personnes immigrantes.*

Sin embargo, a pesar de los esfuerzos realizados por los autores de los textos informativos por neutralizar el valor peyorativo del término *immigrant* asociándolo a *personne*, como se puede comprobar en los siguientes ejemplos

> <Le témoignage de trois *personnes immigrantes* dont deux ayant réussi leur intégration [...]>.

> <[...]cette activité en accompagnant les *personnes immigrantes* et en répondant à leurs interrogations [...]>,

motivados por la frecuencia con la que encontramos dicho término (90% de los casos) vinculado a la noción de *pauvreté, manque de formation professionnelle* o *acculturation*; a condiciones, en definitiva que impiden el acceso de los inmigrantes a la *citoyenneté,* la primera asociación léxica que nos viene a la mente al enunciar el sustantivo *immigrant* son los adjetivos *illégal* y *clandestin:*

> <L'*acculturation* est vécue différemment par les *immigrants* eux-mêmes et par la société qui les reçoit>.

> <Lutte contre la *pauvreté* et pour l'intégration des *femmes immigrantes* Le Conseil souhaite échanger avec vous [...]>.

Basándonos en una exploración léxica más amplia constatamos cómo los términos utilizados con mayor frecuencia para describir a las personas de origen extranjero en situación irregular en lengua francesa (*immigrant, migrant, demandeur d'asile* y *réfugié)* coexisten con otros pertenecientes al mismo paradigma designativo (*émigrant, émigré, sans-voix, sans-papiers).* En el uso, los errores e incoherencias se suceden creando un panorama confuso de asociaciones terminológicas que remiten, en la mayoría de los casos, a la unidad léxica *immigrant illégal.* Pasamos a citar algunos ejemplos ilustrativos, entre otros:

*réfugié–immigrant illégal*
*demandeur d'asile–immigrant illégal*
*migrant–immigrant illégal*
*sans papiers–immigrant illégal*

Estos términos, aunque no son sinónimos en dicha lengua, son co-referentes en la tipología discursiva constituida por los documentos informativos pudiendo inducir a equívoco. La distinción ente ellos es indispensable. En ocasiones se pasa de un estatus a otro con gran facilidad lo que genera un gran desconcierto y sume a los afectados en situaciones de verdadera angustia ante la inseguridad de su destino. Se impone pues la precisión semántica de los mismos a título aclaratorio:

1º Ejemplo: *réfugié–migrant illégal/immigrant (illégal).*

Réfugié. Toute personne qui a dû fuir son pays d'origine o le pays dans lequel elle avait sa résidence habituelle afin de se soustraire à de graves dangers, notamment pour échapper à des persécutions politiques, raciales ou religieuses, et qui ne peut ou, par une crainte légitime, ne veut pas recourir à la protection des autorités de son pays. Comp. *expatrié, émigré, émigrant* (Cornu, 2014: 770).

En el caso de personas víctimas de persecución, que huyen de conflictos bélicos, el derecho internacional les reconoce el estatus de *réfugiés*. Si bien es cierto que, en determinados casos los *réfugiés* pueden verse obligados a entrar en un país sin autorización, sería inexacto calificarlos de *migrants illégaux* o *immigrants (illégaux)* dada la existencia de matices semánticos que los diferencian claramente: mientras los *immigrants* "eligen" cambiar de residencia, los *réfugiés* "se ven obligados a huir."

<[…] intention de solliciter la reconnaissance de la qualité de réfugié, alors que la menace d'un éloignement aurait conduit la […]>.

2º Ejemplo: *demandeur d'asile–débouté–réfugié–immigrant illégal.*

Así mismo el uso indistinto en determinados documentos informativos de las unidades léxicas *demandeur d'asile* e *immigrant illégal* o su coordinación mediante la conjunción "et" denota un estado de confusión general sobre la *immigration clandestine.*

Un *demandeur d'asile* es alguien que intenta conseguir el estatus de *refugié* o una determinada protección humanitaria, por tanto, no puede ser considerado por el lenguaje jurídico al mismo nivel que un d*emandeur d'asile illégal*. Una vez estudiada su solicitud por *l'OFPRA (Office français de protection des réfugiés et apartides)* se emite una resolución ya sea reconociéndole el estatus de *réfugié* o su denegación *(demande déboutée).* Se considera pues *débouté* la persona a la que se le deniega algo: "Le débouté est une personne demandeur d'asile dont la demande de reconnaissance du statut de 'réfugié' a été rejetée." (Cornu, 2005: 261). Se convierte entonces en un *sans papiers* para el país que ha emitido dicha resolución:

> <[...] concernant le retour ou l'éloignement d'un *demandeur d'asile débouté* ou de personnes ayant bénéficié de la protection temporaire [...]>.

De ahí que un *demandeur d'asile* pueda convertirse en *immigrant illégal,* es decir, en *clandestin*, si permanece en France desatendiendo la notificación oficial que le obliga a abandonar el territorio.

3er Ejemplo: *sans-papiers–immigrant illégal.*

Un *sans-papiers* es un extranjero que no necesariamente entra de modo clandestino al país receptor: es posible que haya sido autorizado a entrar en el territorio nacional pero posteriormente no haya obtenido la autorización de permanencia en el mismo. Un *sans-papiers* (indocumentado) puede sin embargo tener su pasaporte en regla, es decir, disponer de documentación identificativa aunque no de permiso de residencia.

En cambio se considera *immigrant illégal* o *clandestin* a la persona que infringe la normativa en vigor sobre el derecho o permiso de residencia en un país, hecho por el que se ve obligado a escapar a cualquier tipo de control. Los *sans-papiers* no pueden, por tanto, identificarse de modo generalizado a los *clandestins* en la medida en que la Administración Pública es a menudo conocedora de su situación.

4º Ejemplo: *migrant–immigrant.*

Frente al término i*mmigrant* ausente en el corpus normativo por asociarse, en determinados discursos discriminatorios a *non citoyen*, el término *migrant* hace referencia a "une personne qui se déplace pour des raisons diverses" (*Le Nouveau Petit Robert*, 1996: 1405). Esta última noción, un tanto imprecisa, ha suscitado una gran polémica en numerosos debates entablados durante *Conferencias Internacionales sobre inmigración* como las celebradas en Bilbao, 2012 o en Málaga, 2013):

> [...] En qué medida y cuándo sería apropiado catalogar como *migrante* a una persona procedente de otro lugar que lleva tiempo residiendo en un nuevo país. [...] En algunos países se entiende, al menos oficialmente, hasta la regularización jurídica

> [...] Dicho criterio resulta incompleto ya que el tiempo que transcurre hasta obtener la regularización o la naturalización puede prolongarse durante años [...]. (González, 2012: 462).

Se considera pues *immigrant* a la persona que abandona su país de origen para instalarse con carácter duradero en otro país de cuya nacionalidad no dispone.

Así pues si el término *immigré* insiste en el punto de vista del país de acogida, *émigré* lo hace en el de origen mientras *migrant* hace especial hincapié en el proceso migratorio.

En este sentido, observamos cómo el Estado francés cuida minuciosamente este uso y por eso lo ha eliminado por completo de los textos normativos en los que ha sido reemplazado por *migrant,* hecho que ya anunciaba G. Cornu en su *Vocabulaire juridique* cuando definía el término *migrant* como un neologismo destinado a sustituir a *immigré* (2005: 579).

5º Ejemplo: *immigration–migration.*

A diferencia del término *immigrant*, su derivado *immigration* aparece de modo objetivo y neutro en la normativa y legislación actual: *Loi relative à la maîtrise de l'immigration, Dispositions destinées à lutter contre l'immigration irrégulière;* en referencia a instituciones de carácter oficial : *Office français de l'immigration et de l'intégration, Ministre de l'immigration, de l'intégration et de l'identité nationale:*

> <Article 78 I. –L'article L. 626–1 du code de l'entrée et du séjour des étrangers et du droit d'asile est ainsi modifié: 1.Au premier aliéna, les mots: de la contribution spéciale au bénéfice de l'Office français de l'immigration et de l'intégration prévue l'article L. 341–7 du code du travail sont remplacés par les mots: de la contribution spéciale prévue l'article L. 8253–1 du code du travail; 2.Après le deuxième aliéna, sont inscrits trois aliénas ainsi rédigés: L'Office français de l'immigration et de l'intégration est chargé de constater et de liquider cette contribution>.

En relación a cargos oficiales:

> <Le ministre de l'immigration, de l'intégration, de l'identité nationale [...]>.

En alusión a términos y unidades léxicas en defensa de la legalidad:

> <Les résultats quantitatifs de la lutte contre l'immigration irrégulière révèlent l'intensité de l'action conduite par l'ensemble de ses acteurs [...]>.

> <Le Conseil européen des 14 et 15 décembre 2006 a prévu de renforcer la coopération entre Etats membres en matière de lutte contre l'immigration illégale et a convenu que les mesures mises en place contre le travail illégal devaient être intensifiées [...]>.

Ambos términos *immigration* y *migration* coexisten a menudo en los discursos normativo e informativo. En un 90% de los casos, el término *immigration* aparece asociado, coordinado o yuxtapuesto a otros términos de connotaciones positivas: *immigration et intégration des migrants, l'immigration et identité nationale.* Sin embargo, cuando el término *immigration* aparece modificado por aposición, lo hace generalmente con connotaciones peyorativas: *immigration irrégulière*, *immigration illégale*; en estos casos nunca lo encontramos en correlación con *migration.*

Una breve evocación histórica explica la evolución semántica de ambos términos en la lengua francesa. Hasta 1870, los términos *immigration* e *immigrant* prácticamente no existían en Francia salvo para referirse a los ciudadanos franceses que temporalmente abandonaban el país. La historia de la inmigración comienza realmente a principios del siglo veinte intensificándose tras la Primera Guerra Mundial (1914–1919) bajo el impulso del débil crecimiento demográfico. Dichos términos carecían de vinculación alguna con el término *étranger* cuya acepción jurídica y sociológica, designaba a cualquier persona de nacionalidad extranjera. Los términos *main d'oeuvre étrangère* o *travailleur étranger* fueron progresivamente sustituidos por *main d'oeuvre immigrante* ya que durante la época en la que Argelia era colonia francesa, la afluencia de argelinos a la metrópoli, principal fuente de inmigración en Francia, era considerada como simple migración de los departamentos de ultramar a los del continente y, por consiguiente, las personas afectadas carecían del estatus jurídico de *étranger*.

Recordemos que el concepto de *immigration* fue desarrollado por demógrafos y expertos en estadística durante la Tercera República. La primera definición jurídica de *immigrant* la encontramos en el Tratado de Roma de 1957:

> Est considéré comme *immigrant* tout étranger qui arrive dans un pays pour y chercher du travail et dans l'intention exprimée ou présumée de s'y établir de façon

> permanente; est considéré comme simple travailleur tout étranger qui arrive dans le seul but de s'y établir temporairement[11].

El estatus jurídico del *étranger*, sometido a la adquisición de la nacionalidad ha evolucionado en función de parámetros políticos, económicos y socioculturales diversos. Así, el aumento creciente del número de inmigrantes impulsó al Estado a adoptar medidas para enfrentarse a este fenómeno especialmente relevante durante el período entreguerras. Dicha etapa se caracterizó por el predominio de refugiados políticos de origen ruso, americano, alemán, polaco, italiano, español, entre otros, cuya mano de obra resultaba indispensable para la reconstrucción del país y su desarrollo económico.

El conflicto con Argelia desde mediados de los años 50 y el final de al guerra de Indochina (1954) marcan especialmente estos flujos migratorios fomentados fundamentalmente por cuestiones económicas. En 1962, fecha de la independencia de Argelia, se establece un acuerdo entre ambos países que garantiza la libertad de entrada y salida del país. Dos años más tarde se limita la entrada a Francia conforme a las necesidades del mercado laboral. Los inmigrantes argelinos, los más numerosos en dicho país, eran casi en su totalidad hombres procedentes de regiones montañosas, originarios de familias campesinas. En 1968, se fija un contingente anual, el emigrante recibía un permiso especial, la "tarjeta de emigrante" por parte del *Office National Algérien de la Main-d'Oeuvre (O.N.A.M.O)* que le permitía acceder al territorio francés tras pasar de modo satisfactorio una revisión médica. Disponía entonces de 9 meses para obtener un contrato de trabajo en función del cual se le otorgaba un certificado o permiso de residencia por un año. En caso desfavorable, se veía obligado a abandonar Francia. En 1971 el contingente anual se redujo a 25.000 entradas estableciéndose como condición a partir 1972, con la *Circulaire Fontanet,* la presentación de un contrato de trabajo válido como mínimo durante un año además de un certificado de residencia que permitiese su regularización en dicho país.

Ya a mediados de los años 70 P. George en su obra *L'évolution de l'immigration en France* publicada en Alfandari, señalaba la figura del *immigrant illégal* que vendía lo poco que tenía para pagar los servicios de

---

11 Traité de Rome: <http://www.traitederome.fr/fr/histoire-du-traite-de-rome/25-mars-1957-signature-du-traite-de-rome/les-negociateurs-et-les-signataires.html> [03/10/2015].

una patera que le llevara a Europa. En algunos casos, estos inmigrantes tenían, y siguen teniendo, un final trágico en el mar siendo repatriados, en numerosos casos, a su país de origen. Otros, sin embargo, consiguen quedarse convirtiéndose, en la mayoría de los casos, en trabajadores clandestinos y por ende, sobreexplotados como subraya R. Lohrmann en su obra *Les migrations clandestines: Un problème d'actualité dans les pays en développement* (1989). La carencia de recursos económicos unida con frecuencia, a la escasa formación y a la confrontación cultural que plantea la llegada al país de destino, dificulta sin duda su integración. En este sentido, los acuerdos adoptados por el Gobierno para potenciar la política de reagrupamiento familiar y las medidas sociales destinadas a evitar ciertas situaciones discriminatorias no han logrado la eficacia esperada. Si la escolarización supone la vía válida para los hijos de los inmigrantes argelinos, los adultos se aislan cada vez más creando sus propios guetos. Esta reacción supone una "huida" ante la hostilidad de que son objeto por parte de la sociedad receptora calificada por algunos autores de "rechazo ideológico". Con el paso de los años, los problemas originados por el racismo se han recrudecido.

De 1980 a 1990 la inmigración se convierte en una cuestión política relevante: Mitterrand, candidato de la izquierda, procede tras su elección como miembro del gobierno (1981) a una regularización masiva de inmigrantes. En 1986 Pasqua, Ministro de Interior, presenta al Parlamento la ley nº 86–1025 que provoca la expulsión de numerosos extranjeros en situación irregular.

Desde 1989 el *Haut Conseil à l'intégration (HCI)* constituido por el gobierno de Michel Rocard, en colaboración desde 2004 con el *Observatorio de estadística sobre inmigración e integración (OSII),* el *Instituto nacional de estadística y de estudios económicos (INSEE), el Instituto nacional de estudios demográficos (INED) y la Oficina de migraciones Internacionales (OMI)* controlan el flujo migratorio desarrollando medidas políticas de mejora en materia de integración.

Los debates han proliferado y las normativas reguladoras se han sucedido. Cabe citar entre las más relevantes la *Ley nº n°2003–1119 del 26 noviembre de 2003* relativa al control del fenómeno migratorio a la que sucedió la *Ley del 20 de noviembre de 20007* (*Cf.* Capítulo I). La creación de un Ministerio especialmente destinado a estos asuntos y su posterior disolución muestran una vez más las múltiples oscilaciones que han llevado a la adopción de medidas contrapuestas según la ideología del partido político en el poder, pasando a veces de un extremo a otro sin hasta el momento haber encontrado la solución adecuada para abordar con eficacia el fenómeno migratorio.

La *metáfora de la clandestinidad,* presente en los textos analizados, pone de manifiesto cómo la evolución de las mentalidades y de las nociones se impone en una sociedad que aún hoy día se deja llevar por la sobreestimación de determinados prejuicios. En este contexto nos interrogamos sobre la conveniencia de metáforas alternativas: *les immigrés en situation irrégulière* a los que se refieren de modo reiterado los textos informativos, deberían ser denominados *migrants* y l'*immigration clandestine* considerada como proceso de inserción económica.

En efecto, la metamorfosis del *racisme* a finales del siglo XX y comienzos del siglo XXI, esencialmente motivada por el progreso realizado en referencia a los derechos humanos, rechaza en principio las manifestaciones explícitas de naturaleza social y personal. Su expresión es en la actualidad más sutil e indirecta: racismo simbólico (Sears & Kinder, 1971), nuevo racismo (Barker, 1981), racismo de las diferencias (Taguieff, 1987), neorracismo (Balibar, 1991), islamofobia o cultura del desprecio (en la época de Sarkozy), actitudes discriminatorias, de cierta argumentación ideológica se suceden dejando una huella evidente a nivel lingüístico.

> Depuis, on parle de Français "issus de la diversité" et il en est qui revendiquent le titre de "minorités visibles" pour souligner les discriminations dont ils sont victimes.
>
> En France, on peut conjuguer plusieurs appartenances culturelles, sociales, linguistiques [...]. On peut être Français et rester attaché à l'Espagne, être musulman et laïc, régionaliste et européen, citoyen de France et citoyen du monde.
>
> La France est un pays composite. Les apports et les appartenances y sont multiples et plus visibles. La diversité y est amplifiée par les nouveaux outils de communication internationaux que sont l'internet, la télévision par satellite, le téléphone portable, la rapidité et la baisse des coûts des transports, comme par les migrations pendulaires ou les diasporas à cheval sur plusieurs pays ou continents.
>
> La diversité résulte aussi de l'histoire de France: deux siècles d'immigrations adossés, entre autres, à plusieurs siècles de colonisation[12].

12 Musée de l'Histoire de l'Immigration : <http://www.histoire-immigration.fr/histoire-de-l-immigration/questions-contemporaines/societe-et-immigration/qu-est-ce-que-la-diversite> [11/10/2015].

No obstante un atisbo de luz se vislumbra en este panorama un tanto incierto marcado en estos últimos años por la consideración del inmigrante como individuo y no como grupo indiferenciado, lo cual supone una importante evolución de las mentalidades y un paso adelante hacia la integración.

### *4.1.2 Estudio basado en la frecuencia léxica*

La historia de la inmigración es sin duda el resultado de un pasado complejo en el que determinados fenómenos sociales como la inmigración y la integración y el léxico del que se sirven como medio de expresión no pueden comprenderse, como ya hemos indicado, sin hacer referencia a un contexto múltiple:

– *Contexto económico.* Desde sus comienzos, la industrialización suscita la movilidad de numerosos trabajadores procedentes de diferentes países que se instalan en Francia temporalmente, de los que solo una minoría acaba fijando allí de modo estable su residencia, integrándose en el país con carácter definitivo.

– *Contexto cultural,* ya que en todas las etapas que marcan la historia del fenómeno migratorio, los *nationaux* y los *étrangers* han negociado múltiples intercambios que han supuesto sin duda una transformación de las identidades.

– *Contexto político,* especialmente, ante el rechazo por parte de la población nacional a la entrada masiva de *étrangers* motivado por la dureza de la crisis europea y que evidentemente afecta a Francia así como por actos extremos de violencia o terrorismo asociados a posicionamientos radicales especialmente, de tipo religioso como el yihadismo. Este hecho ha provocado una llamada de atención unánime a los Estados para que adopten las medidas restrictivas pertinentes en sus fronteras.

– *Contexto mundial* pues se trata, en realidad, de un reencuentro entre pueblos y culturas que influye directamente en las relaciones internacionales entre los Estados y en los conflictos que sacuden a las naciones.

Un contexto plural y complejo en el que los conflictos se suceden y la polémica, a la orden del día, encuentra a través del léxico y la fraseología propia de este dominio su expresión más amplia. De ahí la importancia de un estudio basado en la frecuencia léxica como primer enfoque a cuestiones que conciernen las asociaciones textuales y discursivas que establecen ciertos términos.

A partir de once palabras *(âge, an/année, personne, gens, asile, illégal, police, immigration, gouvernement, immigré, sexe*) las más frecuentes en los corpus analizados, asociadas a la unidad léxica *immigrant illégal,* hemos encontrado 5 particularmente significativas, a saber *âge, an/années, sexe, police y gouvernement.* Un examen del conjunto de las ocurrencias muestra la importancia de las nociones temporales (90%) que corresponden, según el caso, a referentes marcados, en mayor o menor medida, socioculturalmente:

1er Término: *âge, an/année.*

– Permite orientarnos sobre la franja de edad de los individuos que llegan al país de destino, cada vez más jóvenes:

<[…] 914 immigrants sont arrivés en France le mois dernier dont *815 mineurs,* pour la plupart marocains>.

– Aporta información sobre el número de años transcurridos desde la llegada del clandestino al país de destino o el de los años transcurridos en prisión. En estos casos, las referencias recurrentes al año precedente son interesantes para establecer estimaciones comparativas:

<Plus de 195 immigrés ont été accueillis par les *Services d'aide aux immigrants,* vendredi dernier à Marseille contre 90 pour la même période de l'an dernier […]>.

– Los datos cifrados aparecen a menudo vinculados a indicaciones sobre el sexo de los inmigrantes lo cual da testimonio del progreso social, especialmente en comparación con las primeras oleadas migratorias compuestas, en su mayoría, por grupos de hombres.

Dos nociones jurídicas en vigor: la *acquisition de la nationalité* y el hecho de poder entablar un proceso de *regroupement familial*, subyacen, en la mayoría de los casos a dichas iniciativas:

<[…] 912 immigrants sont arrivés sur la côte dont *29 étaient des femmes* subsahariennes dont 12 enceinte […]>.

En este sentido observamos una mayor sensibilidad hacia la mujer inmigrante por parte del Estado francés, impensable hasta hace décadas ya que, como ya hemos indicado, la mayoría de inmigrantes eran hombres.

– Comprobamos igualmente una sensibilidad creciente hacia la mujer, uno de los colectivos más desfavorecidos, y su inclusión en proyectos de integración:

<Ce ne sont que les *femmes immigrantes* en provenance de telles sociétés celles qui peuvent travailler dans [...]>.

– La mujer recibe apoyo de Organismos, Agencias o Servicios de atención a los inmigrantes, extranjeros y refugiados que la consideran especialmente vulnerable, víctima a menudo de abusos de diferente índole:

<*Services Disponibles: Service aux femmes immigrantes* Téléphone: 613>.

<Cet organisme s'adresse essentiellement à des *femmes immigrantes en difficulté sociale.* Il leur propose [...]>.

Los textos informativos insisten en los aspectos positivos que conlleva la integración de la mujer en el ámbito laboral de cara a su inserción social.

– Los datos numéricos contemplan igualmente a los hijos de inmigrantes:

<[...] groupes significatifs d'*enfants nés de parents immigrants* [...]>.

Se incentiva la necesaria escolarización y vigilancia de su proceso educativo, indispensable para su integración.

– Son frecuentes las referencias a la noción de reagrupamiento familiar:

<[...] *144 personnes dont 67 familles immigrantes* se sont réunies pour recevoir la bienvenue [...]>.

– A la integración de menores:

<Cet article compte le dispositif introduit par la loi nº 2006–911 du 24 juillet 2006 relative à l'immigration et *l"intégration* précitée au 2 bis de l'article L. 313–11 concernant *les mineurs isolés entrés en France avant leur seizième anniversaire*>.

– Así como los datos cifrados en relación con el control de la inmigración:

<Après le premier aliéna de l'article L. 111–11 du même code, il est inséré un aliéna ainsi rédigé : Cet observatoire est convoqué par le représentant de l'Etat dans la région d'outre-mer dans un délai de six mois à compter de la publication de la loi

nº 2007–1631 du 20 novembre 2007 relative à *la maîtrise de l'immigration, l'intégration et l'asile*>.

<Fondée sur cette conviction, la politique du Gouvernement se veut équilibre, juste et ferme, assurant la fois l*a maîtrise de l'immigration et l'intégration effective des migrants*>.

2º Término: *police.*

La palabra siguiente en orden de frecuencia de las que hemos seleccionado para nuestro análisis es *police*, empleada a menudo en dos versiones antagonistas:

– La *police* en lucha contra los inmigrantes clandestinos, siempre en relación con arrestos u a otras intervenciones policiales que operan en este sentido y las consiguientes consecuencias: detención *(détentions),* apertura de expedientes de repatriación *(dossiers de rapatriement),* arresto *(emprisonnement),* etc.

<*La police est intervenue* dans un centre d'hébergement des clandestins qui protestait contre leurs conditions d'accueil [...]>.

– Los inmigrantes clandestinos se convierten a veces en víctimas de las fuerzas policiales. Aunque en menor porcentaje ciertos representantes de las fuerzas del orden público denuncian los hechos:

<Le dernier rapport du Défenseur du Peuple sur le comportement de la police de frontières française envers les étrangers, montre des *irrégularités remarquables dans les procédures d'expulsion de certains demandeurs d'asile* qui n'ont pas eu la possibilité de se faire écouter de la part des juges [...]>.

3er Término: *gouvernement.*

La palabra *gouvernement* sigue en orden de frecuencia al término *police* en enunciados en los que las organizaciones humanitarias denuncian el trato recibido por los inmigrantes clandestinos:

<Les représentants du *gouvernement* font naître chez les immigrants des *scénarios troublants et des craintes* [...]>.

Del mismo modo, aparece reflejada la falta de coordinación entre las diferentes instituciones del Estado sobre las medidas adoptadas o a adoptar en relación con la *immigration clandestine*:

<Le gouvernement prévient que différents *projets vers l'intégration des étrangers non – européens* a été développés jusqu'à présent par l'État, les autorités régionales et locales *sans coordination.* D'où le besoin de repenser la situation et de prendre des mesures convenables afin de remédier à ces faits [...]>.

### *4.1.3 Asociaciones discursivas de la unidad léxica* immigrant illégal

En lo referido a asociaciones discursivas de la unidad léxica *immigrant illégal*, hemos buscado en un primer momento palabras o grupos de palabras situadas en el contexto próximo a izquierda o derecha; en una segunda etapa, hemos prestado especial atención a cada una de las asociaciones cotextuales. Este procedimiento nos ha permitido constatar algunas regularidades que pasamos a exponer:

– *Expresión de grandes cantidades.*

Un número importante de determinantes cuantificativos (*des centaines de, des milliers de, des millions de, etc.)* son utilizados en el discurso en relación con numerosas bases nominales como *personne, gens, population, etc.* que describen de modo figurado la nación vencida por la inmigraión clandestina: "Ces millions d'immigrants illégaux constituent un *flot* sans cesse croissant"; de ahí, "*l'avalanche* de réclamations" provocada por *"l'arrivée en masse* d'immigrants."

<L'*avalanche* de réclamations provoquée par *l'arrivée en masse* d'immigrants [...]>.

<La police s'alarme de *l'arrivée massive* de clandestins [...]>.

Estas unidades se combinan con hypónimos, como *refugiés* además de con otros nombres *non-humains* como *argent, abus, criminalité.* Los numerosos calificativos de núcleo nominal actualizado por un nombre con sentido figurado están en correlación con las metáforas acuáticas evocadas por Plyler (Soltero, 2006). La combinación de estos "calificativos" con la unidad léxica *inmigrant illégal* es sintomática de una preocupación dominante por parte de los políticos, los medios de comunicación y los ciudadanos que desean estar informados sobre el número de *immigrants clandestins.*

En este sentido cabe destacar la cuantificación en referencia a los dispositivos puestos en marcha por el Estado en la lucha contra la inmigración ilegal:

<Les *résultats quantitatifs* de la lutte contre l'immigration irrégulière révèlent *l'intensité de l'action* conduite par l'ensemble de ses acteurs>.

Así como la idea implícita de nociones cuantitativas mediante el uso de intensificadores verbales como *renforcer, intensifier* en referencia a la propuesta de acciones de aplicación conjunta cuyo objetivo es sin duda aumentar la presión, ejercer una mayor fuerza:

<Le Conseil européen des 14 et 15 décembre 2006 a prévu de *renforcer la coopération* entre Etats membres en matière de lutte contre l'immigration illégale et a convenu que *les mesures mises en place contre le travail illégal devraient être intensifiées*>.

– *Expresión de la nacionalidad de origen.*

La segunda asociación discursiva de la unidad léxica *immigrant illégal* se refiere a la *nationalité d'origine des clandestins*, normalmente relacionada con la información sobre la situación legal o ilegal en la que se encuentran los afectados:

<Le gouvernement français a l'intention *d'expulser les immigrants illégaux du Pakistan et du Bangladesh*>.

<[…] la situation des *réfugiés* et immigrants en provenance *d'Afrique, des Antilles* […]>.

A menudo, considerados como multitud indiferenciada, los *immigrants illégaux* se dispersan "invadiendo" ciertos barrios:

<Les immigrants africains *se dispersent dans les quartiers* […]>.

Cabe, no obstante, destacar que esta información sobre la nacionalidad de origen, especialmente interesante en el caso de un *demandeur d'asile* procedente de un país en guerra, de un régimen dictatorial o de un país afectado por una catástrofe natural, está muy extendida en el discurso informativo poniendo de relieve experiencias vitales realmente conmovedoras. No obstante, la nacionalidad de origen suscita en ocasiones actitudes discriminatorias fundamentadas en la diversidad étnica y social y, especialmente vinculadas a creencias religiosas:

<Sur les *attitudes discriminatoires* vers les immigrants et les *minorités ethnoraciales* et envers les sociétés […]>.

<[...] *la religion ou la culture d'origine* des immigrants a des *perceptions racistes* de la part de certains [...]>.

Desde las Agencias, Organizaciones solidarias se apela al respeto y comprensión por parte de la sociedad receptora.

– *Asociación inmigración clandestina y criminalidad.*

Observamos pues cómo el discurso informativo e incluso los textos normativos son bastante reiterativos sobre determinados temas como la *immigration clandestine,* situación que relacionan en un proceso circular según el cual el discurso informativo se nutre del discurso normativo y a la inversa y ambos a su vez, del discurso político. Dos tipos de discurso sobre la relación entre *immigration clandestine* y *criminalité* se esbozan:

– El discurso representado por textos que *criminalisent les clandestins* asociados en el imaginario colectivo a problemas de inseguridad y marginalidad.

– El discurso que denuncia los abusos, situaciones en las que los *immigrants illégaux* son víctimas de traficantes sin escrúpulos:

<Des *réseaux mafieux* consacrés au *trafic illégal d'immigrants* sont de plus en plus dénoncés par les Agences d'aide aux immigrants>.

<Les *immigrants illégaux* arrivent en France avec l'aide des *contrebandiers* [...]>.

<[...] Il y a des *routes de l'immigration* à travers le Sahara qui sont plus ou moins *contrôlées par des groupes mafieux*>.

<Des *immigrants clandestins* tombent dans les pièges de certains *employeurs sans scrupules*>.

– A pesar del predominio de un discurso marcado por connotaciones negativas, las tipologías textuales analizadas alientan una pequeña esperanza sobre el proceso de *integración;* de ahí las numerosas asociaciones entre estas dos unidades léxicas en principio opuestas: *inmigración ilegal–inmigración legal.* Trabajo y formación constituyen en este contexto una de las mejores opciones para poder acceder al permiso de residencia y de este modo a la ciudadanía o al menos, a la legalidad:

<Service d'orientation et d'*intégration des immigrants au travail* (SOIIT), des entreprises reconnues [...]>.

<*Ces formations, favoriserait l'intégration des immigrants* et, par le fait même, diminuerait les situations d'irrégularité [...]>.

Para ello se requiere disponer de cualificación. Se insiste explícitamente en la distinción entre "inmigrante cualificado" y "no cualificado":

<Les entrepreneurs arriveront mieux à repérer et choisir les *immigrants qualifiés* qui combleront les lacunes du domaine professionnel [...]>.

<Ce bassin de travailleurs, *d'immigrants qualifiés* peut aider les entreprises [...]>.

<Beaucoup d'employés doivent comprendre comment les *immigrants qualifiés* peuvent répondre à leurs besoins>.

El trabajo, además de constituir una garantía económica de subsistencia, se convierte en garantía de salud mental:

<Le *manque de travail* constitue un facteur de *risque pour la santé mentale* de l'immigrant et la diminution de son statut socio-économique>.

Los ejemplos extraídos del muestreo a partir de los textos informativos reiteran el esfuerzo de la Administración Pública en el apoyo a la integración del inmigrante (hombre, mujer, niños y familias) mediante proyectos y programas diversos de formación y empleo que faciliten su acceso a la vida laboral, mejoren su poder adquisitivo y les ofrezcan la posibilidad de conseguir los correspondientes permisos que garanticen la legalidad de su residencia en dicho país:

<Un projet d'*intégration* en emploi des immigrants formés en TIC [...]>.

<Service d'orientation et d'intégration des immigrants au travail (SOIIT), des entreprises reconnues [...]>.

<*Ces formations* favoriseraient l'*intégration des immigrants* et, par le fait même, diminuerait les situations d'irrégularité>.

Estos proyectos se dirigen cada vez más a los inmigrantes en su pluralidad y no como grupo indiferenciado. Se atiende pues la diversidad de inmigrantes según cultura, etnia o país de origen y se ensalza la riqueza de su aportación cultural al país de acogida:

<L'intégration dans la communauté républicaine vise donc des *immigrants comme individus et non comme groupes communautaires* [...]>.

<[...] très populaire là-bas et les différents immigrants qui ont peuplé ce pays y *ont tous apportés leurs traditions* [...]>.

<La *compréhension interculturelle* dans les villes où les immigrants font face à deux communautés principales [...]>.

Desde las organizaciones sociales se potencia el respeto y fomento de la interculturalidad y se descarta cualquier actitud discriminatoria basada en diferencias étnicas, religiosas o lugar de procedencia. Con este fin se apela a la ruptura de estereotipos, de ideas preconcebidas y a la intervención de políticas positivas que incentiven el respeto hacia la persona, indispensable para la convivencia:

<[...] Travailler individuellement avec les *nouveaux immigrants* et ainsi chasser toutes ses idées préconçues>.

<[...] sur les attitudes des sociétés envers les immigrants et les minorités ethnoraciales [...]>.

<Le manque d'honnêteté face aux vrais problèmes empêche les immigrants de se sentir chez eux [...]>.

<[...] la *religion ou à la culture d'origine* des immigrants motive des *perceptions racistes* de la part de la société d'accueil>.

<Pentagone. A la faveur d'entretiens avec des immigrants arabes et musulmans [...]>.

<[...] *compréhension interculturelle* dans les villes où les immigrants font face à deux communautés principales [...]>.

Para ello, un único requisito resulta indispensable: el respeto del principio de tolerancia y la necesidad de contribuir al proceso de adaptación a una sociedad francesa basada en la diversidad partiendo, claro está, del respeto por su identidad cultural y personal.

<Pour vivre en France dans la légalité, *les immigrants sont tenus de se défaire de tous les préjugés* [...]>.

<En franchissant les frontières, *les immigrants ont également emporté avec eux leurs traditions* [...]>.

## 5. Conclusión

Los discursos normativos y especialmente, informativos transmiten valores ideológicos a través del uso de unidades léxicas repetitivas y recurrentes que influyen tanto en las decisiones jurídicas como en el discurso social y en el debate político sobre la inmigración. Si durante años anteriores las políticas sobre inmigración eran, en cierto modo, favorables a la integración, atendiendo a intereses económicos o a campañas electorales, en la actualidad, bajo la influencia de la crisis, el Estado francés, al igual que los del resto de países europeos, limita sus fronteras contra la legalización de inmigrantes mostrándose más riguroso y estricto. Los usos metafóricos implícitos que observamos en el lenguaje son una prueba evidente de ello.

El uso de metáforas interviene en un sentido severamente restrictivo y parcial: "Les gens au pouvoir imposent les métaphores" (Lakoff & Johnson, 1985: 98).

Las sociedades, sometidas a relaciones desiguales de poder, incorporan etnotipos, clichés importados del Otro. La interiorización de valores dominantes por los dominados constituye un rasgo fundamental en todas las culturas que entran en contacto y cuyas tradiciones diferentes con frecuencia, se oponen. Las estrategias de incorporación, rechazo o adaptación entrañan, sin duda, una amplia complejidad que se refleja a nivel lingüístico.

> Les signes linguistiques entretiennent un lien étroit avec le 'monde' par le biais de leur sens, même si, le sens d'une expression linguistique ne doit surtout pas être confondu avec le segment du monde que cette expression désigne. (Boulanger, 1990: 234).

El léxico, las expresiones fraseológicas diversas y en particular, los usos metafóricos constituyen "lugares" de penetración privilegiados de determinados contenidos socioculturales que añaden una dimensión identitaria[13] a la dimensión usual propia de los signos lingüísticos.

---

13 El identitarismo representa una corriente del nacionalismo europeista que surgió a finales del siglo XX sobre la infuencia de pensadores e ideólogos como Robert Steuckers, Guillaume Faye, Pierre Vial, Alain Benoist, entre otros, diferenciándose en términos ideológicos y de doctrina política de los movimientos nacionalistas tradicionales, aproximándose por consiguiente, en término comparativos a la corriente *völkisch* alemana de inicio del siglo XX. El identitarismo es abiertamente ethnocentrista, promueve el etno-diferencialismo, un concepto que rechaza

Por ello, a pesar de la frecuente ambigüedad de los discursos políticos de los que se nutre a veces la Administración Pública, los usos lingüísticos y en particular, el empleo de metáforas deberían convertirse, en una sociedad intercultural y plural, en instrumento de racionalización y coherencia.

## Bibliografía

ABOU, Sélim. 1981. *L'identité culturelle*. Paris: Hachette.

AGENCE POUR LE DÉVELOPPEMENT DES RELATIONS INTERCULTURELLES. 2002. *Guide pratique de l'intégration*. Paris: La documentation française.

AGUIRRE BELTRÁN, Blanca & Margarita HERNANDO DE LARRAMENDI. 1997. *Lenguaje jurídico*. Madrid: Sgel.

ALCARAZ VARÓ, Enrique & Brian HUGHES. [2002] 2009. *El español jurídico*. Barcelona: Ariel, 2ª ed.

AMOSSY, Ruth. 1991. *Les idées reçues. Sémiologie du stéréotype*. Paris: Nathan.

AMOSSY, Ruth & Anne HERSCHBERG PIERROT. [1997] 2009. *Stéréotypes et clichés*. Paris: Amand Colin, 2e éd.

ADAM, Jean-Michel. 2005. *La linguistique textuelle. Introduction à l'analyse textuelle des discours*. Paris: Armand Colin.

ADAM, Jean-Michel & Thierry HERMAN (coord.). 2001. *Genre de la presse écrite et Analyse de discours*. Semen, nº 13. Besançon: PUF.

ANSCOMBRE, Jean-Claude. 2006. "Polyphonie et classification des énoncés sentencieux. Les marqueurs médiatifs génériques" in *Le Français Moderne*, 74, I, 87–99.

BANC-CHALÉARD, Marie-Claude. 2001. *Histoire de l'immigration*. Paris: La Découverte & Syros.

BAKHTINE, Mikhail. [1929] 1977. *Le marxisme et la philosophie du langage*. Paris: Éditions de Minuit, 6e.

BARKER, Martin. 1981. *The New Racism*. London: Function Books.

---

el universalismo homogeneizador y que fomenta la preservación de los pueblos y de sus respectivas culturas, con vista a un desenvolvimiento basado en el derecho a las diferencias y en el derecho de los pueblos a disponer de sí mismos (Berting, 2009: 59; traducción propia).

Berting, Jean. 2009. "Identités collectives et images de l'Autre" in Bruno Ollivier (coordonné par) *Les identités collectives à l'heure de la mondialisation.* Paris: CNRS Éditions, coll. "Les Essentiels d'Hermès", 57–77.

Bertrand, Olivier & Isabelle Schaffner. 2008. *Le français de spécialité. Enjeux culturels et linguistiques.* Paris: Les Éditions de l'École Polytechtique.

Bhabha, Homi. [1994] 2002. *The location of culture* (trad. en esp. par Aire César). *El lugar de la cultura.* Buenos Aires: Manantial, 2e éd.

Blanc-chaléard, Marie-Claude. 2001. *Histoire de l'immigration.* Paris: La Découverte, coll. "Repères".

Braudo, Serge & Alexis Baumann [1996] 2015. *Dictionnaire du droit français*: <http://www.dictionnaire-juridique.com/> [16/11/2015].

Borja Albí, Anabel. 1999. "La traducción jurídica en español al filo del milenio: profesión e investigación" in *Perspectives Studies in Translatology,* vol. 7: 2–29.

Boulanger, Jean-Claude. 1990. "La création lexicale et la modernité" in *Le Langage et l'Homme*, Revue de l'Institut libre Marie Haps, vol. XXV, nº 4, décembre, 233–240.

Calvo Ramos, Luciana. 1980. *Introducción al estudio del lenguaje administrativo.* Madrid: Gredos.

Chini, Danielle, Marie-Laverrou, Florence & Parsons, Michael (responsables du numéro). 2011. *Intégration de l'altérité: formes et procédures.* Paris: L'Harmattan, coll. "Cahiers de l'Arc Atlantique", nº 5.

Cyrus, Daniel & Vion, Robert (dir.). 2010. *Langues et sociétés. Approches sociolinguistiques et didactiques.*

*Code de l'entrée et du séjour des étrangers et du droit d'asile* <http://www.diplomatie.gouv.fr/fr/IMG/pdf/Code_entr_e_s_jour2.pdf> [18/10/2015].

Commissariat Général. 2002. *Plan Immigration, marché du travail, intégration*: <http://www.ladocumentationfrancaise.fr/var/storage/rapports-publics/024000590.pdf> [11/10/2015].

Cornu, Gérard [1990] 2005. *Linguistique juridique.* Paris: Montchrestien, Domat droit privé, 3e édition.

— [1987] 2014. *Vocabulaire juridique.* Association Henri Capitant. Paris, PUF, 10e édition.

CRITER (Corpus du Réseau Interministériel de Terminologie) <www.dglf.culture.gouv.fr/terminologie/base-données.html> [21/10/2015].

*Le dictionnaire juridique du droit français.* <http://dictionnaire-juridique.jurimodel.com/nom.html> [04/10/2015].

Direction de l'information légale et administrative. *La vie publique:* <http://www.vie-publique.fr/decouverte-institutions/citoyen/citoyennete/citoyen-france/comment-devient-on-citoyen-francais.html> [25/10/2015].

Dubois, Jean, Mathée Giacomo, Louis Guespin, Christiane Marcellesi, Jean-Baptiste Marcellesi & Jean-Pierre Mevel. [1973] 1994. *Dictionnaire de linguistique et des sciences du langage.* Paris : Larousse, 7e éd.

EU Immigration portal. <http://ec.europa.eu/immigration/tab2Redirect.do> [22/10/2015].

EUR-lex. Acces to European Unión law. <http://eur-lex.europa.eu/legal-content/ES/TXT/?uri=URISERV:xy0023>.

Gardin, Bernard. 2005. *Langage et luttes sociales.* Limoges: Lambert-Lucas.

George, Pierre. 1990. *L'évolution de l'immigration en France. Paris:* Alfandari.

Gilroy, Paul. 2000. *Between Camps: Nations, Culture and the Allure of Race.* London: Penguin Press.

González Navas, Ángel. 2012. *Externalización de fronteras en la Unión Europea, condicionalidad migratoria de la ayuda oficial al desarrollo y derechos humanos de las personas migrantes*: <http://congresomigraciones2012.com/memoria/> [23/02/2013: 445–464].

Guilbert, Louis. 1975. *La créativité lexicale.* Paris: Larousse.

Guillien, Raymond & Jean Vincent. 1998. *Lexique des termes juridiques.* Paris: Dalloz.

Groupe d'information et de soutien des immigrés (Gisti). 2013. *Les étrangers face à l'administration: droits, démarches, recours.* Paris: La Découverte.

Hall, Stuart & Paul Du Gay [1996] 2003. *Cuestiones de identidad cultural.* Buenos Aires: Amorrortu. *Histoire du Traité de Rome :* <http://www.traitederome.fr/fr/histoire-du-traite-de-rome/25-mars-1957-signature-du-traite-de-rome/les-negociateurs-et-les-signataires.html> [03/10/2015].

Houbert, Frédéric. 2005. *Guide pratique de la traduction juridique.* Paris: La maison du dictionnaire.

International Organization for Migration: <https://www.iom.int/cms/es/sites/iom/home/about-migration/key-migration-terms-1.html> [03/09/2015].

Kerbrat-orecchioni, Cathérine. [1980] 2002. *L'Énonciation. De la subjectivité dans le langage*. Paris: Armand Colin/VUEF, 4e éd.

Lakoff, George & Mark Johnson [1985] 1986. *Les métaphores dans la vie quotidienne.* Paris: Minuit (trad. de l'anglais par De Fornel Michel et Lecercle Jean-Jacques).

*Larousse. Dictionnaire* <http://www.larousse.fr/dictionnaires/francais/%C3%A9migr%C3%A9_%C3%A9migr%C3%A9e/28750> [23/11/2015].

*Law dictionary* [2001] 2015: <http://www.lecourshebert.com/dictionary/list/e> [11/10/2015].

Legifrance : Service Publique pour la diffusion du droit : <http://www.legifrance.gouv.fr/> [11/11/2015].

Lohrmann, Raymond. 1989. "Les migrations clandestines: un problème d'actualité dans les pays en développement" in Reginald Appleyard (sous la direction de). *L'incidence des migrations internationales sur les pays en développement.* Paris : Centre de Développement de l'Organisation de Coopération et de Développement Économiques, 147–160. <http://www.cicred.org/Eng/Publications/pdf/c-a5.pdf> [21/10/2015].

Maingueneau, Dominique. 1987. *Nouvelles tendances en analyse du discours*. Paris: Hachette.

Merlin, Narciso & Walch, Olivier. [1988] 1998. *Dictionnaire juridique fr.-esp./esp.-fr.* Paris: LGDJ, 4e éd.

Ministère de l'intérieur: Immigration, asile, accueil et accompagnement des étrangers en France <http://www.immigration.interieur.gouv.fr/Info-ressources/Documentation/Definitions-et-methodologie/Glossaire> [15/10/2015].

Musée de l'Histoire de l'Immigration : <http://www.histoire-immigration.fr/histoire-de-l-immigration/questions-contemporaines/societe-et-immigration/qu-est-ce-que-la-diversite> [11/10/2015].

Mussolf, Andreas. 2006. "Metaphor Scenarios in Public Discourse" in *Metaphor and Symbol, 21(1)* 23–38: *<http://www.cognitivecanary.eu/images/2.-musolff_metaphor_and_symbol.pdf>* [22/09/2015].

Nash, Mary. 2005. *Inmigrantes en nuestro espejo. Inmigración y discurso periodístico en la prensa española.* Barcelona: Icaria.

Nouss, Alexis. [1997] 2005. *Plaidoyer pour un monde métis.* Paris: Textuel, coll. "La discorde", 2e éd.

Office Français de l'Immigration et de l'intégration (OFII): <http://www.ofii.fr> [11/10/2015].

Ollivier, Bruno (coordonné par). 2009. *Les identités collectives à l'heure de la mondialisation.* Paris: CNRS, coll. "Les Essentiels d'Hermès."

Polguère, Alain. 2003. *Lexicologie et sémantique lexicale.* Montréal: Presses de l'Université, coll. "paramètres".

Prandi, Michel. 2010. "Typology of Metaphors: Implications for Translations" in *Mutatis,* vol. 3, nº 2, 304–332: <http://aprendeenlinea.udea.edu.co/revistas/index.php/mutatismutandis/article/viewFile/7415/7004> [08/10/2015].

Proyecto de investigación Lenguaje de la administración pública en el ámbito de la extranjería: estudio multilingüe e implicaciones culturales. 2015. España: UMU. <http://www.um.es/ladex/> [16/10/2015].

Rhoids, Herman. 2014. "Inmigrantes indocumentados en París: entre la espada y la pared" in *Cafebabel,* 12 junio: <http://www.cafebabel.es/sociedad/articulo/inmigrantes-indocumentados-en-paris-entre-la-espada-y-la-pared.html> [15/09/2015].

Rey, Alain (sous la direction de). *Le Petit Robert.* 1996. Paris: Le Robert.

— 2005. *Dictionnaire culturel en langue française.* Paris: Le Robert, 4 vols.

Rey-debove, Josette. 1988. *La linguistique du signe.* Paris: Armand Collin.

Sears, David. 1988. "Symbolic racism" in Peter Katz & David Taylor (eds.). *Eliminating racism: profiles in controversy.* New York: Plenum Press, 53–84.

Soltero, Carlos. 2006. "*Plyler v. Doe* (1982) and educating children of illegal aliens" in *Latinos and American Law: Landmark Supreme Court Cases.* Austin. TX: University of Texas Press, 118–132.

Soriano, Cristina. 2015. "Emotion and conceptual metaphor" in H. Flam & J. Kleres (eds.). *Methods of Exploring Emotions.* New York & London: Routledge, 206–214.

Sourieux, J. Louis & Pierre, Lerat. 1975. *Le langage du droit.* Paris: Presses Universitaires de France, col. "SUP".

Suomela-Salmi, Eija & Yves Gambier (dir.). 2011. *Hybridité discursive et culturelle.* Paris: L'Harmattan.

Taguief, Pierre André. 1997. *Le racisme.* Paris: Flammarion.

Thompson, John. 1998. *Ideología y cultura moderna. Teoría crítica social en la era de la comunicación de masas.* México: Universidad Autónoma Metropolitana.

Van Campenhoudt, Marc (ed.). 2009. *Actes des 8e Journées scientifiques du réseau LTT,* Lisboa, 15–17 octubre, 367–373. Lisboa: Editions des Archives Contemporaines et Agence universitaire de la Francophonie.

Vie Publique au cœur du débat publique: <http://www.vie-publique.fr/politiques-publiques/politique-immigration/glossaire-definitions/> [02/10/2015].

Vie Publique au cœur du débat publique: <http://www.vie-publique.fr/decouverte-institutions/citoyen/citoyennete/citoyen-france/comment-devient-on-citoyen-francais.html> [25/10/2015].

V.v.a.a. *Traité de Rome:* <http://www.traitederome.fr/fr/histoire-du-traite-de-rome/25-mars-1957-signature-du-traite-de-rome/les-negociateurs-et-les-signataires.html> [03/10/2015].

Wallerstein, Immanuel & Etienne Balibar. 1991. *Raza, nación y clase.* Madrid: IEPALA.

Yaquello, Marina. 1988. *Catalogue des idées reçues sur la langue.* Paris: Seuil.

# Nota sobre los autores

Los autores de este libro son los responsables exclusivos de su contenido.

Nicolás Campos Plaza es Catedrático de Universidad de la Universidad de Murcia y Catedrático en excedencia de la Universidad de Castilla-La Mancha. Ha sido invitado para impartir Másteres y Doctorado de Calidad en las Universidades de Buenos Aires, Targoviste, Córdoba, Las Palmas de Gran Canaria, Málaga y Granada. Actualmente es el Director del Departamento de Traducción e Interpretación. Su actividad investigadora se ha centrado en la Traducción jurídico-económica, la lexicografía y la lingüística aplicada. De entre los más de 7 libros y 60 artículos en revistas especializadas, destacaremos: *Panorama de Lingüística y Traductología* (Atrio); *Diccionario jurídico-económico francés-español español-francés* (Comares); *Diccionario de cultura y civilización francesa* (Akal); la traducción al francés de la *Crónica de jurisprudencia del Tribunal Supremo* (Ed. Tribunal Supremo), de *Semiótica Jurídica* o del *Atlas de la corrupción en el mundo;* la traducción al español de *Qu'est-ce qu'un genre littéraire* de J. M. Schaeffer (Akal); entre sus artículos "Texte, idéologie et traduction", "La traducción y la interpretación jurídicas en la UE", "Recomendaciones académicas para la regulación de la traducción e interpretación jurídica en la UE", "La terminología jurídica en clave traductológica" o "Los límites de la investigación traductológica". Ha sido IP (Investigador Principal) en 12 proyectos nacionales y 6 internacionales. Ha organizado Congresos, Jornadas y Cursos de Traducción en la UCLM, Málaga, Córdoba y Murcia y participado como conferenciante o ponente en 30 Congresos internacionales. Forma parte del comité científico de varias revistas y es evaluador de dos agencias de calidad de proyectos de investigación y de acreditación.

Natalia María Campos Martín es Doctora en Traducción e Interpretación por la Universidad de Málaga. Es profesora Ayudante doctora de la Facultad de Filología, Traducción y Comunicación en el Dpto. de Filología Francesa e Italiana de la Universidad de Valencia. Imparte docencia en el Grado de Traducción y de Filología Francesa y en Másteres adscritos a las Universidades de Murcia, Córdoba y Málaga, como profesora invitada. Ha participado en diferentes proyectos de investigación desde 2006, entre otros, al Grupo Interuniversitario de Investigación en Traducción (HUM 767) del PAIDI de la Junta de Andalucía y en proyectos concedidos por la Fundación Séneca; proyectos I+D (del plan nacional y de la UE-AGIS) así como en otros de innovación docente, actividades de I+D. Dispone de más de 27 publicaciones entre las que destacan 2 libros, numerosos capítulos de libro y artículos publicados en prestigiosas editoriales españolas. Ha sido ponente en numerosos Congresos nacionales e internacionales: España (UMA, UAL, UGR, UCO y UCLM), Bélgica (ISTI de Bruselas), Argentina (Universidad de Rosario), Polonia (Universidad de Cracovia). Ha participado en seminarios nacionales e internacionales algunos centrados en la formación para la docencia (UGR, UMA); otros, en el ámbito de la traducción jurídica para la formación docente universitaria en las universidades de Málaga y Granada. Dispone de más de 29 cursos de especialización en distintas universidades y de estancias en el extranjero (EEUU, Francia, Bélgica, Irlanda).

MOHAMED EL-MADKOURI MAATAOUI fue Doctor en *Lingüística* por la Universidad Autónoma de Madrid en 1993, con una tesis sobre *Teoría de la traducción*. En 2005 presentó su segunda Tesis Doctoral sobre *La imagen del otro en la prensa española* obteniendo Premio Extraordinario. Profesor Titular del Dpto. de Lingüística de la Universidad Autónoma de Madrid (Área de traducción e interpretación). Ex subdirector del Departamento de Lingüística, Lenguas Modernas, Lógica y Filosofía de la Ciencia de la Universidad Autónoma de Madrid. Ex director adjunto de la Licenciatura de Traducción e Interpretación de la Universidad Autónoma de Madrid. Director de varios cursos de formación del Fondo Social Europeo. Co-fundador de la Licenciatura de Traducción e Interpretación de la Universidad Autónoma de Madrid. Profesor visitante de las Universidades de Casablanca, Nador, Fez (Marruecos), Damasco (Siria), El Cairo (Egipto), Lecce, La Sapienza, Roma III y La Tuscia (Italia), Lund (Suecia), La UCLA (EE.UU). Miembro del Consejo Superior de Universidades de Egipto para la promoción del profesorado Universitario. Autor de un centenar de artículos sobre Lingüística, Traductología y Análisis Crítico del Discurso y con participación en seis proyectos de investigación. Miembro de varios consejos editoriales. Traductor Jurado nombrado por el Ministerio de Asuntos Exteriores y de la Cooperación.

Mercedes Eurrutia Cavero es Profesora Titular del Dpto. de Filología Francesa, Románica, Italiana y Árabe en la Universidad de Murcia y Directora del mismo. Es Doctora en Filología Francesa por la UMU. Sus líneas de investigación comprenden la Lingüística Aplicada, la Lengua Francesa Especializada, la Lexicología y la Lexicografía. Entre sus libros cabe citar *Estudio lingüístico del francés jurídico* (1998), *Aproximación al lenguaje médico desde la pragmática de la traducción fr.-esp.* (2001) o *Enseñanza-aprendizaje del léxico de los negocios: estudio contrastivo fr-esp.*, publicado por Peter Lang en 2013; es coautora del *Diccionario de términos del turismo* publicado por Ariel (Planeta) en 2009, Premio de Fomento a la Cultura y Desarrollo turístico (2010) por el Grupo Editorial ZU de la Comunidad Valenciana. Ha publicado más de setenta artículos en revistas científicas de ámbito nacional e internacional (*Meta, Ibérica, Çedille, Synergies, LIVIUS, Thélème, etc.)* y participado en Congresos de reconocido prestigio como el *Congrès Mondial de Linguistique Française CMLF 2012 (CNRS)*. Ha formado parte de diferentes proyectos de investigación y en la actualidad es investigadora principal del Proyecto de investigación: *Lenguaje de la Administración Pública en el ámbito de la extranjería: estudio multilingüe e implicaciones culturales*[1] (LADEX) concedido por el Ministerio de Ciencia e Innovación.

Natividad Gallardo San Salvador es Profesora Titular de Universidad en el Departamento de Traducción e Interpretación de la Universidad de Granada, donde imparte asignaturas de Traducción jurídica, económica y científico-técnica. Doctora en Filología Anglo-Germánica. Directora del Grupo de Investigación Terminología y Traducción Especializada (HUM 574, Junta de Andalucía). Combina su labor docente con la práctica de la traducción profesional, es asimismo Traductora-intérprete Jurada. Sus líneas de investigación abarcan, además de la Traducción Especializada y la Terminología, la didáctica de la traducción, los lenguajes especializados y la fraseología, temas sobre los cuales ha publicado más de 60 capítulos de libro, artículos en revistas especializadas de difusión nacional e internacional, así como distintas monografías y ediciones, entre otras *La enseñanaza de la terminología* (1992), *Terminología y Traducción: un bosquejo de su evolución* publicado por la Editorial Atrio en 2003. Es coautora de otras obras como *Translation in context* (2000) publicado

1 <http://www.um.es/ladex/> [16/10/2015].

por John Benjamins Publ; *Languages Resources and evaluation* (1998) publicado por European Language Resources Association. Ha participado en diferentes proyectos de investigación sobre Terminología y Traducción Especializada concedidos por la Junta de Andalucía, Consejería de Innovación y Empresa así como en otros concedidos por el Ministerio de Ciencia e Innovación o por Realiter–Union Latina sobre "Vocabulario panlatino de la difusión y distribución del libro."

BELÉN HERNÁNDEZ GONZÁLEZ es Profesora Titular de Universidad en el área de Filología italiana en la Universidad de Murcia. En 1996 presentó su Tesis Doctoral: *El ensayo literario en Ortega y Gasset y Luigi Pirandello*, publicada por la Universidad de Murcia en 1997. En 2003 tras obtener su segunda titulación especializada en traducción en la Università di Catania (Italia), presentó la Tesis: *La traducción de términos dialectales en los textos literarios*, publicada en *Tonos Digital* en 2004. Ha publicado numerosos estudios sobre la traducción de lenguas minoritarias en relación con identidades culturales, entre otros: *Traducciones y transplantes del libro Cuore, de Edmondo De Amicis* (2013); *Los traductores y ensayistas italo-argentinos en la segunda época de la revista Sur* (2012); *El síndrome Pierre Menard o la traducción según Jorge Luis Borges* (2009); *Memoria y traducción* (2008); *Political Correctness and Racist and Sexist Language: A Spanish Perspective* (2008); *Los traductores de sí mismos en la representación de las identidades culturales* (2007); *Qué traducir y el porqué de lo no traducido* (2006). Como traductora ha editado *La persuasión y la retórica* y *El diálogo de la salud* de C. Michelstaedter (1996–2010), la novela *Silvinia* de G. Bonaviri (1988).

MERCEDES LÓPEZ SANTIAGO es Profesora Contratada Doctora en el Dpto. de Lingüística Aplicada de la Universitat Politècnica de València (Área de Filología Francesa) aunque dispone de la acreditación como Profesora Titular de Universidad. Su investigación se centra en la terminología, lexicología y lexicografía bilingüe (francés-español) así como en el uso de nuevas tecnologías en la enseñanza del francés de especialidad. Es coautora del *Vocabulari Forestal* (2010). Ha participado en proyectos de investigación del Ministerio de Innovación y Ciencia, de la Generalitat Valenciana y de la Universitat Politècnica de València. Es miembro del grupo de investigación *Camille* de la UPV y colabora actualmente con el

Instituto IULMA-Valencia, con el proyecto "Análisis léxico y discursivo de corpus paralelos y comparables (español-inglés-francés) de páginas electrónicas de promoción turística." Ha publicado numerosos artículos en revistas especializadas de ámbito nacional e internacional (*Çédille, Anales de Filología Francesa, Romanistik in Geschichte und Gegenwart, Synergies Espagne,* etc.) y numerosos capítulos de libro en obras colectivas, entre otros "Proyecto COMETVAL: Corpus Multilingüe en Turismo de la ciudad de Valencia" (2011), "E-libros de visitas: estudio de hoteles franceses y españoles" (2012) o "Análisis de sitios web de turismo: terminología y traducción" (2014).

MERCÈ LORENTE CASAFONT es Doctora en Filología Catalana por la Universitat de Barcelona (1994). Profesora Titular de la Universitat Pompeu Fabra de Barcelona desde 1997. Investigadora principal del grupo IULA-TERM (Léxico y Tecnología) del Institut Universitari de Lingüística Aplicada. Editora jefa de la revista *Terminàlia* (Institut d'Estudis Catalans). Vicepresidenta de la Asociación Española de Terminología (AETER). Ha dirigido 7 proyectos de investigación, entre los que destaca la serie RICOTERM en el período 2001–2014 sobre recuperación de información mediante control terminológico, y ha participado en otros 25 proyectos, entre otros el de *Procesamiento de corpus textuales especializados para la extracción de estructuras supraléxicas terminológicamente* concedido por el Ministerio de Ciencia e Innovación o *Una licencia académica para el uso del sistema de gestión de corpus y terminología Estació Terminus* por la Universitat Pompeu Fabra. Es autora de varios libros, entre otros *Aspectes de lexicografia: respresentació i interpretació gramaticals* (1998) o *Nou diccionari escolar de la llengua catalana* (2012) además de 13 libros de texto; de un centenar de artículos o capítulos de libro especializados en lingüística y terminología, entre otros "Ontología sobre economía y recuperación de información" publicado en *Hipertext*, nº3, 2005; además de haber sido editora de otros 8 libros.

EMILIO ORTEGA ARJONILLA es Catedrático de Traducción e Interpretación desde 2012 por la Universidad de Málaga. Su actividad docente, iniciada en 1990, se ha desarrollado en más de 30 Universidades de Europa y América. Su formación interdisciplinar (Traducción e Interpretación, Lingüística y Filosofía) se ve reflejada en más de 200 publicaciones entre artículos, monografías individuales y colectivas, diccionarios especializados, libros traducidos, informes técnicos y reseñas. Ha dirigido o codirigido 20 tesis doctorales sobre T. e I. en las Universidades de Málaga, Granada, Autónoma de Madrid y Trieste (Italia). Es codirector de las colecciones *Interlingua* (Ed. Comares, Granada, 140 títulos) y *Tecnología Traducción y Cultura* (Ed. Tirant lo blanc, Valencia, 4 títulos) desde su creación en 1996 y 2011, respectivamente. Fundó la revista *Entreculturas* en 2009. (www.entreculturas.uma.es) y es miembro del Comité Asesor de numerosas revistas especializadas *(Sendebar, MONTI, Odissea, Cadernos Eborenses, etc.)*. También presenta una dilatada experiencia profesional en el ámbito de la traducción y de la interpretación de conferencias. Ha participado y/o dirigido más de 10 proyectos de I+D dentro del ámbito jurídico europeos (GROTIUS, AGIS, THALES, SOLON, PLATA etc.), nacionales (COFELU, COMAVE, PLUTARCO, TradJur, etc.) y autonómicos (VAN HOOF, TERMJURÍDICA, etc.). También es Investigador Principal del Grupo de Investigación HUM 767 Traducción, Comunicación y Lingüística Aplicada, desde su creación en 2001.

María Ángeles Sánchez Jiménez es Profesora Titular de Derecho Internacional Privado de la Universidad de Murcia y en la actualidad Directora de la Escuela de Práctica Jurídica adscrita a dicha universidad. Ha impartido docencia en diversos Másteres, entre otros en el de Enseñanzas aplicadas para la Gestión de las AA. PP. de la Fundación Universidad Empresa (Murcia), en el Máster Universitario en Género e Igualdad de la UMU, Máster en Derecho de Extranjería de la UGR así como en el Máster Universitario en Investigación Avanzada y Especializada en Derecho de la UMU. Su actividad investigadora ha girado en torno al Derecho procesal civil internacional, Derecho de familia internacional, Derecho Fiscal Internacional, Derecho de la nacionalidad y extranjería. Entre sus diversas publicaciones destacan las monografías *Legislación sobre nacionalidad y extranjería, comentada y con Jurisprudencia, Sistema español de Derecho de nacionalidad y extranjería* (ambas como coautora) y *Derecho de Extranjería. Un análisis legal y jurisprudencial del Régimen Jurídico del extranjero en España*, de la que ha sido coordinadora y autora de varios apartados. Es autora de más de una veintena de artículos y capítulos de libros directamente relacionados con el derecho de extranjería. Ha formado parte del proyecto de excelencia "Análisis transversal de la integración del extranjero en la sociedad andaluza" (Consejería de Innovación,

Ciencia y Empresa de la Junta de Andalucía) y forma parte de los proyectos "Análisis transversal de la integración de mujeres y menores extranjeros nacionales de terceros Estados en la sociedad andaluza: problemas en el ámbito familiar" (Consejería de Innovación, Ciencia y Empresa) así como del *Lenguaje de la Administración Pública en el ámbito de la extranjería: estudio multilingüe e implicaciones culturales* (LADEX) concedido por el Ministerio de Ciencia e Innovación.

Carmen Valero Garcés, Catedrática de Traducción e Interpretación en la Universidad de Alcalá (Madrid), Doctora en Filología Inglesa y Máster en Migración y Relaciones Intercomunitarias, dirige el Programa de Formación en Traducción e Interpretación en los Servicios Públicos que incluye, entre otros, el Máster Universitario en Comunicación Intercultural, Interpretación y Traducción en los Servicios Públicos[2] –máster ofertado en diez pares de lenguas–. Es miembro de la Red Europea de Másteres de Traducción (*EU DGT-EMT Network)*, coordinadora del Grupo de Investigación FITISPos[3] y miembro fundador del grupo COMUNICA, Red interuniversitaria[4], dedicada a la investigación en TISP en el territorio nacional. Desde 1995 organiza los *Encuentros Internacionales de Traducción*, que en sus cinco últimas ediciones (2002, 2005, 2008, 2011, 2014) se han dedicado a la traducción e interpretación en los servicios públicos (TISP). De 1994 a 2002 impartió clases en programas de interpretación y traducción de la Universidad de Minnesota (EEUU) y ha impartido seminarios y conferencias en universidades de todo el mundo. Ha colaborado con la Dirección General de Traducción de la Unión Europea como experta académica así como en varios proyectos de investigación. Ha publicado y editado varios libros y numerosos artículos sobre traducción, interpretación, lingüística y estudios culturales. Colabora con organizaciones e instituciones relacionadas con la traducción e interpretación (ASETRAD, CCDUTI). Es miembro de varios comités científicos nacionales e internacionales (CRITICAL LINK, EU-DGT, ANEP ACSUCY, AGAE) y vocal en AENOR en el comité CTN 174, dedicado a colaborar en la normalización en el ámbito de los Servicios de Traducción.

---

2 <http://www3.uah.es/master-tisp-uah> [11/10/2015].

3 <www.fitispos.com.es> [11/10/2015].

4 <red-comunica.blogspot.com> [11/10/2015].

www.ingramcontent.com/pod-product-compliance
Ingram Content Group UK Ltd.
Pitfield, Milton Keynes, MK11 3LW, UK
UKHW021132041026
8980IPUK00034B/1740

9 783034 320863